中国军事专家文库

人民军队为什么是不可战胜的力量

王幸生　著

北 京 出 版 集 团
北 京 人 民 出 版 社

图书在版编目（CIP）数据

人民军队为什么是不可战胜的力量 / 王幸生著. —
北京：北京人民出版社，2025.4
（中国军事专家文库）
ISBN 978 - 7 - 5300 - 0616 - 0

Ⅰ. ①人… Ⅱ. ①王… Ⅲ. ①人民军队—研究—中国
Ⅳ. ①E20

中国国家版本馆 CIP 数据核字（2024）第 049853 号

中国军事专家文库
人民军队为什么是不可战胜的力量
RENMIN JUNDUI WEI SHENME SHI BUKE ZHANSHENG DE LILIANG

王幸生　著

＊
北 京 出 版 集 团
北 京 人 民 出 版 社　出版
（北京北三环中路 6 号）
邮政编码：100120

网　　　址：www. bph. com. cn
北 京 出 版 集 团 总 发 行
新 华 书 店 经 销
北 京 华 联 印 刷 有 限 公 司 印刷
＊
787 毫米 ×1092 毫米　16 开本　32.75 印张　466 千字
2025 年 4 月第 1 版　　2025 年 4 月第 1 次印刷
ISBN 978 - 7 - 5300 - 0616 - 0
定价：148.00 元
如有印装质量问题，由本社负责调换
质量监督电话：010 - 58572393
编辑部电话：010 - 58572414；发行部电话：010 - 58572371

王幸生

　　少将军衔，研究员，博士生导师。1972年入伍，1988年由作战部队调入军事科学院，历任院学术调研部调研员、军队政治工作研究所所长、研究室主任、军队建设研究部副部长、《中国军队政治工作》期刊总编辑等职。长期从事党的创新理论、马克思主义军事理论、军队政治工作、军事文化的研究，主编或参与编写《军队政治工作学》《战略学》等军事基础理论著作，作为课题组组长两度主持完成《中国人民解放军政治工作条例》修订任务，在重要报刊发表论文百余篇，出版个人专著数种。曾获中宣部"五个一"工程奖2项、国家图书奖1项、中国人民解放军军事科研优秀成果奖特等奖3项、中国人民解放军优秀政治理论成果奖一等奖3项、中国人民解放军优秀战略咨询成果一等奖1项，先后4次荣立三等功。

内容简介

　　本书萃集了王幸生将军30多年来的重要文章和部分学术精品，从旗帜与指针、基因与血脉、光荣与梦想、赓续与创新、坚守与重塑、底蕴与视野等维度系统阐发了人民军队的政治优势与文化优势，解码了人民军队之所以被称为"不可战胜的力量"的建军之魂和胜战秘籍。全书立意新颖，视角独特，主题鲜明，见解卓睿。书中的文章既各自独立成篇，又浑然一体，具有严谨的内在逻辑，不是专著，胜似专著。本书的文风亦颇足称道。作者往往将深邃的理论思考以摇曳多姿的笔调出之，融卓荦独到的见解于典雅清丽的文字之中，不少篇什堪称政论体、军事学术体美文。一卷在手，可以为相关军事理论研究工作者提供必要的参考。对于那些关注国防和军队建设、希望了解人民军队的人们而言，这也是一本不可多得的辅助读物。

"中国军事专家文库"编委会

总　序

在 2021 年举国隆重庆祝中国共产党百年华诞后，2027 年将迎来中国人民解放军建军的百年华诞。百年征程，华章异彩。以毛泽东同志为代表的中国共产党人坚持把马克思主义的普遍真理与中国革命战争的具体实践相结合，创立了毛泽东军事思想的科学理论体系，指导我军从无到有，从小到大，从弱到强，从胜利走向胜利。我军也由此具备了高度的理论自觉，形成了重视总结经验、重视理论创造的优良传统，军事理论建设取得了极其丰硕的成果。习近平主席强调指出，科学的军事理论就是战斗力，一支强大的军队必须有科学理论作指导，要紧紧扭住战争和作战问题推进军事理论创新，构建具有我军特色、符合现代战争规律的先进作战理论体系，不断开辟当代中国马克思主义军事理论发展的新境界，从而为推进军事理论创新指明了方向。

值此建军百年之际，我们在北京出版集团北京人民出版社支持下，策划出版"中国军事专家文库"（简称"文库"），旨在总结和展现新中国成立特别是改革开放以来我国军事科学研究取得的丰硕成果，为新时代国防和军队建设尽一份绵薄之力。我们相信，"文库"的出版发行，不仅可以为我军官兵加强理论学习、提高理论素养和开发思维能力发挥积极作用，而且可以为关心中国国防和军队建设的人们提供一个了解中国军事理论建设发展的重要窗口。

为了确保"文库"发挥应有的价值和效益，我们在编辑过程中主要遵循以下几条原则。

第一，突出完整性，尽可能覆盖中国军事科学的各个学科方向，包括军事思想、军事战略、战役战术、作战指挥、军事制度、军队建设、军队政治工作、军事历史、军事经济、外国军事等，其中有专著也有论文集，能比较系统地反映中国军事科学发展的情况。

第二，突出学术性，重点关注基础理论研究，着重反映中国军事科学基础理论建设的情况，同时保持对现实的观照，体现军事理论对军事实践的先导作用。

第三，突出权威性，所收著作的作者均为中国军事科研领域中有深厚学术造诣的专家，是各学科方向的领军人物，在军内外享有盛誉，他们的科研成果为推进中国军事科学发展发挥了积极作用。

第四，突出全面性，力求反映中国军事科学发展全貌，所收入著作创作的年代跨度要尽可能大，能够反映中国军事科学发展的大体脉络。

第五，突出实用性，面对的读者群主要是党、政、军高层领导和机关人员，军事科研机构人员和军事院校研究生及地方高校的国防教育人员，以及众多的军事爱好者等。

"文库"是一个长线产品，前期规划出版40本，约1200万字。其中，第一批出版12本，作者主要是曾在中国人民解放军军事科学院从事过军事理论研究工作的专家。军事科学院是叶剑英元帅建议创办的我国专门从事军事科学研究的机构，是军事科研信息的"集散地"。军事科学院各个时期专家的科研成果反映了那个时期的军队作战和建设理论需求的前沿性问题，对军事理论研究发挥了引领作用。我军的各级院校、科研机构和领导机关也活跃着一批军事专家，他们是我军军事理论研究队伍的重要力量，其在各个时期的研究和创作丰富了我军军事理论的内涵，推动了我军军事理论的发展。在"文库"后续推出的著作中，我们将扩大作者范围，收纳军队各级院校、科研机构和领导机关的军事专家在各个时期的优秀理论成果。

"兵者，国之大事，死生之地，存亡之道，不可不察也。"军事理论研究探寻的是国家安危之道，关乎江山社稷，是世界范围内军事竞争的重要领域。唯有军事理论先进、军事理论素养高的军队，方能在残酷的军事竞争中占据主动，这已经被世界战争史，包括我军历史所充分证明。新时代，我军正在习近平强军思想的指引下开启新征程，为迎接世界新军事革命加速发展的挑战，向着全面建设世界一流军队的方向迈出坚定步伐。"实践发展永无止境，认识真理永无止境，理论创新永无止境。强军是具有很强开创性的事业，我们要不断适应新形势、应对新挑战、解决新问题，在实践上大胆探索，在理论上勇于突破，不断丰富和发展党在新时期的强军思想，让马克思主义军事理论在强军伟大实践中放射出更加灿烂的真理光芒。"

在此，我们特别要向中国人民解放军军事科学院原副院长任海泉中将表示由衷的感谢。他给予"文库"以极大支持和热情鼓励，不仅对"文库"编辑提出了很重要的指导性意见，而且亲自审阅了一部分书稿，非常负责任地撰写了修改意见，展现了军事科研战线领导干部的使命感和高尚情怀。

由于时间仓促，"文库"难免有挂一漏万之处，敬请各位读者批评指正。

"中国军事专家文库"编委会

2024年7月

序　言

一

在世界军旅之林中，有这样一支军队——

它是一个伟大社会主义国家的军队，可它的军史、战史却要比共和国的国史还要长。甚至可以说，正是因为有了它的倚天而出，卓绝奋战，这个曾经苦难深重的国度才起于沉沦、浴火重生。它从诞生的那一天起，就集结于一个先进政党的旗帜之下，为了民族的独立、人民的解放进行了英勇顽强、前仆后继、可歌可泣的斗争。

它曾经那样弱小，那样不起眼，官兵衣着褴褛，武器简陋，被人讥为"泥腿子""土包子"。然而实践证明，它摧不垮、打不烂，攻必克、守必固，胜不骄、败不馁，是一支真正不可战胜的力量。曾几何时，魔怪风流云散，强敌灰飞烟灭，而它却矗立成了这个伟大国家的钢铁长城。

它一往无前、有我无敌的铁血雄风令一切号称强大的敌人闻风丧胆、望而生畏，令所有与它交过手的对手都触尽霉头、心有余悸。这支军队只要还有一个人，它都要继续战斗下去。

对敌人它勇于亮剑，对老百姓它一往情深。在天崩地裂之时、沧海横流之际、疠疫肆虐之中，在风里浪里、水里火里，人民群众在哪里遇到危难，它就出现在哪里。它的旗帜就是祥云，它的星徽就是救星……

在血与火的战场上，它无愧威武之师、无敌劲旅的称号；在和平年代

— 1 —

里，它同样堪称模范，身居闹市一尘不染，征途万里不忘初心，永葆政治本色，无惧酒绿灯红……

这就是中国共产党领导的人民军队，这就是当代中国的军队——中国人民解放军。

二

中华民族是在屈辱与衰败中进入近代的。"中原王气久消磨""神州沉陆使人愁"。列强环伺，群狼撕咬，国家风雨飘摇，人民水深火热。然而，在沉沉的暗夜里，在深深的冻土下，一粒梦的种子也在顽强地萌发，这就是中国梦。

中国梦是富国梦，也是强军梦，甚至从一定的意义上，中国人民对强军的梦想更为深切、更为强烈。

"秦王扫六合，虎视何雄哉""但使龙城飞将在，不教胡马度阴山""年少万兜鍪，气吞万里如虎"。中华民族曾经是军事文化和尚武精神非常发达的民族，历史上也不乏一匡天下、横扫千军的王者之师。然而到了近代，封建王朝在轮回与封闭中日趋腐败，曾经以剽悍骁勇著称的清王朝军队也沦为了骄奢淫逸的八旗子弟，在外敌面前不堪一击，一败涂地。辛亥革命以后，国家的权柄、军队的符节又被倒行逆施的野心家和阴谋家盗去，"大野多钩棘，长天列战云"。形形色色、大大小小的旧军阀和新军阀"乱哄哄你方唱罢我登场"，搞得金瓯残破，民不聊生，中国继续处于任人宰割的境地。什么时候国家才能拥有一支强大的、能够救民于水火、足以保境安民的军队呀？可以说，民盼"王师"如"大旱之望云霓"，无数仁人志士把"阑干拍遍"！

只是在中国有了共产党及其领导下的人民军队后，中国人民的强军梦才找到了将梦想照进现实的可靠路径。

百年沧桑，百年巨变；百年生聚，百年复兴。今天，站起来、富起来、强起来的社会主义中国已经以令世人惊艳的形象和凛然不可犯的姿态傲然屹立于世界东方，中华民族伟大复兴的航船正破浪航行于铺满阳光的航道。而作为它的护卫舰队，中国人民解放军已经成为一支全面迈向世界一流的、日趋现代化的大国雄师。尤其令人不可小觑的是，这支军队不仅有了现代化，而且始终保持了自己的政治本色，保持了被它的对手称为"毛泽东化"并为之心惊肉跳的那样一种王者之气、铁血雄风。"盘马弯弓惜不发""匣中宝剑夜有声"。这支军队的存在让一切觊觎中国主权，处心积虑西化、分化中国的人们视为畏途、望而却步。

人们不禁会问：这支军队为什么能够在近代中国的海倾陆沉中耀世而出，成为一支不可战胜的力量？为什么能够在当今世界的云飞浪卷中森严壁垒，成为中华民族伟大复兴历史进程的可靠依托？它从小到大、由弱到强的奥妙何在？它不断从胜利走向胜利的秘诀何在？

要回答这一问题，就不能不解码这支军队的文化，就不能不从文化的角度、文化的层面探寻这支军队的最本原的东西。文化是一支军队的灵魂，是一支军队最深沉的底色，是一支军队区别于其他军队最显著的标志。中国人民解放军之所以能够在中国军事史乃至世界军事史上震古烁今、独领风骚，之所以在世界军旅之林中"就这样与众不同"，最根本的原因就是这支军队在中国共产党的领导和哺育下，孕育形成并不断发扬光大了一种崭新的军事文化。这种军事文化基于马克思主义及其中国化时代化的科学理论的指引，基于崇高的革命理想和建军宗旨，既植根于中华民族源远流长、博大精深的优秀传统军事文化，又借鉴和吸收了人类军事发展史上一切有益的军事文化成果，特别是当今世界军事变革所催生的军事文化成果；既源于中国共产党人的初心和使命、先进的世界观人生观价值观以及由此产生的伟大革命精神，又以人民军队在史诗般的战斗历程中所孕育和熔铸的特有的革命精神丰富和充实了中国共产党人乃至整个中华民族的精神谱系。

要言之，只有真正了解了这支军队的文化，才能明了这支军队赖以克敌制胜、赢得人民拥护的密码，也才能明了新时代强军胜战的关键所在。

三

在党的百年华诞之际，应北京出版集团北京人民出版社之约，我从多年来自己撰写的理论文章和学术论文中选取一些篇章以《人民军队为什么是不可战胜的力量》为书名结集出版。之所以确定这一书名，是因为在我看来，这些篇什正是从文化禀赋和政治品格的层面揭示了中国人民解放军"是一支不可战胜的力量"的深厚底蕴和深层原因。

立片言而据要，乃全书之警策。基于这一构思和主题，我把2021年8月中国人民解放军建军94周年之际发表的一篇文章《建设自己的人民军队》作为绪章。绪章之后，分7个单元。

第一个单元命名为"旗帜与指针"，撷取的是我研究和宣介毛泽东思想、中国特色社会主义的旗帜、党的创新理论和军事指导理论的几篇文章，旨在说明旗帜指引方向，旗帜熔铸军魂，旗帜决定一支军队文化的底色。党对军队的绝对领导首先是思想政治上的领导，是科学理论的武装。党的旗帜就是军队的旗帜。在新时代，高举中国特色社会主义旗帜，坚持以马克思列宁主义、毛泽东思想、中国特色社会主义理论体系特别是习近平新时代中国特色社会主义思想为指导思想，坚持以毛泽东军事思想，以改革开放以来我们党不断创新、与时俱进的军事指导理论特别是习近平强军思想为科学指针，我军就一定能够始终保持自己的政治本色，强军胜战，不辱使命。

第二个单元命名为"基因与血脉"，撷取的是我研究我军建设史上具有奠基性的古田会议以及我军优良传统和革命精神的几篇文章，旨在振叶以寻根，观澜而溯源。我军之所以是这个样子而不是别的什么样子，之所以战旗穿越炮火硝烟而挺立不倒、营帐扎于酒绿灯红之中而本色不改，之所以在前所未有的伟大军事变革中华丽转身而精魂不变，是因为它从文化上传承和复制了我们党赋予的宝贵基因，保持了人民军队固有的血脉。君不见，在世界的某个角落，一些机关算尽的人正在鼓噪所谓"转基因工程"乎？固守我军宝贵基因，赓续我军的红色血脉，是军队思想文化建设的重大课题。

第三个单元命名为"光荣与梦想"，撷取的是我研究和宣介我军特有的精神谱系，以及新中国成立后我军为人民再立新功，并且在实现中华民族伟大复兴中国梦的总体布局中开启强军兴军新征程的几篇文章，旨在说明文化源于历史，文化托起未来。中国人民解放军是一支征程写满光荣、战史镌刻辉煌的军队，是一支世所罕见的威武之师、文明之师。它不仅在血与火的战场上打出了国威军威，为祖国为人民建立了不朽功勋，而且以全心全意为人民服务的宗旨和风范构筑了当代中华民族的精神高地。光荣托起梦想，梦想成就光荣。中国梦是中华民族的梦，也是中国军人的梦；中国梦是强国梦，对于军人来说也是强军梦。

第四个单元命名为"赓续与创新"，撷取的是我研究军队政治工作基础理论及其创新发展的几篇文章，旨在说明政治工作是我军的生命线，也是我军先进军事文化建设的一条红线。这条生命线和红线融汇和贯穿于人民军队的万里征程，既代代相传又日新又新，正是我军军魂永驻、雄风常在的奥秘所在。在新的历史条件下，必须在继承和发扬我军政治工作优良传统的同时，研究新情况，解决新问题，努力推进政治工作创新发展，使我军的生命线在新征程上不断延伸，永葆生机和活力。

第五个单元命名为"坚守与重塑"，撷取的是我研究军事文化以及军事软实力的几篇文章，旨在说明建设世界一流军队，不仅要强"硬件"还要强"软件"；不仅要强筋骨还要强文化。军事文化既是硬实力的黏合剂和催化剂，其本身又是达成"不战而屈人之兵"战略境界的不可或缺的软实力。

一流军队要有一流的文化。中国人民解放军在党的绝对领导下，孕育和形成了一种崭新的、先进的军事文化。在新时代，我军必须在坚守与重塑中打造强军文化，抢占先进军事文化发展的制高点。

第六个单元命名为"底蕴与视野"，撷取的是我研究中国古代军事理论、军事文化和世界军事理论、军事发展的几篇文章，旨在说明中国人民解放军之所以能够耀世而出，卓然独立，创造出璀璨夺目、令人耳目一新的军事文化，不仅源于其非同寻常、威武雄壮、光辉灿烂的革命实践和战斗历程，还根植于我们民族深厚的军事传统文化底蕴，得益于放眼世界、面向未来的宽阔眼光。只有善于萃取中华民族传统军事文化的精华，善于借鉴和吸收人类在长期的军事实践中所形成的一切有益的文化因子，我军才能真气内充、积健为雄，始终走在世界军事发展的前列。

第七个单元命名为"续写新的风流和荣光"，撷取的是我担任《中国军队政治工作》总编辑时为该刊撰写的几则卷首语。这几则小文虽均是应时而作，但都从不同侧面回应了本书的主旨、揭示了人民军队的力量源泉、礼赞了人民军队的光荣传统、讴歌了人民军队的崭新风姿，同时也融入了作者对军队建设的点滴感悟，故不揣浅陋，缀于书后，作为全书的收束和尾声。当前，在习近平强军思想的指引下，人民军队正昂首行进在全面建成世界一流军队的新征程上。可以确信，在新时代新征程上，人民军队将不断挥洒新的风流，熔铸新的荣光。

需要指出的是，本书毕竟不是一本专著，书中汇编的文章分别发表于不同的时段，为了体现全书的内在逻辑，这些文章没有按照发表的先后顺序来排列，难免会给读者以时空跳跃之感。同时，时代在发展，党和军队的事业在发展，党的创新理论也在发展，书中所收入的一些文章由于发表的时间较早，一些表述和阐发或略显陈旧。但既是旧作，作为雪泥鸿爪，除重要表述外一般未作改动。凡此种种，尚祈读者谅解。

还需要说明的是，收入本书中的文章绝大多数是作者独立完成独立署名的，但也有个别篇章发表时是以单位的名义、课题组的名义或与人联合署名的。尽管作者本着所有的文章从思想到文字必须是作者自己的，绝不擅掠他人之美，但某些篇章毕竟或多或少地融入了别人的劳动成果，在此谨向相关领导和同志表达深深的谢意。同时也向所有为本书编辑出版提出宝贵意见、付出辛勤劳动的领导和同志们表达深深的谢意。

目　录

绪章　建设自己的人民军队

100年锤镰起沉沦，100年日月换新天，100年春风新故国，100年芳华惊世界。中国共产党的诞生历史地成为近代以来中华民族命运的转折点。

"中国共产党为什么能？"在党的百年华诞之际，这一世纪之问又一次成为人们热议的话题。这是一个很大的题目。我以为，除开由党的阶级性质所决定的与生俱来、与时俱进、与世偕新的先进性之外，除开党坚持用马克思主义的真理之光烛照中国实际并不断将之中国化、时代化，形成了科学的、正确的、与时俱进的理论及其路线方针政策之外，还有一点是极为重要和显而易见的，那就是在暗夜如磐、风雨如晦的半殖民地半封建社会的旧中国，在"匹夫无罪，怀璧其罪"的国际环境中新生的社会主义中国，在当今这个丛林法则依然盛行的世界上，我们党确立了一种伟大的军事自觉——建设自己的人民军队，并且将之始终置于党的绝对领导之下。正如习近平总书记在庆祝中国共产党成立100周年大会上讲话所深刻指出的："坚持党指挥枪、建设自己的人民军队，是党在血与火的斗争中得出的颠扑不破的真理。"

一

有必要在近代中国的宏阔背景下追寻一下我军的"前世今生"。

近代以来，曾经在人类文明史上绽放出绝代风华的中华民族珠沉玉陨、黯然失色了。末世封建王朝的抱残守缺，帝国主义列强的瓜分豆剖，地主阶级、官僚买办资产阶级的横征暴敛，使中国人民陷入了水深火热之中。中华民族的历史悲剧，既是积贫的结果，也是积弱的代价。贫与弱如同一对孪生兄弟，互为因果，相互叠加。如果不能打破这一恶性循环，中华民族将陷入万劫不复的境地。因此，中国梦，从其萌发的那一天起，就内在地包含了富国与强军两个紧密关联、不可分割的要义。饱受奴役、压迫、欺凌的中华儿女是多么希望国家能够有一支为他们赢得安全和尊严的军队呀！但是，现实不断地使这一愿景幻灭。无论是清王朝"八旗子弟"的军队，还是洋务运动建立的所谓"新军"，抑或是辛亥革命后"城头变幻大王旗"的大大小小的旧军阀、新军阀，他们一概"内战内行，外战外行"，对内鱼肉百姓，对外丧权辱国，或者成为维护腐朽社会制度的统治阶级的鹰犬、帝国主义奴役中国人民的帮凶，或者成为逐鹿窃国的野心家和政治集团谋取一己一群一党私利的工具。"百年魔怪舞翩跹""洒向人间都是怨"，就是这种现实的真实写照。历史证明，建设人民自己军队的梦想，建立使中华民族骄傲地自立于世界民族之林的军队的梦想，只能寄托于无产阶级及其政党的身上。

中国共产党在其幼年时期，对建设和领导军队并没有清醒的、透彻的认识。为了达到革命的目的，党曾经希望与国民党合作建设军队，黄埔军校和北伐战争时期的实践就是这种尝试。尽管共产党人大声疾呼、大力倡导的进步的、革命的政治工作使军队有了新气象，但后来的实践证明，在资产阶级掌握着军队领导权的框架内，仅仅是军队中有一点共产党人，仅仅是有一点进步的政治工作的因子，不可能从根本上改变军队的性质。血的教训使共产党人认识到，"寄人篱下"难成事，"借锅做饭"靠不住。要拯生民于水火、挽民族于危亡，党就必须独立地拥有并掌握军队。"以后要非常注意军事，须知政权是由枪杆子中取得的。"毛泽东在党的八七会议上的剀切陈词就是这种觉醒的标志。"秋收时节暮云愁，霹雳一声暴动。"以南昌起义、秋收起义和广州起义等为标志，党毅然决然地开始了创建人民军队、独立领导武装斗争的伟大实践。

可是，在我军创建之初，情势是多么险恶啊！正如罗荣桓元帅后来回忆的，那时候队伍就像攥在手里的一把豆子，一撒手就散落掉了。如何把以农民为主要成分的、从旧军队的母体中脱胎而出的革命军队，建设成为一支真正属于自己的、具有坚强凝聚力和战斗力的、完全新型的人民军队，这一重大而紧迫的课题历史地同时也是现实地摆在了中国共产党的面前。三湾改编之所以标志着我军的新生，就是因为它确立了"支部建在连上"的制度。——千万不可小觑这一制度安排，正是因为有了这一条，党对军队领导的神经末梢才延伸到了基层，党的组织才与军队的肌体有机地、自上而下地、严丝合缝地、心手相应地嵌合在了一起，党对军队的领导才有了战斗的堡垒，部队"艰难奋战而不溃散"才有了可靠的基石。古田会议之所以成为我军"定型"的地方，就是因为它确立了政治建军的原则，即党对军队绝对领导的原则，旗帜鲜明地反对和摒弃了单纯军事观点等错误思想，从而使我军得以克服旧军队的种种痼疾，从根本上与剥削阶级的军队划清了界限，并由此在军事史上破天荒地孕育出和创造出了一种崭新的军事文化。经过三湾改编、古田会议，以毛泽东为代表的中国共产党人锲而不舍地把马克思主义的伟大创新和变革精神贯彻于军事领域，不断完善了党领导军队的制度安排，在我军建立并不断发展了进步、革命的政治工作。于是，在中国大地上，一支完全新型的人民军队应运而生了；在世界军旅之林中，一支生机勃勃、雄风猎猎、令世人刮目相看的中国军队横空出世、倚天亮剑了！

——这支军队之所以是完全新型的，新就新在它坚持党指挥枪，而绝不允许枪指挥党，自觉置于近现代中国最先进的阶级力量的代表——中国共产党的绝对领导之下。正是因为有了党的领导，这支军队才有了崇高的理想、执着的初心，自觉的使命、勇敢的担当，胜敌的胆略、爱民的情怀，同时也使军队真正成为民之重宝、国之利器。旧中国那种军队沦为少数野心家、阴谋家争权逐利工具的"轮回"由此终结了。

——这支军队之所以是完全新型的，新就新在它有一条蓬勃而充实、深沉而亮丽的"生命线"，这就是进步的、革命的政治工作。因为有了这种政治工作，这支队伍才有了严密的组织和自觉的党性，使得这支队伍的每一个人都能够懂得"为谁扛枪、为谁打仗"的道理，能够自觉地把寻求自身翻身解放、向往个人美好未来与实现人民的利益、国家的利益、民族的利益有机地联系起来、统一起来。

——这支军队之所以是完全新型的，新就新在它确立了全心全意为人民服务的宗旨，来自人民，为了人民，服务人民，依靠人民。由此，军队真正植根于人民群众之中，真正与老百姓打成了一片，真正成为父老乡亲心目中的"子弟兵"。千百年来军队和老百姓的猫鼠关系变成了鱼水关系，军政、军民之间同呼吸，共命运，心连心。

——这支军队之所以是完全新型的，新就新在它建立了旧军队所不曾有过的内部的民主制度，坚持官兵一致，实行三大民主，厉行尊干爱兵。官兵为了共同的革命目标走到了一起，互相关心、互相爱护、互相帮助，形成并不断巩固发展了团结、友爱、和谐、纯洁的内部关系。

——这支军队之所以是完全新型的，新就新在它建立了严格的、自觉的纪律，形成了艰苦奋斗的政治本色和英勇顽强的战斗作风，实行了灵活机动的战略战术，因而有着坚强的战斗力、蓬勃的生命力、旺盛的创造力。

——这支军队之所以是完全新型的，还新在它不仅是一支"压倒一切敌人而绝不被敌人所压倒"的威武之师，同时还是一支世所罕见、堪称模范的文明之师。它历史地成为我们党所倡导的马克思主义世界观、人生观，社会主义核心价值观的自觉实践者和率先垂范者，成为我们党所创造的伟大革命精神、孕育的崭新革命文化的培养基和发祥地。它用史诗般的征程、灿若星辰的英雄模范，为神州大地注入了一股文明新风，为中华民族筑起了一个道德高地，影响和带动了全民族。

正是因为有了这支军队，中国人民扭转近代以来的悲惨命运才有了"批判的武器"，中华民族谋求民族复兴才有了自强的依托。在新民主主义革命时期，它是我们党领导人民推翻三座大山的倚天长剑，是党赖以征腐恶、缚苍龙、驱虎豹、追穷寇的万丈长缨；在新中国成立后，它是保卫红色江山、维护民族尊严的坚强柱石，是社会主义祖国的钢铁长城。它用自己艰苦卓绝、威武雄壮、辉煌灿烂的实践证明，它是一支不可战胜的力量。因为有了这支军队，中华民族任人宰割、中国人民饱受欺凌的时代一去不复返了；帝国主义在中国的海岸上架起几尊大炮就迫使中国签订一系列丧权辱国的条约的时代一去不复返了；世界上一些国家摆出一副教师爷的架势，以旧秩序的卫道士自居，企图通过颐指气使就使中国就范的时代一去不复返了！

历史一次又一次、生动而雄辩地证明了毛泽东同志的名言："没有一个人民的军队，便没有人民的一切。"

二

一支军队的性质，它的政治方向和锋芒所向，归根结底是由它归谁领导、听谁指挥所决定的，是由它的领导力量及其阶级性质所决定的。

中国共产党是全心全意为人民服务的党，它的阶级性质决定了它除开最广大的人民群众的利益之外，没有任何私利，从来不代表任何利益集团、任何权势团体、任何特权阶层的利益。——如果一定要说有所谓"党的利益"的话，那么人民的利益就是它的利益。所以，毛泽东同志用"全心全意为人民服务"来阐发党的宗旨。在庆祝中国共产党成立100周年大会上的讲话中，习近平总书记深刻指出："江山就是人民，人民就是江山，打江山、守江山，守的是人民的心。"这就是共产党人的认知、共产党人的眼界、共产党人的抱负、共产党人的情怀，也是对共产党人党性最浅显、最直白、最彻底、最精彩的诠释！

概言之，共产党人的党性就是人民性，党性与人民性是统一的、完全一致的。在当代中国，离开"人民"这个主题词谈论共产党人的党性没有意义；同样，离开"党的领导"这个关键词侈谈军队所谓的"人民性""国家性"，也只能是缘木求鱼、痴人说梦。"党的军队，人民的军队，社会主义国家的军队"——这是邓小平同志对我军性质所作出的严整而科学的、一字不可移易的概括。党的领导之所以放在第一条，就是因为它是决定我军性质的核心因素、关键因素。历史表明，正因为我军是党的军队，我军才能够成为真正"脚踏着祖国的大地、背负着民族的希望"的人民的军队，才能够在革命胜利后，水到渠成、顺理成章地成为伟大社会主义中国的军队。如此而已，岂有他哉！

强调党指挥枪、党对军队的绝对领导，不是党为指挥而指挥、为领导而领导，或者说其本身并不是目的。归根结底，坚持这一根本原则和制度，是为了更有条件、更有保障地实现、维护和发展人民的利益，更有能力、更有手段地捍卫国家的主权、安全和领土完整，更有底气、更有把握地创造人民的幸福生活和美好未来。因为历史已经证明，在当代中国，只有中国共产党才能从本质上代表中国最广大的人民群众的利益，才能引导中国走向光明、走向富强、走向复兴。同时历史也已经证明，只有中国共产党，才能把自己的理想和宗旨、初心和使命，像基因和血脉一样灌注于军队之中，用自己的精魂和品格塑造军队的"样子"，使军队真正成为人民自己的军队，"所向无空阔，真堪托死生"——既能够始终如一地为着人民的利益去做最英勇、最坚决的斗争，又能够走出一些革命的、进步的军队往往在胜利后蜕化异化、变质变色的怪圈。

我们党百年的奋进路，我军在党的旗帜下的战斗历程，使我们铸成了一个铁的信念——军旗跟着党旗走，党旗所指就是军旗所向！

三

一世纪潮起华夏，九万里风鹏正举。胸怀千秋伟业，恰是百年风华。

当今世界正经历百年未有之大变局，中国的扶摇直上、卓然挺立、欣欣向荣，已经并必将日益深刻地改变世界发展的趋势和格局。今日之中华民族比历史上任何时期都更接近梦想成真的时刻，也面临着前所未有的复杂而严峻的挑战。"乱石崩云，惊涛裂岸，卷起千堆雪。"为了实现第二个百年奋斗目标，为了让我们民族的伟大梦想更绚烂地照进现实，必须准备付出更为艰巨、更为艰苦的努力，必须进行有着许多新的历史特点的伟大斗争。

在新征途上，建设一支自己的、强大的、能够忠实履行使命的人民军队，依然是我们确保国家长治久安、江山千秋永固的必不可少的条件，是我们在乱云飞渡、浊浪排空的国际环境中维护国家主权、安全和发展利益的不可或缺的条件，是坚持和发展中国特色社会主义、实现中华民族伟大复兴的至关重要的战略支撑。毋庸讳言，建设一支与我们国家地位相称的、能够有效维护国家安全和世界和平的、世界一流的军队，就历史地、有机地包含在中华民族伟大复兴的命题之中。

"以史为鉴、开创未来，必须加快国防和军队现代化。"在庆祝中国共产党成立100周年大会的讲话中，习近平总书记深刻总结了我们党的历史经验，强调"强国必须强军，军强才能国安"，发出了强军兴军的新的动员令。这是历史的昭示，更是现实的需求、未来的召唤。我们一定要坚持以毛泽东军事思想和改革开放以来党的创新军事理论为指导，全面贯彻习近平强军思想，坚持走中国特色强军之路。更加自觉地坚持党指挥枪的原则，更加自觉地贯彻党对军队绝对领导这一根本制度，进一步用党性与人民性的统一来熔铸人民军队的政治品格、厚植人民军队的文化底蕴、涵养人民军队的优良作风、激扬人民军队的战斗精神，不断提升军队履行使命任务的能力、拓展军队克敌制胜的手段，确保我军一如既往地、卓有成效地护航中华民族伟大复兴的壮阔航程！

（本文发表于 2021 年 8 月）

旗帜与指针

　　旗帜就是方向，旗帜就是形象。旗帜标示一支军队的阶级归属，旗帜决定一支军队的文化底色。在世界军队之林中，中国人民解放军之所以卓然特立、与众不同，之所以所向无敌、战则必胜，就是因为它从诞生的那一天起，就集结和凝聚在了中国共产党的旗帜下，以党的旗帜为旗帜，以党的方向为方向。唯其如此，它才有了崇高的革命理想，有了科学的理论指南，有了坚定正确的政治方向，有了蓬勃旺盛的生命力和所向披靡的战斗力。在毛泽东思想、中国特色社会主义的伟大旗帜下，这支军队曾经创造了辉煌的战绩，谱写了威武雄壮的战争史诗。进入新时代，坚持以习近平新时代中国特色社会主义思想特别是以习近平强军思想为指引，这支军队将在强军兴军的新征程上迈出更加坚定有力的步伐，以世界一流、敢打必胜的骄人风姿出现在世人面前，为祖国、为人民、为中华民族的伟大复兴建立新的功勋。

毛泽东的旗帜高高飘扬

——兼论毛泽东主席改天换地的文化品格

向前向前向前！我们的队伍向太阳，脚踏着祖国的大地，背负着民族的希望，我们是一支不可战胜的力量。我们是工农的子弟，我们是人民的武装，从无畏惧，绝不屈服，英勇战斗，直到把反动派消灭干净，毛泽东的旗帜高高飘扬。……

这是《中国人民解放军军歌》的歌词。中国人民开天辟地第一回有了自己的军队，是和毛泽东的伟大名字紧紧地联系在一起的。

习近平总书记在纪念毛泽东同志诞辰130周年大会上的讲话中指出：

毛泽东同志是伟大的马克思主义者，伟大的无产阶级革命家、战略家、理论家，是马克思主义中国化的伟大开拓者、中国社会主义现代化建设事业的伟大奠基者，是近代以来中国伟大的爱国者和民族英雄，是党的第一代中央领导集体的核心，是领导中国人民彻底改变自己命运和国家面貌的一代伟人，是为世界被压迫民族的解放和人类进步事业作出重大贡献的伟大国际主义者。

毛泽东同志带领人民开创了马克思主义中国化的历史进程，锻造了伟大光荣正确的中国共产党，建立了人民当家作主的新中国，创建了先进的社会主义制度，缔造了战无不胜的新型人民军队。毛泽东思想是马克思列宁主义在中国的创造性运用和发展，是被实践证明了的关于中国革命和建设的正确的理论原则和经验总结，实现了马克思主义中国化的第一次历史性飞跃。人民军队之所以不可战胜，首先是因为这是一支毛泽东思想哺育的军队，是一支用毛泽东思想武装起来的军队。回顾中国革命跌宕起伏、波澜壮阔的历程，重温毛泽东的光辉著作，感悟毛泽东"雄关漫道真如铁""敢教日月换新天"的文化品格，令人神思飞越、激情满怀。

一、毛泽东是中国共产党人特有的马克思主义世界观和方法论的创立者

毛泽东曾自豪地宣称："全世界共产主义者比资产阶级高明，他们懂得万物的生存和发展的规律，他们懂得辩证法，他们看得远些。"毛泽东熟谙马克思主义的唯物辩证法并用以观察中国社会、解决中国问题，形成了中国共产党人特有的立场、观点和方法，因而能够认清历史发展的必然趋势，洞察风云变幻、杂乱纷纭的历史现象的本质，正确观察和分析形势，为马克思主义政党制定正确的战略策略，促进事物的转化，达成革命的目的。

1. 在把握总的历史进程方面，毛泽东贯彻了唯物主义的历史观

唯物史观认为，人类社会的发展是一个不以人们意志为转移的自然历史过程，"青山遮不住，毕竟东流去"。尽管人类历史会有暂时的停滞、曲折甚至局部的倒退，但是总是在生产力和生产关系、经济基础和上层建筑的矛盾推动下，不断地从简单到复杂、由低级向高级发展。社会主义必然要代替资本主义并发展到共产主义，实现从"必然王国"到"自由王国"的飞跃，这是人类社会发展的总趋势。用这样的观点来观察中国社会，毛泽东认识到，近代中国虽然是一个半殖民地半封建的社会，"然而事情必然会变化，在双方斗争的局势中，中国人民在无产阶级领导之下所生长起来的力量必然会把中国由半殖民地变为独立国，而帝国主

义则将被打倒，旧中国必然要变为新中国"。旧的封建地主阶级也终将被打倒，中国社会变为新的民主社会。这样毛泽东就站在马克思主义历史观的高度，从宏观上、本质上把握了历史发展进程。不管敌我力量的对比如何悬殊，不管反革命的气焰如何嚣张，不管历史长河中发生什么样的逆流和漩涡，他始终坚定相信，新生必然战胜腐朽，进步必然战胜反动。"世界是在进步的，前途是光明的，这个历史的总趋势任何人也改变不了。"正因如此，当天空出现乌云的时候，他就能够及时预见到，这不过是暂时的现象，黑暗即将过去，曙光就在前头。他深刻指出，"……反动派总有一天要失败，我们总有一天要胜利。这原因不是别的，就在于反动派代表反动，而我们代表进步。""反动势力面前和我们面前都有困难。但是反动势力的困难是不可能克服的，因为他们是接近死亡的没有前途的势力。我们的困难是能够克服的，因为我们是新兴的有光明前途的势力。"

人民群众是历史的主体。人民群众的活动，体现历史的规律，决定历史的发展方向。在历史发展的进程中，凡是进步的势力，总是代表了人民群众的利益，能够得到人民群众的拥护，并吸引和凝聚、动员和组织他们以极大的历史主动性投身其中。进步的事业是人民的事业，而人民的事业是常青的、必胜的。古往今来，得民心者得天下，失民心者失天下。因此，审时度势着眼于人民，以弱胜强寄希望于人民，这是毛泽东纵览历史、预测未来所坚持的唯物史观的一个基本点。他把马克思主义关于人民群众是历史创造者的原理系统地贯穿于党的全部活动之中，使党的事业和人民的事业统一起来，形成了党在一切工作中的群众路线。一切为了人民，一切依靠人民，从群众中来，到群众中去。这样，毛泽东和他的战友就像希腊神话中的英雄——安泰俄斯一样，永远不离开大地母亲的怀抱，从中汲取了无穷无尽的力量，这使他有理由、有底气蔑视一切貌似强大的敌人。他坚信："中国是中国人民的，不是反动派的。"他说，只要我们能够掌握马克思列宁主义的科学，信任群众，紧紧地和群众一道，并领导他们前进，我们就完全能够超越任何障碍和战胜任何困难的，我们的力量是无敌的。在抗日战争即将取得胜利，美国政府的扶蒋反共政策甚嚣尘上的时候，他借用中国古代愚公移山的寓言，赋予其全新的政治内涵，向全党发出了"愚公移山"的伟大号召，他说："我们也会感动上帝的。这个上帝不是别人，就是全中国的人们大众。全国人民大众一齐起来和我们一道挖这两座山，有什么挖不平呢？"

2. 在认识具体的革命道路方面，毛泽东坚持了辩证的发展观

辩证法告诉我们，一切事物的发展无不走着一条前进性和曲折性相统一的道路。认识不到历史的前进性，就会看不到光明的前途，丧失胜利的信心，就不是一个坚定的革命者；看不出历史的曲折性，就会失去克服艰难险阻的思想准备，同样也不会成为一个坚定的革命者。毛泽东的革命品格不仅表现在他对光明的新中国、社会主义、共产主义理想的坚定的信念上，更表现在他遭磨历劫、百折不挠、愈挫愈奋、克服困难的勇气和毅力上。从哲学的角度讲，这正是由于他坚持了辩证的发展观。列宁曾经引用这样的话形象地指出，革命不是"涅瓦大街上的人行道"。在中国，由于反革命的力量十分强大，而革命的力量在一开始又很弱小，这就更决定了革命的道路不可能是一帆风顺、径情直遂的，而是必然要经受无数艰难曲折，有时甚至是失败的考验。许多机会主义者和意志薄弱者，正是由于看不出这种艰难性和曲折性，缺少在曲折中前进、在斗争中创造新局面的勇气，因而一遇到的困难，一遇到曲折就意志消沉，恰如毛泽东所辛辣嘲讽的"蓬间雀"一样，惊呼"怎么得了，哎呀我要飞跃"，结果成了革命队伍中的落伍者，甚至是可耻的叛徒。毛泽东却不是这样，他尖锐地批评了那种认为"革命的道路要笔直又笔直"的幼稚病，指出："革命的道路，同

— 13 —

世界上一切事物活动的道路一样，总是曲折的，不是笔直的。"要求共产党人要"下斗争的决心，有耐战的勇气"。抗战胜利以后，他在指出革命的光明前途的同时向全党强调："在革命的道路上还有许多障碍物，还有许多困难……我们宁肯把困难想得更多一些。""我们要承认困难，分析困难，向困难作斗争。世界上没有直路，要准备走曲折的路，不要贪便宜。"在新中国成立前夕，他又进一步指出："斗争，失败，再斗争，再失败，再斗争，直至胜利——这就是人民的逻辑，他们也是决不会违背这个逻辑的。"这是中国人民革命斗争取得胜利的经验总结，也是马克思主义的伟大论断。

毛泽东辩证的发展观不仅在于他充分预见到了革命道路的曲折性，而且在于他对于困难和挫折的辩证的认识。他深刻认识到，在革命进程中，前进与曲折、高潮与低潮、逆境与顺境、失败与成功，都是对立统一的，互相转化的。失败孕育着成功，低潮预示着高潮，挫折通往着胜利，暗夜连接着黎明。物极必反，事情坏透了就会迅速向好的方面转化。"往往有这样的情形，有利的情况，主动的恢复，存在于再坚持一下的努力之中。"这样一种辩证思维，对于他正确观察形势、坚定革命信心发挥了重要作用。他经常教导我们："我们的同志在困难的时候，要看到成绩，要看到光明，要提高我们的勇气。"长征以后，党和军队受到很大削弱，根据地损失了百分之九十。敌人扬言我们失败了，我们自己的一些同志也有一些模糊认识。但毛泽东深刻地指出，这只是暂时的和局部的失败。他用诗一般的语言，热情洋溢地赞扬了长征的伟大的意义，指出："目前是大变动的前夜。""长征一完结，新局面就开始。"历史充分证明了他的伟大预言。

3. 在分析社会历史现象方面，毛泽东熟练运用了阶级分析的方法

在阶级社会中，每一个人都在一定的阶级地位中生活，各种思想无不打上阶级的烙印。只有运用阶级分析的方法，才能透过迷离混沌、纷繁复杂的社会现象认识社会生活的本质，作出科学的阶级估量，对社会历史现象作出马克思主义的科学判断，从而为无产阶级政党制定正确的战略策略提供依据。毛泽东就是纯熟地运用马克思主义阶级分析方法的典范。他熟练地运用这个显微镜和解剖刀，使阶级敌人的种种花言巧语、阴谋诡计统统现了原形。"好话"迷不住，恐吓吓不住。抗日战争时期，国民党反动政府借口军队应该是国家的，要求共产党交出军队。毛泽东一针见血地指出："'军队是国家的'，非常之正确，世界上没有一个军队不是属于国家的。但是什么国家呢？大地主、大银行家、大买办的封建法西斯独裁的国家，还是人民大众的新民主主义的国家？中国只应该建立新民主主义的国家，并在这个基础之上建立新民主主义的联合政府；中国的一切军队都应该属于这个国家的这个政府，借以保障人民的自由，有效地反对外国侵略者。"依据马克思主义的阶级分析方法，毛泽东深刻认识了国内外敌人的本质。他说，敌人是不会自行消灭的，无论是中国的反动派，还是美帝国主义在中国的侵略势力，都不会自行退出历史舞台。对反动派，刺激他是那样，不刺激他也是那样。希望劝说帝国主义者和中国反动派发出善心，回头是岸，是不可能的。因此，在反动派面前，不能太幼稚天真了。例如，解放战争后期，国民党反动派眼看大势已去，散布和平烟幕，妄图苟延残喘。国际上和国内一些人也劝说我们党与国民党"划江而治"。毛泽东在《将革命进行到底》《评战犯求和》等一系列光辉著作中及时揭露了敌人的阴谋，发出了"打倒蒋介石，解放全中国"的伟大动员令。他的革命坚定性和彻底性，正是建立在对敌人本性的深刻了解之上的。

4. 在确立正确的战略策略方面，毛泽东坚持了一切从实际出发、实事求是的思想路线

共产党人的革命信念不是盲目的热情、空洞的主观，不是不切实际的

夸夸其谈，更不是鲁莽武夫式的勇敢，而是建立在正确而不急功近利的斗争策略上的。学习毛主席著作，我们可以强烈地感受到，在每一个革命历史时期，在每一个重要关头，毛泽东总是从实际出发，从中国国情出发，提出了正确的战略策略，他的坚定性正是建立在对中国国情的透彻分析上面，建立在他对自己从实际出发所能得出的结论的自信上面。他丰富和发展了马克思主义的认识论，倡导和确立了我们党的一切从实际出发、实事求是、理论联系实际的思想路线。早在1930年，他就提出："中国革命斗争的胜利要靠中国同志了解中国情况。"他批评了党内"那些具有一成不变的保守的形式的空洞乐观的头脑的同志们"，指出："共产党的正确而不功利的斗争策略，决不是少数人坐在房子里能够产生的，它要在群众斗争的过程中才能产生的，这就是说要在实际经验中才能产生。因此，我们需要时时了解社会情况，时时进行实际调查。"他自己就是身体力行了解中国情况、掌握中国国情的典范。在毛泽东的光辉著作中，我们处处可以看到他对中国社会历史和现状、各种阶级力量的对比和态势所做的独到的、周密的、透辟的分析。他的火一般革命激情和冷静的理性思考，革命胆略和求实精神像一块合金钢，是紧紧地结合在一起的。在井冈山的斗争中，针对一些同志"红旗到底能够打多久"的疑问，他撰写了《星星之火可以燎原》等光辉著作。在这些著作中，他没有一般地去批判那种悲观论调，而是深刻分析了中国是一个许多帝国主义国家间接统治还互相争夺的经济落后的半殖民地大国这一基本国情，阐述了中国红色政权和红军能够存在和发展的现实根据，而且据此进一步总结出红军的作战原则和斗争策略。抗战初期，他发表了《论持久战》，全面而又深刻地分析了中日战争双方的基本特点和具体情况，包括中日战争的时代条件，战争性质，战争的军事、经济、政治力量，国土和人口条件，中国内部、日本内部、国际方面的各种因素，等等。这样，毛泽东就不仅雄辩地驳斥了"亡国论"和

"速胜论"，而且预见了持久战的三个阶段，为中国人民的抗日战争制定了正确的战略策略。

二、毛泽东是中国共产党人党性的光辉典范，是中国共产党人不忘初心、牢记使命的光辉典范

如果说马克思主义的世界观和方法论是毛泽东之所以能够独领风骚、引导中国革命到胜利的认识论基础，那么，共产党人的党性则是他理想和信念的根基。

党性是阶级性最高而集中的表现，是高度自觉的阶级性。无产阶级是人类历史上最先进、最革命、最有前途的阶级，它最有远见、最大公无私，最富有革命的坚定性和彻底性，最有组织纪律性，最富有牺牲精神。这种先进性，是共产党人党性的基础；共产党人的党性集中体现了无产阶级最根本的利益，同时也体现了最广大人民群众的利益，因而党性与人民性是完全一致的。中国共产党人的党性，集中体现在为中国人民谋幸福、为中华民族谋复兴的初心和使命意识上，体现在社会主义和共产主义的崇高理想上。毛泽东就是令人"高山仰止、景行行止"的光辉典范。

1. 坚贞的革命理想

斯大林曾经说过："共产党人可贵的一个地方，就在于他们能坚持自己的信念。"这一点在毛泽东身上体现得非常突出。他在1936年同斯诺谈话时曾说："我一旦接受了马克思主义是对历史的正确解释以后，我对马克思主义的信仰就没有动摇过。"他一生的实践完全证实了他的话。"国际悲歌歌一曲，狂飙为我从天落。"中国革命的历史是一部用血与火写成的历史，充满了奋斗和牺牲，毛泽东的家庭就有6位亲人为革命献出了生命。但是不管敌人怎样穷凶极恶，不管斗争环境怎样艰苦卓绝，毛泽东始终没有低过头。他饱受苦难却丹心不改，遭磨历劫仍斗志弥坚。1927年大革命失败

后，大批共产党人和革命群众遭到国民党的血腥屠杀，白色恐怖笼罩全国，但毛泽东写道："中国共产党和中国人民并没有被吓倒、被征服、被杀绝。他们从地下爬起来，揩干净身上的血迹，掩埋好同伴的尸首，他们又继续战斗了。"这既是中国共产党人不屈身影的写照，也是他个人为真理而斗争的战斗风姿的写照。

2. 鲜明的人民立场

立场问题是党性的核心问题。列宁说："唯物主义本身包含有所谓党性，要求在对事变做任何估计时都必须直率而公开地站到一定社会集团的立场上。"毛泽东也指出："我们是站在无产阶级的和人民大众的立场。对于共产党员来说，也就是要站在党的立场，站在党性和党的政策的立场。"毛泽东自身就是无论何时何地都坚定地站在党和人民立场上的典范。他的原则立场不仅表现在他毫不隐瞒自己的观点，公然申明代表无产阶级和最广大人民群众的利益上，而且表现在他引导无产阶级和人民群众认识自己的利益的远见卓识上。借助于马克思主义的世界观和方法论，他比一般无产阶级群众更"了解无产阶级运动的条件，进程和一般结果"（《共产党宣言》语）。在中国革命的各个发展阶段上，他始终代表整个运动的利益，代表无产阶级和人民大众的根本利益和最高利益。因此，他从不拿原则做交易。抗日战争时期，他及时地批判了"一切经过统一战线，一切服从统一战线"的主张，提出了在统一战线中必须坚持独立自主，既统一又独立，丝毫不放弃党在领导民族解放战争中的自主权，丝毫不放弃党对八路军、新四军的绝对领导权。抗战胜利后，蒋介石"下山"来抢夺胜利果实，毛泽东鲜明地提出："人民得到的权利，绝不允许轻易丧失，必须用战斗来保卫。"针对美国人劝共产党到国民党政府里做官的利诱，他说："捆住手脚的官不好做，我们不做。要做，就得放开手放开脚，自由自在地做，这就是在民主的基础上成立联合政府。"当蒋介石在美帝国主义支持下发动全面内战的时候，他驳斥了那种惧怕美帝国主义、不敢用革命战争反对美蒋反动派的错误观点，毅然领导了波澜壮阔的人民解放战争，使中国人民从此站了起来。

3. 无私的精神境界

无产阶级只有解放全人类，才能解放无产阶级自己。它的阶级地位决定了他没有任何私利。正如毛泽东所说："共产党是为民族、为人民谋利益的政党，它本身决无私利可图。"他要求党和军队要"完全""彻底"地为人民服务，他高度评价白求恩"毫无自私自利之心"的精神。他自己就是一个具有共产主义精神境界的无私奉献的人。他参加革命一不是为了做官，二不是为了发财，而是为了国家的独立、人民的解放、世界的大同。无论是战争年代，还是新中国成立后，他始终保持了艰苦奋斗的政治本色，始终保持了简单、朴素的生活方式。海纳百川，有容乃大；壁立千仞，无欲则刚。正是因为毫无自私自利之心，他才能在任何时候都保持自己的共产主义纯洁性。敌人的威胁不能将他屈服，利诱也不能使他动心。"千磨万击还坚劲，任尔东西南北风。"

4. 英勇的战斗风格

马克思主义在本质上就是批判的、战斗的，向旧世界做顽强的、不妥协的斗争是无产阶级最可宝贵的品质，也是共产党人党性的重要方面。恩格斯曾经赞扬马克思说，斗争是他最得心应手的事情。用这样的赞誉来形容毛泽东，同样十分恰切。在毛泽东的光辉著作中，我们处处可以感到他马克思主义的批判精神，处处可以看出他同国内外敌人以及党内的机会主义做斗争的战斗锋芒，真可谓目光如电，大笔如椽，横扫千军。

三、毛泽东身上闪烁着源于中华民族优秀传统文化的伟大人格光辉

列宁说："无产阶级文化应当是人类在资本主义社会、地主社会和官僚

社会压迫下创造的全部知识合乎规律的发展。"从这一意义上说，毛泽东思想也是中华民族优秀传统文化的合乎规律的发展。毛泽东既是一个伟大的马克思主义者和坚强的共产党人，同时也是一个大写的中国人。以他为代表的中国共产党人，是中国工人阶级的先锋队，也是中国人民和中华民族的先锋队，是中华民族真正的脊梁和精英，是中华民族几千年历史上罕见的风流人物。因此，他的身上闪烁着中国人的伟大人格的光辉。从他的身上，人们看到了从沉沦到英勇奋起、从衰败到走向复兴的中华民族的形象。

1. **酷爱自由，勇于反抗**

中华民族是一个酷爱自由、富于革命传统的民族。她不能忍受地主和贵族的黑暗统治，也不能忍受外来民族的侵略压迫。从陈胜、吴广的揭竿起义到近代中国人民的反帝斗争，中国人民反抗暴政、抵御外寇的斗争从来没有停止过。其间，既有李自成这样的起义领袖，也有岳飞、郑成功、林则徐这样的民族英雄。这样深厚的斗争传统，特别是湖湘文化勇于担当、敢立潮头的人文禀赋，无疑对铸成毛泽东的革命品格产生了重要影响。他对旧制度的叛逆者的性格，他的"粪土当年万户侯"的斗争精神是从青少年时期就形成的。

2. **追求真理，矢志不渝**

"路漫漫其修远兮，吾将上下而求索。"执着地追求真理是中国知识分子源远流长的历史传统。"亦余心之所善兮，虽九死其犹未悔。"为真理而献身是中国知识分子可贵的品质。在毛泽东身上正体现了这种历史传统和可贵品质。在没有接受马克思主义之前，毛泽东到处寻找救国救民的真理，而他一旦接受了马克思主义以后，就终身不渝、矢志不悔。

3. **卓然特立，不随流俗**

中国知识分子的一个显著特点，就是十分崇尚独立人格。他们喜欢独立思考，喜欢堂堂正正地做人，不愿意随波逐流，俯仰随人，寄人篱下，尤其鄙视与恶势力同流合污的趋炎附势、蝇营狗苟之徒。毛泽东就是一个非常注重独立人格的人。他说："我们中国人必须用我们自己的头脑进行思考，并决定什么东西能在我们自己的土壤里生长起来。"（《毛泽东印象记》）他要求共产党人对任何事情都要问个为什么，绝不要盲从。独立自主，作为毛泽东思想活的灵魂的一个基本方面，既体现了马克思主义的立场、观点和方法，也带有鲜明的中国特色。

4. **热爱祖国，自尊自信**

爱国主义是中华民族的一种深厚的民族感情。邓小平同志说，我们中国人有很强的民族自尊心、自信心和自豪感。在毛泽东的光辉著作中，我们可以看出毛泽东对伟大祖国的热情礼赞，看出他对中华民族的高度自信。他最鄙夷帝国主义的走狗和民族的叛徒。他赞扬"鲁迅的骨头是最硬的，他没有丝毫的奴颜和媚骨，这是殖民地半殖民地人民最可宝贵的品格"。这样的话移至他也一样确切。他向世界宣称："我们中华民族有同自己的敌人血战到底的气概，有在自力更生的基础上光复旧物的决心，有自立于世界民族自林的能力。"面对美帝国主义"封锁"的恐吓，他说："没有美国就不能活命吗？""多少一点困难怕什么。封锁吧，封锁十年八年，中国的一切问题都解决了。中国人死都不怕，还怕困难吗？"他坚定地相信中国人民不靠向帝国主义乞讨不但可以活下去，而且还将活得更好些。

5. **讲究气节，固持操守**

"君子以立不易方。"（《易经》）从屈原的《橘颂》到周敦颐的《爱莲说》，从陆游的咏梅到郑板桥的写竹，或借景抒情，或托物言志，中国古代的志士仁人无不重视高洁的品行和坚贞的节操，"富贵不能淫，贫贱不能移，威武不能屈"历来被人们所传诵。毛泽东继承了这种可贵的品质，而且把它同无产阶级的革命精神结合起来，使之在新的意义上得到了升华与飞跃。面对帝国主义假惺惺的施舍和引诱，他说："太公钓鱼，愿者上钩。

— 21 —

嗟来之食，吃下去肚子要痛的。"他高度赞扬闻一多的拍案而起，朱自清的不吃美国"救济粮"，要求人们作闻一多颂、朱自清颂。他在帝国主义和国内的反动派面前所表现出的嶙峋傲骨就是一首中国人民的气节颂，就是一支千古风流的正气歌。

（本文原发表于2021年1月，收入本书时略有改动）

风展旗帜如画

——论中国特色社会主义旗帜的形成及其重大意义

在21世纪初世界东方的天幕上，有一面迎风招展、光彩夺目的旗帜，这就是中国特色社会主义旗帜。

党的十七大报告指出："改革开放以来我们取得一切成绩和进步的根本原因，归结起来就是：开辟了中国特色社会主义道路，形成了中国特色社会主义理论体系。高举中国特色社会主义伟大旗帜，最根本的就是要坚持这条道路和这个理论体系。"在改革开放30周年之际，从历史与未来、中国与世界的交汇点进一步领会这一科学论断，对于开辟中国社会主义事业更广阔的前景、创造中国人民更美好的未来、实现中华民族的伟大复兴具有重大而深远意义。

一

旗帜问题至关重要。旗帜，最先出现于军队，后来引申为一个国家、一个政党、一个政治集团的指导理论、政治目标、政治纲领、政治理想等。旗帜，对外是一个国家、政党、政治集团区别于其他国家、政党、政治集团的显著标志；对内具有不可或缺的指引方向、统一意志、凝聚人心、鼓舞士气的功能。

旗帜鲜明是马克思主义及其工人阶级政党的显著特色和固有品格。恩格斯在谈到《共产党宣言》时曾说过，一个纲领就是一面公开树起的旗帜。青年时代的毛泽东在刚刚接受马克思主义并把马克思主义作为观察国家命运的工具时就指出："主义譬如一面旗子，旗子立起了，大家才有所指望，才知所趋赴。"①

旗帜的确立是方向的确立，旗帜的觉醒是命运的觉醒。

历史地考察近代以来中华民族从觉醒到走向复兴的进程，可以归结为解决两个方面相互联系、紧密衔接的任务：一是探索并确立正确的革命道路，使中国摆脱三座大山的统治，实现国家的独立和人民的解放；二是探索并确立正确的建设道路，使中国发展起来，走向现代化，实现国家的富强和人民的幸福。这两个方面的任务实现，都离不开形成基于科学理论的旗帜，都离不开旗帜的凝聚和指引。

十月革命一声炮响，给我们送来了马克思主义。马克思主义的真理之光，一旦投射到古老而多难的神州大地，近代中国历史就掀开了新的一页，中华民族的历史命运就发生了根本性的变化。中国共产党从成立的那一天起，就郑重地把马克思主义写在自己的旗帜上。但是历史证明，只是笼统地、抽象地把马克思主义写在旗帜上还不够。如何把马克思主义与中国的具体国情结合起来，使马克思主义在中国的土地上生根、开花、结果，成为生动的、鲜活的、中国化的马克思主义，成为变革中国、改造中国、发展中国的思想武器；如何在不同历史时期把马克思主义与中国实际相结合，形成革命、建设和改革的更具体、更切实、为广大人民群众所认同、具有强大凝聚力的旗帜，这是党必须解决的历史课题。

为此，党和人民走过了艰辛探索的道路。

在党的幼年时期，由于主客观原因，曾一度教条主义、本本主义盛行，一些人"言必称希腊"，以"百分之百的布尔什维克"自居，就是不联系中国实际、不了解和研究中国的实际情况。脱离实际的教条主义领导和指挥，曾给革命带来重大损失。从这个意义上讲，把马克思主义中国化，形成马

---

① 中共中央文献研究室：《毛泽东年谱（一八九三—一九四九）》（上卷），中央文献出版社2013年版，第71页。

克思主义与中国实际相结合的更具体、更切实的旗帜，也是我党从错误和挫折中、从汲取沉痛教训中得出的一个科学结论。

1935年1月在长征途中召开的遵义会议，标志着我党历史上的一次了不起的觉醒。1938年毛泽东在六届六中全会上说的一段话，可以看作对这次觉醒的理论上的一个总结。他指出："成为伟大中华民族的一部分而和这个民族血肉相联的共产党员，离开中国特点来谈马克思主义，只是抽象的空洞的马克思主义。因此，使马克思主义在中国具体化，使之在其每一表现中带着必须有的中国的特性，即是说，按照中国的特点去应用它，成为全党亟待了解并亟须解决的问题。"[1]

终于，1945年党的七大把马克思主义与中国革命实际相统一的思想——毛泽东思想郑重写在了我们党的旗帜上。

毛泽东思想堪称马克思主义中国化的"东风第一枝"，是中国共产党人关于中国革命路线、方针、政策、策略的理论结晶。同时在实践中，它也标志着一条道路，这就是农村包围城市、武装夺取政权的道路。毛泽东思想以实事求是、群众路线、独立自主为基本特色，科学回答了在中国这一半殖民地半封建的东方大国开展党领导的人民民主革命的一系列问题。毛泽东思想所阐发的马克思主义的、具有鲜明中国作风和中国气派的世界观和方法论，所蕴含的既是马克思主义的又熔铸了中国传统文化精华的博大精深的辩证法，所奠定的中国革命和建设的基本原理，永远是中国共产党和中国人民宝贵的思想财富和理论武器。

在毛泽东思想伟大旗帜的指引下，1949年10月1日——仅仅在七大4年之后，中国革命就取得了胜利。

新中国成立后，中华民族的复兴史掀开了新的一页。"筚路蓝缕，以启

---

[1] 《毛泽东选集》第2卷，人民出版社1991年版，第534页。

山林。"以毛泽东为代表的党的第一代领导集体继续致力于马克思主义中国化，对如何从中国实际出发，建设和发展社会主义做了初步的然而是奠基性的、弥足珍贵的探索，形成了许多科学认识和宝贵经验，进一步丰富和发展了毛泽东思想。但是，由于种种原因，在探索社会主义建设道路过程中走过了曲折的道路，出现了重大失误，在很长的一段时间里，"左"的思想占了主导地位，直至发展到"文化大革命"这样的全局性错误，教训极为深刻。

错误和挫折教训了我们党，也启迪了伟大的中华民族。在走向民族复兴的新征途上，如何把马克思主义与中国社会主义建设和改革的具体实践结合起来，继承和发展毛泽东思想，形成指引方向、规范道路、凝聚人心的新的伟大旗帜，这一不容回避的课题历史地提到了中国共产党人面前。

以上，就是中国特色社会主义旗帜应运而生的历史动因和内在逻辑。

二

以党的十一届三中全会为发端，中国进入了一个改革开放的新时期。马克思主义与中国实际相结合的第二个历史性飞跃是在这一伟大历史进程中实现的，我们党关于旗帜问题的新思考、新认识、新升华也是在这一伟大历史进程中实现的。

回顾党的十一届三中全会前夕，国家面临的是十分困难的局面：十年内乱给党和国家带来了极其严重的创伤。"四人帮"虽然被粉碎了，然而"无端风雨，未肯收尽余寒"，"左"的思想积重难返，拨乱反正举步维艰。而此时在域外，一场新科技革命正洪波涌起，新的发展浪潮千帆竞发……

中国向何处去？这样一个严峻的问题历史地摆在了我们党的面前。

"一个党，一个国家，一个民族，如果一切从本本出发，思想僵化，迷

— 26 —

信盛行，那它就不能前进，它的生机就停止了，就要亡党亡国。"

"如果现在再不实行改革，我们的现代化事业和社会主义事业就会被葬送。"

1978年12月13日，在党的十一届三中全会前召开的中央工作会议上，邓小平同志的这两句惊世骇俗、振聋发聩的话，至今听来依然令人警醒，令人感奋。邓小平同志的话代表了我们党、我们民族在当时最深刻的历史感悟，标志着中国共产党人在社会主义建设时期的又一个了不起的觉醒！

正是这个伟大觉醒引发了我们党对旗帜问题的新的探索和思考，孕育了从理论到实践的伟大创造。

1982年9月邓小平同志在党的十二大的开幕词里讲的一句话，同样可看作对这次觉醒的理论总结。他讲道："把马克思主义的普遍真理同我国的具体实际结合起来，走自己的道路，建设有中国特色的社会主义，这就是我们总结长期历史经验得出的基本结论。"①

"建设有中国特色的社会主义"——这就是我们党在第二次觉醒中形成的理性认识。这一命题的提出，界定了改革开放30年来中国社会发展的历史走向。其后，中国的发展进程，进而我们党的全部理论创新和实践活动，就是围绕这样一个鲜明的主题而展开的。从理论上说，就是不断搞清楚什么是社会主义、怎样从中国实际出发建设和发展社会主义，建设什么样的党、怎样建党，实现什么样的发展、怎样发展，谱写马克思主义中国化的新篇章；从实践上说，就是尊重亿万群众的伟大创造，大胆借鉴和吸收人类一切优秀的文明成果，不断解放思想、推进改革开放，坚持在改革开放中完善和发展社会主义。

这是一个理论与实践相统一的无比生动的、辩证发展的进程，正是这

①《邓小平文选》第三卷，人民出版社1993年版，第3页。

样一个历史进程深刻改变了中国人民的面貌、社会主义中国的面貌、中国共产党的面貌。社会主义和马克思主义在中国大地上焕发出勃勃生机，给人民群众带来了过去所不曾有的、日益增多的福祉，中国大踏步地赶上了时代前进的潮流，中华民族迎来了伟大复兴的灿烂曙光。

邓小平同志曾说："我们干的事业是全新的事业。"①30年来，中国共产党和中国人民在改革开放的新事业中创造的成就和业绩举世瞩目、令人惊艳，然而最骄人、最弥足珍贵的是，我们开辟了新的道路、创造了新的理论。这个新道路、新理论有一个共同的、响亮而光鲜的名字，叫作中国特色社会主义。

中国特色社会主义道路，就是在中国共产党领导下，立足基本国情，以经济建设为中心，坚持四项基本原则，坚持改革开放，解放和发展社会生产力，巩固和完善社会主义制度，建设社会主义市场经济、社会主义民主政治、社会主义先进文化、社会主义和谐社会，建设富强民主文明和谐的社会主义现代化国家。30年实践证明，这是一条成功之路、光明之路、幸福之路、希望之路。这条道路之所以完全正确、之所以能够引领中国发展进步，关键在于它既坚持了科学社会主义的基本原则，又根据我国实际和时代特征赋予其鲜明的中国特色。在当代中国，坚持中国特色社会主义道路，就是真正坚持社会主义。

中国特色社会主义理论体系，就是包括邓小平理论、"三个代表"重要思想、科学发展观等重大战略思想在内的科学理论体系。这个理论体系，坚持和发展了马克思列宁主义、毛泽东思想，凝结了几代中国共产党人团结带领人民不懈探索实践的智慧和心血，是马克思主义中国化最新成果，是党最可宝贵的政治和精神财富，是全国各族人民团结奋斗的共同思想基

---

① 《邓小平文选》第三卷，人民出版社1993年版，第253页。

础。在当代中国，坚持中国特色社会主义理论体系，就是真正坚持马克思主义。

中国特色社会主义的伟大旗帜傲世凌空，亮丽而炫目地飘扬在世界东方的天幕上。

三

党的十七大第一次高屋建瓴地综括改革开放以来的历史进程，科学揭示十一届三中全会以来党的理论与实践的本质内涵，深刻把握当代中国发展进步的前进方向，从道路与理论体系的统一上鲜明提出并郑重宣示将坚定不移地高举中国特色社会主义旗帜，意义重大而深远。

旗帜就是方向。改革开放以来，中国已经有了很大的发展，但依然任重道远。中国改革开放成绩是辉煌的，但前进中的问题和矛盾也不容忽视。站在新的历史起点上，我们面对的机遇前所未有，挑战也前所未有。中国将怎样总结过去、把握现在、走向未来，这是世人普遍关注的问题。提出高举中国特色社会主义伟大旗帜，并据以阐明发展中国特色社会主义的思想保证、强大动力、基本要求和奋斗目标等，这就把我们党所坚持的最重要、最关键的点都提炼和揭示出来了，把中国发展的不可移易的方向界定下来了。这是我们党对改革开放30年来治国理政经验的深刻总结，是对世界发展大势和中国社会前进脉搏的准确把握，是对现阶段改革发展面临的新考验新问题的应对回答，是开创中国特色社会主义事业发展新局面的根本遵循。

旗帜就是分野。旗，按照《辞海》的解释，就是事物表识的意思。自马克思主义诞生以来，人类社会就存在着社会主义与资本主义两大思想体系、价值观念和社会制度的尖锐对立。在国际社会主义运动中，也存在着马克思主义与形形色色的假马克思主义、科学社会主义与形形色色的伪社会主义的经纬区别。当今世界是一个文化多元，各种不同的价值观念、发展理念、发展道路、发展模式并存的世界，各种思想文化相互激荡。西方敌对势力一刻也没有放松"西化""分化"中国的图谋，千方百计企图影响和改变中国的政治走向。从国内来说，各种思想也非常活跃，一些人不能正确认识我国改革开放政策的实质以及改革进程中出现的一些新矛盾、新问题，对中国的发展道路、发展方向存在种种模糊的甚至是错误的认识。从这一意义上说，提出并高举中国特色社会主义旗帜，可以说是一个政治宣示。它郑重地告诉世人：社会主义是中国人民的历史性选择，改革开放是社会主义发展的强大动力。中国实行的改革开放是坚持四项基本原则的改革开放，是社会主义制度的自我完善和发展，从而与资本主义，以及所谓的"民主社会主义"等划清了界限；中国所搞的社会主义是中国特色的社会主义，是实行改革开放的社会主义，是因为改革开放而充满生机与活力的社会主义，从而与传统的、僵化的社会主义模式划清了界限。中国不会走资本主义的邪路，也不会走封闭僵化的老路。"一枕黄粱再现"，那些希望中国改变道路的人们可以休矣。

旗帜就是形象。形象是一个民族、国家、政党在一定历史时期精神风貌及气质的外在体现，是人们对一个民族、国家、政党的观感。形象是一种重要的软实力，而一个国家和政党的形象就写在了它的旗帜上。透过中国特色社会主义旗帜，人们所看到的正是今日中国人民的形象、当代中国的形象、当今中国共产党人的形象。改革开放30年来，中国人民摆脱了许许多多精神上的枷锁和禁锢，思想上获得了空前的解放，把以爱国主义为核心的民族精神和以改革开放为核心的时代精神统一起来，展示了前所未有的创造活力；十几亿人口的社会主义中国实现了从"以阶级斗争为纲"到以经济建设为中心、从封闭半封闭到改革开放、从计划经济到市场经济的深刻转变，以经济社会的飞速发展令人瞩目，以面向现代化、面向世界、面向未来的崭新面貌巍然屹立在世界东方；我们党重新确立了马克思主义的思想路线、政治路线和组织路线，在领导改革开放历史实践中推进党的建设新的伟大工程，坚持与时俱进，全面进行理论创新、政策创新、制度创新，始终走在了时代的前列，以执政为民的骄人政绩和崭新作风赢得人民群众竭诚拥护，成为中国特色社会主义事业的坚强领导核心。总之，透过这面旗帜，人们看到的是一个青春焕发、活力四射的中国，一个锐意改革、开拓创新的中国，一个愚公移山、砥砺前行的中国，一个气宇恢宏、海纳百川的中国，一个秉持科学发展、和谐发展、和平发展理念的中国。她展示了一个伟大民族的自强和自信，预示了一个伟大民族的复兴和雄起。

旗帜就是昭示。《共产党宣言》发表160多年来，国际社会主义运动经历了跌宕起伏的历程，有过凯歌猛进的狂飙岁月，也遭受了重大挫折，甚至陷入低潮。回顾20世纪80年代末90年代初的苏东剧变，社会主义运动一时众芳摇落、百卉凋零，西方世界一片兴高采烈，许多资本主义预言家迫不及待地断言，社会主义运动已经终结。然而，社会主义中国的异军突起、"华丽转身"，却令他们大跌眼镜。高高飘扬的中国特色社会主义旗帜告诉世人：马克思主义是真理，而真理是摧不垮、打不倒的。社会主义在一些国家遭遇的挫折不是因为科学社会主义本身的谬误，恰恰是因为由于复杂的历史原因，人们未能正确理解并结合本国实际坚持科学社会主义的原理。中国特色社会主义的理论与实践，在新的时代和中国的土地上极大地丰富发展了马克思主义，极大地更新和深化了我们对科学社会主义的认识，使社会主义固有的优越性和旺盛生命力得到了充分的验证和展现。可以预期，在这一旗帜指引下，到21世纪中叶，中国基本实现社会主义现代化，"这不但是给占世界总人口四分之三的第三世界走出了一条路，更重要的是向人类表明：社会主义是必由之路，社会主义优于资本主义"①。

旗帜就是理想。理想是建立在对人类社会、自然界发展客观规律的认识之上的对于未来的预期、向往和追求。一个党，一个民族，一个国家一定要有理想。一个没有为理想之光所照亮、所点燃的民族，是没有希望的民族。中国特色社会主义旗帜的提出就是对当代中国人民共同理想的一种标示、一种界定，也是对中国共产党人奋斗的终极理想的一种标示、一种界定。这一旗帜的经纬里织进了几代中国共产党人带领人民不懈探索、艰辛实践的智慧和心血，体现了党的最高纲领和最低纲领的统一，社会主义和爱国主义的统一，先进性与群众性的统一，崇高性与科学性的统一，反映了中国人民开创更加幸福美好未来的强烈愿望和期待，表达了中国民族走向伟大复兴的坚强意志和决心，因而具有巨大的亲和力、凝聚力和感召力。

旗帜就是召唤。实现民族的伟大复兴，是中华民族的百年梦想；建设富强、民主、文明、和谐的社会主义现代化国家，是十几亿中国人民的美好愿景。中国特色社会主义旗帜就开辟了实现这一梦想的现实道路，展示了体现这一愿景的宏伟蓝图。它如同海岸线上已见喷薄欲出的朝日在鼓舞着我们，如同地平线上已经清晰可见的新大陆在吸引着我们。

旗帜如画，前程似锦！

（本文发表于2008年12月，系为纪念党的十一届

三中全会召开30周年而作）

---

①《邓小平文选》第三卷，人民出版社1993年版，第225页。

马克思主义中国化的新飞跃
—— 论中国特色社会主义理论体系

一个民族要站在科学的顶峰，一个政党要走在时代的前列，就一刻也离不开理论思维。

党的十八大报告指出："中国特色社会主义理论体系，就是包括邓小平理论、'三个代表'重要思想、科学发展观在内的科学理论体系，是对马克思列宁主义、毛泽东思想的坚持和发展。"深刻理解中国特色社会主义理论体系的形成及其内涵，对于贯彻落实党的十八大精神具有重要意义。

一

中国特色社会主义理论体系形成于改革开放的新时期，但它并非空穴来风、天外飞来，而是建立在了我们党一以贯之的理论思维传统的基础之上，建立在了新中国前三十年社会主义探索宝贵经验和科学认识的基础之上。

新中国成立后，以毛泽东为代表的党的第一代领导集体就基于我们党一贯的独立自主、走自己的路的思维方式，开始了中国式社会主义道路的探索。毛泽东在《论十大关系》中指出："社会科学，马克思列宁主义，斯大林讲得对的那些方面，我们一定要继续努力学习。我们要学的是属于普遍真理的东西，并且学习一定要与中国实际相结合。如果每句话，包括马克思的话，都要照搬，那就不得了。"他敏锐地提出了"以苏为鉴"的观点。邓小平曾这样精辟地概括了毛泽东在探索中国社会主义建设道路上的贡献："在搞社会主义方面，毛泽东主席的最大功劳是将马克思列宁主义的

— 33 —

普遍真理同中国的具体实践结合起来。"

毛泽东创造性地提出了社会主义社会基本矛盾和两类矛盾学说，并较早探索了中国社会主义发展阶段问题。1954年6月，他在《关于中华人民共和国宪法草案》的讲话中提出，"建设一个伟大的社会主义国家"和"建成一个伟大的社会主义国家"这两个概念代表着不同的发展阶段。1959年12月至1960年2月，毛泽东在《读〈苏联政治经济学教科书〉的谈话》中比较集中地谈论了社会主义的发展阶段问题，他指出："社会主义这个阶段，又可能分为两个阶段，第一个阶段是不发达的社会主义，第二个阶段是比较发达的社会主义。后一阶段可能比前一阶段需要更长的时间。"毛泽东认为，从不发达的社会主义到比较发达的社会主义需要一百年左右或者更长的时间。可以说，毛泽东关于"不发达社会主义阶段"的思想正是社会主义初级阶段论的理论源头。

由于复杂的国际国内条件及主客观原因，我们党在社会主义建设道路的最初探索中，在取得巨大成绩的同时也经历了重大挫折，特别是后来提出的"无产阶级专政下继续革命的理论"，更是理论上的严重失误。但从总体上来看，以毛泽东为核心的党的第一代领导集体在社会主义理论建设上取得了十分宝贵的成果，提出了不少有价值的观点，为中国特色社会主义理论的萌发和形成做了理论准备。

二

十一届三中全会后，我们党重新确立解放思想、实事求是的思想路线；把党和国家的中心任务转移到经济建设上来，提出了"建设有中国特色社会主义"的时代命题，开始了新的理论创造，中国特色社会主义理论体系也由此发源。

开山之作、奠基之作——邓小平理论

中国特色社会主义理论体系的创立和奠基是与邓小平同志的名字紧紧联系在一起的。如果说，从1978年的十一届三中全会到1982年的十二大召开，邓小平理论主要观点开始形成，那么从1982年的十二大到1987年的十三大，邓小平理论逐步展开，略具雏形。这一时期，我国改革从农村家庭联产承包责任制转到了以城市为中心的全面经济体制改革，科技、教育和政治体制改革也逐渐展开，商品经济有了长足的发展，为孕育和生长新的社会主义建设理论提供了丰厚的土壤。正是在这一基础上，党的十三大明确提出了"建设有中国特色的社会主义理论"的概念并对其做了初步阐发。邓小平1992年初的南方谈话，堪称其理论成熟的标志，也是其重要理论观点的集大成者。1997年9月党的十五大正式提出了"邓小平理论"的概念，用邓小平的名字来命名"建设有中国特色社会主义的理论"可谓实至名归。在对中国社会主义建设规律再认识的过程中，邓小平同志形成和提出了一系列新的理论观点。例如，关于解放思想、实事求是，以实践作为检验真理的唯一标准的观点；关于建设社会主义必须根据本国国情，走自己的路的观点；关于社会主义社会的根本任务是发展生产力，集中力量实现现代化的观点；关于社会主义经济是有计划的商品经济的观点；关于改革是社会主义社会发展的重要动力，对外开放是实现社会主义现代化的必要条件的观点；关于坚持四项基本原则同坚持改革开放的总方针这两个基本点相结合、缺一不可的观点；关于用"一个国家，两种制度"来实现国家统一的观点；关于和平与发展是当代世界的主题的观点；等等。这些富有时代特色的新观点，初步回答了我国社会主义建设的阶段、任务、动力、条件、布局和国际环境等基本问题，构成了中国特色社会主义理论的基本轮廓。

继往开来的理论之花——"三个代表"重要思想

1989年党的十三届四中全会以后，以江泽民为核心的第三代领导集体接过了改革开放的接力棒，在高高举起邓小平理论旗帜的同时，开始了新的理论探索。正如江泽民同志所说："要使党和国家的事业不停顿，首先理论不能停顿。"

在世纪之交风云激荡的形势下，江泽民对党的建设问题予以极大关注。2000年2月江泽民在视察广东高州市时，第一次完整提出了"三个代表"。2001年江泽民的"七一"讲话，对"三个代表"重要思想每一层面间的关系进行了阐述。2002年11月8日，在十六大报告中，江泽民全面、深刻地阐述了"三个代表"重要思想的科学内涵和重大意义。"三个代表"重要思想在改革发展稳定、内政外交国防、治党治国治军各方面，提出了一系列紧密联系、相互贯通的新思想新观点新论断，在进一步回答"什么是社会主义、怎样建设社会主义"问题的同时，创造性地回答了"建设什么样的党、怎样建设党"的问题。"三个代表"重要思想强调，在新的历史条件下加强党的建设，重点是要把握好党的历史方位，以改革的精神加强和改进党的建设，切实解决好提高党的领导水平和执政水平、提高拒腐防变和抵御风险能力这两大历史性课题。"三个代表"重要思想提出了关于中国共产党是中国工人阶级的先锋队同时也是中国人民和中华民族的先锋队的思想，关于坚持立党为公、执政为民的思想，关于坚持把加强党的思想理论建设放在首位、不断推进马克思主义的中国化的思想，关于加强党的执政能力建设、改革和完善党的领导方式和执政方式的思想，关于坚持民主集中制、以党内民主带动人民民主的思想，关于大力培养忠诚于马克思主义、坚持走中国特色社会主义道路、会治党治国的政治家的思想，关于领导干部一定要讲学习、讲政治、讲正气的思想，关于始终保持党同人民群众的血肉联系、不断增强党的阶级基础和扩大党的群众基础的思想，关于治国必先治党、治党务必从严的思想，关于反对腐败是关系党和国家生死存亡的严重政治斗争的思想，等等。这些重大思想的提出，表明我们党对共产党执政规律、社会主义建设规律和人类社会发展规律的认识，达到了新的境界。

新世纪新阶段的崭新篇章——科学发展观

历史的车轮驶入21世纪，国际形势继续发生着广泛而深刻的变化。我国进入全面建设小康社会、加快推进社会主义现代化的新的发展阶段。"实现什么样的发展，怎样发展"的问题日益凸显。以胡锦涛同志为总书记的党中央，坚持以邓小平理论、"三个代表"重要思想为指导，勇于推进实践基础上的理论创新，围绕坚持和发展中国特色社会主义提出一系列紧密相连、相互贯通的新思想新观点新论断，提出了科学发展观。科学发展观是马克思主义同当代中国实际和时代特征相结合的产物，是马克思主义关于发展的世界观和方法论的集中体现，把我们对中国特色社会主义规律的认识提高到新的水平，开辟了当代中国马克思主义发展新境界。

科学发展观的第一要义是发展。强调发展是解决中国所有问题的关键，必须坚持发展是硬道理的战略思想，着力把握发展规律、创新发展理念、破解发展难题，加快形成符合科学发展要求的发展方式和体制机制，为坚持和发展中国特色社会主义打下牢固基础。科学发展观的核心立场是以人为本，强调始终把实现好、维护好、发展好最广大人民根本利益作为党和国家一切工作的出发点和落脚点，尊重人民首创精神，保障人民各项权益，不断在实现发展成果由人民共享、促进人的全面发展上取得新成效。科学发展观的基本要求是全面协调可持续，强调全面落实经济建设、政治建设、文化建设、社会建设、生态文明建设五位一体总布局，促进现代化建设各方面相协调，促进生产关系与生产力、上层建筑与经济基础相协调，不断开拓生产发展、生活富裕、生态良好的文明发展道路。科学发展观的根本方法是统筹兼顾，强调坚持一切从实际出发，正确认识和妥善处理中国特色社会主义事业中的重大关系，统筹改革发展稳定、内政外交国防、治党治国治军各方面工作，统筹城乡发展、区域发展、经济社会发展、人与自然和谐发展、国内发展和对外开放，统筹各方面利益关系，充分调动各方面积极性，努力形成全体人民各尽其能、各得其所而又和谐相处的局面。

从邓小平理论到"三个代表"重要思想，再到科学发展观，我们党以巨大的理论勇气和创新精神，在继承中发展，在发展中创新，不断深化了在中国这样一个落后的东方大国建设社会主义规律的认识，开辟了当代中国马克思主义的新境界。

三

通过上述历史回顾可以看出，中国特色社会主义理论体系是一脉相承而又与时俱进的、严整的、开放的科学体系，必须将其作为一个整体来学习、来研究，悉心领会其精神实质，把握贯穿于其中的世界观和方法论。

其一，主题词——什么是社会主义、怎样建设社会主义，建设什么样的党、怎样建设党，实现什么样的发展、怎样发展

什么是社会主义、怎样从中国实际出发建设社会主义，是中国特色社会主义理论体系的核心内容，因为这是建设中国特色社会主义的根本问题、首要问题。从提出"建设有中国特色社会主义"这一命题开始，党的中央领导集体一直未曾停止对这一问题的思考和回答。他们立足新的历史方位和时代条件，结合中国特色社会主义阶段性特征，针对实践发展中不断出现的新情况新问题，既没有丢掉"老祖宗"，也没有照抄照搬"老祖宗"，不断深化了对社会主义本质及其本质特征的认识和阐发，不断深化了对党在社会主义初级阶段的兴国之要、立国之本、强国之路等一系列带根本性问题的认识和阐发，不断深化了对中国社会主义建设规律的认识和阐发。

建设什么样的党、怎样建设党，是中国特色社会主义理论体系的重要内容。我们党是一个在十几亿人口的大国长期执政的党。只有把党建设成为始终走在时代前列的、具有很强执政能力的、先进的、纯洁的工人阶级政党，建设成为学习型、创新型、服务型的马克思主义执政党，社会主义事业才有坚强的领导核心。同样，改革开放伊始，我们党就启动了这方面的探索和回答，并随着形势和实践的发展而不断深化。邓小平同志针对十年内乱后党的现状和改革开放初期的新情况，及时提出"这个党该抓了"。江泽民鉴国际政党之兴衰、审国内党建之现状，创立了"三个代表"重要思想。胡锦涛提出了坚持和发展党的先进性、加强党的执政能力建设的时代课题，把党的建设推进到了一个新阶段。

实现什么样的发展、怎样发展是中国特色社会主义理论体系的时代主题。从一定的意义上说，建设中国特色社会主义就是解决中国的发展问题。从十一届三中全会以来我们党制定的路线、方针、政策看，发展的问题一直是我们党思考、探索和解决的关键问题，改革开放的过程就是我们党不断深化对发展问题认识的过程。党的十一届三中全会以后，邓小平同志在领导改革开放的实践中，创造性地提出了社会主义的根本任务是发展生产力，发展才是硬道理，实施"三步走"战略，坚持"两手抓、两手都要硬"，统筹"两个大局"等一系列重要思想。党的十三届四中全会以后，江泽民同志在领导改革开放的实践中，提出了把发展作为党执政兴国的第一要务，坚持用发展的办法解决前进中的问题，建立社会主义市场经济体制，促进社会主义物质文明、政治文明、精神文明全面发展和人的全面发展，正确处理改革发展稳定关系等一系列重要思想。新世纪新阶段胡锦涛同志提出的科学发展观等战略思想更是集中地回答了中国如何实现又好又快发展的问题。从"硬道理"到"第一要务"再到"科学发展"，从"中国式的现代化"到"三步走"的发展战略再到全面建设小康社会、"两个一百年"的发展规划，从"两手抓"到"三位一体""四位一体""五位一体"的建设总布局的形成和完善，生动地记录了我们党在发展问题上不断深化认识的轨迹。

总之，社会主义、党的建设、发展就是中国特色社会主义理论体系的主题词。这三个方面相互联系、相互支撑、相互渗透、相互贯通。围绕着这三个基本问题，中国特色社会主义理论体系，纵向上从原理延伸和分解到纲领、路线、方针、原则、政策、策略、方法、作风等各个层面；横向上涵盖和辐射到经济、政治、文化、社会、军事、外交、科技、教育、统一战线、祖国统一、党建等各个领域。

其二，两大基石——社会主义的本质论和社会主义初级阶段的国情论

社会主义实践说明，搞好社会主义取决于两个主要因素：一是对社会主义的科学理解；二是制定切合实际的正确政策。

建设和发展社会主义，首先就要把什么是社会主义搞清楚。长期以来，在国际社会主义运动中，由于对马克思主义经典作家某些论断的教条式的、片面的理解，由于苏联模式的影响，在对社会主义的理解上存在种种错误的、偏颇的、不合时宜的认识。这是造成社会主义实践遭受重大挫折的重要原因。十一届三中全会后，邓小平同志反思国际共运特别是我国社会主义建设的经验教训，指出社会主义没有搞好，主要是对什么是社会主义、怎样建设社会主义这个问题没有搞清楚。为此，他带领全党对社会主义的本质进行了不懈探索。经过长期思考，在南方谈话中，他对社会主义的本质做了一个堪称经典的概括："社会主义的本质就是解放生产力，发展生产力，消灭剥削，消除两极分化，最终实现共同富裕。"这一概括打破了长期以来用具体模式界定社会主义的思维定式，从生产力与生产关系、目标与过程的统一上对社会主义本质做了深刻的揭示，标志着我们在社会主义本质认识上的巨大的思想解放。正是有了对社会主义本质的再认识及其不断深化，中国特色社会主义理论才找到了现实的生长点。

找到一条适合中国特点的发展道路，还必须搞清楚中国的国情。在一个相当长的时期内，我们对自己的基本国情的认识和把握并不是完全清醒的。一段时间里，甚至不切实际地提出"大跃进"，陷入所谓"超英赶美""跑步进入共产主义"的狂热。超越阶段的"左"的指导，是我国在社会主义建设中遭受挫折的重要原因之一。邓小平说，过去"左"的教训之一就在于"制定的政策超越了社会主义的初级阶段"①。十一届三中全会以后，以邓小平为代表的中国共产党人逐步形成了我国正处于并将长期处于社会主义初级阶段的科学认识。用邓小平同志的话说，我们搞的社会主义是"不够格的社会主义"。社会主义初级阶段国情论的确立，为我们在现阶段为什么只能采取今天这样的政策而不能采取别样的政策提供了总依据。

重新认识社会主义的本质是解放思想；重新认识中国国情也是解放思想。对社会主义本质的科学认识，使我们从对马克思主义的教条式的、胶柱鼓瑟式的、片面的乃至错误的理解中解放出来；对中国国情的清醒认识，使我们从习惯于急于求成、盲目乐观、头脑发热的思维定式中解放了出来。

其三，核心立场——全心全意为人民服务，以人民为中心

全心全意为人民服务是党的根本宗旨，党的一切奋斗和工作都是为了造福人民，都是着眼于回应人民的期盼，实现人民的向往。中国特色社会主义理论体系，从创立开始，就牢牢把握这一根本宗旨，以实现、维护和发展最广大人民群众的根本利益为出发点和落脚点。以人民为中心，从人民的利益出发思考问题，是中国特色社会主义理论体系最为宝贵的理论品格。

邓小平同志之所以提出"建设有中国特色的社会主义"命题，一个最根本的出发点和现实因素，就是十年"文革"造成生产力发展停滞不前，人民生活水平普遍低下，温饱问题没有得到解决。"发展是硬道理""贫穷不等于社会主义"等耳熟能详的话语，虽然朴实无华，但充分体现了邓小平理论心系人民的情怀。

①《邓小平文选》第三卷，人民出版社1993年版，第269页。

江泽民同志之所以提出"三个代表"重要思想，一个深远的战略考虑，就是党在历史方位和历史任务发生很大变化的情况下，如何保持和发展自身的先进性，实现好、维护好和发展好最广大人民群众的根本利益。中国古代哲学认为"道生一，一生二，二生三，三生万物"。"三个代表"归结起来就是一个"代表"——"代表中国最广大人民的根本利益"，因为"代表中国先进生产力的发展要求"也好，"代表中国先进文化的前进方向"也好，归根结底都是为了更好地、从本质上代表中国最广大人民的利益。

科学发展观更是把以人为本作为核心立场。长期以来，"以人为本"被认为是资产阶级的人本主义。鲜明提出"以人为本"并赋予其全新的马克思主义诠释，是党的宗旨在新形势下的升华，是党的执政理念的重大创新。在科学发展观的语境里，以人为本的"人"，就是人民，就是作为"人"的每一个普通群众。以人为本的"本"，就是根本，就是中心，就是想问题、办事情的出发点和落脚点。

其四，精神实质——解放思想、实事求是、与时俱进、求真务实

解放思想、实事求是、与时俱进、求真务实，是中国特色社会主义理论体系最鲜明的精神实质。

思想路线的根本问题是主观与客观的关系问题。"实事求是"是马克思主义思想路线的本质和核心，它揭示和回答了主观与客观的关系。毛泽东对"实事求是"这一中国古代成语进行了全新的马克思主义诠释，他说："'实事'就是客观存在着的一切事物，'是'就是客观事物的内部联系，即规律性，'求'就是我们去研究。"十一届三中全会以后，我们党恢复了实事求是的思想路线，才有了新理论的发展，中国特色社会主义理论体系才找到了哲学基础和逻辑起点。

实事求是离不开解放思想。解放思想是马克思主义思想路线的重要内容和本质特征，它回答了新认识与旧认识的关系问题。人们总是在已有认识的基础上进行新的认识的。人的认识往往带有思维惯性，容易形成思维定式，因此解放思想是马克思主义的一条重要原则。从改革开放一开始，邓小平就号召大家摆脱那种僵化的、教条主义的思想束缚，冲破不切实际的条条、框框、本本，用新的思想代替旧的思想，独立地思考中国的问题。正是因为思想的大解放和不断解放，中国特色社会主义理论体系才能够不断发展完善。

解放思想与实事求是的辩证统一，在认识运动的时间维度上必然表现为与时俱进。与时俱进，脱胎于中国古代"与时偕行""与世推移""与时俱化""因时制宜""应时达变""时移事迁"等词，科学回答了时间维度与认识运动的关系问题。与时俱进，就是党的全部理论和工作要体现时代性，把握规律性，富于创造性。改革开放以来，我们党坚持与时俱进，正确认识今日之"时"与过去之"时"的不同，正确把握今日之发展阶段与以往发展阶段相比呈现出的新情况、新特点，坚持发展着的马克思主义来指导新的实践。可以说，与时俱进是中国特色社会主义理论体系之树常青的根本原因。

解放思想、实事求是、与时俱进，贯彻于工作实践、见之于工作作风，必然表现为求真务实。"求真"就是深入实际调查研究，发现真理，认识真理，按照事物本来的面目说话办事，不能"作假"；"务实"就是依据实际情况，解决实际问题，抓好工作落实，不能"弄虚"。官僚主义和形式主义是求真务实的大敌，必须坚决反对和摒弃。

其五，理论特色——社会主义与爱国主义的统一

邓小平有一句名言："我是中国人民的儿子。我深情地爱着我的祖国和人民。"邓小平还有一句话："我是个马克思主义者，我一直遵循着马克思主义的基本原则。"这两句话，最能体现他坚信马列、热爱祖国的高尚人格，同时也彰显了由他奠基和创立的中国特色社会主义理论体系的品格。

从字面上看，中国特色社会主义理论体系包含了两个关键词，一是"社会主义"，二是"中国特色"。"社会主义"就是表明这一理论属于马克思主义科学社会主义的范畴，坚持社会主义的基本原则、制度选择和价值取向，因而它是社会主义的；"中国特色"就是表明这一理论着眼于解决中国的发展问题、着眼于中华民族的伟大复兴，立足于中国国情，做中国自己的事，走中国自己的路，为中国人民谋福祉，因而它是爱国主义的。党的十八大报告指出，建设中国特色社会主义"总任务是实现社会主义现代化和中华民族的伟大复兴"，这二位一体的总任务正彰显了其社会主义与爱国主义统一的鲜明特色。

　　总之，中国共产党90多年、新中国60多年、改革开放30多年的实践证明，中国特色社会主义理论体系就是当代中国的马克思主义。在当代中国，坚持中国特色社会主义理论体系，就是真正坚持了马克思主义，就是真正坚持了科学社会主义。站在新的起点上推进中国特色社会主义的伟大事业，必须进一步增强理论自觉和自信，让中国特色社会主义理论真理的光辉永远灿烂地照亮中华民族伟大复兴的胜利航程！

（本文发表于2012年12月）

当代中国共产党人的思想之旗、精神之魂

——感悟习近平新时代中国特色社会主义思想的文化品格

马克思指出："任何真正的哲学都是自己时代精神的精华。"毛泽东也说过："主义譬如一面旗子，旗子立起了，大家才有所指望，才知所趋赴。"

习近平新时代中国特色社会主义思想是马克思主义中国化的最新成果，是当代中国的马克思主义、21世纪的马克思主义。它既是国家政治生活和社会生活的根本指针，同时也是当代中国共产党人和中国人民的思想之旗、精神之魂。学习习近平新时代中国特色社会主义思想不仅要弄懂弄通其博大精深的科学体系，掌握其在新时代坚持和发展中国特色社会主义的一系列重大的理论观点、科学论断、战略部署和实践要求，还要悉心领会其精髓要义，感悟熔铸和凝结于其中的文化品格。只有这样才能真正做到知其然又知其所以然，不断增强政治认同、思想认同、情感认同，切实做到学思用贯通，知信行统一。

一

政治品格是文化品格的核心内容，集中体现了一个政党的政治信仰、政治理想、政治立场、政治方向、政治目标、政治特质等。中国共产党是按照马克思主义的革命理论和革命风格建立起来的无产阶级政党，从它诞生的那一天起，就坚持以马克思主义的科学理论为指导，就把社会主义和共产主义的理想写在了自己的旗帜上，就把彻底革命的品格贯彻于党的自身建设上。90多年来，无论是血雨腥风还是惊涛骇浪，无论是大浪淘沙还

— 45 —

是风云变幻，我们党始终没有熄灭过信仰的圣火，始终没有降下过理想的风帆，始终没有停下过对自身进行革命性锻造的脚步。我们说习近平新时代中国特色社会主义思想是当代中国共产党人的思想之旗、精神之魂，首先是因为它如同一面迎风招展的旗帜，彰显了我们党信仰坚如磐、理想高于天、初心永不变的政治品格。

对马克思主义的坚定信仰和科学态度。"不畏浮云遮望眼，只缘身在最高层。"面对《共产党宣言》发表以来的时代变迁，云卷云飞、潮起潮落，面对世界范围内的各种思想文化相互激荡，习近平总书记指出，在人类思想史上，就科学性、真理性、影响力、传播面而言，没有一种理论能够达到马克思主义的高度，也没有一种学说能像马克思主义那样对世界产生如此巨大的影响。时至今日，马克思主义依然显示出科学思想的伟力，依然占据着真理和道义的制高点。习近平总书记强调，马克思主义是我们共产党人理想信念的灵魂，是我们立党立国的根本的指导思想。背离或放弃马克思主义，我们党就会失去灵魂、迷失方向。在坚持马克思主义指导地位这一根本问题上，我们必须坚定不移，任何时候任何情况下都不能有丝毫动摇。与此同时，他又强调，马克思主义必定随着时代、实践和科学的发展而不断发展。要以科学的态度对待科学，以真理的精神追求真理，不断赋予马克思主义以新的时代内涵。习近平总书记豪迈地说："新中国成立以来特别是改革开放以来，中国发生了深刻变革，置身这一历史巨变之中的中国人更有资格、更有能力揭示这其中所蕴含的历史经验和发展规律，为发展马克思主义作出中国的原创性贡献。"习近平新时代中国特色社会主义思想就充分展示了这种历史自觉和自信，就是这种"原创性贡献"的理论结晶。认真学习习近平总书记的论著，联系学习马克思主义经典作家的著作，可以发现在哲学、政治经济学、科学社会主义等各个领域，在经济、政治、法治、科技、文化、教育、民生、民族、宗教、社会、生态文明、国家安全、一国两制和祖国统一、国防和军队建设、党的建设等各个方面，习近平总书记都以一系列原创性的新思想新观点新论断发展了马克思主义，不仅为马克思主义思想宝库增添了新的时代内容、中国方略，而且形成了一系列新概念新范畴新表述，创造出一个完全中国特色、风格、气派的话语体系，引起了世界的广泛认同，使马克思主义在21世纪的中国放射出璀璨的时代光芒。

社会主义和共产主义的远大理想和脚踏实地、坚持和发展中国特色社会主义的道路自信、理论自信、制度自信和文化自信。社会主义五百年，经历了从空想到科学、从理论到实践、从一国实践到多国发展的波澜壮阔的发展历程。20世纪80年代末90年代初，世界社会主义遭受严重挫折。面对百卉凋残、众芳摇落的情势，有人兴高采烈，有人迷茫动摇。一些资本主义预言家迫不及待地宣称"二十世纪将以社会主义的失败和资本主义的胜利而告终"，还有人妄称社会主义中国也将随着"多米诺骨牌"效应而倒下。然而事实是社会主义的中国不仅屹立不倒，而且迎寒怒放、占尽风情。进入新时代，以习近平同志为核心的党中央，以"乱云飞渡仍从容""任尔东西南北风"的坚强定力，带领全党和全国人民坚定不移地走中国特色社会主义道路，充分展示了当代中国共产党人对崇高理想和政治信念的坚守。习近平总书记以深邃的历史眼光和世界眼光，把中国特色社会主义的形成和发展放在中华文明五千多年的传承发展中，放在世界社会主义五百年起伏跌宕的历史演进中，放在近代以来中华民族一百七十多年来从沉沦日亟到走向复兴的上下求索中，放在我们党九十多年奋斗历程中，放在新中国七十年的接续探索中，放在改革开放四十多年的伟大实践中来把握，从科学社会主义理论逻辑和中国社会发展历史逻辑的辩证统一上，深刻说明了中国选择马克思主义、选择社会主义道路、创立中国特色社会主义的历史必然性和唯一正确性。他说："中国特色社会主义是社会主义，不是别的什么主义。"必须始终坚持中国特色社会主义的道路、理论、制度、文化，全面贯彻党的基本理论、基本路线、基本方略。这些都是在新的历史条件下体现科学社会主义基本原则的内容，如果丢掉了这些，那就不成其为社会主义了。与此同时，他又强调中国特色社会主义不是简单延续我国历史文化的母版，不是简单套用马克思主义经典作家设想的模板，不是其他国家社会主义实践的再版，也不是国外现代化发展的翻版，必须奋勇开拓、深化发展，不断丰富中国特色社会主义的实践特色、理论特色、民族特色、时代特色。习近平新时代中国特色社会主义思想就从道路、理论、制度、文化等各个层面，从改革发展稳定、内政外交国防、治党治国治军等各个领域，全面坚持和发展了中国特色社会主义，写出了当代中国科学社会主义的"新版本"。新时代中国特色社会主义的崭新实践和辉煌成就，不仅有力地打破了社会主义"失败了"的神话，而且赋予了科学社会主义以鲜活的生命力，极大地深化了对共产党执政规律、社会主义建设规律、人类社会发展规律的认识，对世界发展和人类进步产生了深远的影响。

勇于自我革命、不断锤炼党的先进性和纯洁性的鲜明品格。中国共产党是一个马克思主义的革命党。这种革命性不仅体现在勇于推进伟大社会革命上，也体现在勇于进行自我革命上。在复杂的环境和复杂的斗争中，党面临着种种风险和挑战，不坚持不懈地进行自我革命，党就无法卓有成效地推进社会革命。回顾党的十八大以来的历程，以习近平同志为核心的党中央继续做好中国特色社会主义这篇大文章，正是从勇于刀口向内、进行自我革命破题立意的。针对一个时期以来，一些地方和单位管党不力、治党不严，导致党内问题越积越多的状况，以习近平同志为核心的党中央以壮士断腕的决心勇气，以坚忍顽强的意志品质正风肃纪、反腐惩恶，"挽住云河洗天青"，实现了党内政治生态明显好转，党的优良作风有效回归，为党和国家事业发展提供了重要的前提和保证。学习习近平总书记的论著，可以看到习近平新时代中国特色社会主义思想把全面从严治党、推进党的建设新的伟大工程放在中国特色社会主义战略布局的重要位置，深刻论述了锲而不舍地进行自我革命，实现党的自我净化、自我完善、自我更新、自我提高的重要性、紧迫性、艰巨性和长期性。他指出，马克思主义政党具有崇高的政治理想、高尚的政治追求、纯洁的政治品质、严明的政治纪律。如果马克思主义政党政治上的先进性丧失了，党的先进性和纯洁性就无从谈起。政治建设是党的根本性建设。思想建设是党的基础性建设，必须补足共产党人精神上的"钙"，炼就"金刚不坏之身"。作风建设永远在路上。要使纪律真正成为带电的高压线，全方位扎紧制度的笼子，巩固发展反腐败斗争压倒性胜利，通过不懈努力换来海晏河清、朗朗乾坤。

二

政治方向、政治目标、政治理想归根结底是一定的价值追求的体现。基于马克思主义的世界观人生观价值观，基于中国工人阶级的先进品格，中国共产党人形成了博大、崇高的价值追求。这种价值追求集中体现在党的初心和使命中。不忘初心，方得始终。牢记使命，永不懈怠。初心和使命是激励中国共产党人不断前进的根本动力。我们说习近平新时代中国特色社会主义思想是当代中国共产党人的思想之旗、精神之魂，还因为这一理论生动体现了我们党的价值追求和高尚情怀。

矢志不渝为人民谋幸福。我们共产党人闹革命、搞建设、兴改革，归根结底是为了让人民过上好日子。在党的十八大召开后新一届中央领导集体与记者的见面会上，习近平总书记就直白而深情地宣示："人民对美好生活的向往就是我们的奋斗目标。"学习习近平总书记的论著，可以发现字里行间处处体现着他心系人民、造福人民的赤子情怀，彰显了以人为本、人民至上的价值取向。他强调要牢牢坚守以人民为中心的根本立场，始终把人民放在心中最高的位置，始终全心全意为人民服务，始终为人民利益和幸福努力工作。他从党的性质宗旨和历史唯物主义的高度，深刻论述了共产党人来自人民、植根人民、服务人民、依靠人民的一致性；强调依靠人民创造伟业，创造人民自己的幸福生活和美好未来。他把共同富裕看作社会主义的本质特征和根本原则，看作中国共产党人带领人民所追求的一个基本目标，强调"我们追求的发展是造福人民的发展，我们追求的富裕是全体人民共同富裕"。他把决胜全面建成小康社会，放在坚持和发展中国特色社会主义战略布局之第一的位置，要求以更大的决心、更明确的思路、更精准的举措、超常规的力度决战决胜，打赢脱贫攻坚战。他豪迈地宣示："中华民族千百年来存在的绝对贫困问题，将在我们这一代人的手中历史性地得到解决。"

接续奋斗为民族谋复兴。近代以来，为了实现民族的复兴，亿万人魂牵梦萦，几代人上下求索，然而夜漫漫，路茫茫，一次次抗争，一次次失败。直到中国共产党登上历史舞台后，中华民族才终于迎来了浴火重生、凤凰涅槃的曙光。党的十八大后不久，习近平总书记的第一个举措就是带领新当选的政治局常委集体参观了国家博物馆《复兴之路》展览。也正是在这次活动中，他鲜明地提出了"中国梦"这一重大的政治命题。他说："现在，大家都在讨论中国梦，我以为，实现中华民族伟大复兴，就是中华民族近代以来最伟大的梦想。""中国梦"视野宽阔，内涵丰富，意蕴深刻。它思接千载，连接了中国的昨天、今天和明天；它视通万里，融通了中国和世界；它举大兼小，汇聚了中国人的家国情怀和人生梦想。因此，一经提出，这一命题就在中华大地和中华儿女中产生了极大的感召力、向心力和凝聚力，在世界上也引起了广泛的认同。习近平新时代中国特色社会主义思想以"中国梦"这一命题为原点，立足于中华民族伟大复兴历史进程的新的时代方位，深刻阐明了实现民族复兴的基本内涵、科学路径、战略步骤、目标任务，吹响了向民族复兴进军的新的时代号角，照亮了中华民族走上伟大复兴的新的壮阔航程。"长风破浪会有时。"欣看今日之中国，满园春色，满目生机。中华民族迎来了从站起来、富起来到强起来的伟大飞跃，中国人民以前所未有的昂扬姿态屹立于世界的东方，中华民族伟大复兴的曙光已经照临东方地平线。

勇立潮头为世界谋大同。赓续着中华民族"穷则独善其身，达则兼济天下"的文化传统，源于马克思主义政党的先进性质，中国共产党人形成了爱国主义与国际主义相统一的鲜明特色。他们胸怀祖国，放眼世界，有着"环球同此凉热"的远大胸襟和抱负。党的十八大以后，面对世界百年未有之大变局，面对世界多极化、经济全球化、社会信息化、文化多样化的浪潮，面对大发展大变革大调整的国际战略格局，面对机遇与挑战并存、主流与逆流交汇的错综复杂的局面，以习近平同志为核心的党中央牢牢把握国际国内两个大局，坚持在世界性的发展潮流中思考中国的发展问题，坚持以中国的发展促进世界的发展，引领中国前所未有地走近国际舞台的中央。他原创性地提出构建人类命运共同体的思想，成为中国引领时代潮流和人类文明进步方向的鲜明旗帜。他极富战略远见地提出共建"一带一路"倡议，把中国梦同沿线国家和世界其他国家人民的梦想结合起来，赋予古老的丝绸之路以全新的时代内涵。习近平新时代中国特色社会主义思想把握人类社会发展的历史规律，纵览时代风云，引领时代潮流，站在人类道义的制高点上，饱含着对人类发展重大问题的睿智思考和独特创见，为应对全球共同挑战、共同问题提供了中国智慧和中国方案。

三

政治品格、价值追求塑造和决定着一个党的精神风范。在革命、建设和改革的伟大实践中，在不断进行自我革命的锻造中，我们党凝练了实事求是的思想路线，熔铸了独具一格的伟大革命精神，形成了优良的作风，孕育了崭新的政党文化，展示了昂扬奋进、务实清廉的精神风貌，影响和带动了全民族。进入新时代，以习近平同志为核心的党中央守正创新，砥砺前行，使中国共产党人的精神风范获得了新的时代内涵，凸显了新的时代风采。我们说习近平新时代中国特色社会主义思想是当代中国共产党人的思想之旗、精神之魂，更因为它立起了新时代中国共产党人应有的精神风范。

解放思想、实事求是的精神禀赋。实事求是是中国共产党人的思想路线，认识世界、改造世界的不二法门。学习习近平总书记的论著可以清晰地感到，实事求是是贯穿其中的一条红线。在治国理政的各个方面、各个领域，习近平总书记所提出的方略、决策、举措，都建立在熟谙中国国情、深入调查研究的基础之上，既目光远大，又符合实际。他坚持解放思想与实事求是的统一，敏锐把握时代脉搏，善于倾听实践的呼声，以问题为导向，引导我们党在坚持和发展中国特色社会主义中不断解放思想，不断推进实践基础上的理论创新，开辟了马克思主义中国化的新境界。例如，作出我国社会主要矛盾已经转化为人民日益增长的美好生活需要和不平衡不充分的发展之间矛盾的论断，提出使市场在资源配置中起决定性作用等，都既是实事求是的科学考量，也是解放思想的理论结晶。

不负人民、不辱使命的无我担当。前不久，当国际友人问及其当选中国国家主席时的心情时，习近平总书记沉静而坚毅地说："我将无我，不负人民。我愿意做到一个'无我'的状态，为中国的发展奉献自己。"这是他自身精神境界的真实写照。党的十八大以后，习近平总书记站在领航中国的舵位上，义无反顾地肩负起了党和人民赋予的重任。他高度评价、大力倡导"心中装着全体人民，唯独没有他自己"的焦裕禄精神，因为他自已就是践行这种精神的典范。追溯党的十八大以来习近平总书记的内政外交活动，检索其大量的讲话、文稿、批示，可以发现他的工作是多么繁忙，日程是多么密集，论述是多么宏富。他的身影活跃在五大洲、四大洋的国际舞台，他的足迹踏遍祖国的山山水水。大到世界风云、环球冷暖、人类命运，小到百姓的柴米油盐、衣食住行、吃喝拉撒，都在他思考和关注的范围之内。他是那样的精神饱满、昂扬自信，又是那样的念兹在兹、夙夜在公。

逢山开路、遇水架桥的变革精神。新时代，中国的发展进入一个船到中流浪更急、人到半山路更陡的时候，改革进入了攻坚期和深水区。面对前进道路上的艰难险阻和风险挑战，习近平总书记表现了伟大马克思主义政治家、思想家、战略家的非凡的理论和实践勇气，强调改革再难也要向前推进，要敢于啃硬骨头，敢于涉险滩，敢于向积存多年的顽瘤痼疾开刀，敢于突破利益固化的藩篱。正是凭着这样一种精神，我们党领航中国实现了历史性变革、取得了历史性成就。"十万险滩皆稳渡，水头如箭过夔门。"可以预期，在以习近平同志为核心的党中央的领导下，中国特色社会主义的航船终将劈波斩浪，驶向胜利的彼岸。

抓铁有痕、踏石留印的务实作风。脚踏实地、真抓实干是中国共产党的鲜明品格。面对一段时期内形式主义、官僚主义滋长蔓延、禁而不绝的状况，习近平总书记反复强调，空谈误国，实干兴邦。一分部署，九分落实。要抓实、再抓实，不抓实，再好的蓝图也是一纸空文，再近的目标也是镜花水月。他坚持言必信，行必果，言出法随，有令必行，以抓铁有痕、踏石留印的决心和力度，有效扭转了党内的一些不良风气。他强调要发扬钉钉子的精神，一张蓝图绘到底。领导干部要有"功成不必在我"的境界和"功成必定有我"的担当，真正做到对历史和人民负责，一锤一锤接着钉，一棒一棒接着跑，积小胜而为大胜，积跬步以至千里。

居安思危、底线思维的忧患意识。"先天下之忧而忧，后天下之乐而乐。"忧患意识是中华民族一个重要的精神特质，也是中国共产党战略思维的一个特质。正是一代代中国共产党人心存忧患、肩扛重担，才团结带领人民不断从胜利走向新的胜利。进入新时代，习近平总书记反复强调，前进道路上不可能一帆风顺，越是前景光明，越是要增强忧患意识，全面认识和有力应对一些重大风险挑战。要善于运用底线思维的方法，居安思危，未雨绸缪，凡事从最坏处着眼，向最好处努力。他运用毛泽东同志在七大上一口气列举17条困难的事例，告诫全党宁可把形势想得更复杂一点，把挑战看得更严峻一些，做好应付最坏局面的思想准备。他说："各种风险我们都要防控，但重点要防控那些可能迟滞中华民族伟大复兴进程的全局性风险，这是我一直强调底线思维的根本含义。"

海纳百川、与时俱进的学习追求。重视学习、善于学习是中国共产党的特点之一、优势之一。习近平总书记把建设学习型政党、推动建设学习型大国的任务郑重地提到了全党的面前。他强调，当今世界发展变化很快，当代中国发展变化也很快，新情况新问题新事物层出不穷。全党一定要善于学习，善于重新学习。要把学习作为一种追求、一种爱好、一种健康的生活方式，做到自觉学习、主动学习、终身学习。学习应该是全面的、系统的、富有探索精神的。要把学习马克思主义作为必修课，不断补精神之钙、固思想之元、培为政之本。要学习历史，学习党章党规和国家法律法规，努力提高运用历史思维、法治思维等科学思维方法开展工作的能力。同时，要以宽广的视野，学习经济、政治、文化、社会、生态、科技、军事、外交等各方面的知识，学习人类社会日新月异、科学技术迅猛发展所不断涌现的新知识。既要坚定道路、理论、制度、文化自信，也要善于借鉴和吸纳人类创造的一切有益的文明成果、知识和经验。习近平总书记就为全党作出了学习的典范。通读《纲要》，学习原著，我们可以看到他的马克思主义理论功底是多么深厚，阅读量是多么宏富，知识是多么渊博，对新事物新知识的感知是多么敏锐！他对时代的洞见、对中国和世界发展的深邃的战略思考，他的一系列新思想新观点新论断，正是建立在其深厚的知识积累和不断与时俱进的基础上。他的思维边际始终处在时代的前沿、人类科学文化发展的前沿。习近平总书记说："我们党依靠学习创造了历史，更要依靠学习走向未来。"可以确信，在以习近平同志为核心的党中央的率领下，我们党在新一轮的重新学习中一定能够交上合格答卷，不断开创中国特色社会主义事业的新局面！

（本文发表于2019年7月）

毛泽东军事思想过去、现在和将来都是我们建军胜战的强大思想武器

武装斗争是中国革命最重要的特点之一，新中国成立以后，又长期处于帝国主义的军事压力之下，因而军事理论的创新发展在中国共产党人的理论创造中占有特殊重要的位置。毛泽东军事思想是毛泽东思想的军事篇，是其极为重要的组成部分，也是其最精彩、最生动、最具特色的内容之一。毛泽东军事思想是中国化马克思主义理论的瑰宝，也是人类军事文化宝库中的一颗最璀璨夺目的明珠。

毛泽东军事思想科学回答了把我军这样一支以农民为主要成分的革命军队建设成为无产阶级性质的新型的人民军队的问题，为我军奠定了基本的建军原则、方针和制度；坚持这些基本原则、方针和制度，是我军在新形势下保持自己的性质、宗旨、本色的根本保证。毛泽东军事思想科学回答了在半殖民地半封建的中国开展党领导人民革命战争的根据、条件及战略战术问题，形成了以人民战争为核心的军事战略思想和战争指导思想；坚持和发展这些思想依然是我军在信息化条件下的基本的胜敌之道。毛泽东军事思想科学回答了社会主义中国巩固和建设国防的一系列基本问题，为新中国建设巩固国防，维护国家的独立、主权、安全，维护和实现祖国统一制定了根本方略，坚持这些根本方略依然是我们在现代化进程中实现富国与强军的统一的必由之路。

毛泽东军事思想渗透和充满了马克思主义的军事辩证法。在中国革命战争的舞台上、在维护新中国国家安全的军事斗争和战略博弈中，毛泽东把辩证法应用到了极致，把军事指挥艺术发挥到了极致。毛泽东军事思

想堪称最生动、最实际、最经典的马克思主义军事辩证法和方法论的教科书。所有这些，都使它不仅具有了特殊性的品格，同时也具有了普遍的品格。它既是中国的，也是世界的；它的一般原理既适用于昨天，也适用于今天和明天。毛泽东军事思想过去、现在和将来都是我们强军胜战的强大思想武器。

（本文摘自作者1999年应原总政治部之约，
为全军军事理论学习读本而撰写的文章）

军队要像军队的样子

——论邓小平新时期治军的一个重要方法论

1975年1月25日，刚刚复出20天任中央军委副主席兼总参谋长的邓小平，在总参团以上干部会上，发表题为《军队要整顿》的重要讲话，在这篇讲话中，他说了一句意味深长的话——"军队要像军队的样子"。

"样子"者何？一事物区别于他事物之标志也。"样子"源于里而显于表，修于内而形于外。对于军队而言，"样子"就是一支军队的特质，以及基于这种特质所展示出来的形象、焕发出来的风貌。"样子"体现军队的性质宗旨，反映军队的职业素养，表明军队的发展方向。

纵览邓小平领导我军拨乱反正、开辟中国特色精兵之路的历程，可以看出，"军队要像军队的样子"是贯穿于他的治军实践和治军思想的一条鲜明主线。今天，当我们踏上强军兴军新征程的时候，重温邓小平同志的一系列论述是极为有益的。

一、我们这个军队是党指挥枪，不是枪指挥党

人群中为什么没有两个一模一样的人？质言之，人的外形、气质的差异是由基因决定的。我们的军队为什么是这个样子而不是别的样子，也是由我军的"基因"所决定的，这个"基因"就是由党对军队的绝对领导所获得的。

党对军队的绝对领导，是我军的根本原则和根本制度，也是揭开我军"前世今生"密码的最本原的东西。正是因为有了党的领导，我们这支军队才与一切旧军队区别开来，成为一支完全新型的、真正的人民军队，才

形成了崭新的军事文化，才成为一支所向披靡、不可战胜的力量。可以说，党的领导就是我军"基因图谱"中的核心元素，就是人民军队"样子"的内核。邓小平同志半个多世纪的革命经历，尤其是他独特而辉煌的军事生涯，决定了他对党对军队绝对领导这一建军原则有着超乎常人的深切体验。所以，在《军队要整顿》中，他开宗明义就指出："我们这个军队有好传统。从井冈山起，毛泽东同志就为我军建立了非常好的制度，树立了非常好的作风。"[①]

原则是制度设置的核心理念，制度是原则落地的根本保证。邓小平同志认为，制度问题带有根本性、全局性、稳定性和长期性。要把"党指挥枪"的原则一以贯之并防止其变异、走样，就必须毫不动摇地坚持从井冈山起毛泽东同志为我军确立的"非常好的制度"。这种制度包括：军队的最高领导权和指挥权集中于党中央、中央军委，实行军委主席负责制；支部建在连上，并在连以上各级部队设立党的委员会作为部队统一领导和团结战斗的核心；实行党委（支部）统一的、集体领导下首长分工负责制；连设政治指导员、营设政治教导员、团以上部队设立政治委员，与各级军事主官同为部队首长；团以上部队设立政治机关，作为党在军队中政治工作的指导和管理机关。我军几十年的实践证明这种制度安排是科学的、有效的，是切合我军军情和我国国情的。

各级党组织的建设在落实党领导军队制度中具有决定性的意义。针对由于"文革"中林彪、"四人帮"的干扰和破坏，部队一些党组织存在的党性不强、派性严重以及"软懒散"的状况，邓小平把整顿党的组织和队伍的任务郑重地提到了全军面前。贯彻落实邓小平的指示，全军认真开展整党教育活动，通过健全和严格党内生活，广泛开展批评与自我批评，军队

---

①《邓小平文选》第二卷，人民出版社1993年版，第1页。

党组织建设展示出崭新的风貌，为肃清林彪、"四人帮"的余毒，加强和保证党对军队的绝对领导、开创我军建设和发展的新局面打下了基础。

政治工作是我军的生命线，对于保证党从思想上政治上组织上建设和领导军队至关重要。但是，林彪主持军委工作后，大搞"突出政治"那一套，特别是十年内乱期间，极左思潮盛行，极大地败坏了政治机关的声誉。所以，邓小平及时指出，政治工作是党的工作，政治机关是党的工作机关。整顿，还有一个恢复政治机关的职能、作用、威信的问题。他要求，"要通过破林彪、'四人帮'那一套，立毛泽东同志关于政治工作的理论和传统作风，并在新的条件下发展提高"，在三四年内，把政治机关的职能、作用、威信恢复到红军时期、抗日战争时期、解放战争时期的水平。新时期以来，我军政治机关正本清源，坚决摒弃了林彪、"四人帮"搞的"空头政治""政治可以冲击其他"等错误观点，紧紧围绕着党和军队的中心工作，在服务保证中凸显地位、发挥作用、提高效能，政治工作呈现出前所未有的生动活泼的局面。

治军之道，要在得人。要使军队永远听党的话，听从党的指挥，关键是要选忠于党、忠于党的事业的人。邓小平提出了"正确的思想路线政治路线要靠组织路线来保证"的著名原理，强调要使军队的各级领导权掌握在真正的马克思主义者手里。他说："我们今后配备领导班子的时候，要选用什么人呢？要选那些认真学习马列主义、毛泽东思想，在斗争中经得起考验的人。"①他特别指出，配备领导班子，特别是配备一、二把手的时候，只注意同"四人帮"没有牵连还不够，还要警惕那些"政治品质不好，思想体系是反马克思主义"的人，例如"投机钻营、招摇撞骗的；拉拉扯扯，吹吹拍拍，好搞宗派活动的；玩弄权术，专门整人的；要小聪明，搞小动

---

① 《邓小平文选》第二卷，人民出版社1993年版，第75页。

作，不老老实实的"①，选得不准，教训不少，贻害无穷。针对林彪、"四人帮"所搞的帮派体系，以派划线、任人唯亲，他提出要坚决反对和克服形形色色的宗派主义，坚决反对拉山头、搞小圈子，"不允许任何军队领导干部有个团团，有个势力范围"②。军队干部的使用、提升，一条重要原则，就是不能重用派性严重的人，不能重用坚持派性不肯改正的人。在1989年退休之前同中央负责同志谈话时，他又一次郑重嘱托："军队任何时候都要听中央的话，听党的话，选人也要选听党的话的人。"③

党对军队的绝对领导，首先是思想政治上的领导。党的方向就是军队的方向，党的旗帜就是军队的旗帜。邓小平提出了一条我军建设的铁律："军队不能打自己的旗帜。"④党的十一届三中全会以来，我们党以非凡的政治气魄和巨大的理论勇气，实行改革开放，通过艰辛探索，逐步形成了以"一个中心，两个基本点"为主要内容的党在社会主义初级阶段的基本路线，开辟了一条中国特色社会主义的道路。邓小平要求"军队、国家政权，都要维护这条道路、这个制度、这些政策"⑤，要成为党的基本路线及其方针政策的忠实执行者和坚定捍卫者。军队必须进行十一届三中全会以来党的路线方针政策的教育，思想上政治上与党中央保持高度一致，自觉服从国家经济建设大局。军队听党的话，很重要的是增强全军官兵的理论自信、道路自信和制度自信，坚定中国特色社会主义的理想信念。所以，邓小平强调，对军队来说，有信念仍然是一条重要的建军原则。这是中国自己的特点，也是关系军队建设全局的一个根本问题。

坚持党对军队的绝对领导，本身并不是目的。除开中国最广大人民的

①《邓小平文选》第二卷，人民出版社1993年版，第74页。
②《邓小平文选》第三卷，人民出版社1993年版，第319页。
③《邓小平文选》第三卷，人民出版社1993年版，第317页。
④《邓小平文选》第三卷，人民出版社1993年版，第317页。
⑤《邓小平文选》第三卷，人民出版社1993年版，第370页。

利益，我们党没有任何私利。党对军队的绝对领导之所以是我军的命根子，是我军与众不同的最基本的"样子"，就是因为历史表明，只有坚持党的绝对领导，我军才能始终不渝地践行全心全意为人民服务的宗旨，卓有成效地担当起国家和人民赋予的使命。所以，邓小平总是从党性与人民性的一致性、党的军队与国家军队的一致性上强调军队的性质的。进入新时期，他强调，尽管历史条件发生了很大变化，但"军民一致，这个原则不能变"。一支军队的"样子"如何，归根结底要看老百姓的评价。邓小平主持军队工作后，多次引用老百姓流传的"雷锋叔叔不在了"的话，说明恢复和发扬我军热爱人民、服务人民优良传统的重要性。他痛心疾首地说，现在军队在地方和人民中的印象改变了、名誉坏了，什么时候地方老百姓看军队像老红军、老八路，这样就好了。在即将卸任离开军委领导岗位时，他语重心长地说："我确信，我们的军队能够始终不渝地坚持自己的性质。这个性质是，党的军队，人民的军队，社会主义国家的军队。"①这就从领导制度、性质宗旨和军队在国家中的地位三个方面，周密而严谨地界定了我军的性质。其中"党的军队"是首要的和决定的因素。今天，一些人别有用心地散布"军队非党化、非政治化"和"军队国家化"的论调，其实是"醉翁之意不在酒也"。重温邓小平同志的论述，不啻是一粒政治上的定神丸和一剂思想上的清醒剂。

二、军队还是要随时准备打仗的，要提高战斗力

在工做工，在农务农，在商言商。军队是干什么的呢？军队是打仗的，军队就是为战争、为打仗而存在的。军队就是提高战斗力。军队不准备打仗，不提高战斗力，就是最大的不务正业、言不及义，就不像一个军队的

---

①《邓小平文选》第三卷，人民出版社1993年版，第334页。

样子。

十年内乱迟滞了我军现代化的进程，而且军队变得臃肿不堪，干了许多军队不该干的事，例如"三支两军"。所以，邓小平复出后，在1975年7月军委扩大会议上就提出，军委工作就是两件事：第一件是军队要整顿，第二件是要准备打仗。他说："军队经过林彪、"四人帮"这样久的破坏，如果不很快整顿，遇到敌人进攻还能不能打仗？这样担心不是没有根据的。1977年，他经过冷静的观察，认为我们有可能争取多一点时间不打仗。但是，同时又指出，仗总可能有一天要打起来。所以要抢时间，绝不能浪费时间，要加紧备战工作，特别是要训练干部学会指挥现代战争。1981年，他进一步坚定了有可能争取到一个较长时期的和平环境的判断，但同时强调，"军队还是要随时准备打仗的"。在和平的年代里随时准备打仗，仗可以千日不打，战不可一日不备，这是邓小平同志的一贯思想，也是他所谓"军队要像军队的样子"的一个基本内涵。

军队能不能打仗，能不能打胜仗，归根结底要看战斗力。在1978年全军政治工作会议上，邓小平指出："这次会议着重研究和解决在新的历史条件下，发扬政治工作的优良传统，提高我军战斗力的问题。"[1]1982年军委座谈会上，在谈到军队体制改革时，他进一步强调："军队就是提高战斗力。"[2]他还提出，哪些方面出战斗力，平时怎样培养战斗力，要好好研究。改革开放以来，在邓小平同志的大力倡导下，战斗力标准的提出和逐步确立，为检验军队像不像"样子"提供了基本依据。

教育训练是和平时期生成和培养部队战斗力的基本途径。没有严格而科学的训练，部队就不成其为部队，就不像个样子。早在1975年，邓小平就鲜明提出："战略要研究的问题，不仅是作战问题，还包括训练。要把训

---

[1]《邓小平文选》第二卷，人民出版社1993年版，第113页。
[2]《邓小平文选》第二卷，人民出版社1993年版，第410页。

练放在战略问题的一个重要位置上。"①他敏锐把握起于青蘋之末的世界军事变革的端倪，强调要承认我们军队打现代化战争的能力不够。为此，必须提升训练的层次，"不能总是停留在练射击、刺杀、投手榴弹的水平上"，"现在是合成军队作战，空中也有，地面也有，水里也有，不是过去小米加步枪了"。要把军队训练得像个军队的样子，就要包括学习现代化战争知识，学习诸军兵种联合作战的内容。他强调要把干部作为训练的重点，训练干部学会指挥现代战争。要提倡勤学苦练。"要从勤学苦练当中学本领。军队的好传统、好作风，也要从苦练当中恢复和培养起来。""部队的训练要抓紧，认真地进行实战训练。""没有从难从严的要求，没有严格训练，也不能达到目的。"他提出对教育训练要"作为一个制度问题加以解决"。在邓小平新时期军队建设思想的指引下，我军教育训练逐步走上制度化、正规化的轨道，形成了技术训练与战术训练相衔接、合同训练与军兵种训练相配套、院校教育与部队训练相结合的教育训练体系。

除开部队的训练外，邓小平强调，要通过办学校解决干部问题。鉴于十年内乱我军院校教育基本废弛的状况，他提出，要把原有的院校，除个别的外，基本上恢复起来。要把更多的干部放到学校去训练。我军过去主要靠在战争中学习战争。面对军事领域的飞速发展和战争形态的加速演变，邓小平指出，现在"即使有战争，不经过学校学习也不行，因为装备不同了，指挥现代化战争需要多方面的知识"②。他强调："要从制度上考虑，从排长起，各级军官都必须经过军官学校的训练。""每个阶段的晋升都必须经过学习，掌握现代化战争的知识。"③要下气力办好院校，使院校起到"集体干部部"的作用，担负起"训练干部、选拔干部、推荐干部"的职

①《邓小平文选》第二卷，人民出版社1993年版，第421页。
②《邓小平文选》第二卷，人民出版社1993年版，第289页。
③《邓小平文选》第二卷，人民出版社1993年版，第289页。

能，成为干部"学习现代化战争知识"、培养优良作风的摇篮。

在不打仗的情况下，要通过教育训练提高战斗力，更要通过合理确定军队的规模结构、优化军队的组织形态提升战斗力。因此，改革是使我军赶上时代潮流、实现战斗力整体跃升的强大动力和必由之路。作为改革开放的总设计师，邓小平对把国防和军队的改革纳入国家改革的全局始终高度关注。他认为，军队迈开改革的步伐，使我军像一个能打仗的样子，第一位的任务是"消肿"。邓小平说："我们必须清醒地看到，我们存在的一个最大问题，就是军队很臃肿。真正打起仗来，不要说指挥作战，就是疏散也不容易。现在提出'消肿'，主要是解决军队机构重叠、臃肿，以及由此带来的各级指挥不灵等问题。"①他提出："我们这次精简，主要是减少不必要的非战斗人员，减少统率机构、指挥机构人员。最主要的是减少干部。""体制问题，实际上同消肿是一个问题的两个方面。要消肿，不改革体制不行。"1985年，在邓小平的主持下，我军作出了裁减员额100万的重大决策，不仅在世界树立了中国坚持和平发展、维护世界和平的形象，而且在改善军队组织结构方面也取得了重要的成效，使我军朝着"精兵、合成、高效"的方向迈出了一大步。这一决策，在我军建设史上留下了浓墨重彩的一笔。历史充分证明了邓小平的战略远见："减少一百万，实际上并没有削弱军队的战斗力，而是增强了军队的战斗力。"②

三、继承和发扬老红军的优良传统和作风

观人看做派，辨军看作风。作风就是一支军队的形象标识，是军队"样子"的最本真、最集中的体现。作风反映军队的性质，直接影响甚至决定着军队的战斗力。

---

① 《邓小平文选》第二卷，人民出版社1993年版，第284—285页。
② 《邓小平文选》第三卷，人民出版社1993年版，第125页。

在党和毛泽东同志的培育下，我军素以作风优良著称于世。但十年内乱，林彪、"四人帮"把风气搞坏了，我军的优良作风在很多方面也被丢掉或"走样"了。所以，1975年邓小平重新工作后，第一次在军队讲话就提出："优良传统要恢复。"[①]1993年党的十四大召开前夕，邓小平又一次嘱托全军"要发扬优良传统，保持老红军本色"。治军必正风，治军必以严，这是邓小平提出"军队要像军队的样子"的一个重要内涵和基本指向。

实事求是是党的思想路线，也是我党我军优良作风的哲学基础和集中体现。邓小平强调，所谓作风，第一就是实事求是、老老实实的态度。针对林彪、"四人帮"表里不一、阳奉阴违的恶劣作风，针对"文革"后一些受帮派体系影响的人油腔滑调、看风使舵的现象，他说："我们的传统就是老老实实，说通俗一点，就是各级干部都要老老实实。"他强调要把"是不是老老实实，而不是看风使舵"作为我们的好传统是不是恢复起来了的首要标志。他认为，"军队好是作风好"。实事求是、老老实实对于军队来说，尤其具有生死攸关、存亡攸关、胜负攸关的意义。"比如过去打仗，宁可少报战功也不多报，谎报战功要杀头。你看这简单吗？这是非常重要的。要老老实实，不能弄虚作假，自己欺骗自己。不能把打了败仗说成是胜仗，打半胜仗也不能说打胜仗。"30多年过去了，今天重温邓小平的这些论述，仍然感到振聋发聩！

群众路线是我们党的根本工作路线和生命线，也是我军性质宗旨的集中体现，是我军克敌制胜的法宝。邓小平指出："密切联系群众，这是最根本的一条。……这是毛泽东同志的一些根本的思想观点，现在我们还是应该按照这些思想观点去办事。"[②]军队坚持和贯彻党的群众路线，邓小平同志特别关注两个问题：一是军民关系，坚持军民一致的原则，始终保持人

---

① 《邓小平文选》第二卷，人民出版社1993年版，第1页。
② 《邓小平文选》第二卷，人民出版社1993年版，第230页。

民子弟兵的本色，与人民血肉相连、鱼水相依；二是官兵关系，坚持官兵一致的原则，发扬我军尊干爱兵的优良传统，做到官兵团结友爱、亲如兄弟。他特别强调，"三大民主要坚持"，"搞好三大民主，要从连队搞起，从各级党委搞起"。各级领导干部要永远保持普通一兵的本色，在生活上不能搞特殊化，"现在有些干部侵占战士的利益，这是不允许的"。他提倡"各行各业的干部，都应该下连去当当兵"，"军一级干部，不单是师、团级干部，都要懂得自己的连队"，"当一个军长，当一个军指挥员，不懂得连队，叫做不合格"。

艰苦奋斗是我党我军的政治本色，是我们战胜一切敌人、克服一切困难的巨大精神力量，也是军队战斗力的重要源泉。邓小平强调，"部队要讲实事求是、群众路线、艰苦奋斗、组织纪律这四句话，要在苦练中培养出这些作风"。他批评了一些干部中"追求享受，愈多愈好，愈高愈好"的现象，指出艰苦朴素，深入实际，各级领导干部都要带头。伴随着改革开放的进程，他对社会上的"酒绿灯红"现象，对资产阶级腐朽思想文化和生活方式对军队的侵蚀，保持了高度的警觉，强调要旗帜鲜明地反对拜金主义、享乐主义和极端个人主义，永远保持革命战争年代的那么一股劲，那么一股革命热情，那么一种拼命精神。

军队是社会的一部分。军队的优良作风，不仅是战斗力的重要因素，是一种重要的软实力，而且还可以影响和带动全社会。邓小平历来是从军队、社会两大系统的关联和互动中谋划军队建设的。他说："历来树立毛主席培养的好作风是军队带头的。不是叫'宣传队''播种机'吗？是军队把好作风带到地方，从长征开始后就遍及全国。毛主席培养的好作风是由军队、根据地的干部带到全国去的。"在改革开放的新时期，军队的好作风肯定可以对实现党风和社会风气的好转，建设社会主义精神文明起到很大作用。全国人民对解放军的期望是很大的。

恢复和发扬党的优良传统和作风，邓小平特别强调领导干部的表率作用和带头作用。他说："领导干部，特别是高级干部以身作则非常重要。群众对干部总是要听其言、观其行的。连长、指导员不以身作则，就带不出好兵来；领导干部不做出好样子，就带不出部队的好风气，就出不了战斗力。"他还强调，我们说治军要严，首先对领导班子要严，对高级干部要严。各级干部特别是高级干部要做马列主义、毛泽东思想和革命实践相结合的榜样。

纪律是军队的命脉。纪律严明本身就是优良作风，同时也是培育其他优良作风的重要保证。针对受林彪、"四人帮"影响部队出现的纪律涣散松弛的现象，邓小平强调"军队非讲纪律不可，纪律松弛是不行的"，"整顿军队必须严格整顿纪律"①。他多次用毛泽东亲自领唱《三大纪律八项注意》这件事，说明纪律之于我军的重要性。他说："我们这个军队，历来强调一切行动听指挥，强调自觉遵守革命纪律。不这样，我们能够战胜比我们强大得多的敌人吗？能够保证党对军队的绝对领导、贯彻执行党的路线和政策吗？能够加速我军革命化现代化建设吗？"他严厉批评了个别干部不服从组织调动的现象，愤慨地说："如果军队连这一条都办不到，还叫什么军队！"

大道至简。通过以上回顾可以看出，以军队的本质规定、人民军队的本质规定为逻辑起点，思考"军队的样子"问题，思考怎样才能使我军像个"军队的样子"问题，是邓小平治军的一个重要的方法论，也是他治军理论和治军实践的鲜明特色。

邓小平同志离开我们已经17年了，但是"军队要像军队的样子"这一朴素而深刻的治军之道，依然像一条鲜明的红线贯穿于我军的理论和建设

①《邓小平文选》第二卷，人民出版社1993年版，第82页。

实践中。习近平主席走上我军的帅位后，他首先思考的也是邓小平当年提出的这个问题。经过冷静而深入的思考，习主席把新形势下我军应具备的"样子"融入军队建设的目标体系和顶层设计之中，提出了党在新形势下的强军目标。"听党指挥、能打胜仗、作风优良"三个核心内涵，"人民军队"一个本质定性，充分体现了毛泽东人民军队建设思想既与邓小平、江泽民、胡锦涛关于我军"样子"的一系列论述一脉相承，又抓住了新形势下军队建设的主要矛盾和根本问题。牢牢把握听党指挥这一铸魂工程，紧紧扭住能战必胜这一治军要务，不断培塑作风优良这一特有优势，我军就一定能够永远保持人民军队的"样子"，永远保持正义之师、威武之师、文明之师的"样子"，中华民族近代以来孜孜以求、生生不息的强军梦就一定能够变成辉煌的现实！

（本文发表于2014年11月）

用发展着的马克思主义军事理论指引胜利征程

伟大的中国人民解放军走过了80年的光辉历程。注重和善于进行军事理论创新、用发展着的马克思主义军事理论指引军队建设和军事斗争实践，构成我军的一个重要优势和显著特色。

一

马克思早就预言："无产阶级的解放在军事上将有自己的表现。"中国革命走的是武装夺取政权的道路，新中国诞生后又长期处于敌对势力的军事压力之下，因此，军事理论的创新在党的科学理论体系中占有特殊重要的地位，军事理论是党的理论宝库中极具特色、光彩夺目的一个组成部分。

南昌起义的枪声划破旧中国沉沉的夜空，标志着中国共产党独立领导武装斗争的开始。为了创建一支新型的人民军队，胜利开展革命战争，中国共产党人进行了艰辛的探索。毛泽东是我党意识到军事理论建设重要性的第一人。土地革命战争时期，他先后写下了《井冈山的斗争》《星星之火，可以燎原》《中国革命战争的战略问题》等经典著作，标志着毛泽东军事思想初步形成。抗日战争中，面对中国革命新的形势和人民军队使命任务的战略性转变，毛泽东进行了巨大的军事理论创造活动，在深入研究中外军事理论的基础上，发表了《抗日游击战争的战略地位》《论持久战》《战争和战略问题》等光辉的军事论著以及具有重要军事哲学内容的名篇《矛盾论》《实践论》，科学预见了抗日战争的发展进程及其规律，系统论述了中国革命战争如何才能以弱胜强、以劣势装备战胜优势装备之敌的战略和策略问题，同时也深刻阐明了战争的本质及一些带根本性的军事规律，提出了研究战争问题的科学方法，表明毛泽东军事思想作为一个严整的军事科学体系已经成熟。解放战争中毛泽东军事思想全面发展，其精妙的战争指导艺术得到了淋漓尽致的体现，创造了战争史上的奇观，谱写了"横扫千军如卷席"的华彩乐章。新中国成立后，在领导国防建设和保卫祖国、统一祖国的军事斗争中，毛泽东军事思想继续得到了发展。毛泽东军事思想系统回答了如何把一支以农民为主要成分的革命武装建设成为党绝对领导下的、无产阶级性质的、具有严密纪律的、与人民保持密切联系的新型的人民军队的问题；回答了处在半殖民地半封建社会的中国，如何开展党领导下的人民革命战争以及必须坚持的战略战术问题；回答了新中国国防建设的一系列根本原则和方针问题。毛泽东思想是马克思主义军事理论在中国大地上开出的绚丽的理论之花，是中国共产党人在军事领域的伟大创造，是无产阶级军事文化同时也是人类军事文化的瑰宝，它的科学原理将永远照亮我军的胜利征程。

党的十一届三中全会以后，邓小平同志作为改革开放的总设计师，在领导党和人民开辟中国特色社会主义建设道路的过程中，围绕在和平与发展成为时代主题、国家实行改革开放的历史条件下，如何走中国特色精兵之路、建设一支强大的现代化正规化革命军队的问题，进行了深入的理论思考，提出了许多既继承前人又突破陈规的新思想新观点新论断，形成了邓小平新时期军队建设思想。邓小平新时期军队建设思想系统地回答了新时期我军建设亟待解决的一系列基本问题，引领我军实现了指导思想的战略性转变，进入了一个崭新的发展阶段，并取得了历史性的成就。邓小平新时期军队建设思想是邓小平理论的重要组成部分，是马克思主义军事原理与新的时代特征相结合、与中国新的军事实践相结合的产物，是对毛泽东军事思想的继承和发展。

20世纪90年代，国际战略格局发生深刻变化，我国改革进入建立社会主义市场经济的新阶段，世界军事革命大潮涌动、狂涛拍岸。江泽民同志把国防和军队建设放在国际国内大局下思考，创立了富有时代特色的江泽民国防和军队建设思想，实现了党的军事指导理论的与时俱进。这一思想，深刻揭示了新的历史条件下国防建设的特点和规律，为实现国防建设与经济建设的协调发展开辟了现实道路；科学总结了社会主义市场经济条件下建军治军的特点和规律，为使我军做到政治合格、军事过硬、作风优良、纪律严明、保障有力指明了前进方向；敏锐把握了以信息技术为主导的高技术局部战争的特点和规律，为应对和打赢未来战争提供了科学指南。江泽民国防和军队建设思想是"三个代表"重要思想的军事篇，丰富和发展了以毛泽东军事思想、邓小平新时期军队建设思想为核心内容的有中国特色的军事科学，开拓了马克思主义军事理论发展的新境界。

进入新世纪，国际形势和国家安全呈现出许多新特点，我国进入全面建设小康社会的新阶段。胡锦涛同志深刻把握时代发展的大势，深刻把握本世纪头20年在中华民族伟大复兴进程中的阶段性特征，深刻把握世界军事领域的变革特征，统揽国际国内大局，提出军队要为党巩固执政地位提供重要的力量保证，为维护国家发展的重要战略机遇期提供坚强的安全保障，为维护国家利益提供有力的战略支撑，为维护世界和平与促进共同发展发挥重要作用。胡锦涛同志关于新世纪新阶段我军历史使命的重大战略思想，抓住了军队建设和军事斗争准备的带全局性、根本性、关键性的重大问题，从而为军事理论的创新注入了新的活力，提供了新的支点。围绕军队始终保持我军"听党指挥、服务人民、英勇善战"的光荣传统，实现又好又快发展，有效履行历史使命，胡锦涛同志提出了一系列重要的新思想新观点新论断，已经形成了一个科学的理论体系。胡锦涛同志关于国防和军队建设的论述是科学发展观在军事领域的展开和具体化，是对毛泽东军事思想、邓小平新时期军队建设思想、江泽民国防和军队建设思想的继承和发展，是党的军事理论创新的最新成果，是我军建设与发展的根本指针。

纵观我军80年的历程，我军军事指导理论发展的历史，就是不断把马克思主义军事理论与中国革命战争、人民军队建设与社会主义国防建设的具体实践结合的历史，就是一个与时俱进、不断创新的历史。正是因为有了先进的、科学的军事理论的指引，我军才始终保持了自己的性质，并且把战场交锋和军事博弈的胜券牢牢地操在了自己的手里。用发展着的、创新的军事理论指引军事实践，是我军从小到大、由弱变强、不断成长壮大的重要保证，是我军征程万里、一路凯歌，让一切号称强大的对手甘拜下风的全部奥秘所在。

二

在纪念建军80周年之际，我军的建设与发展正站在一个新的起点上，创新和发展军事理论任重道远。

创新与发展军事理论是我军站在世界军事发展前列、把握军事发展战略主动的首要因素。恩格斯说过："一个民族想要站在科学的最高峰，就一刻也不能没有理性思维。"同样，一支军队要站在军事发展的前列，也离不开科学的军事理论做指导。先进的军事理论，历来是军队建设得以健康发展的必要条件，是军事斗争及其准备科学谋划和实施的首要因素，是军事变革的先导和灵魂。放眼当今世界，面临信息化汹涌澎湃的浪潮，军事理论这个"寂静战场"的角逐越来越激烈，关于未来军队和未来战争的新学说、新概念、新观点层出不穷。西方国家军事理论已由修补已往错误，避免重蹈覆辙，逐步转向超前设计战争，牵引军队建设。许多国家不仅强调争夺军事技术和武器装备的优势，更争先恐后地抢占军事理论制高点，为赢得战略主动和战争胜利创造条件。当今世界军事领域的竞争，说到底是军事创新能力的竞争，而军事理论创新又处于整个军事创新的顶层。谁拥有旺盛而卓越的军事理论创新能力，谁就能把握军事发展的主动权和战略机遇期。面对这样一种逼人的形势，我们不仅要重视武器装备等硬件的建设，还必须增强创新和发展军事理论的紧迫感和使命感，切实增强军事理论研究的超前性、实用性和综合性，逐步把以机械化战争理论为核心的工业时代的军事理论发展成为以信息化战争理论为核心的军事科学理论，以更好地指导国防和军队建设。

创新与发展军事理论是我军贯彻落实科学发展观、实现又好又快发展的中心环节。科学发展观是我们党从新世纪新阶段党和国家事业发展全局出发提出的重大战略思想，是推进社会主义经济、政治、文化和社会建设全面发展的根本指针，也是加强国防和军队建设的根本指针。科学发展观的本质含义是发展，核心是以人为本，其实质是在发展过程中坚持系统思维、系统筹划，把速度与效益辩证地统一起来。对于国防和军队建设而言，以科学发展观为指导，就必须以新理念、新思路、新模式、新方略处理好国防建设与经济建设的关系，处理好军队建设各方面的关系，通过改革解决好军队内部存在的某些结构失调、关系不顺的问题，提高军队建设的整体效能。所有这些方面，都离不开创新与发展军事理论。

创新与发展军事理论是我军扬长避短、打赢信息化条件下战争的必然选择。以信息技术为核心的现代科技迅猛发展，使人类大踏步地从工业时代走进信息时代。信息技术的发展及在军事上的广泛运用，使军队武器装备的信息化程度越来越高，战术技术性能产生了质的飞跃。在近几场局部战争中，发达国家军队凭借其信息化的先发优势，在对欠发达国家军队的战争中一次次得手。军队发展水平的"不对称"导致战争胜负天平倾斜，已是一个不争的事实。我军在传统的以陆战为主的机械化、半机械化战场上堪称善战之师，如何在信息化战场上保持威势不减、雄风犹在，是我们必须着重研究的问题。我军机械化尚未完成，信息化刚刚起步，必须以理论创新为牵引，努力实现跨越式发展。同时，要继承和发扬我军以劣势装备战胜优势装备之敌的传统，深入研究在信息化条件下开展人民战争的战略战术问题，扬我之长、击敌之短，寻找新的胜敌之法。

创新与发展军事理论，是我军应对多样化安全威胁、完成多样化军事任务的客观要求。当今世界，和平与发展仍然是时代的主题，但天下并不太平。经济全球化在曲折中发展，多极化进程步履维艰，霸权主义和强权政治有新的表现，冷战后曾一度削弱的军事因素在国家安全中的地位上升，传统安全威胁和非传统安全威胁相互交织。这就使得我军必须具备应对各种威胁和危机的能力，具有遂行多样化军事任务的能力。也就是说，需要用新的军事理念对军事能力进行重塑和重构。做到既要能够进行陆上防卫作战，还要能够进行海上作战、空中作战、登陆作战，特别是以信息为主导的陆海空一体化联合作战；既要能够打赢战争，还要能够通过高妙的战略谋划和精要的军事行动遏制战争；既要能够有效地应对危机，而且要能够有效地控制危机、化解危机；既要能够有能力维护国家的军事安全，也要能够有能力应对非传统的安全问题；既要能够在国内执行维护国家利益的任务，还要能够跨出国门执行维护世界和平的任务；等等。为此，必须大力加强以战斗力为核心的军事能力建设，特别是新的军事能力建设，而这就离不开军事理论的创新。

三

总结我军80年军事理论建设与发展的基本经验，在新形势下创新和发展军事理论必须把握以下几点。

——必须与党的指导思想的发展相同步，坚持以党的创新理论为指导。军事从属于政治。一定的军事理论实质上是一定阶级、一定国家在一定时期政治目标、政治路线的集中体现。我军是执行党的政治任务的先进武装集团，党的旗帜就是军队的旗帜，党的方向就是军队的方向，党的创新理论始终是人民军队建设发展和战斗的根本指南。回顾历史可以看到，党的指导理论的形成和确立在军事领域必然有自己的体现，为军事理论的创新发展提供了契机、注入了活力；反过来说，党的军事指导理论的每一个创新与发展，都丰富了党的指导理论，成为党的指导理论不可或缺的一部分。历史和现实告诉我们，在不同的时期，国防和军队建设面临不同的形势和任务，需要进行军事理论创新，但军事理论创新必须与党的指导思想的发展同步，以党的创新理论为指导。只有这样，才能更好地指导军事实践。新世纪新阶段创新与发展军事理论，必须以科学发展观为指导，深化党的军事指导理论研究，特别是深入研究科学发展观在国防和军队建设中的运用、忠实履行军队新的历史使命、军队为构建社会主义和谐社会做贡献等问题，由此指导和带动其他方面的研究。

　　——必须坚持马克思主义的战争观和军事方法论。马克思主义的战争观和军事方法论，是辩证唯物主义和历史唯物主义在军事领域的体现，是军事上的伟大的认识工具，是军事理论创新的强大的思想武器。军事领域日新月异，战争形态不断演进，但战争及其军事活动的本质没有改变，马克思主义的军事原理及其战争观和方法论不会过时。无论武器装备如何发展，人依然是决定战争进程及其胜负的决定性因素，对战争实行唯物主义的科学指导依然是把握战场主动、抵达胜利彼岸的不二法门。在新世纪新阶段，我们进行军事理论的创新与发展，必须以马克思主义军事理论及其战争观和军事方法论为指导。只有这样，我们才能透过纷繁的、扑朔迷离的军事现象把握军事发展的本质，才能从看似混沌无序中透过战争迷雾把握战争指导的规律，才能牢牢把握中国军队建设和军事发展的正确方向。毛泽东军事思想是马克思主义战争观和方法论在中国革命战争、人民军队建设和新中国国防建设中的实际运用和生动体现。军事理论创新坚持马克思主义世界观、军事观和方法论，最重要的是坚持毛泽东军事思想的科学原理。

——必须善于从人类一切优秀军事文化成果中汲取营养，大胆借鉴外军有益经验。他山之石，可以攻玉。马克思主义军事理论就是在广泛吸收世界优秀军事文化遗产的基础上进行创新而产生的。毛泽东军事思想及其在每一个创新发展的新形态，都体现了海纳百川、兼收并包的特征。在创新与发展军事理论过程中，必须善于从人类一切优秀军事文化成果中汲取营养，绝不能闭关自守、盲目排外。这是我们党进行军事理论创新的一条基本经验。"春江水暖鸭先知。"当前，发达国家军队为了因应军事变革，提出了不少军队建设和作战理论，如均衡发展理论、总体力量理论、职业化理论、数字化理论、军队转型理论、一体化作战理论等。这些理论在一定程度上反映了信息化军队建设、信息化战争指导的客观要求，不乏新颖独到的认识。我们可以像当年马克思恩格斯吸收黑格尔、费尔巴哈哲学的合理内核那样，善于借鉴和吸收其中合理的、有益的因素。这样，作为信息化建设的"后发之师"，就可以提高起点，甚至弯道超车，后来居上。为此，要正确处理保持我军特色与借鉴外军经验的关系。其一，不可把"我军特色"当成故步自封、闭目塞听的"挡箭牌"。不能借口保持"特色"而去排斥外军有益经验，拒绝学习和接受新的东西；不能将"特色"泛化，什么东西都往"特色"上靠。历史早已证明，井中之蛙，夜郎自大，只能带来落后，而落后就要挨打是军事上的铁律。其二，对外军经验，要借鉴而不迷信，"拿来"而不照搬。早在战争年代，毛泽东就辛辣地嘲讽了那种"言必称希腊"的崇洋媚外的学习态度。在我军历史上，曾经因迷信洋教条而吃过重大苦头。今天也要防止盲目崇外、食洋不化的现象。要在借鉴外军有益经验的基础上锐意自主创新。邯郸学步，亦步亦趋，是不可能走在世界军事发展前列的。

——必须以军事实践为理论创新的唯一源泉，面向和深入军事实践。马克思曾经说过，理论是灰色的，实践之树常青。生动的军事实践是科学的军事理论的唯一源泉，是军事理论发展的不竭动力。"问渠那得清如许，为有源头活水来。"80年来，我军军事指导理论和军事科学不断发展，就是因为在毛泽东同志的倡导下，在邓小平、江泽民、胡锦涛等党的历代领导的不断重申、率先垂范下，形成了理论联系实际的优良学风。而历史上"左"倾和右倾军事指导，之所以给党和军队的事业造成重大损失，主要原因就是主观与客观相分离、理论与实践相脱节。军事实践不仅是理论创新之源，还是验证、丰富和发展军事理论的丰厚的土壤。只有坚持面向战争实践和军事斗争准备实践，才能保持军事理论创新和发展的方向。"纸上谈兵"式的、经院式的研究不仅没有用途，甚至会误国误军。新世纪新阶段，我们要实现军事理论的创新，必须面向军事实践、深入军事实践，把军队建设和军事斗争准备的重大课题作为军事理论研究的主攻方向，把军事实践作为检验军事理论先进与否、正确与否的根本标准，形成理论与实践相互推动、相互促进的良性机制。要力戒清谈误军、玄学误军，坚决克服心浮气躁、急功近利的不良学风，坚持求真务实、严谨治学，使拿出的成果经得起军事实践的检验。

——必须坚持科学筹划、科学管理。军事科学理论的创新，是一个复杂的系统工程。必须按照科学发展观的要求进行科学的统筹。一是统筹基础理论研究与重大现实问题的研究。现实问题的解决离不开基础理论的指导和支撑，而基础理论的创新与突破也只有在解决重大现实问题中才能找到生长点。要在加强基础理论研究、推动基础理论创新的同时，以我军正在做的事情为中心，把重大现实问题的研究作为军事科研的主战场，形成基础理论研究与重大现实问题研究相互促进、相互支撑的良性发展机制。

二是统筹各学科的建设和融合发展。现代科学呈现出既高度分化又高度综合的趋势。要适应军事科学与其他科学相互渗透、军事科学分化与重构并存的趋势，充实和更新骨干学科，创建和扶持新兴学科、分支学科、交叉学科和边缘学科，形成与军事发展需求相适应的完善的学科体系，合理的学科布局，推进各学科的全面协调发展和融合发展。三是统筹出成果和出人才两大目标。人才是成果之本，是创新和发展军事科学之本。没有一批具有扎实的马克思主义理论功底，良好的军事素养，广博的知识结构——包括政治、经济、文化、历史、科技，特别是以信息技术为核心的高科技知识，丰富的部队实践经验，富有献身精神和严谨治学态度的高素质军事科研人才，就不可能实现军事科学的创新和发展。为此，必须尊重科研人员的主体地位，把人才作为军事理论创新的第一资源和决定性因素。不断完善人才培养、选拔、使用等方面的政策制度，加强人才队伍建设。努力营造创新的学术氛围，完善创新的激励机制，创造民主和谐的研究环境，激发敢为人先的创新精神，造成优秀成果源源不断、优秀人才脱颖而出的局面。四是统筹历史研究与前瞻性、预测性研究。军事科学本质上是一门历史科学。研究历史并从中找出规律性的认识，是毛泽东倡导的重要的、军事研究不可或缺的方法。然而，在信息化条件下，军队和战争越来越呈现出超前设计的特征。要在重视历史研究的同时，不断加大前瞻性、预测性研究的力度，充分发挥军事理论引领军事变革、指导军事实践的先行作用。五是统筹专业研究力量与业余研究力量的建设。军事科学院作为中央军委直接领导下的军事科研机关，在全军科研中要充分发挥好"中心"的作用、"基地"的作用和"旗舰"的作用，履行好协调全军军事科研的职能，把广大官兵业余研究军事理论的积极性和创造性调动起来，造成一支宏大的、专业与业余相结合的军事科研队伍。

现代军事科研管理越来越重要，要加强军事科研的管理，优化科研资源的配置，提高科研效益。积极推进军事科研手段和方式方法的创新，把马克思主义的辩证思维方法与运用数学方法、模型方法、系统方法、网上推演方法等现代科技方法结合起来，把定性分析与定量分析结合起来，把传统的科研手段与计算机仿真、作战模拟实验室、网上推演等现代科技手段结合起来。

（本文发表于2007年8月，系为纪念中国人民解放军建军80周年而作）

牢固确立马克思主义军事理论在军事科研中的指导地位

一

马克思主义军事理论，作为马克思主义的重要组成部分，植根于人类军事实践特别是无产阶级登上历史舞台后进行武装斗争和革命战争的实践，集中反映了马克思主义对战争和军事问题的基本认识，蕴含了科学的战争观、军事观和方法论，具有严整的科学性和资产阶级军事学说无可比拟的先进性。

马克思主义军事理论以辩证唯物主义和历史唯物主义为基础，坚持以阶级分析与其他科学方法相结合的方法，直面各种社会矛盾，剖析战争与军事问题，形成了人类认识、解决战争与军事问题的科学的方法论体系。无论是在指导18世纪后期的欧洲工人运动和武装起义中，还是在指导20世纪前期的俄国民主革命，建立和巩固人类历史上第一个苏维埃国家政权的实践过程中，特别是在指导中国夺取革命战争胜利与新中国国防和军队建设的伟大实践中，马克思主义军事理论都显示了其固有的真理性，放射出夺目的真理光辉。

马克思主义军事理论是在同形形色色的反马克思主义或假马克思主义军事理论斗争的过程中形成并发展起来的。我们可以从马克思主义军事理论形成和发展的历史中列举出众多这样的事例：恩格斯在揭示战争的暴力性特质问题上与杜林的论战，在揭示拿破仑战争的内涵问题上与众多资产阶级军事理论家的交锋；列宁在揭示战争是政治的继续以及战争性质问题上与第二国际的论战，揭示帝国主义是现代战争根源问题上与考茨基、普列汉诺夫等人的辩论；毛泽东在揭示中国革命道路和中国革命战争规律问题上与教条主义的斗争，在阐述抗日战争战略指导问题上与国民党军事路线的斗争，在确立和保持人民军队建军原则问题上与"左"、右倾错误路线和分裂主义的斗争；等等。

作为科学的军事理论体系，马克思主义军事理论科学地揭示了认识战争、指导战争及国防和军队建设的基本原理。例如，以阶级利益与国家、民族利益紧密关联的角度来考察战争的性质；以经济性与政治性相统一的原则来判定战争的目的与根源；从暴力性出发来揭示战争的特质，以技术决定战术和军队组织形态来研究战争形态的演变；等等。这些原理对于我们研究战争和军事问题具有基本的战争观、军事观及其方法论意义。

作为科学的军事理论体系，马克思主义军事理论既包括贯穿于其中的一般的基本原理，也包括对特定历史条件下的现实军事问题的具体分析和论断。基本原理揭示的是军事事物发展的普遍规律，构成了理论体系的基石和灵魂，是稳定的和整体一致的，不会轻易改变；具体论断则是基本原理与特定的时间、地点条件下的实践相结合的产物，是基本原理的实际运用，揭示的是事物发展的个别规律，可以也应该随具体时间、地点、条件的变化而转移。在土地战争时期，"左"倾错误路线执行者们引经据典、胶柱鼓瑟式的战争指导，曾经窒息了中国革命战争中的创新活力，差点断送了中国革命的前程。历史已经证明并且将继续证明，学习和运用马克思主义军事理论，必须正确认识和把握马克思主义军事理论的科学品质，破除对马克思主义军事理论教条式的理解，剔除附加在马克思主义军事理论名下的种种不合时宜的观点。

在马克思主义军事理论中国化的发展进程中，毛泽东将马克思主义军事理论的基本原理与中国革命战争和新中国国防的具体实际相结合，探索出以农村包围城市，武装夺取政权的中国革命的正确道路，形成了人民军队建设、人民战争及其战略战术、社会主义国家国防建设的一系列方针原则，创造了毛泽东军事思想，极大地丰富和发展了马克思主义的军事理论。改革开放以来，邓小平、江泽民、胡锦涛在指导我军走上中国特色的精兵之路、推进国防和军队现代化、运筹新时期军事战略方针中，也都用一系列新思想新观点新论断，进一步发展了马克思主义军事理论和毛泽东军事思想，形成了马克思军事理论中国化时代化的新的理论形态。这一切都说明，马克思主义军事理论是随着实践的发展而发展的，并且因为国情的不同而呈现出鲜明的民族特色。

二

当前军事科研领域依然存在着许多亟待解决的问题。

许多研究常常囿于固有的观念与结论、囿于以往的思维定式来勾画未来战争的轮廓，描述未来国防与军队发展的轨迹，而应用新方法、解决新问题、提出新观点、形成新思路则显得不够。一些研究成果尽管不乏闪光之处，但停滞的观点、僵化的观点、故步自封的观点也严重存在。导致这种状况的原因是众多的，但其中最根本的原因，还是没有很好地掌握和运用马克思主义军事理论的基本原理和科学方法。面对世界军事的急遽变革，拿不出切实管用的研究成果，提不出行之有效的对策建议，有的甚至言不及义，这与其归因于观念上的陈旧和落后，毋宁说折射的是理论上的迷惘与困惑。为此，必须进一步牢固确立马克思主义在军事科研中的指导地位。

——必须着眼于解决现实军事问题。马克思主义军事理论从来都是面向军事实践、面向现实、面向未来的武器。它的生命力不仅体现在其体系的严谨，更体现在其解剖现实军事问题的敏锐与精准，体现在对无产阶级革命战争与军事力量建设所提供的科学指导。正是现实军事活动中的新情况、新问题、新矛盾，提供了发展与创新马克思主义军事理论的营养基和动力源。为此，须摆正基础理论研究与应用研究的关系。基础理论研究和应用研究相互依存、相互联系，是不可分割的统一体。基础理论研究是应用研究不可或缺的基础。基础理论指导应用研究并为之提供基本原理和科学的思维方法，而应用研究成果经过高度抽象和概括后又可丰富和发展基础理论。忽视基础理论研究，军事科学研究就不可能高屋建瓴地观察和解决现实军事问题；忽视应用研究，则必然陷入闭门造车、经院式的研究而脱离军事实际。因此，基础理论研究和应用研究必须并重，不可偏废，要努力形成基础理论研究与应用研究紧密衔接、相辅相成、相得益彰的协调发展的机制。实际上，解决现实问题的应用研究过程，就是丰富和发展基础理论的过程。因此，决不能把应用研究简单化、庸俗化，将之游离于马克思主义军事理论的运用与研究之外；同样，也不能把基础理论研究变成一种脱离现实军事需求的经院式的、纯学术的研究。

——必须弘扬不唯上、不唯书、只唯实的优良学风。在军事科研领域，要敢于说别人没有说过的话，敢于提出别人没有提出过的观点，敢于不随流俗、独持己见。不能只是跟在既定军事决策的后面做诠释和阐发的工作，而要勇于提出新的对策建议；不能只是看领导的眼色行事，而要大胆进行新的理论探索。要防止和纠正那种闻风而动、一哄而起的风气——在那样一种学术风气下，只会造成学术泡沫而不可能产生学术精品，更谈不上创新与发展马克思主义军事理论。本本主义害死人，空谈不仅误国，更为误军！恩格斯在评点一部充满空话废话的军事理论著作时曾辛辣地指出："在这本书中哲学论述多于军事科学，对大部分是不言自明的东西，却以冗长的和大量的旁征博引先验地加以论证，而且中间夹杂着一些关于简单和复杂以及诸如此类的对立面的最学究式的论述。这种军事科学从一般的艺术概念谈起，接着证明烹调术也是一门艺术，并详尽地论述艺术与科学的关系，最后则把军事学术上的一切规则、相互关系和可能性等等，归结为一个绝对的原则，即强者总是击败弱者。对这样的军事科学能说什么呢！"

遗憾的是，这种被恩格斯批判和鄙夷的研究方法和所谓研究成果，在当下的军事科研中并不鲜见。

——必须在善于批判地吸收世界军事发展前沿各种军事理论菁华的同时反对食洋不化的洋教条主义。马克思主义军事理论在其发展进程中，从来都不拒绝借鉴和吸收其他军事理论的菁华。滋养马克思主义军事理论创立与发展的养分，不仅有战争实践和军事斗争的现实需求，更有人类军事文化史上的一切有益的成果，包括不同阶级、不同流派的军事理论的有益成分。在当今世界军事变革"春潮带雨晚来急"的形势下，在各种新的军事理论"乱花渐欲迷人眼"的情境中，马克思主义军事理论工作者既要以批判的眼光、阶级分析的方法观察和分析各种鱼龙混杂的军事学说、观点，又要以宽广的视野和海纳百川的胸襟善于吸收其中的合理的、有益的成分为我所用。值得关注的是，在当下的军事科研中，还存在着某种唯西方马首是瞻，对西方军事理论盲目崇拜、机械克隆的现象。有的研究成果，连基本的概念都没有搞清，只是从西方军事文献和著作中舶来几个新名词、新概念，就放胆滔滔发宏论，被人形容为"拿着鸡毛当令箭""扯起大旗作虎皮"毫不为过。这种貌似前卫实则拼凑、看似新奇实为抄袭的做法，不仅是对马克思主义军事理论品质的玷污，也是为一切严肃的理论研究者所不取的。

（本文发表于2010年11月）

新时代强军兴军的科学指针
——学习习近平强军思想

党的十八大以来，习近平主席站在实现中华民族伟大复兴中国梦的战略高度，对国防和军队建设高度重视，围绕新时代强军兴军作出一系列重要论述，提出一系列重大战略思想、重大理论观点、重大决策部署，深刻阐述了国防和军队建设带根本性方向性全局性的重大问题，创立了习近平强军思想，开拓了马克思主义军事理论和当代中国军事实践发展的新境界。

习近平强军思想是对毛泽东军事思想、邓小平新时期军队建设思想、江泽民国防军队建设思想、胡锦涛关于国防和军队建设论述的继承、丰富和发展，是习近平新时代中国特色社会主义思想的重要组成部分，是强军兴军的强大思想武器，是加快推进国防和军队现代化、建设世界一流军队的行动纲领。

在习近平强军思想的指引下，我军正阔步前行在实现强军目标、建设世界一流军队的伟大征程上。

一、准确把握国防和军队建设的历史方位，贯彻新形势下军事战略方针

当今世界正面临前所未有之大变局，当代中国正处于改革发展的关键阶段。中国人民在实现中华民族伟大复兴中国梦的新的历史进程中，必须能够有效地维护国家的主权和安全，维护日益拓展的国家利益，必须有一个和平安宁的国际国内环境。建设巩固国防和强大军队是中国现代化建设的战略任务，是国家和平发展的安全保障。战略服从政略。军事战略是筹划和指导军事力量建设和运用的总方略，是国家总体战略目标的军事体现。

站在新的历史起点上，习主席深刻洞察国家安全环境新变化，科学把握我军建设发展的新方位，充实完善并科学制定了新形势下积极防御军事战略方针，为加快推进国防和军队现代化，维护国家主权、安全、发展利益，护航"两个一百年"奋斗目标提供了有力的战略指导。

（一）我国安全形势正在发生新的深刻变化，必须贯彻总体国家安全观

习主席纵览世界风云，把握国内大局，高瞻远瞩地指出，我国发展仍将处于可以大有作为的重要战略机遇期。但是，当前我国国家安全内涵和外延比历史上任何时候都要丰富，时空领域比历史上任何时候都要宽广，内外因素比历史上任何时候都要复杂，必须坚持总体国家安全观，以人民安全为宗旨，以政治安全为根本，以经济安全为基础，以军事、文化、社会安全为保障，以促进国际安全为依托，走出一条中国特色国家安全道路。

贯彻落实总体国家安全观，必须既重视发展问题又重视安全问题，既重视外部安全又重视内部安全，既重视国土安全又重视国民安全，既重视传统安全又重视非传统安全，既重视自身安全又重视共同安全，构建集政治安全、国土安全、军事安全、经济安全、文化安全、社会安全、科技安全、信息安全、生态安全、资源安全、核安全等于一体的国家安全体系。

（二）有效履行新的历史时期军队使命任务，毫不动摇坚持积极防御战略思想

积极防御战略思想是我们党军事战略思想的基本点。我国社会主义性质和国家根本利益，走和平发展道路的客观要求，决定中国必须毫不动摇坚持积极防御战略思想，同时不断丰富和发展这一思想的内涵。

习主席指出，坚持积极防御战略思想，有利于我们占据道义制高点、掌握政治和外交主动，这是总结历史经验、科学判断现实和未来得出的结论。要根据国家安全和发展战略，适应新的历史时期形势任务要求，坚持实行积极防御军事战略方针，与时俱进加强军事战略指导，进一步拓宽战略视野、更新战略思维、前移指导重心，整体运筹备战与止战、维权与维稳、威慑与实战、战争行动与和平时期军事力量运用，注重深远经略，塑造有利态势，综合管控危机，坚决遏制和打赢战争。

为此，必须适应维护国家安全和发展利益的新要求，更加注重运用军事力量和手段营造有利战略态势，为实现和平发展提供坚强有力的安全保障；适应国家安全形势发展的新要求，不断创新战略指导和作战思想，确保能打仗、打胜仗；适应世界新军事革命的新要求，高度关注应对新型安全领域挑战，努力掌握军事竞争战略主动权；适应国家战略利益发展的新要求，积极参与地区和国际安全合作，有效维护海外利益安全；适应国家全面深化改革的新要求，坚持走军民融合式发展道路，积极支援国家经济社会建设，坚决维护社会大局稳定，使军队始终成为党巩固执政地位的中坚力量和建设中国特色社会主义的可靠力量。

我军是执行党的政治任务的武装集团，我军的宗旨是全心全意为人民服务，党和人民所需就是军队使命任务所在。习主席要求我军必须有效地担当起党和人民赋予的使命。这就是：坚决维护中国共产党的领导和中国特色社会主义制度，坚决维护国家主权、安全、发展利益，坚决维护国家发展的重要战略机遇期，坚决维护地区与世界和平，为全面建成小康社会、实现中华民族伟大复兴提供坚强保障。为此，我军必须担负起如下主要战略任务，即应对各种突发事件和军事威胁，有效维护国家领土、领空、领海主权和安全；坚决捍卫祖国统一；维护新型领域安全和利益；维护海外利益安全；保持战略威慑，组织核反击行动；参加地区和国际安全合作，维护地区和世界和平；加强反渗透、反分裂、反恐怖斗争，维护国家政治安全和社会稳定；担负抢险救灾、维护权益、安保警戒和支援国家经济社会建设等任务。

（三）推动军事斗争准备战略指导创新发展，调整优化军事战略布局

军事斗争准备是军队的基本实践活动，是维护和平、遏制危机、打赢战争的重要保证。拓展和深化军事斗争准备，必须按照能打仗、打胜仗的要求，坚持以解决重点难点问题为导向，真抓实备、常备不懈，全面提高军队威慑和实战能力。

增强基于信息系统的体系作战能力。加快转变战斗力生成模式，运用信息系统把各种作战力量、作战单元、作战要素融合集成为整体作战能力，逐步构建作战要素无缝链接、作战平台自主协同的一体化联合作战体系。着力解决制约体系作战能力的突出矛盾和问题，按照权威、精干、灵便、高效的要求，建立健全军委联合作战指挥机构和战区联合作战指挥体制。

统筹推进各方向各领域军事斗争准备。我国地缘战略环境复杂，各战略方向、各安全领域都存在不同威胁和挑战，必须统筹全局、突出重点，促进军事斗争准备全面协调发展，保持战略全局平衡和稳定。统筹传统安全领域和新型安全领域军事斗争准备，做好维护国家主权和安全、维护国家海洋权益、应对武装冲突和突发事件准备。

调整优化战略布局。既要关注陆地、海洋、空中等传统安全领域，还要关注太空、网络空间等新型安全领域。海洋关系国家长治久安和可持续发展，必须突破重陆轻海的传统思维，高度重视经略海洋、维护海权。要建设与国家安全和发展利益相适应的现代海上军事力量体系，维护国家主权和海洋权益，维护战略通道和海外利益安全，参与海洋国际合作，为建设海洋强国提供战略支撑。太空是国际战略竞争制高点。要密切跟踪掌握太空态势，应对太空安全威胁与挑战，维护太空安全。网络空间是经济社会发展新支柱和国家安全新领域。要加快网络空间力量建设，提高网络空间维护国家安全的能力。

二、牢牢把握党在新形势下的强军目标，建设一支听党指挥、能打胜仗、作风优良的人民军队

围绕新形势下党和国家对军队建设和军事力量的战略需求，习主席鲜明提出建设一支听党指挥、能打胜仗、作风优良的人民军队的强军目标。党在新形势下的强军目标，是总结我们党建军治军成功经验、适应国际战略形势和国家安全环境发展变化、着眼于解决军队建设面临的突出矛盾和问题提出来的，高屋建瓴地回答了为什么要强军、强军目标是什么、怎样强军这个根本性课题，是新的历史条件下我们党建军治军的总方略。

（一）强军目标拎起了国防和军队建设的总纲

强军目标的提出凝结了我们党建军治军成功经验。建设强大的人民军队是我们党的不懈追求。在各个历史时期，我们党都根据形势任务的变化，明确提出人民军队建设发展的目标要求，引领和牵引我军建设不断向前发展，使我军不断成长壮大。在新形势下，习主席鲜明提出建设一支听党指挥、能打胜仗、作风优良的人民军队这一强军目标，既与毛泽东、邓小平、江泽民、胡锦涛等我军历代统帅对军队的一贯要求一脉相承，坚持了人民军队建设的优良传统，又适应新形势新任务的需要与时俱进，是对我军建设目标任务作出的新概括新定位。

强军目标的提出考量了国际战略形势和国家安全环境发展变化。在我国由大向强发展的关键阶段，国际战略形势和国家安全环境更趋复杂，我国安全和发展面临风险挑战明显增多、干扰遏制压力明显加大。强军目标的提出，就是立足国家安全和发展战略全局，着眼实现中华民族最高利益，对国防和军队建设作出的战略筹划和顶层设计。

强军目标的提出抓住了解决军队建设面临的突出矛盾和问题。经过几

代人的不懈努力，我军已发展成为诸军兵种合成、具有一定现代化水平并加快向信息化迈进的强大军队。但要看到，我军现代化水平与国家安全需求相比差距还很大，与世界先进军事水平相比差距还很大，我军打信息化战争能力不够、各级指挥信息化战争能力不够的问题比较突出。强军目标的提出，体现了鲜明的问题导向，明确了军队建设的主要任务和努力方向，为推动国防和军队现代化建设跨越式发展提供了有力牵引。

（二）强军目标明确了加强军队建设的聚焦点和着力点

习主席指出："听党指挥是灵魂，决定军队建设的政治方向；能打胜仗是核心，反映军队的根本职能和军队建设的根本指向；作风优良是保证，关系军队的性质、宗旨、本色。这三者相互联系、密不可分。"这一论述科学阐明了强军目标所包含的目标体系，明确了军队建设的聚焦点和着力点。

听党指挥是灵魂。我军作为执行党的政治任务的武装集团，必须把听党指挥作为军队建设的首要，确保部队绝对忠诚、绝对纯洁、绝对可靠。任何时候任何情况下，我军都必须铸牢听党指挥这个强军之魂，坚持党对军队绝对领导的根本原则和人民军队的根本宗旨不动摇，贯彻执行党的理论和路线方针政策不动摇，始终忠于党、忠于社会主义、忠于祖国、忠于人民，做到一切行动听从党中央和中央军委指挥。

能打胜仗是核心。军队首先是一个战斗队，军队就是为打仗而存在的，必须坚持一切建设和工作向能打胜仗聚焦。习主席强调指出："我国坚持走和平发展道路，决不干称王称霸的事，决不会搞侵略扩张，但如果有人要把战争强加到我们头上，我们必须能决战决胜。"能战方能止战，准备打才可能不必打，越不能打越可能挨打，这就是战争与和平的辩证法。我们必须扭住能打仗、打胜仗这个强军之要，强化官兵当兵打仗、带兵打仗、练兵打仗思想，牢固树立战斗力这个唯一的根本的标准，按照打仗的要求搞建设、抓准备，确保部队召之即来、来之能战、战之必胜。

作风优良是保证。古往今来，作风优良才能塑造英雄部队，作风松散可以搞垮常胜之师。在党的培育下，我军形成了优良的作风，这是我军的鲜明特色和政治优势。把作风建设作为军队一项基础性长期性工作抓紧抓实，把我军的光荣传统和优良作风一代代传下去，事关军队建设大局。军队不是也不可能生活在真空中，社会上一些不良风气也会渗透到军队。"木之折也必通蠹，墙之坏也必通隙。"如果我军不能及时解决自身存在的问题，任其发展下去，就会自毁长城。

（三）紧紧围绕强军目标推进军队全面建设

习主席强调，强军目标怎样在军队各个领域各个单位贯彻落实，是一篇大文章，需要结合部队实际做深做细，在深化、具体化上下功夫。

贯彻落实强军目标，首先要领会精髓要义、增强认知认同、坚定信念信心。习主席强调，要在全军深入推进强军目标学习教育，进一步把官兵的思想和行动统一到实现强军目标上来，进一步凝聚强军兴军的意志和力量。坚持理论联系实际，搞好转化运用，把学习贯彻强军目标同解决军事、政治、后勤、装备工作实际问题结合起来，使之成为加强部队全面建设、深化部队改革创新、推进军事斗争准备的强劲动力。

实现强军目标，基础在基层，活力在基层。基层是部队建设和战斗力的基础。要牢固树立强基固本思想，树立大抓基层的鲜明导向，按照军队基层建设纲要，扎实打基础，反复抓落实，实现基层建设全面进步、全面过硬，推动贯彻落实强军目标向基层拓展、向末端延伸。

"得其大者可以兼其小。"中国梦、强军梦是人民的梦、国家的梦、军队的梦，也是每个官兵的梦。习主席强调，要发挥广大官兵为实现强军目标而奋斗的积极性主动性创造性，教育引导官兵把个人成长与实现强军梦紧密结合起来，努力在强军兴军征程中书写出彩的军旅人生。

三、贯彻新形势下政治建军方略，充分发挥政治工作在强军实践中的生命线作用

政治工作是我军的看家本领，是我军的最大特色、最大优势，是我军的生命线。党的十八大后，习主席亲自决策到古田召开全军政治工作会议，深刻阐明新的历史条件下党从思想上政治上建设军队的重大问题。1929年和2014年，两个古田会议一脉相承，交相辉映，把我军的历史和未来连接在一起，必将以擘画我军政治建军方略的两个重要的里程碑永载史册。习主席在古田全军政治工作会议上的讲话及一系列论述，对于弘扬我军政治工作的光荣传统和优良作风、在强军兴军征程中更好地发挥政治工作生命线作用具有重大而深远的指导意义。

（一）毫不动摇坚持党对军队绝对领导的根本原则和制度，确保人民军队绝对忠诚、绝对纯洁、绝对可靠

习主席深刻指出，实现党在新形势下的强军目标，必须紧紧抓住坚持党对军队绝对领导这个核心要害不放。军队讲政治、讲对党忠诚，革命军人讲政治、讲对党忠诚，最紧要的是自觉向党看齐，增强政治意识、大局意识、核心意识、看齐意识。

坚持党对军队绝对领导，最根本的是坚持我军在长期的革命、建设和改革实践中，探索总结出的一整套确保党对军队绝对领导的制度。这些制度主要包括：坚持军队最高领导权和指挥权属于党中央、中央军委，军委实行主席负责制；实行党委制、政治委员制、政治机关制；实行党委统一的集体领导下的首长分工负责制；实行支部建在连上。这些制度紧密联系、相互衔接、共同作用，构成了一个系统、完整、科学的组织领导架构体系，为党对军队绝对领导提供了坚如磐石的根本保证。

习主席强调，我军是党领导的人民军队，必须牢牢掌握在党的手中，

必须做到"绝对忠诚、绝对纯洁、绝对可靠"。绝对忠诚是人民军队必须秉持的政治品格,"对党绝对忠诚要害在'绝对'两个字,就是唯一的、彻底的、无条件的、不掺杂任何杂质的、没有任何水分的忠诚"。绝对纯洁是人民军队的不可移易的本质属性,是坚持党对军队绝对领导的思想、组织和作风保证。绝对可靠是人民军队履行使命的必然要求,是坚持党对军队绝对领导的最终体现和最实际检验。

(二)把理想信念、党性原则、战斗力标准、政治工作威信四个带根本性的原则牢固立起来,切实加强和改进军队政治工作

"秉纲而目自张,执本而末自从。"习主席强调,切实加强和改进新形势下军队政治工作,当前最紧要的是把四个带根本性的东西立起来:一是要把理想信念在全军牢固立起来。适应强军目标要求,把坚定官兵理想信念作为固本培元、凝魂聚气的战略工程,把握新形势下铸魂育人的特点和规律,着力培养有灵魂、有本事、有血性、有品德的新一代革命军人。二是要把党性原则在全军牢固立起来。坚持党性原则是政治工作的根本要求,必须坚持党的原则第一、党的事业第一、人民利益第一,在党言党、在党忧党、在党为党,把爱党、忧党、兴党、护党落实到工作各个环节。三是要把战斗力标准在全军牢固立起来。把战斗力标准作为军队建设唯一的根本的标准,聚焦能打仗、打胜仗,健全完善党委工作和领导干部考核评价体系,探索政治工作服务保证战斗力建设的作用机理,形成有利于提高战斗力的舆论导向、工作导向、用人导向、政策导向,把政治工作贯穿到战斗力建设各个环节。四是要把政治工作威信在全军牢固立起来。从模范带头抓起,从领导带头抓起,引导各级干部特别是政治干部把真理力量和人格力量统一起来,坚持求真务实,坚持公道正派。

（三）培养有灵魂、有本事、有血性、有品德的新一代革命军人，担当起强军兴军的历史重任

适应强军目标要求，着力培养有灵魂、有本事、有血性、有品德的新一代革命军人，这是习主席向全军发出的伟大号召。这一号召内含了实现中国梦强军梦的战略运筹，反映了建设强大人民军队的内在要求，抓住了新形势下铸魂育人的特点规律。

有灵魂，是对新一代革命军人的政治要求，就是要信念坚定、听党指挥。它激励广大官兵把有灵魂作为立身做人、履职尽责的根本。有本事，是对新一代革命军人的能力要求，就是要素质过硬、能打胜仗。它要求广大官兵要把有本事作为立身做人、履职尽责的核心，精武强能、真打实备，做到召之即来、来之能战、战之必胜。有血性，是对新一代革命军人的气质要求，就是要英勇顽强、不怕牺牲。它启示广大官兵要把有血性作为当兵打仗、履职尽责的关键，自觉砥砺一不怕苦、二不怕死的战斗精神。有品德，是对新一代革命军人的德行要求，就是要情趣高尚、品行端正。它规范广大官兵要把有品德作为立身做人、履职尽责的基础，自觉做到明大德、守公德、严私德。这"四有"紧密联系、内在统一，构成一个有机的整体，明确了新一代革命军人的最基本最核心的要求，为官兵砥砺自我、提高素质提供了基本准则，为官兵把个人梦融入中国梦强军梦提供了重要契合点，指明了努力方向。

四、按照能打仗、打胜仗的要求，锻造面向未来的胜战之师

"关于军队建设和改革，我想的最多的就是，在党和人民需要的时候，我们这支军队能不能拉得上去、打胜仗，各级指挥员能不能带兵打仗、指挥打仗。"党的十八大以来，习主席在一系列重要讲话中，以深邃的战略眼光、强烈的使命担当，深刻阐明了能打胜仗之于军队的极端重要性，引领全军紧紧扭住能打仗、打胜仗这个强军之要，在实现强军目标、建设世界一流军队的征程上阔步向前。

（一）牢固树立战斗力这个唯一的根本的标准

强军之要，要在标准。习主席深刻洞悉军队建设的基本规律，高屋建瓴地提出，将战斗力标准作为检验军队各项工作和建设成效的"唯一的根本的标准"。这一重要论述标志着党对军队建设规律的认识达到一个新高度，标志着党对军事实践规律的探索达到一个新水平。"唯一的""根本的"这个双重定语，就像经线和纬线，标定出战斗力建设在强军兴军征程中的历史方位；就像横轴和纵轴，确立起战斗力标准这个衡量部队一切工作的时代坐标。

牢固树立战斗力这个唯一的根本的标准，是有效履行我军根本职能的要求。军队首先是一个战斗队，是为打仗而存在的。习主席指出："军队建设各项工作，如果离开战斗力标准，就失去其根本意义和根本价值。"虽然我军在不同时期担负的具体任务有所不同，但作为战斗队的根本职能始终没有改变。在相对和平时期，一些官兵不同程度地存在当和平兵、做和平官的想法，危机意识淡薄，思想和精神懈怠，甚至产生了"仗打不起来，打仗也轮不上我"的心态。这种和平麻痹思想是要不得的！

牢固树立战斗力这个唯一的根本的标准，也是提高军队建设质量和效益的要求。我军许多年没打过仗了，尤其缺乏信息化条件下作战的经验，各项建设成果能否经得起实战检验是一个大问题。必须坚持把战斗力标准作为全军各项建设的出发点和落脚点，坚持用是否有利于提高战斗力来衡量和检验各项工作，使全军各项建设和工作向实现建设信息化军队、打赢信息化战争的战略目标聚焦，向形成基于信息系统的体系作战能力聚焦。

（二）坚持从实战需要出发从难从严训练

2014年3月，经习主席批准，中央军委颁发《关于提高军事训练实战化水平的意见》，系统提出提高军事训练实战化水平的指导思想、总体思路、主要任务和措施要求，为全军部队深入开展实战化训练提供了"路线图"和"施工图"。

坚持把实战化军事训练摆在战略位置，从实战需要出发从难从严训练部队，严格按纲施训，加强战法训法创新，完善军事训练标准和法规体系，加快大型综合性训练基地建设，构建实战化训练环境。深入开展基于实战需求的模拟实景训练、基于信息技术的模拟仿真训练、符合实战标准的实兵对抗训练，加强首长机关指挥训练和诸军兵种联合训练，加大在复杂电磁环境、复杂陌生地域、复杂气象条件下训练力度。建立健全训练监察督察制度，努力使训练和实战达到一体化。

（三）坚持不懈拓展和深化军事斗争准备

军事斗争准备是军队的基本实践活动，是维护和平、遏制危机、打赢战争的重要保证。习主席强调，必须按照能打仗、打胜仗的要求，拓展和深化军事斗争准备，坚持以解决重点难点问题为导向，真抓实备、常备不懈，全面提高军队威慑和实战能力。

着力抓好各个方向战备工作统筹。要根据各个方向使命任务，立足复杂困难的情况，统筹全局，突出重点，制定完善军事斗争准备规划，明确军事斗争能力标准，把各项工作往前赶、往实抓，确保有序连接、持续深化。坚持平战一体、抓住平战转换这个枢纽，提高快速反应能力。

全面提高日常战备水平。周密组织边海空防战备巡逻和执勤。陆军部队构建各战略方向衔接、多兵种联合、作战保障配套的战备力量体系布局，保持迅即能动和有效应对的良好状态。海军部队组织和实施常态化战备巡逻，在相关海域保持军事存在。空军部队坚持平战一体、全域反应、全疆到达的原则，保持灵敏高效的战备状态。火箭军平时保持适度戒备状态，按照平战结合、常备不懈、随时能战的原则，构建要素集成、功能完备、灵敏高效的作战值班体系。

组织非战争军事行动准备。遂行抢险救灾、反恐维稳、维护权益、安保警戒、国际维和、国际救援等非战争军事行动任务，是新时期军队履行职责使命的必然要求和提升作战能力的重要途径。要把非战争军事行动能力建设纳入部队现代化建设和军事斗争准备全局中筹划和实施，抓好应急指挥机制、应急力量建设、专业人才培养、适用装备保障以及健全相关政策法规等方面的工作，促进军队处置突发事件应急指挥机制与国家应急管理机制协调运行。

五、全面实施改革强军战略，坚定不移走中国特色强军之路

人民军队发展史，就是一部改革创新史。深化国防和军队改革是强军兴军的必由之路，也是决定军队未来的关键一招。习主席科学判断和把握国防和军队建设的历史方位，站在实现"两个一百年"奋斗目标和中华民族的伟大复兴的历史高度，明确了深化国防和军队改革的重大意义、指导原则、目标任务、实践要求，并亲自领导、具体擘画，提出一系列重大战略思想，作出一系列重大战略决策，绘制了国防和军队改革的"目标树"和"路径图"，推动国防和军队改革迈出了坚实的步伐，取得了历史性的成就。

（一）坚持用强军目标审视、引领、推进改革

习主席强调，深化国防和军队改革，关键是牵住"牛鼻子"。这个牛鼻子就是强军目标。要坚持用强军目标审视改革、以强军目标引领改革、围绕强军目标推进改革。要以强军目标为引领，贯彻新时期军事战略方针，全面实施改革强军战略，着力破解制约国防和军队建设的体制性障碍、结构性矛盾、政策性问题，推进军队组织形态现代化，进一步解放和发展战斗力，进一步解放和增强军队活力，建设同我国国际地位相称、同国家安全和发展利益相适应的巩固国防和强大军队。

为此，一是要牢牢坚持改革正确方向这个根本，改革不是改向，变革不是变色。改革是为了更好地坚持党对军队的绝对领导，更好地坚持人民军队笃行之宗旨，更好地坚持我军的光荣传统和优良作风，在改什么、不改什么上要有战略定力，不能在根本性问题上犯颠覆性的错误。二是要牢牢把握能打仗能打胜仗这个聚焦点。树立向改革要战斗力的思想，坚持以军事斗争准备为龙头，坚持问题导向，把改革的主攻方向放在军事斗争准备的重点难点问题上，放在战斗力的薄弱环节上，让一切战斗力要素的活力竞相迸发，让一切军队现代化的源泉充分涌流。三是牢牢把握军队组织形态现代化这个根本指向。要适应战争形态加速演变新趋势，适应国家由大向强发展新趋势，适应我军使命任务拓展新要求，深入推进领导指挥体制、力量结构、政策制度等方面改革，为建设巩固国防和强大军队、赢得军事竞争优势提供有力的制度支撑。四是牢牢把握积极稳妥这个总要求。推进改革胆子要大，但步子一定要稳。必须稳妥审慎，战略上勇于进取，战术上稳扎稳打，步步为营，积小胜为大胜。

（二）把"六个着眼于"作为国防和军队改革的目标取向和战略举措

习主席提出，全面深化国防和军队改革，必须把"六个着眼于"作为重要的指导方针和战略举措，即着眼于贯彻新形势下政治建军的要求，推动领导掌握部队与高效指挥部队有机统一，形成军委管总、战区主战、军种主建的格局；着眼于推进依法治军、从严治军，抓住治权这个关键，构建严密的权力运行制约和监督体系；着眼于打造精锐作战力量，优化规模结构和部队编成，推动我军由数量规模型向质量效能型转变；着眼于抢占未来军事竞争战略制高点，充分发挥创新驱动发展作用，培养战斗力新的增长点；着眼于开发管理用好军事人力资源，推动人才发展体制改革和政策创新，形成人才辈出、人尽其才的生动局面；着眼于贯彻军民融合发展战略，推进跨军地重大改革任务，推动经济建设和国防建设融合发展。

在习主席亲自领导和推动下，国防和军队改革已经迈出了坚实的步伐，取得了令人瞩目的阶段性成果。相继成立陆军领导机构、火箭军、战略支援部队，把军委机关由4个总部改为1厅、6部、3个委员会、5个直属机构共15个职能部门，把七大军区调整划设为东部、南部、西部、北部、中部五大战区，完成海军、空军、火箭军、武警部队机关整编工作。通过这些大力度的改革，人民解放军突破了长期实行的总部体制、大军区体制、大陆军体制，建立了军委管总、战区主战、军种主建的新格局，实现了军队组织架构的一次历史性变革。

（三）调整组建并努力建设"四铁"军委领导机关

军委机关调整组建，是整个领导指挥体制改革的龙头，是这轮改革中最具革命性的改革举措。军委机关由4个总部改为1厅、6部、3个委员会、5个直属机构共15个职能部门，这是对军委总部体制的一次全面改革，是对我军战略领导、战略指挥、战略管理体系的一次全新设计，是我军领导指挥体制改革取得的一个突破性进展，是全面实施改革强军战略的一个标志性成果。

中央军委是军队的中枢。军委机关在军队领导指挥体制中居于承上启下、协调左右的重要位置。习主席强调，要努力建设具有铁一般信仰、铁一般信念、铁一般纪律、铁一般担当的军委机关，军委机关各部门要讲政治、谋打赢、搞服务、做表率，以奋发有为的精神状态投身强国强军伟大实践。要有很强的服务意识，转变职能、转变作风、转变工作方式，自觉为军委服务、为战区服务、为军种服务、为官兵服务。军委机关的领导干部要带头践行"三严三实"，自觉用党规党纪规范自己、约束自己、警示自己，自我要求更严格、更苛刻，做到忠诚、干净、担当，为全军做好样子、立起标杆。

（四）构建中国特色军事力量体系

习主席明确提出了"努力构建能够打赢信息化战争、有效履行使命任务的中国特色现代军事力量体系"的目标要求。2015年12月31日，中国人民解放军陆军领导机构、中国人民解放军火箭军、中国人民解放军战略支援部队成立大会举行，习主席授予军旗并致训词，这是构建中国特色现代军事力量体系的战略举措，是我军现代化建设的一个重要里程碑。

陆军是党最早建立和领导的武装力量，对维护国家主权、安全、发展利益具有不可替代的作用。习主席在向陆军领导机构授予军旗并致训词时指出："要弘扬陆军光荣传统和优良作风，适应信息化时代陆军建设模式和运用方式的深刻变化，探索陆军发展特点和规律，按照机动作战、立体攻防的战略要求，加强顶层设计和领导管理，优化力量结构和部队编成，加快实现区域防卫型向全域作战型转变，努力建设一支强大的现代化新型陆军。"

火箭军是我国战略威慑的核心力量，是我国大国地位的战略支撑，是维护国家安全的重要基石。习主席亲自向火箭军授予军旗并致训词，标志着火箭军正式成为中国人民解放军的战略军种。2016年9月27日，习主席视察火箭军机关，强调要牢记历史使命、提升战略能力，努力建设一支强大的现代化火箭军。

战略支援部队是维护国家安全的新型作战力量，是我军新质作战能力的重要增长点，是我军联合作战体系的重要支撑。习主席在战略支援部队成立大会上提出，要"高标准高起点推进新型作战力量加速发展、一体发展，努力建设一支强大的现代化战略支援部队"的目标要求。2016年8月29日，习主席视察战略支援部队机关并发表重要讲话，充分肯定了战略支援部队的地位作用和崭新风貌，激励全体指战员以时不我待的精神，担负起历史重任，瞄准世界一流，勇于创新超越，努力建设一支强大的现代化战略支援部队。[①]

六、深入推进依法治军从严治军，提高国防和军队建设法治化水平

我们党在领导革命、建设和改革的各个历史时期，始终高度重视用严格的法规、严明的纪律建军治军。党的十八大以来，围绕实现党在新形势下的强军目标，习主席对加强依法治军从严治军作出一系列重要论述，深刻阐明了新的历史条件下依法治军从严治军的战略地位、根本原则和目标任务。

（一）依法治军从严治军是强军之基，也是党建军治军的基本方略

习主席强调，深入推进依法治军从严治军，是全面依法治国总体部署的重要组成部分，是实现强军目标的必然要求，是深化国防和军队改革的重要保障，是确保部队有效履行使命任务和高度集中统一的坚强保证。当前，国防和军队建设站在新的历史起点上，依法治军从严治军在国防和军队建设全局中的地位更加突出、作用更加重大，必须更好发挥法治的引领和规范作用，建立一整套符合现代军事发展规律、体现我军特色的科学的组织模式、制度安排和运作方式，推动军队正规化建设向更高水平发展。

（二）强化全军法治信仰和法治思维，按照法治要求转变治军方式

习主席强调："深入推进依法治军、从严治军，首先要让法治精神、法治理念深入人心，使全军官兵信仰法治、坚守法治。没有这一条，依法治军、从严治军是难以推进的。"要在全军深入开展法治宣传教育，把法治教

---

① 2024年4月19日，中央军委进一步优化中国特色军事力量体系，成立中国人民解放军信息支援部队，由中央军委直接领导指挥，同时撤销战略支援部队番号，相应调整军事航天部队、网络空间部队领导管理关系。这次改革后，中国人民解放军总体形成中央军委领导指挥下的陆军、海军、空军、火箭军等军种，军事航天部队、网络空间部队、信息支援部队、联勤保障部队等兵种的新型军兵种结构布局。

育训练纳入部队教育训练体系，把培育法治精神作为强军文化建设的重要内容，引导广大官兵深刻理解依法治军、从严治军的重大意义和丰富内涵，把法治内化为政治信念和道德修养，外化为行为准则和自觉行动。

深入推进依法治军从严治军，要求治军方式发生一场深刻变革。要按照法治要求转变治军方式，努力实现从单纯依靠行政命令的做法向依法行政的根本性转变，从单纯依靠习惯和经验开展工作的方式向依靠法规和制度开展工作的根本性转变，从突击式、运动式抓工作的方式向按条令条例办事的根本性转变，在全军形成党委依法决策、机关依法指导、部队依法行动、官兵依法履职的良好局面。

（三）适应现代军队建设和作战要求，构建完善中国特色军事法规制度体系

军事法规制度是军队建设和部队行动的基本依据，是官兵行为的基本准则，是依法治军从严治军的重要前提和基础。必须用强军目标审视和引领军事立法，坚持与我军履行使命任务相适应，与深化国防和军队改革相协调，与国家法律体系相衔接，不断健全完善具有我军特色的军事法规制度体系，提高军事法规制度的针对性、系统性、操作性。

要加强军事法规制度体系顶层设计。军事立法要紧紧围绕强军目标，着眼有效履行新使命、新任务，贯彻有什么问题解决什么问题的思路，突出重点项目，加快相关立法。要着力健全完善思想政治建设、作战训练、科学管理、军事人力资源、军民融合深度发展、国防动员等重要领域的法规制度。

（四）坚持从严治军铁律，加大军事法规制度执行力度

法律的生命力在于实施，权威性也在于实施。习主席强调，法规制度不能成为"稻草人""泥菩萨"，要立好规矩更要守好规矩，定了规矩就要执行，做了规定就要来真格的。"徒法不足以自行。"要着力增强法规制度执行力，让制度纪律成为带电的"高压线"，坚决杜绝有法不依、执法不严、违法不究的现象；坚持制度面前人人平等、执行制度没有例外，不留"暗门"、不开"天窗"，提高法规制度的权威性和约束力，让铁规生威、铁纪发力。

厉行法治、严肃军纪，是治军带兵的铁律，也是建设强大军队的基本规律。军无法不立，法无严不威。严才能正纲纪，严才能肃军威，严才能出战斗力。要以纪律建设为核心，下大气力整肃军纪，强化号令意识，培养部队令行禁止、步调一致的严明纪律。依据法规制度指导和开展工作，狠抓条令条例和规章制度落实，保持正规的战备、训练、工作和生活秩序。

七、全面加强军队党的各方面建设，把党的政治优势和组织优势转化为军队制胜优势

习主席指出："搞好军队党的建设，是军队建设发展的核心问题，是军队全部工作的关键，关系到党的执政地位，关系到我军性质宗旨，关系到部队战斗力。"必须把军队党的建设摆在更加突出的位置，坚持党要管党、从严治党，全面加强军队党的各方面建设，为实现党在新形势下的强军目标提供坚强思想和组织保证。

（一）提高军队党的建设科学化水平，为实现强军目标提供坚强思想和组织保证

始终坚持党对军队的绝对领导，始终坚持以能打仗、打胜仗为根本着眼点，始终坚持党要管党、从严治党方针，始终坚持以改革创新精神加强军队党的建设，不断提高军队党的建设科学化水平。

确保党对军队的绝对领导，这是军队党的建设的首要任务和根本要求。要坚持不懈用党的创新理论武装官兵，毫不动摇坚持党对军队绝对领导的根本原则和制度，认真贯彻落实军委主席负责制，确保全军在任何时候任何情况下都坚决听从党中央、中央军委指挥。军队各级党组织的建设都要紧紧围绕能打仗、打胜仗来展开，这是部队战斗力的增强剂和功放器。要强化战斗队思想，把战斗力标准贯彻到军队党的建设各个方面，加强各级党组织能力建设，造就高素质干部队伍，发挥党委领导核心作用、党支部战斗堡垒作用、党员先锋模范作用，团结带领广大官兵坚决按照打仗要求搞建设、抓准备，确保部队召之即来、来之能战、战之必胜。全面加强军队党的各方面建设，这是保持党的先进性和纯洁性的根本举措。必须全面加强部队党的思想建设、组织建设、作风建设、反腐倡廉建设、制度建设，增强各级党组织的创造力凝聚力战斗力，把党的政治优势和组织优势转化为推动部队建设的强大力量。

（二）严守政治纪律和政治规矩，增强党内生活的政治性原则性战斗性

讲政治、守纪律是我军的突出特点和优势。军队守纪律首要的是遵守政治纪律，守规矩首要的是遵守政治规矩，并且标准更高、要求更严。

严守政治纪律、政治规矩，贵在认真实践，重在长期历练。要加强请示报告制度，该请示的必须请示，该报告的必须报告，重大事项决不允许事前不请示、事后不报告，搞先斩后奏、边斩边奏，甚至斩而不奏。决定了的事情必须坚决贯彻执行，不得搞变通、打折扣，尤其不允许自作主张、自行其是。

必须把增强党组织的政治性原则性战斗性作为紧要问题来抓，纯洁思想以强化党性，纯洁队伍以坚强组织，纯洁风气以巩固团结，增强党组织的创造力凝聚力战斗力。一是要把思想入党作为党员、干部的终身课题。加强党员思想改造，深入推进学习型党组织建设。二是要增强贯彻民主集中制实效性。强化党委集体领导，严格落实党委统一的集体领导下的首长分工负责制。三是要浓厚党内生活原则空气，用好批评和自我批评这个有力武器，坚持开展批评见人见事、触及灵魂。

（三）按照好干部标准选人用人，建设能够担当强军重任的高素质干部队伍

强军之道，要在得人。习主席提出了"对党忠诚、善谋打仗、敢于担当、实绩突出、清正廉洁"的军队好干部标准，强调要把干部队伍建设作为一项战略任务来抓，坚持正确选人用人导向，实施人才强军战略，使干部队伍整体水平有一个质的跃升。

用人导向是最根本的导向，吏治腐败是最大的腐败。针对一段时间内郭伯雄、徐才厚等人对我军政治生态和用人导向的破坏，习主席强调，全军必须把匡正用人风气作为重大政治和组织原则问题，强化事业取人的政治责任、组织选人的把关作用、制度用人的刚性约束，严格落实军队好干部标准，建设一支能够担当强军重任的高素质干部队伍。他说："选拔任用干部，总的讲，就是要坚持德才兼备、以德为先，坚持五湖四海、任人唯贤，树立注重基层的导向、注重实干的导向、注重官兵公认的导向，增强选人用人的科学性、准确性、公信度。"

选准配强建军治军骨干。实施领导班子建设规划，接续推进领导班子成员来源、专业、年龄结构改善，重视保留和用好有参战经历、经受过复杂斗争考验的干部。科学培养选拔优秀年轻干部，坚持必要台阶、递进培养、差额比选、择优而用，注重能力不简单按年龄画线，跟踪培养不预设晋升路线图。坚持老中青相结合使用干部，把各年龄段干部积极性调动起来。改进干部考核工作，推进高中级干部考核制度化常态化，健全实绩分析标准和方法，完善考核结果公开、申诉、复核机制，增强考核的准确性公信度。加大干部交流力度，健全制度机制，走军职以上干部在全军统一衡量、择优遴选的路子。

（四）深入推进党风廉政建设和反腐败斗争，实现军队作风根本好转

能否保持我党我军的光荣传统和优良作风，关系军队生死存亡，关系党和国家事业兴衰成败，关系社会主义红色江山会不会改变颜色。习主席把军队党风廉政建设和反腐败斗争同党和军队工作大局联系在一起思考和部署，推动军队党风廉政建设和反腐败斗争取得重大阶段性成效。

持续深入纠治形式主义、官僚主义、享乐主义和奢靡之风。习主席指出："'四风'问题是当前所有作风问题的集中表现，也是其他许多问题和弊端的源头。""四风"是顽症痼疾。经过党的群众路线教育实践活动，"四风"问题有所收敛，但并没有绝迹，不正之风树倒根存，有的还在变换花样，"穿着马甲"行走于市。为此要"宜将剩勇追穷寇"，常抓不懈。要着力在纠治官兵反映强烈的突出问题上见到成效，在解决深层次矛盾和问题上见到成效，在构建规范化、制度化的长效机制上见到成效。

践行"三严三实"常态化长效化。严以修身、严以用权、严以律己，谋事要实、创业要实、做人要实，是共产党人最基本的政治品格和做人准则。是党员、干部的修身之本、为政之道、成事之要。2014年12月，习主席在中央军委专题民主生活会上提出"六个进一步严起来实起来"，即军委学习要进一步严起来实起来；政治纪律、政治规矩要进一步严起来实起来；军委工作制度要进一步严起来实起来；党管干部要进一步严起来实起来；党内政治生活要进一步严起来实起来；廉洁自律要进一步严起来实起来。2016年1月，习主席在中央军委"三严三实"专题民主生活会上强调，践行"三严三实"，必须做到"五个更加自觉"：在向党看齐上要更加自觉；在把握大局上要更加自觉；在敢抓敢管上要更加自觉；在开拓创新上要更加自觉；在廉洁自律上要更加自觉。这些重要指示，进一步明确了军队领导干部贯彻"三严三实"的具体要求。

绝不让腐败分子在军队有藏身之地。习主席指出："军队是拿枪杆子的，军中绝不能有腐败分子藏身之地。"党的十八大以来，党中央、中央军委和习主席旗帜鲜明反对腐败，坚持有腐必反、有贪必肃，坚持利剑高悬，出重拳、动真格，坚持猛药去疴的决心不减，刮骨疗毒的勇气不泄，严厉惩处的尺度不松，推动军队反腐败工作取得重大阶段性成效，不敢腐的氛围正在形成，不能腐、不想腐的工作正在深化。习主席要求，要深入贯彻六中全会精神，强化政治定力，保持高压态势，深化标本兼治，不断压缩腐败现象生存空间，确保反腐败斗争取得压倒性胜利，营造政治上的绿水青山。

八、增强全民国防观点，不断谱写军民鱼水情时代新篇

我军是党的军队、人民的军队和社会主义国家的军队。中国的国防是全体中国人民的国防。习主席强调，要加强国防教育，增强全民国防观念，使关心国防、热爱国防、建设国防、保卫国防成为全社会的思想共识和自觉行动。

要建立健全国防动员体制机制，深化民兵预备役体制改革，优化后备力量规模、结构和布局，完善平时征用和战时动员等法规制度，增强打赢未来战争的国防潜力。在国防和军队改革中，成立军委国防动员部，专司组织指导国防动员和后备力量建设的职能，就是根据习主席的战略谋划，从顶层设计上建立健全国防动员体制机制的重大举措。

拥军优属、拥政爱民是我党我军特有的政治优势，坚如磐石的军政军民关系是我们战胜一切艰难险阻、不断从胜利走向胜利的重要法宝。新时代习主席发出了"加强军政军民团结，不断谱写军民鱼水情时代新篇"的伟大号召。他要求，军队要强化宗旨意识和群众观念，以实际行动为人民群众造福兴利，要视人民为亲人、把驻地当故乡，积极支持和参加地方经济社会建设。地方各级党委、政府和人民群众要把支持部队建设作为义不容辞的责任，满腔热情为部队建设、为广大官兵排忧解难，为部队多办好事、实事。军地双方共同努力，不断巩固强军胜战的政治基础。军民团结

如一人，试看天下谁能敌！

习近平强军思想是一个内涵丰富、思想深邃、与时俱进的科学军事理论体系，必将随着新时代强军事业的深入推进而持续发展、不断丰富、更加完善，彰显出更加强大的真理力量。深入贯彻习近平强军思想，必将引领我军战胜一切艰难险阻，在全面建成世界一流军队、护航民族复兴伟业的新征程上不断取得新胜利。

（本文写作于2017年3月，系作者承担的一个课题的节录稿）

人民战争永远是我们克敌制胜的法宝

当今世界科技迅猛发展，高技术战争乃至信息化战争已经成为战争的主要形态。敏锐把握和正确认识这种变化，在与时俱进中坚持人民战争的战略思想，不断创新人民战争的理论与实践，走出一条符合中国国情并反映时代特征的国防现代化之路，为中华民族的伟大复兴提供可靠的安全保障，是必须着重解决的历史性课题。

一

人民战争作为人民群众在自觉的基础上所进行的革命的、正义的战争，是很早就有的。马克思主义的诞生把历史唯物主义的真理之光投射到战争领域，并且把人民战争与工人阶级的解放和被压迫民族、被压迫人民的革命斗争联系了起来，开辟了人民战争的新纪元。在过去的一个多世纪里，人民战争，特别是中国共产党领导的波澜壮阔的人民战争，曾经极大地改变了世界历史进程，谱写了战争史上极为辉煌的一页。人民战争的无穷威力曾经使帝国主义者、霸权主义者以及一切站在人民对立面的旧秩序的维护者谈虎色变，心惊肉跳，惶惶然不可终日。

20世纪末叶以来，时代的主题发生了重大变化，战争的形态也发生了重大变化。这就提出了一个问题：在高技术乃至信息化条件下，人民战争还灵不灵？还能不能再创新的辉煌？

回答是肯定的。战争的高技术化、信息化没有也不可能改变人民战争的基本原理。恰恰相反，在高技术条件下，人民战争的科学原理愈益闪烁出真理的光芒。

战争的技术手段是随着科学技术以及生产力的发展而发展的，高技术战争、信息化战争登上军事舞台，是人类文明从工业时代向信息时代转换在军事领域内的必然反映。而人民战争的强大威力，从根本上说，是由战争的正义性所决定的，是由人民群众作为历史创造者在战争中的主体地位和历史主动性所决定的。它与社会生产力的发展水平以及与此相应的战争的技术手段并没有必然的联系，它并不是一个断代的概念，它可以与各种武器装备结合起来并找到自己的实现形态。军队的战斗力形态，从而战争的形态总是与一定的生产力形态相联系，而一定的生产力形态总是与一定的科学技术发展水平相联系。如果说高技术战争是当今世界先进的生产力在军事领域里的体现，反映了以科技进步主导的先进生产力与军事领域结合的最新趋势的话，那么，这种先进的生产力归根结底是人民群众创造的，也是完全可以为人民群众所掌握和利用的。人民群众过去是，今天也理所当然的是高技术战争的主体。高技术可以改变战争的形态，但不能改变战争的性质，不能改变战争是政治的继续这一本质，不能抹杀和消弭正义战争与非正义战争的分野，不能改变正义战争终将胜利的规律。高技术可以改变战争的手段，但不能改变人民群众在战争中的决定作用，不能改变战争中决定的因素是人而不是物，更不是一两件新式武器的规律。人民群众创造历史的活动像大江大河一样奔腾不息，人民战争理论和实践之树也历久常青。

如果我们本质地而不是现象地、深层地而不是表象地考察，就会发现，在高技术条件、信息化条件下，人民战争的一般原理非但没有过时，人民战争的战略思想非但没有失去存在价值，反而更加重要、更加富有生机了。例如，在高技术条件、信息化条件下，战争的政治性进一步凸显，军事受政治的制约进一步加大，更加需要高扬正义战争的旗帜，以赢得人民群众的广泛支持和国际舆论的普遍同情。在高技术条件、信息化条件下，战争日益表现为以经济、科技为基础的综合国力的较量，是对一个民族的物质力量和精神力量的全面考验（列宁语），更加需要依靠人民战争把国家的战争潜力最大限度地发挥出来。在高技术条件、信息化条件下，两军对垒日益表现为全方位的体系对抗，战争不仅要求诸军兵种之间的密切协同和配合，而且要求各种武装力量之间密切协同和配合，军队与地方密切配合，各个战场、各个战略方向密切协同和配合，正规战与各种灵活多样、不拘一格的作战形式、作战方法密切配合，军事斗争与经济、政治、文化、外交、科技等各种领域里的斗争密切配合，因而更加需要发挥人民战争的整体威力。在高技术条件、信息化条件下，战争的直接交战空间缩小而相关空间扩大，前方后方的界限日益模糊，更需要把人民群众普遍而广泛地动员起来防抗并举，以各种形式参加和支援战争。在高技术条件、信息化条件下，武器装备的精度和威力提高了，战争的强度和烈度加大了，战争造成的破坏和毁伤加大了，更加需要发动和依靠人民群众自救互救，同时提高国家重要战略目标和军事资源的防护能力、抗毁能力和再生能力。在高技术条件、信息化条件下，军事科技与民用科技、国防经济与国民经济日益融为一体，进行战争更加需要依托军民融合式发展，更加需要动员和依托民用科技资源、经济资源和人才资源。总之，无论从哪个方面看，高技术战争、信息化战争并没有让人民走开，并没有变为少数精英在键盘上的"游戏"，人民群众过去是、现在也仍然是主宰高技术战场的决定性力量。高技术并没有宣告人民战争的终结，而是为它的发展创造了前所未有的手段，开辟了更广阔的途径，提供了历史性的契机。

更应该看到，人民战争通常具有以劣势装备战胜优势装备之敌的特点。由于当今世界的矛盾和各国经济、政治、文化、军事发展的不平衡，战争的非对称性更加明显。对于武器装备处于劣势的国家，人民战争过去是、现在是今后也依然是反对霸权主义和强权政治的有力武器，是弥补自己的不足并最终战胜敌人的必由之路。只有坚持人民战争，才能扬己之长、击敌所短，努力实现战略态势上、作战方法上由被动向主动的转化。实践证明，高技术武器、信息化武器及其作战系统看起来吓人，但也不是万能的、无懈可击的。尺有所短，寸有所长。高技术武器装备和整个高技术作战系统亦有其十分脆弱的一面，一个重要的节点出了问题，就可能危及整个系统，导致整个系统的失能和瘫痪。只要真正实行人民战争，充分发挥人民群众的创造性，就可以找到出奇制胜、以低制高的胜敌之法，人民战争有着广阔的用武之地。

二

接下来的问题是：在新形势下中国还要不要坚持人民战争的战略思想？

回答同样是肯定的。无论是从历史还是从现实的角度看，人民战争都是我们在新世纪推进国防现代化建设所必须坚持的基本的战略思想。

在中华民族走向全面复兴的历史进程中，如何建立强大的国防，是一个带根本性的战略问题。党的三代领导核心从我们党的军事传统及其根本优势出发，从我国社会主义国家性质和积极防御的战略方针出发，从中国国防建设的实际需要出发，始终强调坚持和发展人民战争。新中国成立不久，毛泽东就在总结抗美援朝的经验时深刻指出："我们的经验是，依靠人民，再加上一个比较正确的领导，就可以用我们的劣势装备战胜优势装备的敌人。"进入新时期，邓小平重申在新的条件下，我们的"战略思想仍然是人民战争"，并且号召我们研究现代条件下的人民战争。20世纪90年代以来，江泽民同志敏锐把握世界军事领域的重大变化，把解决人民战争如何与高技术条件的结合作为他始终关注的一个重大问题，他强调："无论武器装备如何发展，战争形态如何变化，人民战争都是我们克敌制胜的法宝。

这个法宝，任何时候都不能丢掉。"这些论述，蕴含了我军历代统帅深远的战略考虑。

人民战争是中国共产党领导当代中国军事的优良传统。我们的天下是靠武装斗争、靠人民战争打下来的。中国共产党作为中国工人阶级和中华民族、中国人民的先锋队，在不同的历史时期始终代表最广大人民的根本利益，代表中国先进生产力发展的要求和先进文化的前进方向，并把这种代表合乎逻辑地、理所当然地灌注于军事领域，形成了以人民战争为核心和灵魂的毛泽东军事思想，极大地丰富和发展了马克思主义的军事理论。人民战争对于中国共产党来说，不单是一个具体的作战原则或一项具体的军事政策，不是一时的权宜之计，而是贯穿于整个军事活动的自觉的、根本的军事观和方法论，是战争的根本指导路线，是彻底的、完备而系统的立场、观点和方法。中国共产党人开辟了人民战争的理论与实践的新境界，淋漓尽致地发挥了人民战争的艺术，极大地创新了人民战争的战略战术，使之臻于化境，令人叹为观止。我们党所领导的人民战争，时间之长，规模之大，形式和内容之丰富，战果之辉煌，在世界人民战争史上是独一无二的。中国人民依靠人民战争，创造了人类战争史上的奇迹，实现了民族独立和人民解放，在帝国主义和霸权主义的政治、经济封锁和军事压力下，成功地维护了国家的独立和主权。人民战争是中国共产党在军事领域内卓越的理论创造，是中国革命对于世界军事文化的伟大贡献，是我们的一笔宝贵遗产。中国人民战争的基本经验，集中反映了我们党和国家的政治优势以及在军事领域实现和发挥这种优势的有效途径，是我们的看家本领和拿手好戏，这个传家宝任何时候都不能丢。

人民战争是我国社会主义国家性质和积极防御的战略方针的本质要求。人民战争具有两个相关联的特点，一个是它的正义性，另一个是它的人民性。中国是社会主义国家，实行的是积极防御的战略方针，中国人民爱好和平，中国坚定地执行和平外交政策，永远不称霸。中国人民又把维护国家的主权、统一和领土完整看得比生命还重要。不管是反侵略战争或维护祖国统一的军事行动，正义性都在我们一边。而我们的敌人无论是霸权主义者还是极少数民族分裂分子，尽管他们也会千方百计地制造舆论，混淆视听，笼络人心，但由于其倒行逆施，从根本上必然是失道寡助的。中国共产党作为执政党，作为全中国人民的领导核心，以为人民求解放、为民族谋复兴为己任，基于一切为了人民、一切依靠人民的历史唯物主义原理和全心全意为人民服务的宗旨，形成了在一切工作中的群众路线，人民战争就是群众路线在军事工作中的集中体现。人民战争对于中国来说，不仅是必然的、必要的，而且是完全可行的。我们有党的坚强领导，有优越的社会主义制度，有广袤的国土和雄厚的人力资源，有新中国成立特别是改革开放以来形成的日益强大的综合国力，有源远流长的爱国主义传统和伟大的民族凝聚力，有人民战争的优良传统和丰富经验。如果说过去中国人民在敌我力量对比非常悬殊、各方面的条件极为困难的条件下，能够创造人民战争的奇观的话，今天一定可以谱写人民战争的新篇章，任何强大的敌人在中国人民的人民战争面前都无法逃脱头破血流、折戟沉沙的厄运。

人民战争是我们在新形势下兼顾发展与安全的必然选择。中国正处在一个重要的发展时期，从国际环境来看，天下并不太平，国际敌对势力不会放弃西化和分化中国的图谋，他们必然千方百计地遏制中国，为中国的发展制造种种麻烦；从国内情况来看，改革进入深水区，社会生活中的各种矛盾进一步凸显，影响国家安全的因素复杂且不确定，存在着种种可以预料以及难以完全预料的风险。我国的统一大业尚未完成。在这种情况下，如何兼顾发展与安全，兼顾主要的战略方向和其他的战略方向，加强国家的战略能力建设，使我们既能紧紧扭住经济建设这个中心，集中注意力，抓紧时机，发展自己，又能较少风险，确保一旦有事，能够尽快实现平战转换、把国家的战争潜力转化为战争能力，人民战争就是一种明智而必然的选择。

人民战争是激扬民气、培塑国魂的重要抓手。坚持人民战争的战略思想，有利于振奋民族精神、激发爱国主义热情、增强民族凝聚力，有利于提高全民族的素质，在战时可以转化为现实战斗力，在平时则可以熔铸成巨大的软实力。人民战争所必需的军民一致、军民团结，既是战时夺取胜利的保证，也是平时保证国家安定团结、推进现代化事业发展的政治基础。坚持人民战争的战略思想，形成有效的动员体制和机制，建设强大的国防后备力量，既有利于增强我国国防的威慑和实战能力又有利于提高国家抵御风险的能力，既可以保安全又可以促发展，既可以应战又可以应急。特别是广大的民兵、预备役部队处在我国社会主义现代化建设的第一线，战时是重要的作战力量，平时是现代化建设的生力军和突击队，是开展反恐怖斗争、维护边防和社会稳定、执行抢险救灾等重大任务的基本力量。

（本文写作于2002年1月）

基因与血脉

  一个人的样子是由其基因决定的，一支军队的样子也是由其与生俱来、赖以诞育的基因决定的。要了解中国人民解放军，就不能不追溯这支军队的历史，不能不体察这支军队的血脉。从三湾改编到古田会议，从战争年代到和平时期，这支军队熔铸了党对军队绝对领导的军魂，形成了优良的革命传统，培塑了一往无前的战斗精神。这种基因和血脉是人民军队的命根子，是它独领风骚、傲视群伦、不惧一切强大对手的底气和本钱。筑牢军魂、恪守初心，确保人民军队基因不变、血脉永续，在继承和发扬我军优良传统的基础上砥砺创新，是我军面向新时代、肩负新使命的根本保证。

人民军队"样子"的基础性设计

——论古田会议在我军建设发展史上的重大意义

1975年1月，第一次复出后的邓小平在题为《军队要整顿》的重要讲话中，说了这样一句话——"军队要像军队的样子"。

2012年11月，当习主席走上党、国家和军队的最高领导岗位，肩负起总戎三军、继往开来的重任时，他最关注和深入思考的，也是邓小平同志说的这句意味深长的话——"军队要像军队的样子"。

那么，我们的军队应该是个什么样子？我军今天这个样子最初是怎样设计出来的？我军为什么只能是这个样子而不能是别的什么样子？是什么确立和构成了我军"样子"的基因？

振叶以寻根，观澜以溯源。我以为，要正确回答和深刻认识这些问题，就不能绕开古田会议。不了解古田会议，就不能透彻地了解我军的"前世今生"，就不能了解人民军队脱胎换骨、倚天而出的历史，就不能深刻体悟人民军队赖以安身立命、发展壮大、克敌制胜的政治优势和优良传统，就不能了解人民军队"样子"的基本内涵。

一

1927年南昌起义后，我们党义无反顾地开始了创建人民军队、独立领导武装斗争的伟大实践。但是，在中国的土地上，自从盘古开天地，三皇五帝至于今，真正属于人民的军队、服务人民的军队从来没有过。人民军队应该是个什么样子，谁也没见过，我们党可资借鉴的也只有北伐时期与国民党一起建设新军队、在军队建立并开展政治工作的经验。这就决定了创建人民军队必然是一个艰辛探索的过程。在我军初创时期，由朱毛会师开辟井冈山根据地所组建的红四军虽然也注重加强党的领导和政治工作，但由于其主要成分是农民以及从旧军队起义和解放过来的，旧军队的积习，农村小生产者、流氓无产者的思想，小资产阶级的思想等各种非无产阶级的思想经常地、大量地反映到部队中来，单纯军事观点、流寇思想、军阀主义残余严重存在。这些错误思想不仅反映在建军治军上，而且反映在红军的作战和执行任务上。如何把这样一支新生的、以农民为主要成分、从旧军队的营垒里杀出来的革命军队建设成为一支完全新型的、无产阶级性质的、真正的人民军队，是党所面临的一个重大而严峻的现实课题，也是党肩负起领导中国革命重任的首要课题。古田会议及其决议正是在这样的历史条件下应运而生的。1929年12月，依据中央"九月来信"精神，毛泽东同志主持起草的古田会议决议，系统总结了南昌起义后两年多来的建军治军实践经验，澄清了在军队建设上一些带倾向性的、错误的、模糊的观点，创造性地提出了人民军队建设的一系列方针、原则和根本的制度安排。这个决议虽然是基于红四军的实际作出来的，但是对于红军建设具有普遍的指导意义。正如《毛泽东选集》在《关于纠正党内的错误思想》一文的题注中所写的："这个决议使红军肃清旧式军队的影响，完全建立在马克思列宁主义的基础上。这个决议不但在红军第四军实行了，后来各部分红军都先后不等地照此做了，这样就使整个中国红军成为真正的人民军队。中国人民军队中党的工作和政治工作，以后有广大的发展和创造，现在的面貌和过去大不相同了，但是基本的路线还是继承了这个决议的路线。"

质言之，正是有了古田会议及其决议，我军才脱胎换骨、破茧成蝶，才从"面子"到"里子"都真正成为一支人民军队。正如罗荣桓元帅所说，古田会议以后，"我军要建设一支什么样的军队就定型了"。从一定意义上可以说，古田会议就是人民军队的"零公里"处。古田会议及其决议将以对人民军队"样子"的基础性设计、为我军铸魂立格的奠基性功勋而永载史册、永放光辉。

二

那么，古田会议着重在哪些方面对人民军队的"样子"进行了基础性的设计呢？

其一，古田会议事实上确立了党对军队绝对领导的原则和制度。军队听谁指挥，枪杆子掌握在什么人手里，这是建军治军的首要问题、关键问题。正是因为有了党对军队的绝对领导，有了因为这种领导而熔铸的、党性与人民性相统一的、永远不变的军魂，我军才真正做到了以党的旗帜为旗帜、以党的方向为方向，确立并始终不渝地践行了全心全意为人民服务的宗旨，才与一切旧军队划清了界限，成为一支真正的人民军队。据考证，党对军队"绝对领导"一词的出处，最早见于1932年红军总政治部《关于红军中支部工作的一封信》。但我以为，古田会议决议事实上已经从军事与政治的关系、从党组织在军队中的地位、从军队中党组织的设置及其决策机制、从党在军队中的思想政治建设等各个方面，确立了党对军队绝对领导的原则和制度。决议旗帜鲜明地批判了单纯军事观点，批判了脱离党的领导、轻视政治工作的倾向，指出那种把军事与政治对立起来、割裂开来，甚至以军事领导代替政治领导的观点，是极端错误的。"这种思想如果发展下去，便有走到脱离群众、以军队控制政权、离开无产阶级领导的危险，如像国民党军队所走的军阀主义的道路一样。"决议阐明了党与军队的关系，指出，"军事只是完到政治任务的工具之一"，军事必须服从政治，军队必须服从党的领导，为党的纲领、路线和政策而斗争。决议确定了一系列党对军队实施领导的制度和措施，这种制度安排对于人民军队建设具有根本性和基础性。如在三湾改编的基础上，进一步强调"每连建设一个支部，每班建设一个小组，这是红军中党的组织的重要原则之一"；要求红军必须加强党组织建设，使党的组织成为"领导的中枢"，"确实能担负党的政治任务"；要求"党对于军事工作要有积极的注意和讨论。一切工作，在党的讨论和决议之后，再经过群众去执行。"；要求提高党的生活的质量，"会议要政治化实际化"；强调"有计划地进行党内教育，纠正过去之无计划的听其自然的状态，是党的重要任务之一"；等等。可以说，后来我军不断丰富发展完善的党对军队绝对领导的方针原则、制度安排在决议中都可以找到源头，找到依据。明确党和军队的关系、政治与军事的关系，这是古田会议对我军"样子"的最根本的"原设计"。

其二，古田会议构建了我军政治工作的雏形。政治工作是党在军队中的思想工作和组织工作，是实现党对军队绝对领导的根本保证，是我军的生命线。中国人民解放军的政治工作堪称中国共产党领导当代中国军事的伟大创造，也是我军最鲜明的特色和最根本的政治优势。这种政治工作的源头可以追溯到北伐时期与国民党一起建立新军队的实践。毛泽东后来说："那时军队有一种新气象……军队设立了党代表和政治部，这种制度是中国历史上没有的，靠了这种制度使军队一新其面目。"但是，那时候毕竟不是我们党独立建设和领导军队，只是"借锅做饭"，是不行的。南昌起义后，经过两年多的摸索，我们党对军队政治工作有了更深的认识，积累了新的经验。古田会议决议可以说就是这些新鲜经验的总结和结晶。如前所述，古田会议决议对军队中党组织的地位，党的组织建设、思想建设等都做了科学的规范和部署。除此之外，决议还科学界定了军事工作与政治工作的关系、军事系统与政治系统的关系，特别是系统阐发了红军的宣传工作问题、士兵的政治训练问题；提出了一些非常著名的论断，如"红军党内最迫切的问题，要算是教育的问题""红军的宣传工作是红军第一个重大工作"。决议对如何做好宣传工作、开展政治训练从内容到形式、方法等都做了具体而微的规定，提出了明确的要求，如分层次上好政治课，倡导启发式、讨论式的教授法，把集合讲话和个别谈话结合起来，"谈话前须调查谈话对象的心理及环境"，"谈话时须站在同志的地位，用诚恳的态度和他说话"，等等。85年过去了，日月轮替，斗转星移，但今天重温决议，仍然可以感到其穿越时空、历久弥新的马克思主义真理光辉。这些基本的方法论原则对于我们做好新形势下的思想政治工作、做好军事外宣工作依然具有重要的指导意义。正如叶剑英元帅1978年在全军政工会议上指出的："从古田会议到现在，我军的政治工作有很大的发展，但是它的根本原则、它的基础，还是古田会议奠定的。"

其三，古田会议明确了我军必须坚持的政治观点和必须担负的政治任务。军队是干什么的？是打仗的。军队必须能打仗、打胜仗，对这一点丝毫不应该有任何疑义。革命的成败、中国的存亡，系于战争的胜负。我军首先是也永远是一个战斗队，这是毛泽东同志从战争年代到新中国成立以后反复强调的一个思想。但是，我军不是单纯地打仗，不是为打仗而打仗，而是为了实现党的政治目标、为人民的利益而工作、战斗的。在我军初创时期，鉴于雇佣军队思想的影响，鉴于部队中一度存在的比较浓重的单纯军事观点，鉴于我军所处的严峻的外部环境，古田会议突出地强调了红军打仗之外的全方位的政治任务，指出："中国的红军是一个执行革命的政治任务的武装集团。特别是现在，红军决不是单纯地打仗的，它除了打仗消灭敌人军事力量之外，还要负担宣传群众、组织群众、武装群众、帮助群众建立革命政权以至于建立共产党的组织等项重大的任务。"并且强调："红军的打仗，不是单纯地为了打仗而打仗……离了对群众的宣传、组织、武装和建设革命政权等项目标，就是失去了打仗的意义，也就是失去了红军存在的意义。"决议批评了"过分相信军事力量，而不相信人民群众的力量""不愿意艰苦地做细小严密的群众工作"的倾向。这就明确无误地告诉我们，群众观点是我军必须坚持的基本政治观点。我军来自人民、为了人民、服务人民，也必须紧紧地和人民站在一起，诚心实意地依靠人民。我军除了打仗之外，还应该成为党开展群众工作的骨干力量，成为党联系群众的重要纽带和桥梁。仔细研读决议，可以感到后来毛泽东同志提出的我军的"三大任务"在决议中已经呼之欲出了。85年来，正是因为始终坚持了决议为我军所规范的职能任务原则，我军才不仅成为一支在战场上一往无前、有我无敌、所向披靡的军队，如而且成为一支军政兼优、文武兼备的军队，成为党的群众路线和政治优势的最集中、最直接的体现者，成为党所倡导的先进文化的首善之区，用崭新的道德风尚影响和带动了全民族。

其四，古田会议确立了我军处理内外部关系的基本原则。军队是一种特殊的社会组织。一支军队的内外部关系，往往鲜明地体现着这支军队的性质宗旨、政治方向。一切剥削阶级的军队，如中国的旧式军队，无一例外地，对外烧杀掳掠，祸害百姓；对内官兵严重对立，官长欺压士兵。这种旧军队的不良习气在我军初创时期也有一定的体现。古田会议决议的一个重要功绩，就是在这些方面为我军澄清了基本是非，定出了基本规矩。关于外部关系，主要是军政军民关系问题，上一点实际上已经回答了。关于内部关系，决议在纠正极端民主化、绝对平均主义的同时，强调在红军中"官兵生活平等（官兵之间只有职务的分别，没有阶级的分别，官长不是剥削阶级，士兵不是被剥削阶级）"，实行"经济公开主义"。决议还特别强调了废止肉刑的问题，指出官长打士兵的问题，是封建制度和封建军阀恶习的残余，"实在值得我们严重的注意"，"如不赶快纠正，危险不可胜言"。决议的这些论述，今天仍然是我们建军治军的圭臬。内外部关系的另一个重要方面是对待敌军。决议强调"对白军士兵及下级官长的宣传非常之重要"。决议特别指出："优待敌方俘虏兵，是对敌军宣传的极有效方法。"这些处理内外部关系的基本原则，后来毛泽东同志进一步提炼概括为我军政治工作的三大原则，即"官兵一致、军民一致、瓦解敌军"。今天，我们强调军政军民之间同呼吸、共命运、心连心，强调建立团结、友爱、纯洁、和谐的内部关系，强调对敌开展舆论战心理战法律战，都是这些基本原则在新形势下的延伸和发展。

其五，古田会议为我军形成独具特色的优良作风和革命纪律奠定了基础。人民群众和外界认识一支军队，感受一支军队的"样子"，往往最先看到的是它的作风。作风者，修于内而形于外，源于里而见于表也。在党的领导和培育下，我军所形成的、独具特色的优良作风是我军最显著的标志，是我军性质宗旨的集中体现，也是我军战斗力的生动因素和旧军队无可比拟的软实力。这种优良作风，正是由古田会议所确立的建军方针、建军原则、思想路线、组织路线等为滥觞的。古田会议坚持马克思主义的战斗性和原则性，在分析批判和纠正各种错误思想中，实质上已经系统阐明了我军应该倡导和形成的优良作风。例如，反对主观主义，坚持一切从实际出发，理论联系实际；反对非组织观点，坚持贯彻民主集中制，开展批评与自我批评；反对享乐主义，坚持艰苦奋斗、密切联系群众；等等。形成优良作风，离不开严格的、自觉的铁的纪律。决议鲜明地批判了党内和军内纪律松懈的情况，强调"严格地执行三条纪律"，"上门板、捆禾草等项是从行动中扩大红军影响、增加群众对红军信仰的良好方法，应当好好地去执行"，等等。这实质上就是我军后来颁布的、至今仍作为我军纪律条令基本内容的"三大纪律八项注意"的雏形。正是因为有了严格的、自觉的纪律，坚持依法治军、从严治军，我军才以胜利之师的雄风威震天下，以文明之师的形象誉满天下。

不忘本来，才能更清醒、更坚定地走向未来、开辟未来。在古田会议召开85周年之际，习主席亲自决策在古田召开全军政治工作会议，我以为其深长的意味，就是要带领新一代建军治军的骨干回到人民军队的"零公里"处，从中感悟毛泽东人民军队建设思想的真谛，使我军不致因为走得太远而忘记出发时的初衷、偏离出发时的方位，确保时代变了、形势变了但毛泽东同志为我军定下来的基本"样子"永不变样、永不走样，并且在新的伟大征程中、在强军兴军的新的伟大实践中谱写新的辉煌篇章！

（本文发表于2013年1月）

为人民军队铸魂立格的光辉篇章

——重温古田会议决议

在我军发展史上，古田会议是一个具有开创意义的光辉界碑。古田会议决议明确了我军的性质、宗旨和使命任务，指明了把以农民为主要成分的革命军队建设成为新型人民军队的基本途径，从根本上解决了我们党领导和建设军队的一系列重大问题，由此人民军队得以脱胎换骨，倚天而出。85年过去了，决议的基本精神依然像不熄的灯塔闪耀着穿越时空的光辉。站在新的历史起点上重温古田会议精神，从中领悟人民军队建设的真谛，对于传承人民军队的红色基因、实现党在新形势下的强军目标具有重大而深远的现实意义。

一、必须始终不渝地坚持人民军队建设的根本方向

在我军初创时期，围绕着如何建设新生的人民军队的问题，红四军党内一度存在着种种错误倾向。有的同志不知道红军和白军在性质上有什么根本区别；有的认为红军只管打仗就行，不必做什么发动群众和根据地建设工作；有的热衷于攻打大中城市，不想在偏僻的乡村山区发动和依靠群众做艰苦的斗争；有的迷恋"山大王"式的流寇生活方式，主张"走州过府、流动游击"，不愿意在艰苦的农村环境中做建党建政的工作；等等。决议旗帜鲜明地批判和纠正了这些错误思想，体现了以毛泽东同志为代表的中国共产党人在人民军队早期建设实践中所形成的科学认识。军事和政治的关系，是人民军队建设最基本的范畴。针对党内存在的单纯军事观点，决议明确指出，"中国的红军是一个执行革命的政治任务的武装集团"，"红

— 126 —

军决不是单纯地打仗的，它除了打仗消灭敌人军事力量之外，还要负担宣传群众、组织群众、武装群众、帮助群众建立革命政权以至于建立共产党的组织等项重大的任务"，如果"离了对群众的宣传、组织、武装和建设革命政权等项目标，就是失去了打仗的意义，也就是失去了红军存在的意义"。这一精辟论断，科学地阐明了红军的性质和使命任务，指明了人民军队建设的根本方向。

党的十八大后，中国的改革和发展进入了新时代。习近平同志站在实现中华民族伟大复兴中国梦的时代高度，提出了党在新形势下的强军目标。这一目标鲜明地体现了古田会议所确立的基本建军方向，寄托了党和人民对军队的新期望，反映了新的形势和任务对军队建设的新要求，为在新的历史起点上强军兴军提供了根本遵循。在新形势下继承发扬古田会议精神，就是要紧紧把握党在新形势下的强军目标，坚持革命化现代化正规化的统一，铸牢强军之魂，扭住强军之要，夯实强军之基，使我军成为党领导人民实现中华民族伟大复兴的可靠依托和重要保证。

二、必须把党对军队绝对领导的根本原则熔铸于组织建设和制度创新之中

历史反复证明，一支军队由谁领导，决定其阶级性质和发展方向。中国革命走武装夺取政权的道路，首要的问题就是党领导军队的问题。舍此就不能建成真正的人民军队，就不能完成党赋予军队的历史使命。古田会议之前，在红四军内部发生的"两个一切"以及"前委"与"军委"关系的争论，其实质就是党要不要领导军队以及如何领导军队。之所以会出现这场争论，一个重要原因就是当时党在军队内的组织机构不健全、制度安排不完善、领导体制不顺畅。决议最重要的贡献之一，就是从根本制度和组织机制上对这一问题给予了正确解决。决议指出："党对于军事工作要有积极的注意和讨论。一切工作，在党的讨论和决议之后，再经过群众去执行。"决议将这一认识转化为具体规范，通过健全党在红军的组织机构和领导体系，建立了以党委制为核心的根本领导制度。一是确立了党委的核心领导地位，强调党的领导机关要成为"领导的中枢"：党委不仅要领导党的建设和政治工作，而且要领导军事工作。二是进一步健全党的组织系统。在保持前委、纵委、营委的同时，规定军及各纵队的直属队，均组织直属队委为最高党部；规定"每连建设一个支部，每班建设一个小组"。三是明确了党的组织原则；强调在组织上"厉行集中指导下的民主生活"；强调少数服从多数的原则，"少数人在自己的意见被否决之后，必须拥护多数人所通过的决议。除必要时得在下一次会议再提出讨论外，不得在行动上有任何反对的表示"，"一成决议，就须坚决执行"。以决议的形成及其在红军中的普遍实行为标志，以党委制为核心的党领导军队的一系列组织制度在我军基本成形，从而实现了军权由个人掌控到革命政党集体掌控的飞跃。这在中国军制史乃至世界军制史都是一个伟大的制度创新，在我军建设史上更具有脱胎换骨、凤凰涅槃的意义，也是基础性的制度安排。

当前，实现党在新形势下的强军目标，必须深化国防和军队改革，着重是破解体制性障碍、结构性矛盾、政策性问题，以体制机制和政策制度的变革来促进战斗力的提升。但无论怎么改，都必须坚持党对军队绝对领导的基本军事制度；必须把军魂培养和制度建设紧密结合，在实践中强化听党指挥的政治自觉；必须把坚持党的绝对领导与贯彻民主集中制度相结合，不断探索党委制在新的体制编制和组织形态下的实现形式和具体途径，与时俱进地提高军队党的建设科学化水平。

三、必须把马克思主义科学理论和进步的政治思想灌注于部队之中

注重把马克思主义科学理论和进步的政治思想灌注于军队之中，用以

武装党员和官兵是毛泽东建党建军思想的核心内容，也是决议的一个显著特征。决议着眼用马克思主义和党的路线方针教育部队，分别从加强党内教育、士兵政治训练和宣传工作三个方面做了精辟论述。关于党内教育，决议指出："红军党内最迫切的问题，要算是教育的问题。为了红军的健全与扩大，为了斗争任务之能够负荷，都要从党内教育做起。"决议明确了10项党内教育的基本内容，包括政治分析、上级指导机关的通告讨论、组织常识、红军党内八个错误思想的纠正等。决议指明了党内教育的基本方法，包括阅读党报、政治简报，召开政治讨论会，开展批评，适当分配党员参加实际工作，等等。决议创造性地提出了通过开展党内教育和互相批评来解决党内矛盾、克服各种错误思想倾向，达到使党员的思想和党内生活都政治化、科学化的方法，对军队党的建设影响深远。关于士兵政治训练，决议规定了19项内容，包括目前政治分析及红军的任务与计划、土地革命问题、武装组织及其战术、三大纪律建设的理由等，同时指明了教育的方法，主要有上政治课、早晚点名说话、集合讲话、个别谈话等，并特别强调了启发式的教授法。

与决议诞生时相比，今天的时代条件和社会环境发生了翻天覆地的变化，官兵的来源和成分也发生了巨大变化，但是决议所昭示的必须注重从思想上政治上建设军队的建军原则具有穿越时空的永恒的意义。在新形势下，我们必须按照习近平主席所要求的那样"原原本本学习和研读马克思主义经典著作"，从理论源头上搞清"我们的党是什么样的党""我军是什么样的部队"等这样一些基本问题；必须系统深入地学习党的创新理论的最新成果，从"科学社会主义理论逻辑和中国社会发展历史逻辑的辩证统一"上，不断增强中国特色社会主义的道路自信、理论自信、制度自信、文化自信；必须注重学习习主席系列重要讲话特别是习主席关于国防和军队建设的重要论述，全面领会把握习主席系列讲话的科学内涵、精神实质和实践要求，切实打牢听党话、跟党走的思想理论根基；必须注重增强思想政治教育的时代性和感召力，用真理说服人、用真情感染人、用真实打动人，奔着现实问题和活思想去，以赢得官兵、赢得群众，进一步凝聚起强军兴军的意志力量。

四、必须注重建设并不断巩固官兵一致、民主和谐的内部关系

人民军队创立前的旧军队，广大士兵处于被压迫、被奴役的地位，官兵之间是雇佣关系、猫鼠关系。初创时期的中国工农红军，不可避免地存在着军阀主义、封建主义、雇佣军队劣习的残余。早在井冈山时期，毛泽东就提出了"中国不但人民需要民主主义，军队也需要民主主义"的伟大思想，并在部队内部建立民主组织和民主制度。这一新思想新制度的施行，使红军面貌一新，显著区别于白军。决议的重大贡献就是使我军内部民主制度从建军原则的高度确立了下来并初步定型。决议发扬无产阶级民主精神，将民主主义贯彻到处理红军内外部关系上，奠定了我军政治工作"团结自己、战胜敌人"总方针和"官兵一致、军民一致、瓦解敌军"三大原则的思想理论基础。在官兵关系方面，决议指出，在政治上"官兵之间只有职务的分别，没有阶级的分别，官长不是剥削阶级，士兵不是被剥削阶级"，官兵生活平等；官长要爱护士兵，关心他们的政治进步和生活状况，保障士兵的民主权利，尊重士兵的人格；坚决废止肉刑、废止辱骂，优待伤病兵；发挥士兵委员会的作用，维护士兵权益，密切内部关系。在经济上，实行经济公开及士兵审查制度。

决议关于正确处理军队内部关系的原则，是人民军队性质和宗旨的重要保障，是提高和巩固部队战斗力的重要法宝。在新形势下，弘扬决议这一优良传统，必须深入开展好党的群众路线教育实践活动，进一步巩固和发展团结友爱和谐纯洁的内部关系；要恢复和发扬我军尊干爱兵的优良传

统，各级领导和机关干部带头下连当兵与官兵实行"五同"，做到知兵、爱兵；要搞好官兵反映强烈的突出问题的专项整治，纠治发生在战士身边的不正之风，严肃查处在入党、考学、选改士官、学技术等方面处事不公、吃拿卡要、侵占士兵利益等问题；要按照党中央和中央军委的统一部署，深入开展反腐斗争，既打"老虎"又打"苍蝇"，坚决惩治军队中存在的各种腐败现象。

五、必须坚持注重调查研究并由此决定斗争策略的思想路线

旗帜鲜明地反对主观主义，是决议最重要的理论亮色。决议一针见血地指出："主观主义，在某些党员中浓厚地存在，这对分析政治形势和指导工作，都非常不利。……其必然的结果，不是机会主义，就是盲动主义。"着眼于纠正主观主义，决议强调，要"教育党员用马克思列宁主义的方法去作政治形势的分析和阶级势力的估量，以代替主观主义的分析和估量"，"使党员注意社会经济的调查和研究，由此来决定斗争的策略和工作的方法，使同志们知道离开了实际情况的调查，就要堕入空想和盲动的深坑"。古田会议后不久，毛泽东就进一步写下了《反对本本主义》这一光辉著作。这是毛泽东非常珍爱和重视的著作。在这一著作中，他第一次鲜明地提出了"没有调查就没有发言权""调查就是解决问题"的著名论断。①

决议连同其"姊妹篇"《反对本本主义》所开创的党的坚持实事求是、注重调查研究的优良传统，所运用的以马克思列宁主义分析和解决问题的科学方法，为我们树立了光辉典范。在新形势下，弘扬决议精神及其所开辟的军队政治工作的优良传统，就是要学习贯彻习近平关于调查研究的一系列重要论述，在深化国防和军队建设改革的历史进程中，坚持实事求是，

---

① 《毛泽东选集》第1卷，人民出版社1991年版，第116页。

一切从实际出发，在充分调查的基础上，客观分析我国国情、军情和人民军队使命任务的发展变化，明确深化改革的方向，厘清科学发展的思路；就是要运用矛盾分析方法，善于抓主要矛盾和矛盾的主要方面，深入研究现代战争的制胜机理和军事斗争准备的特点规律，不断提高信息化条件下遏制战争和打赢战争的双重能力。

古田会议精神永放光芒！

追踪"定型"地　集结再出发

　　南昌起义后，我们党义无反顾地走上了独立领导武装斗争的道路。但是，在中国，从盘古开天辟地迄于近代，真正的人民军队从来没有过。这就决定了创建人民军队的过程必然是一个艰辛探索的"阵痛"过程。在初创时期，由朱、毛井冈山会师所组建的红军第四军虽然也注重党的领导和政治工作，但由于其主要成分是农民以及从旧军队的营垒中反戈一击而来的，小生产者的思想、旧军队的习气等各种非无产阶级的思想直接影响着这支队伍的生存和发展。如何把这样一支新生的革命武装，建设成为完全新型的、无产阶级性质的人民军队，是党所必然面临的一个重大而严峻的现实课题，也是党肩负起领导中国革命重任的首要课题。

　　"路转青山合，峰回白日曛。"1929年12月，历史给古田这个掩映于崇山峻岭、茂林修竹中的闽西山村涂上了一抹亮色。依据中央"九月来信"精神，红军第四军在这里召开了第九次党的代表会议即古田会议。会议第一次以决议的形式澄清了当时在军队建设上一些带倾向性的错误思想，创造性地提出了人民军队建设的一系列重大的方针原则和制度安排。从此，古田冬夜燃红的那一簇火光，赋予了人民军队耀世而出的灵魂，照亮了人民军队的胜利征程。正如《毛泽东选集》在《关于纠正党内的错误思想》一文的题注中所写的："这个决议使红军肃清旧式军队的影响，完全建立在马克思列宁主义的基础上。"完全可以这样说，正是因为有了古田会议，我军才得以破茧成蝶、凤凰涅槃，才从"面子"到"里子"都真正成为人民军队。诚如罗荣桓元帅所言，古田会议以后，"我军要建设一支什么样的军队就定型了"。古田会议将以对人民军队"样子"的基础性设计而永铭史册。

古田会议是一次奠基石、立规矩的会议。85年的历史证明，古田会议确立的党对军队绝对领导的根本原则、根本制度，以及相应的党在军队中思想工作和组织工作的基本路线，体现了人民军队建设的本质要求和内在规律，是我军赖以安身立命、明心见性的"通灵宝玉"，是我军的根基所在、优势所在，也是实现强国梦、强军梦必不可少的政治条件和制度保证。坚持这样的原则、制度和路线，是民族之幸、国家之维、人民之福。因此，无论形势如何变化，党对军队绝对领导的军魂不能变，由古田会议所"定型"的我军的基本"样子"不能变。不管那些居心叵测的人如何喧嚣毁谤，我们都要保持自身的定力，做到知所由来、知所趋赴，把根留住、把魂铸牢。

古田会议也是一次革旧制、布新政的会议。它一扫旧军队的陈规陋习，在中国的大地上破天荒地孕育出一种全新的军事制度和政治工作制度，实现了几千年来军队由个人掌控向由无产阶级政党掌握的历史性转变，军队由雇佣制、奴隶制向执行革命政治任务的武装集团的转变。改革创新也是古田会议为我军所注入的最可宝贵的基因。新形势下弘扬古田会议精神，必须坚持继承与发展的有机统一，不断创新党领导军队的机制和方式，不断改进思想政治教育的内容和方法，着力增强政治工作的时代性和感召力，使我军的生命线在新的使命任务中不断延伸勃发，彰显出新的时代风采。

不忘本来，才能更清醒、更坚定地走向未来。党的十八大之后，习近平主席亲自决策，在古田召开全军政治工作会议。这是一次追踪"定型"地的寻根会，也是一次集结再出发的动员会。两个古田会议，一条建军红线，将指引我军在新征途上永葆政治本色，谱写新的辉煌！

（本文系作者应约为《思想政治工作研究》杂志所作的
2014年第8期卷首语）

中国人民解放军光荣传统的本质内涵

建军80年来，中国人民解放军在党的领导下谱写了波澜壮阔、惊天动地、震古烁今的英雄史诗，也创造了自己独树一帜、意境高远、底蕴深厚的优良传统。80年战斗里成长，80年风雨中挺进，人民军队在祖国的大地写下了辉煌，在历史的天空留下了永不磨灭的轨迹，而80年孕育并不断发扬光大的传统则如日月经天、江河行地，从历史深处走来，却又超越了时空，成为军队的基因和血脉，织入了八一军旗的经纬里。

2006年10月22日，中共中央总书记、国家主席、中央军委主席胡锦涛在纪念红军长征胜利70周年大会上的讲话指出："建设一支听党指挥、服务人民、英勇善战的革命军队，是革命的依托、民族的希望。"胡锦涛同志这一重要论述总括历史、立足现在、放眼未来，揭示了中国人民走向解放和幸福之路、中华民族走向伟大复兴之路的一条真理。其中，"听党指挥、服务人民、英勇善战"十二个字，高屋建瓴、高度凝练地概括了我军优良传统的本质内涵，同时也是对新世纪新阶段中国人民解放军建设提出的根本要求。

听党指挥　听党指挥，是我军的军魂所系，是人民军队建设必须遵循的基本原则，是我军的立军之本、建军之本。

大革命失败以后，血的教训使中国共产党认识到：军队的领导权掌握在谁的手里，是关乎革命成败的首要问题。南昌起义时，党就在起义军中建立了前敌委员会，统一领导起义。党中央明确要求，"党的作用高于一切"，"党的组织是一切组织的根源"。毛泽东领导的秋收起义从一开始举的就是共产党的旗帜，起义部队命名为"工农革命军第一军第一师"，并制作了军旗，底色为红色，象征革命；中央有五星，代表中国共产党的领导；五星内有镰刀、斧头，代表工农。这是我军创建后自己设计的第一面军旗，旗帜上鲜明地写着中国共产党的领导。正如毛泽东同志在《西江月·秋收起义》一词中所说："军叫工农革命，旗号镰刀斧头。"1927年9月29日的三湾改编以党对军队绝对领导制度的初步确立载入史册，毛泽东创造性地建立了"支部建在连上"的制度，从而把党对军队的领导落实到了基层。时任连队党代表的罗荣桓元帅后来说："三湾改编，实际上是我军的新生。"1929年12月召开的古田会议是我军历史上的一次正本清源、铸魂立格的会议。会议鲜明地确立了思想建党、政治建军的原则，进一步奠定了党领导军队的思想基础和制度基础。

岁月的积淀，血火的熔铸，使党对军队绝对领导这一原则深深扎根于全军官兵的意识深处，成为军队之魂。红军长征途中，张国焘自恃人多枪多，视军权高于党权，反对党中央北上抗日的方针，企图另立中央，夺取党和军队的领导权。党和红军与之进行了坚决的斗争，可以说张国焘分裂党和军队的阴谋被粉碎，就是党对军队绝对领导原则的重大胜利。抗战初期，国民党企图通过军队整编削弱我军的独立性，抽掉我军的建军之魂。以共产国际代表自居的王明，也不断鼓吹"一切经过统一战线""一切服从统一战线"。党中央、毛泽东同志反复强调了在统一战线中坚持独立自主的原则，坚决批驳了放弃党对军队领导的论调，在八路军中及时恢复了政治委员和政治部，保证了党对武装力量的领导权。1989年春夏之交那次政治风波后，邓小平在总结东欧剧变的教训以及我国的经验时说："我们国家所以稳定，军队没有脱离党的领导的轨道，这很重要。"

党对军队绝对领导的基本含义是：军队必须完全地无条件地置于党的绝对领导之下，军队的最高领导权和指挥权属于中国共产党中央委员会和军事委员会，军队的一切行动必须听从党中央和中央军委的指挥，全军官兵在思想上政治上与党中央、中央军委保持高度一致。党对军队的绝对领导，具有唯一性、直接性、全面性和无条件性。

为使党对军队绝对领导落到实处，中国人民解放军建立了一套行之有效的制度。在最高领导权和指挥权层面，我军实行军委主席负责制，并在军队各级实行党委制、政治委员（政治教导员、政治指导员）制，在团以上单位设立政治工作机关。这些制度构成了一个严密完整的科学体系，实现了党的组织架构与军队建制的有机统一、党的领导与军事行政领导的内在统一、党的领导的普遍性原则与军事活动的特殊性要求的辩证统一。实践证明，这是符合中国实际、体现人民军队建设规律的科学的军事领导制度，是中国共产党和人民军队在军事领域的一个伟大创造。我军之所以在80年的征程中始终坚持自己的性质和宗旨、始终保持高度稳定和集中统一、始终保持强大的凝聚力和战斗力，最根本的一条，就是建立并不断完善了党领导军队的根本制度。正因如此，位高权重的张国焘投奔国民党时，连一个警卫员也没能带走；企图叛逃国外的林彪，连一兵一卒也未能调动；"四人帮"和动乱精英们都哀叹没能抓住军队，"哪怕抓住一个连也是好的"。……

当战争年代的硝烟散去、市场经济的大潮涌起的时候，我军所处的社会历史环境已经发生了巨大变化。然而，无论环境如何变化，党对军队绝对领导这个军魂永远不能变。西方敌对势力为了实现西化、分化中国的战略图谋，千方百计散布"军队非党化、非政治化"和"军队国家化"的论调，妄图撼我军魂、乱我军心、坏我长城，我们必须认清这种论调的虚伪性和欺骗性。

——"军队非党化"，实质上就是否定军队的阶级属性，否定党领导军队的合法性，割断军队与政党之间的纽带。事实上，历史上任何一支军队都必然是为一定阶级的利益服务的，脱离阶级属性的军队是不存在的。自从政党产生以来，政党就是阶级统治的"领导组织"，军队就是阶级统治的"武装集团"，如此而已，岂有他哉？西方所谓民主国家的军队表面上不从属于某一个政党，但这些国家"乱哄哄你方唱罢我登场"，都是资产阶级政党执政，军队的领导权自然归属于资产阶级政党，只不过具体的体制机制和我们不同罢了。

——"军队非政治化"不过是"军队非党化"的另一种"含羞答答"的表述而已。对于否定和抹杀军队政治性的观点，列宁早在1906年就做过严厉批评，认为"这种论调特别有利于掩盖资产阶级在这方面的真正意图"，"军队不可能而且不应当保持中立。不要让军队参与政治，这是资产阶级和沙皇政府的伪善的奴仆们的口号，实际上他们一向都把军队拉入反动的政治之中"。政治首先是各阶级之间的斗争。军队作为阶级斗争的产物，必然要为本阶级的政治服务。古今中外没有一支超阶级的军队，也没有一支不为政治服务的军队。西方国家虽然一再宣称军队不参与政治，但任何一次军事行动都是为政治服务的。

——"军队国家化"，完全割裂了党领导军队与国家领导军队的统一性。事实上，世界各国军队的领导体制并不存在统一的标准和模式，主要是由各国的国体和政体的具体形式来确定的。由于国家是由政党控制的，军队也必然受到政党的领导。西方国家都标榜自己实行的是"军队国家化"，实际上是资产阶级政党为了防止军队介入党派之争，调解资产阶级内部不同集团、不同党派之间矛盾的一种妥协办法。不论哪个政党上台，都代表着资产阶级的利益，并把军队作为维护其统治的工具。我们的党是无产阶级的政党，我们的国家是人民民主专政的社会主义国家，我们的军队是新型的人民军队，这三者在阶级属性和奋斗目标上的一致性决定了党领导军队与国家领导军队的一致性。

服务人民 服务人民是我军的宗旨所系，是人民军队性质的集中体现，是人民军队战胜一切困难、战胜一切敌人的力量源泉。

"我们的共产党和共产党所领导的八路军、新四军，是革命的队伍。我们这个队伍完全是为着解放人民的，是彻底地为人民的利益工作的……"1944年9月8日，在延安枣园，中央机关和警卫团1000多人为一名普通的警卫战士——张思德送葬，举行追悼会，会上毛泽东发表了著名的《为人民服务》的演讲。从此，"为人民服务"这五个大字伴随着张思德的名字，穿越时空，成为党和人民军队宗旨最通俗、最简明、最响亮的表述。1945年4月，毛泽东在党的七大所做的政治报告《论联合政府》中，对我军的宗旨做了更严谨、更准确的概括——"紧紧地和中国人民站在一起，全心全意地为中国人民服务，就是这个军队的唯一的宗旨"。

从革命战争年代的前仆后继、浴血奋战到和平年代的顾全大局、默默奉献，在我军的词典里，"人民"二字永远是大写的，人民利益永远高于一切。

——为人民的翻身解放前仆后继。红军长征路过贵州境内时，毛泽东遇到一位在讨饭途中因冻饿跌倒路旁的老大娘，眼睛湿润了。他立即脱下自己身上的毛线衣，又叫警卫员拿来两袋干粮，一起送给老大娘。他蹲下身子对她说："老人家，你记住，我们是红军，红军是穷人的队伍……"为穷苦人翻身解放打天下，我军作出了重大牺牲。十年土地革命战争，艰苦卓绝，仅红一方面军长征中就牺牲了近8万人，平均每前进1公里就牺牲3～4人。抗日战争中，为了民族的独立，我军英勇作战12.5万余次，歼灭日军52.7万余人，收复国土104.8万余平方公里，解放人口1.255亿，同时也付出了伤亡60余万人的重大代价。解放战争期间，我军同用美式装备武装到牙齿的国民党军队进行了历史性的大决战，以26万余名官兵宝贵的生命和104万多名指战员负伤的代价，打倒了蒋介石，建立起人民政权，使中国人民得到了翻身解放。

——为人民的和平安宁战斗不息。新中国成立后，为了保卫国家和人民的利益，我军先后进行了抗美援朝战争、保卫边境等还击作战，维护了国家主权，保卫了人民的和平劳动。当和平的阳光照耀大地，人民群众享受着安宁生活的时候，我军仍在毫不松懈地进行着军事斗争的准备，警惕地注视着国际风云、周边环境，随时准备听从党和人民的召唤，消灭一切来犯之敌。

——为经济社会发展默默奉献。战争年代，我军既是战斗队，又是工作队、生产队，与人民一起开展大生产运动，促进根据地的经济文化建设。新中国成立后，积极参加和支援国家的经济建设和文化建设，努力为国家的经济发展和社会进步创造良好的社会环境，成为我军为人民服务的重要方式。早在新中国成立初期，许多部队征尘未洗，就转战南北，架桥修路，开发矿山，治理江河、兴修水利，垦荒造田、植树造林。特别是在关系到国家经济命脉的川藏、青藏、新藏等重要公路和大庆油田等项目的开发中，我军更是发挥了突击骨干作用。改革开放20多年来，据不完全统计，在国家和地方的重点工程建设中，军队共投入4亿多个劳动日，出动机械车辆2500万台次，参加和支援国家的铁路、公路、地铁、码头机场，以及通信光缆、大型水利工程等重点项目1万多项。在科技助民、扶贫开发、支援国家农业，以及参加社会公益事业等方面，我军也作出了应有的贡献，涌现出许多先进模范人物，受到人民群众的广泛赞誉。

——为维护人民的利益赴汤蹈火。每当人民生命财产受到威胁之时，我军官兵总是临危不惧，挺身而出。在抢险前线，哪里有险情，哪里就有解放军指战员的铮铮铁骨、闪闪红星；在救灾现场，哪里有呼唤，哪里就有人民子弟兵跃动的身影。在地震废墟、惊涛骇浪、熊熊大火中，只要看到绿色的军装和闪闪的军徽，人们就看到了依托、看到了救星。1976年7月28日凌晨3时42分，河北唐山发生了强烈地震，数十万群众被困在倒塌的房屋下，道路被毁，通信全部中断。我军10万官兵昼夜兼程，奔赴灾区，冒着频频余震的危险，硬是用铁锹、用双手扒开一堆堆砖头、瓦块、钢筋、水泥板，抢救出数以万计的遇险群众。1998年，长江、嫩江、松花江发生了百年不遇的特大洪水，我军30万官兵奋勇奔赴抗洪抢险第一线，用血肉之躯筑起了坚不可摧的堤坝，夺取了抗洪抢险斗争的胜利。2003年，当"非典"突然降临时，我军紧急抽调1883名医护人员进京，在北京小汤山医院连续奋战50多天，精心救治"非典"患者672名。据不完全统计，近20年来，人民解放军参加抢险救灾10万多次，为保护人民群众生命财产安全作出了重要贡献。

从战争年代到和平时期，在我军的序列里，涌现出大量的爱民模范：雷锋、欧阳海、王杰、刘英俊、徐洪刚……还有"找水团长""扶贫司令"等。他们的名字在人民群众中广泛传颂，不仅成为人民军队形象的象征，而且影响和带动了全民族，开创了社会主义的一代新风，对建设社会主义精神文明、构建社会主义核心价值体系、促进社会和谐发挥了重要作用。

英勇善战　英勇善战是我军战斗精神和军事上的创新精神的集中体现，是我军克敌制胜的重要法宝。

德国军事学家克劳塞维茨说："战争是充满危险的领域，因此勇气是军人应该具备的首要品质。"在长期的革命战争和保卫祖国的军事斗争中，我军广大指战员形成了一往无前的战斗精神。正如毛泽东所说："这个军队具有一往无前的精神，它要压倒一切敌人，而决不被敌人所屈服。不论在任何艰难困苦的场合，只要还有一个人，这个人就要继续战斗下去。"中国人民解放军光辉的战史，就是由一座座英勇战斗、不怕牺牲的雕像构成的长廊，是由一个个气壮山河、叱咤风云的壮举谱写的史诗。

长征路上，红军在安顺场强渡大渡河时，水势暴涨，水流湍急。当时仅找到一只小木船，由十七勇士组成的突击队，冒着敌人密集的火力，穿过河中的惊涛骇浪冲向对岸，打垮敌军一个营，抢占了渡口，接着一昼夜行军240里路，赶到大渡河上的另一处天险——泸定桥。22位勇士组成突击队，攀着悬空的被敌烧红了的铁索，冒着敌人的枪弹勇猛冲锋。紧跟在后面的部队一边还击敌人，一边向铁索桥上铺木板，经过两小时的激战，占领了泸定桥。这是何等气吞山河的英雄壮举！

解放战争时期，刘邓大军千里跃进大别山，在河南的汝河与前来堵截的国民党军队展开了殊死的搏斗。在前有阻敌、后有追兵，形势万分险恶的情况下，刘伯承司令员高喊出"狭路相逢勇者胜"的战斗口号，鼓舞了部队士气。官兵们冒着敌机的轰炸、扫射和两边敌人的侧射火力，抢渡汝河，为我军"大举出击，经略中原"杀开了一条血路。

抗美援朝的上甘岭战斗，历时43个昼夜，美军先后投入6万多兵力，向这块仅有3.7平方公里的狭小地带发射炮弹190余万发，投掷炸弹5000余枚，山头被削低了2米。志愿军官兵克服缺粮、缺水、缺弹药的严重困难，击退敌人650多次进攻，歼敌25000余人，创造了坚守防御作战的奇迹。战后，有人在上甘岭随手抓了一把焦土，手中竟数出了30多枚炮弹碎片。正如毛泽东在总结抗美援朝战争经验时所说的，志愿军打败美国佬，靠的是一股气，美军不行，钢多气少。这种"气"，就是惊天地、泣鬼神的革命英雄主义气概！

解放战争时期，董存瑞舍身炸碉堡，用生命为部队扫除前进障碍；抗美援朝战争中，黄继光用胸膛堵住敌人正在扫射的机枪口；在保卫边境的作战中，罗光燮舍身滚雷为部队开辟了通路；在"八六"海战中，一级战斗英雄"硬骨头战士"麦贤得，头部被弹片击中，脑髓外流、血蒙双眼，仍以惊人的毅力坚守岗位，直到3小时后战斗胜利，他操作的机器仍在隆隆轰鸣……源远流长的革命英雄主义传统，哺育了我军一代又一代官兵，唱响了一支又一支战歌。"上下几千年，英雄万万千"，没有哪一个朝代、哪一支军队的英雄，可以和我军在中国共产党领导下，为人民谋幸福的革命英雄相提并论。

我军的革命英雄主义，区别于历史上的任何英雄主义。它是来源于坚定的共产主义信念和崇高的革命理想的英雄主义，是建立在理性的、自觉的基础之上的英雄主义，是建立在集体主义基础之上的英雄主义。正如朱德总司令1944年所说的，是革命的"新英雄主义"。因而，它具有最强大的生命力，不但超越以往，也必将超越时代而历久弥新、光耀千秋。

我军不仅具有英勇顽强的战斗精神，而且把无产阶级生气勃勃的革新创造精神贯彻于军事领域，形成了以毛泽东军事思想为核心和灵魂的科学的军事理论，形成了灵活机动的战略战术，创造了不拘一格、精彩纷呈的战法。"你打你的，我打我的，各打各的。""动于九天之上，藏于九地之下。"在我军战史上有许多以弱胜强、以少胜多的辉煌战例，在世界的东方我军创造了战争史上亘古未有的奇观。井冈山斗争时，在毛泽东、朱德的领导下，红军采取"分兵以发动群众、集中以应付敌人"和"敌进我退、敌驻我扰、敌疲我打、敌退我追"的战略战术，挫败国民党军多次"进剿"和"会剿"。抗日战争中，八路军、新四军在人民群众配合下，创造了地雷战、地道战、围困战、麻雀战等敌后游击战的战法，打得日伪军焦头烂额。解放战争中，我军创造了天津方式、绥远方式、北平方式等采用军事政治斗争相结合的歼灭国民党残余军队的方式。当前，新军事变革的浪潮正在拍打着世纪的堤岸，战争形态、作战样式正在发生革命性变化。可以预期，在未来信息化战场上，我军将依然是一支英勇之师、善战之师，革命英雄主义将发挥出新的威力，灵活机动的战略战术将展示出新的风采！

（本文系作者2007年1月为军队系统的一个学习读本而作）

我们的不变军魂

七月，一个如火如荼的花季；七月，一页可歌可泣的诗行。三军将士和全国人民一道迎来了党的90岁生日。

自从南湖红船载来那一团理想之火、牵来那一缕希望之光后，近代中国历史就掀开了新的一页。遥想90年前的故国山河，夜色如磐、风雨如晦。而今，960万平方公里的土地上春深似海、花繁似锦。中华民族以尊严自信、昂扬奋发的姿态屹立于世界的东方，中国特色社会主义的伟大事业展示了令人惊艳的锦绣前程。90年天地翻覆，90年沧桑巨变，90年昭示了一个真理，90年熔铸了一条信念：没有共产党，就没有新中国；没有共产党，就没有今日之中国。在近现代，只有中国共产党，而没有别的什么党能够领导中国走向光明，能够解决中国的独立和解放问题，解决中国的发展问题。

中国共产党历史地肩负起了振兴中华的领导责任，其中很重要的一个方面就是对于军事的领导。中国革命走的是武装夺取政权的道路，同时革命胜利后，在很长的一个时期内我国又处于敌对势力强大的军事压力之下。我们是在一个复杂的国际国内环境中建设自己的国家。所以，重视军事是中国共产党的优良传统，是中国化马克思主义的一个显著特色。

回望90年的迢迢长路、漫漫征程，我们党为什么能够在短短28年间改变敌我力量的对比，以摧枯拉朽、排山倒海的气势推翻三座大山在中国的统治？为什么能够一改旧中国积贫积弱、"有国无防"的状况，有效地维护国家的独立、主权和安全？为什么能够"任凭风浪起，稳坐钓鱼船"，巩固自己的执政地位，保持国家的长治久安，守护人民的和平安宁？一条很重要的经验，就是党掌握和领导军队，确立了党对军队绝对领导的根本原则，建立了我们军队特有的、中国特色的军事领导制度。这种军事领导制度为旧中国所没有，在世界上也是独一无二的，可以说是中国共产党在近现代中国军制上的伟大创新，是马克思主义关于政党国家军队关系原理在中国军事实践中的创造性运用，是确保社会主义江山永固、中国人民幸福安康的一种有效的制度安排。

党对军队绝对领导这一真理性的认识和不可移易的原则，在中国不是凭空产生的，不是哪个政治家或军事家头脑中固有的，而是由近代以来中国的国情和军事情况所决定的，是我们党在艰辛的探索中得来的，是以鲜血为代价换来的，是在与党内错误思想的斗争中、在与敌对势力的抗争和交锋中不断巩固并确立起来的。它在中国的确立乃是历史的必然。

最早尝试建立党领导的军队的，其实并不是共产党，而是国民党。鸦片战争以后，中国沦为半殖民地半封建社会，四方多难、中原板荡，兵连祸结、民不聊生。辛亥革命打开了中国社会进步的闸门，但胜利果实很快被拥兵自重的野心家窃取了，中国依然是一个四分五裂、军阀混战的局面。鉴于依靠旧军队革命而屡遭失败和夭折的教训，孙中山开始意识到建设一支用"党义"武装、为"党义"奋斗的军队的重要性。于是，他在苏俄帮助下，吸取共产党人参加，开始创办黄埔军校，组建国民革命军，并尝试在军队中建立党代表和政治工作。这一实践也极大地提高了我们党早期对军事问题的认识。遗憾的是，孙中山的革命主张很快被国民党反动派背叛了。他们发动反革命政变，把共产党人和革命人民抛入了血雨腥风之中。

1927年南昌城头划过沉沉夜空的枪声，标志着我们党从血泊中站起来、武装反抗国民党反动派的开始，标志着我们党独立建设自己的军队的开始。然而，如何把一支从旧军队的营垒中杀出来、以农民为主要成分的革命武装建设成为一支无产阶级性质的、完全新型的人民军队，依然是一个全新的课题。从三湾改编到古田会议，我们党逐步确立了党对军队绝对领导的原则与制度，在军队中建立了强有力的、革命的、进步的政治工作。由此，党就把自身先进性的基因植入了军队的血脉之中，我军的面貌就为之一新。此后，我们党不断战胜了党内的分裂主义和投降主义，不为敌人的威逼所动，不被敌人的利诱所惑，始终坚持并不断完善了党绝对领导军队的原则和制度，从而保证了中国革命的胜利。

新中国成立后，我们党由武装夺取政权的党成为执政党，我军由闹革命、打天下的军队上升为社会主义国家的军队。我们党及时而富有远见地把党对军队绝对领导的根本原则和制度上升为国家意志，使之成为与我国国体政体相契合的、中国特色社会主义政治制度的有机组成部分，实现了党对军队的领导和国家对军队的领导的统一。

一支旧中国从来没有过的、举世无双的、完全新型的人民军队就是这样出现在了中国的大地上。

因为有了党的绝对领导，这支军队有了科学理论的指引和武装，有了崇高的革命理想和远大的政治目标，有了坚强的领导核心和牢固的战斗堡垒，因而也就有了摧不垮、打不烂的凝聚力。回首我军初创时期，旧军队的积习很深且弥漫着失败情绪。很多老帅描述当时的情景——部队就像攥在手里的一把豆子，手一松就散掉了。然而，自从确立并坚持了党对军队绝对领导的原则和制度以后，这支军队就完全不一样了：战争年代，艰难奋战而不溃散；和平时期，迭经考验而不变色。在我军的历史上，从来没有发生过成建制的部队，哪怕是一个排、一个班叛变投降。陈云曾经说过："在别的军队里，一个连长、团长、师长反水，就可以把部队带走，可是我们的军队不是这样，某个什么长反水，下面的战士可以把他杀掉，不跟他去。……这是什么力量呢？这就是党的力量。"

因为有了党的绝对领导，这支军队的每一个人都懂得了"为谁当兵、为谁打仗"的道理，始终秉持了全心全意为人民服务的宗旨，真正做到了军民一致，与人民群众建立了血肉相连、鱼水相依的关系。旧社会兵匪一家，人民群众避兵如避洪水猛兽。而我军是真正的人民子弟兵，每到一地秋毫无犯，人民群众箪食壶浆以迎亲人。解放上海时，我军官兵露宿街头，至今传为佳话。外电评论："这样的军队赢得中国是情理中的事情。"

因为有了党的绝对领导，这支军队建立并实行了军队内部的民主制度，真正做到了官兵一致，形成了同志式的、亲如兄弟般的、团结友爱、和谐纯洁的内部关系。旧军队上凌下、官欺兵，甚至肉刑体罚，而我军官兵在政治上完全平等，战友间亲密无间。早在井冈山时期，毛泽东就说过："同样一个兵，昨天在敌军不勇敢，今天在红军很勇敢，就是民主主义的影响。红军像一个火炉，俘虏兵过来马上就熔化了。"为什么呢？因为在这里他们所感受到的，是一个完全不同于旧军队的新天地。

因为有了党的绝对领导，这支军队形成了先进的、科学的军事思想，形成了灵活机动的战略战术，具有了一往无前的战斗精神，成为一支不可战胜的力量。毛泽东曾称赞北伐时期的军队是"有了新精神的军队，其作战方法也自然与其政治精神相配合"。我们党在指引军队政治方向的同时，也把其远见卓识和无产阶级生气勃勃的创新精神贯彻于军事领域，使我军成为一支举世闻名的英勇善战的军队，静如处子、动如脱兔，攻如猛虎、守如泰山，既有强大的"明犯强汉者，虽远必诛"的硬实力，又有令人心悦诚服的软实力，创造了令人叹为观止的战争奇迹，树立了正义之师、威武之师、文明之师的形象，保持了虎虎生气和猎猎雄风。

因为有了党的绝对领导，这支军队形成了一切行动听党指挥的优良传统，建立了严格的、自觉的、铁的纪律，始终保持了高度稳定和集中统一。千百年来，历代统治者都把骄兵悍将视为治国的隐患，由于兵权失控导致内乱，造成国家板荡、生灵涂炭的，不乏其例。大陆时期的国民党军队也是派系林立、各存异心，中国实际上是一个四分五裂的局面。而我军在战争年代高度分散的情况下就保持了政令军令的畅通。新中国成立后，无论是就地转业、屯垦戍边还是百万大裁军，我军都是闻令而动，不打折扣。党指向哪里，就奔向哪里，就战斗在哪里，是我军官兵自觉的行动准则。

历史有力地说明，党对军队的绝对领导乃三军之大幸、国家之大幸、人民之大幸！

一个人要有灵魂，一支军队要有军魂。党对军队的绝对领导就是我军一脉相传的军魂，永远不变的军魂！我们要理直气壮地批驳"军队非党化、非政治化"和"军队国家化"的谰言，让军魂永远凝结在我军的血脉中，金星永远闪耀在我军的军旗上！

（本文发表于2011年7月）

夯实建军之本 筑牢强军之魂

党对人民军队的绝对领导是中国特色社会主义制度的重要组成部分，是中国特色社会主义制度的一个鲜明特征和显著优势，是确保军队永不变色，确保国家长治久安，确保有效维护国家主权、安全和发展利益的不可或缺的制度安排。党的十九届四中全会《决定》强调党对人民军队的绝对领导是人民军队的建军之本、强军之魂，并且对坚持和完善党对人民军队绝对领导制度，确保人民军队忠实履行新时代使命任务提出了明确要求，作出了重大部署。

深刻认识坚持和完善党对人民军队绝对领导制度历史必然性和极端重要性。一支军队的性质是由其阶级属性所确定的。我军是中国共产党创建和缔造的人民军队。它之所以能够像一把倚天长剑划过旧中国的茫茫夜空，给近代以来挣扎于水深火热之中的中国人民、给苦难的中华民族带来希望，之所以能够成为党和人民赖以批判旧世界的有力武器，之所以能够成为共和国的钢铁长城和中国特色社会主义的坚强柱石，就是因为它从诞生的那一天起就被置于了党的绝对领导之下。党对人民军队绝对领导的原则和制度发端于南昌起义，奠基于三湾改编，定型于古田会议，丰富和发展于党领导人民军队革命、建设和改革的伟大实践。正是我们党把工人阶级的先进属性注入了这支军队，用马克思主义的科学世界观人生观价值观及马克思主义中国化的与时俱进的科学理论武装了这支军队，用旧中国从来不曾有过的崭新的军制领导和建设了这支军队，才使得这支军队确立了社会主义、共产主义崇高理想信念，恪守了全心全意为人民服务的宗旨，具有了一往无前的战斗精神，熔铸了优良的作风，形成了铁的纪律，建立了情同手足的内部关系和鱼水相亲的军政军民关系。要言之，正因为我军是党的军队，才使它成为一支真正的完全新型的人民军队，成为一支能够忠实有效履行使命任务的社会主义国家的军队。党的军队、人民的军队、社会主义国家的军队，这三者是完全统一的，而党的领导又是其中的决定性因素。"国家大柄，莫重于兵。"新时代，面对变幻的国际风云，面对新的壮阔航程上难以避免的惊涛骇浪，面对维护国家主权、安全和日益拓展延伸的国家利益的繁重任务，面对推进祖国统一的历史责任，必须毫不动摇地坚持和完善党对人民军队绝对领导制度，全面推进国防和军队现代化，把人民军队全面建成世界一流军队，确保人民军队听党指挥、能打胜仗、作风优良。唯此，中华民族伟大复兴的航船方可以"乘长风破万里浪"，中国特色社会主义的大厦方可以"风雨不动安如山"。

坚持人民军队最高领导权和指挥权属于党中央，贯彻落实军委主席负责制，这是与坚定维护党中央权威和集中统一领导制度相一致的。经过长期的实践探索和发展，党对军队的绝对领导已经形成了一整套的制度体系，包括人民军队最高领导权和指挥权属于党中央，中央军委实行主席负责制，实行党委制、政治委员制、政治机关制，实行党委统一的集体领导下的首长分工负责制，实行支部建在连上，等等。其中中央军委实行主席负责制是其根本实现形式。党章和宪法明确"中国共产党坚持对中国人民解放军和其他人民武装力量的绝对领导""中华人民共和国中央军事委员会领导全国武装力量""中央军事委员会实行主席负责制"，这就从根本大法上规定了中央军委是党和国家的最高军事领导机关，拥有对军队和一切武装力量的最高领导权和指挥权。明确中央军委实行主席负责制，由中央军委主席负责军委全面工作，领导指挥全国武装力量，决定国防和军队建设一切重大问题，体现了"兵权贵一、军令归一"的治军统兵法则，凝结着我们党建军治军统军的经验结晶，是从根本上保证党对军队绝对领导的顶层军事制度安排。必须进一步完善军委主席负责制的体制机制，严格落实军委主席负责制的各项制度规定。严明政治纪律和政治规矩，坚决维护党中央、中央军委权威，坚决听从党中央、中央军委和习主席指挥，确保政令军令畅通。与之相适应，要健全人民军队党的建设制度体系，完善党领导军队的组织体系，建设坚强有力的党组织和高素质专业化干部队伍，夯实建军之本，筑牢强军之魂，确保我军对党绝对忠诚、坚决听党指挥，始终置于党的绝对领导之下，确保枪杆子永远掌握在忠于党的可靠的人手中。

以把党对人民军队的绝对领导贯彻于军队建设各领域全过程为指向，构建中国特色社会主义军事政策制度体系。党的十八大以来，习主席把深化国防和军队改革放在全面深化改革的重要位置，领导人民军队实施改革强军战略，国防和军队改革迈出了历史性的步伐，我军的领导指挥体制、规模结构和力量编成从总体上得到了重塑，目前已进入了全方位推进军事政策制度改革的阶段。这是一个新的重大战役，也是巩固和拓展深化国防和军队改革成果的阶段。如果说前两轮改革可以比喻为"画棋盘""布棋子"，这一轮改革则可以形象地称为"制定走棋的规则"。军事政策制度调节军事关系、规范军事实践、保障军事发展，对国防和军队建设具有根本性、全局性、基础性的意义。同时，军事政策制度作为中国特色社会主义制度的有机组成部分，必须与党和国家的制度创新相协调、相衔接。军队是要打仗的。军事政策制度改革要把握战斗力这个唯一的根本标准，立起备战打仗的"指挥棒"，统筹军事力量的用、建、管，把听党指挥、能打胜仗、作风优良的要求贯穿于战斗力生成、涵养、巩固、提高、释放和发挥的各个环节。重点是建立健全基于联合、平战一体的军事力量运用政策制度体系，建立健全聚焦打仗、激励创新、军民融合的军事力量建设政策制度体系，建立健全精准高效、全面规范、刚性约束的军事管理政策制度体系。与此同时，把人民军队能打胜仗的能力厚植于人民之中，厚植于国家综合国力和总体战略能力之中。深化国防动员体制改革，加强全民国防教育，完善"双拥"工作和军民共建机制。可以预期，随着这一轮改革任务的圆满完成，人民军队将如凤凰涅槃一样，实现更内在、更深层、更持久的重塑，以崭新的风貌出现在世人面前。我军就一定能够跻身世界一流军队行列，始终恪守自己的初心，忠实履行党和人民赋予的使命，就一定能够军魂永驻、本色不改、雄风长在，无敌于天下！

（本文发表于 2019 年 11 月）

坚持发扬斗争精神

习近平总书记在党的二十大报告中把"务必敢于斗争、善于斗争"作为"三个务必"之一郑重地提到了全党的面前,并且把"坚持发扬斗争精神"作为前进道路上必须把握的重大原则之一突出地加以强调,蕴含了非常深邃的战略考量。深刻理解这一重大政治要求、重大原则,对于实现党的二十大提出的目标任务、推进民族复兴伟业具有重大意义,对于军队建设和军事斗争准备也具有重大意义。

斗争精神是马克思主义政党的宝贵品格。毛泽东同志曾经指出,共产党人的哲学就是斗争哲学。中国共产党百年来领导人民进行革命、建设和改革的历史,就是一部驱虎降魔、披荆斩棘、斩关夺隘的历史,就是一部在斗争中开辟新局面、闯出新天地的历史。这一历史既险象环生又每见峰回路转,既艰苦卓绝又堪称壮美如画,谱写了中华民族发展史上的辉煌史诗,创造了人类文明史上的奇迹。可以说,敢于斗争、善于斗争是中国共产党人的特质,是我们党从胜利走向胜利的看家本领和优势。然而,在一段时间里,在一些人看来,似乎"斗争"一词已经过时了,他们沉浸在一厢情愿的云淡风轻里,对斗争讳莫如深,深怕触动国际、国内某些敌对势力的敏感神经。滔滔者如是,令人每生"古调虽自爱,今人多不弹"之叹。

早在主持党的十八大报告起草时,习近平总书记就提出,全党同志必须准备进行具有许多新的历史特点的新的伟大斗争,向全党发出了敢于斗争的强烈信号。党的十八大以来,他在多个场合、多次重要讲话中,不断重申并从不同角度阐发了这一要求,其中有着深刻的时代内涵和重大的现实考量,充分体现了习近平总书记马克思主义政治家、战略家、理论家的远见卓识、宏图大略、胆魄勇气。回顾新时代以来极不寻常、极不平凡的十年，用"乱石穿空，惊涛拍岸"来形容毫不为过。面对世界百年未有之大变局，面对改革发展进入深水区和攻坚期，面对党内和人民群众反映强烈的长期没有刹住的歪风、种种多年未除的顽瘴痼疾，面对一些触目惊心的消极腐败现象，面对纷至沓来、不期而遇的来自经济、政治、意识形态和自然界的重大风险挑战，面对不愿意看到中国强大、统一的敌对势力甚嚣尘上的遏制和威胁，习近平总书记站在中华民族伟大复兴号巨轮领航的舵位，挺立潮头，从容应对，既敢于斗争，又善于斗争，在变局中开新局，于危机中育先机，劈波斩浪，风雨兼程，使党和国家事业发生了历史性变革、取得了历史性成就，标定了一个崭新的时代，开辟了中华民族伟大复兴史上的新纪元。党的二十大报告指出："新时代的伟大成就是党和人民一道拼出来、干出来、奋斗出来的！""拼""干""奋斗"，这就是当代中国共产党人和中华民族风姿的真实写照。正所谓：不干，不斗争，半点马克思主义也没有。会拼才会赢，敢干方能强。唯有奋斗，才能破局；唯有奋斗，才能雄飞！

站在新的历史起点，锚定新征程上党的中心任务，向着第二个百年奋斗目标迈进，准备进行具有许多新的历史特点的伟大斗争，有了更深广、更崭新的时代内涵。放眼寰宇，世界之变、时代之变、历史之变正以前所未有的方式展开，和平赤字、发展赤字、安全赤字、治理赤字不断加重，人类社会面临前所未有的挑战。更应该看到，某些把自身霸凌看作天经地义的国家，已经把社会主义中国的和平发展看作最大威胁，正卸掉一切面具，为了阻遏中国发展而无所不用其极。因此，处在全面建设社会主义现代化国家开局起步的关键时期，我们必须增强忧患意识，坚持底线思维，做到居安思危、未雨绸缪，准备经受风高浪急甚至惊涛骇浪的重大考验。为此，必须强化斗争意识，发扬斗争精神。一是要敢于斗争。中国共产党人从来是不惧怕豺狼虎豹、等闲看惊涛骇浪的。狭路相逢勇者胜。要增强中华民族的志气、骨气、底气，不信邪、不怕鬼、不怕压，"敢与魔鬼争高下，不向霸王让寸分"。要破除法门寺里的贾桂心态和"缺钙"的软骨病。二是要善于斗争。斗争不是意气用事，不是李逵式的鲁莽和蛮勇，要有高超的斗争艺术和深远的斗争谋略，既要勇于亮剑，必要时敢于"扬眉出鞘"，又要力求见招拆招，"四两拨千斤"。要保持战略定力，不为敌方的战略诱骗所迷惑，不被敌方的战略疑阵所误导，以我们正在做的事情为中心，不忘国之大者，"咬定青山不放松，任尔东西南北风"，锲而不舍、驰而不息地实现中国式现代化的伟大目标。

敢于斗争、善于斗争，对于军事领域尤为重要。军事手段是维护国家安全主权和发展利益的最高斗争手段，军事斗争是人民军队护航中国式现代化必不可少的斗争形式。特别是当前台海依旧风高浪急，南海局势暗流涌动。国际敌对势力大打"台湾牌"以图钳制中国发展，岛内一小撮不自量力的"台独"势力依然猖獗。面对"台独"势力分裂活动和外部势力干涉台湾事务的严重挑衅，我们必须坚决开展反分裂、反干涉重大斗争，其中包括军事斗争。党的二十大报告指出，我们要尽最大努力争取和平统一的光明前景，但绝不承诺放弃使用武力，保留采取一切必要措施的选项。这针对的是外部势力干涉和极少数"台独"分裂分子及其分裂活动，绝非针对广大台湾同胞。只有具备随时可以付诸实战的、真实可信的战略威慑能力，和平统一才有可能。准备战、真备战、能胜战才有可能不须战，这就是解决台湾问题上的方略辩证法。因此，全军必须强化斗争意识，发扬斗争精神，把"敢于斗争、善于斗争"贯彻到国防和军队建设的全领域、全过程，围绕"能打胜仗"的要求全面加强练兵备战，创新军事战略指导，切实提高打赢能力，打造强大战略威慑力量体系，谱写出新时代军事斗争的精彩篇章，做到党和人民一旦有令，攻必克，战必胜，不辱使命。

（本文发表于2022年11月）

高扬革命英雄主义的旗帜

一个不崇尚英雄的民族是没有希望的民族，一支不崇尚英雄的军队是难以履行使命的军队。如果说战斗精神是由理想、信念、意志、作风、气节等精神因素凝结升华而成的一种内在精神力量，那么，革命英雄主义就是战斗精神的本质特征和集中表现，也是我军的优良传统和宝贵精神财富。培育和强化部队官兵的战斗精神，更好地肩负起新世纪新阶段我军历史使命，应该从弘扬革命英雄主义入手。

一、英雄主义是人类文明发展不可或缺的基因，革命英雄主义是军人价值的最高体现

何谓英雄？中国古代学者刘劭认为："聪明秀出谓之英，胆力过人谓之雄。"德国古典哲学家黑格尔说："一代英雄，必然是公认的那个时代目光敏锐的人。他们的业绩、他们的言论，就是那个时代的精华。"从军事的角度，人们更习惯于把那些英勇作战、不怕牺牲的人称为英雄。古希腊哲学家柏拉图说："一个人在战斗中光荣牺牲，难道我们不应该首先说他是人中豪杰？"

崇拜英雄是人类的天性，英雄情结是人类社会从幼年时期就萌生的情结。在生产力极度低下的情况下，在与严酷的自然环境的斗争中，在战争决定民族存亡的情况下，人类自然产生了对英雄的崇拜和对英雄主义的讴歌。中国古代有后羿射九日的神话，有大禹治水的传说，有黄帝大战蚩尤的描写。古希腊神话、《荷马史诗》中更是充满了对英雄的崇拜。要言之，英雄主义是人类文明发展不可或缺的基因，在筚路蓝缕的蛮荒时代如此，

在数字化生存的信息时代也是如此。英雄的产生和英雄主义的形成，极大地提升了人类的精神境界，有力地推动着人类从远古到现今的全部历史进程。

英雄主义更与军人职业、军旅生活结下了不解之缘。可以说，英雄主义是军人的职业精神，是军人美德的集中反映，是军人价值的最高体现。军人的职业是伴随着战争而出现、为战争而存在的。而战争是流血的政治，是敌我双方的生死搏斗。在刀兵相见的战场上，在锋镝交并的厮杀中，"两军相逢勇者胜"是一条铁律。古往今来，一切有远见的、能征惯战的军事家无不提倡不怕牺牲、勇敢战斗的英雄主义精神。中国古代兵家早就指出"夫战，勇气也"。拿破仑也把勇敢视为"军人的第一美德"。从古到今，讴歌军人英雄主义的诗歌比比皆是："修我戈矛，与子同仇""但使龙城飞将在，不教胡马度阴山""男儿何不带吴钩，收取关山五十州""马革裹尸当自誓，蛾眉伐性休重说"……在中国民间，赵子龙、花木兰、岳飞、杨家将等军旅英雄更是家喻户晓。

我军是完全新型的人民军队，是一支从旧世界杀出血路、真正打出来的军队，是一支创造了辉煌战绩的军队。在党的领导和哺育下，在科学理论的指引下，我军充分继承了人类军事文化的英雄主义传统，形成了崭新的革命英雄主义。正如毛泽东同志所指出的，这支军队"具有一往无前的精神，它要压倒一切敌人，而决不被敌人所屈服。不论在任何艰难困苦的场合，只要还有一个人，这个人就要继续战斗下去"。我军的革命英雄主义可谓惊天地泣鬼神，前无古人，后无来者，气壮山河、威震敌胆。在举世闻名的两万五千里长征中，我军强渡大渡河、飞夺泸定桥，爬雪山、过草地，冲破层层封锁线，置之死地而后生，用事实证明，红军是不可战胜的。抗美援朝战争更是一场国力和武器装备极为悬殊的战争，但正如毛泽东同志所讲的，美军"钢多气少"，我军"钢少气多"。面对武装到牙齿的敌人，我志愿军官兵发扬一往无前的英雄气概，凭着"一把炒面一把雪"的精神，打出了国威军威。我军近80年的战斗历程，可以说就是一部革命英雄主义的壮丽史诗。在我军历史上，英雄辈出，狼牙山五壮士、董存瑞、黄继光、麦贤得、杨业功、丁晓兵……；在我军的序列里，涌现出大量的英雄群体，临汾旅、硬骨头六连、钢八连……在不同历史时期，在不同的领域，我军都孕育和形成了以革命英雄主义为主要内涵的精神，例如井冈山精神、长征精神、延安精神、上甘岭精神、老西藏精神、"两弹一星"精神、载人航天精神等，这不仅成为我们整个军队的魂魄，而且影响和带动了全民族。可以无愧地说，革命英雄主义是我军从小到大、由弱变强、战胜一切敌人和艰难险阻的力量源泉，是我军以劣势装备战胜优势装备之敌的一大法宝，是我军特有的政治优势。有了它，我军就能拖不垮、打不烂，愈挫愈奋、越战越强；就敢于与任何强敌亮剑交锋，而不被敌人的气势汹汹所吓倒；就敢打硬仗、恶仗、大仗；就能攻必克、守必固，所向披靡，无往而不胜。

二、革命英雄主义具有穿越时空、历久弥新的魅力，履行历史使命呼唤革命英雄主义精神

时代呼唤英雄，时势造就英雄。革命英雄主义具有穿越时空、历久弥新的魅力。在新的历史条件下，我军要有效履行党和人民赋予的使命，推进国防和军队建设又快又好地发展，更加需要大力弘扬革命英雄主义精神。

——和平年代虽然没有战火硝烟，但革命英雄主义没有也不应"褪色"。在金戈铁马、激情燃烧的岁月，我军无愧于英雄的称号。但长期的和平年代，却容易销蚀军人的英雄主义精神，造成理想信念和职能意识的淡薄。在改革开放和市场经济的条件下，有的同志甚至沉湎于酒绿灯红，寄情于风花雪月，英雄气短、儿女情长，虎气减少、娇气增多。在这种情况下，倡导革命英雄主义无疑是一剂政治上的清醒剂和精神上的"补钙剂"，是抵制种种政治微生物以及腐朽思想文化侵蚀的重要保证。和平是对军人的最大褒奖，是军队所产出的最大价值，而和平的维护、和平的实现却是基于军队铸造出了足以遏制战争、赢得战争的利剑。军人就是为战争而存在的。对于军队来说，只有两种状态，一种是砺剑，另一种是亮剑。"醉里挑灯看剑，梦回吹角连营。"和平岁月，革命英雄主义精神不是表现在枪林弹雨中出生入死，而是在安逸生活中永不懈怠，酒绿灯红中永不堕落，糖衣炮弹中永不沉沦。如果没有一点儿英雄气概，没有一点儿奉献精神，如何能耐得住"十年磨一剑"的艰辛和寂寞？只有具备杨业功、丁晓兵等时代英雄身上所蕴含的革命英雄主义精神，才能保证我们这支人民军队在经历了长久的和平时期依然能够保持政治本色，而且有能力为党巩固执政地位提供重要的力量保证，为维护国家发展的重要战略机遇期提供坚强的安全保障，为维护国家利益提供有力的战略支撑，为维护世界和平与促进共同发展发挥重要作用。

——社会转型价值取向多元，但革命英雄主义没有也不应"贬值"。当前，我国正处在社会转型时期，社会生活由一元向多元发展，尤其是各种文化相互激荡，对传统价值观产生了一定的冲击。曾有人感叹，歌星、大腕吃香了，英雄贬值、"掉价"了。社会变革的实践深刻地昭示，价值观呈现多元化，但不等于不要高扬时代的主旋律，革命英雄主义仍然是我们应当奉行的主流价值观。"崇敬英雄是阶级社会的历史必然。"一个社会要发展，不可没有一点儿雄风浩气；一支军队要打胜仗，不能没有一点儿剑胆侠骨。特别是处在转型中的社会，只有以英雄主义精神为向导，才不会失去目标、分散力量；处在变革发展中的军队，只有以革命英雄主义精神为向导，才能凝聚军心、不辱使命。革命英雄主义，永远是民族的精神支柱；革命英雄主义，永远是人民军队的本色。在新形势下，我们要适应官兵文化水平、审美情趣、心理特征的变化，积极采用官兵喜闻乐见的现代文化形式和文化手段，努力满足官兵日益丰富多样的精神文化需求，但军队姓"军"，革命英雄主义始终应该成为军营文化建设的主旋律。

——信息化战争作战形态发生变化，但革命英雄主义没有也不会"过时"。战争，说到底是双方物质力量和精神力量的综合较量。如果说物质因素是战斗力的基础，那么精神因素则是战斗力的核心和灵魂。拿破仑曾说过这样一句被经久传诵的名言："世界上只有两种力量——剑和精神。从长远说，精神总能征服利剑。"人类战争史反复证明，赢得战争的决定性因素是人而不是物。而革命英雄主义精神又是人的因素中最重要的因素之一。有人认为，在信息化条件下，战争具有非接触的特点，变得"文明"了，因而革命英雄主义不那么重要了。这种认识显然是片面的。信息化没有也不可能改变战争的暴力性质，没有也不可能改变战争是流血的政治这一本质属性。未来的信息化战争，战争形态更加多样，战场空间不断扩大，任何一个领域都可能变成战场，每一个人都可能面临战争威胁和生死考验。革命英雄主义不但没有"过时"，反而更加凸显出其巨大的时代价值。近期世界局部战争实践表明，在信息化条件下，战争并不像某些战争预言家所想象、所描绘的那样，在实验室里、在虚拟的空间敲敲键盘、摁摁按钮就万事大吉了。相反，一定规模的现实作战，乃至一定条件下的短兵相接，不可避免。战争的非线性、多维性，高技术武器打击的精确性，在某种程度上使得战争更加残酷，战场环境更加凶险，官兵在战场上承受的心理压力更大，独立面对的风险和挑战更多。与世界军事强国相比，我军武器装备现代化水平处于劣势的状况在短时期内不可能有根本的改变。在这种情况下，尤其需要弘扬一不怕苦、二不怕死、敢于斗争、敢于胜利的革命英雄主义精神，把现有武器装备的效能最大限度地发挥出来。

三、结合新的军事实践，赋予革命英雄主义时代内涵

革命英雄主义是一个历史范畴，弘扬革命英雄主义是一个与时俱进的过程。我们应当结合新的军事实践，深入进行革命英雄主义精神教育，刻苦砥砺革命英雄主义精神，并不断赋予其新的时代内涵。

把提倡勇敢和崇尚科学统一起来。革命英雄主义是科学的英雄主义。现代科学技术特别是信息技术在军事领域的广泛应用，深刻改变着战斗力的形态及其生成模式，科技日益成为第一位的战斗力，知识和智能越来越成为影响战争进程的主导性因素。这就要求官兵不断提高科技素质，努力掌握信息化的武器装备，把压倒一切敌人的气概同严谨求实的科学态度结合起来。这样我军在未来战争中就能如虎添翼，把战争主动权牢牢掌握在自己手里。

把奋勇争先与团结协作统一起来。革命英雄主义是集体英雄主义。我军历来有争先锋、打头阵、夺第一的传统，但我军也历来注重协同意识和大局意识。信息化条件下的战争是体系对抗，任何单一兵种、单一武器系统都不可能主宰战场，任何层次的梗塞、任何环节的疏漏，都有可能导致整个战局的失利。因此，着眼信息化战争特点和规律，弘扬革命英雄主义，必须更加重视培养官兵的战略意识、大局意识和团结意识，必须进一步强化协同观念，这样才能最大限度地发挥集体的威力，为夺取胜利创造条件。

把珍惜荣誉与淡泊名利统一起来。荣誉是社会对军人价值的认可和对军人所作出的牺牲奉献的褒奖。革命军人应该把荣誉看得比生命还重要，但同时又要甘当无名英雄。在相对和平的年代，注定了绝大多数的军人只能当无名英雄。"名"和"利"并不是衡量军人价值的唯一尺度。革命军人应该具备宽阔的视野和胸怀，志存高远、脚踏实地，既奋发进取又勇于奉献，像一个优质的齿轮和螺丝钉一样，紧紧地铆在自己的岗位上，嵌入现

代化军队这一复杂的人机系统之中，真正把自己的人生价值与国家和民族的利益统一起来，为履行我军历史使命作出应有的贡献。

我们的时代需要英雄主义，我们的事业需要英雄主义，我们的军队需要英雄主义，我们的使命需要英雄主义。让革命英雄主义的热血在我军的脉管里永远奔流不息，让革命英雄主义的号角永远激荡在我军的座座营盘，让革命英雄主义的旗帜永远飘扬在我军的万里征程！

（本文发表于2006年5月）

流淌在音符里的铁血雄风

——《强军战歌演唱会》观后

在全军和武警部队深入学习贯彻习主席关于强军的重大战略思想、踏上新的伟大征程之际，总政治部在开展聚焦强军目标军旅歌曲创作征集活动的基础上，精心策划举办了《强军战歌演唱会》。这场演唱会以匠心独运的构思、新颖别致的编排、天风海雨的气势、铅华洗尽的风格，尽情抒发了走在强军路上的三军将士的豪情壮志，充分展示了我军新一代官兵的崭新风貌，给人以强烈的精神震撼和新美的艺术享受。

兵心似歌抒壮志，猛士如云唱大风。军歌之与军旅如酒之与诗人，不可或缺。中国第一部诗歌总集《诗经》中的不少篇章，实际上就是采录的当时的军歌，生动地展示了军人同仇敌忾、为国家效命疆场的勇气与决心，今天读来依然令人感奋。军旅诗歌，录之是诗，发而为歌，成为中华民族深厚的爱国主义传统以及不畏强暴、勇惩腐恶的尚武精神的一个重要源头。我军历来重视革命文艺，特别是军旅歌曲对于凝聚军心、激励士气的重要作用。早在古田会议决议中就明确规定："各政治部负责征集并编制表现各种群众革命情绪斗争的歌谣，军政治部编制委员会负督促及调查之责。"我军第一代政工条例——1930年颁发的《中国工农红军政治工作暂行条例（草案）》规范了红军俱乐部、连队列宁室的组织和职责，要求俱乐部设音乐唱歌组，列宁室设唱歌班。在我军86年的征程中，各个不同的历史时期，都涌现出不少脍炙人口的军旅歌曲。这些歌曲不仅当时风靡一时，对于振奋军心士气、激扬豪情斗志发挥了重要作用，而且许多至今传唱不衰，已经成为流淌在旋律里的军史，成为跃动在音符上的军魂，成为插上了歌声翅膀的优良传统，成为凝结了党和人民文化记忆的红色经典。这些歌曲不仅回荡在军营里、激扬在队列中，而且为广大人民群众所喜闻乐见。从这些歌曲中，人们看到了人民军队的形象，领略了革命军人的情怀，铭记了激情燃烧的岁月，有力地影响了社会风气，极大地振奋了民族精神。如抗日战争时期的《到敌人后方去》《大刀向鬼子们的头上砍去》，解放战争时期的《说打就打，说干就干》《战斗进行曲》，抗美援朝时期的《中国人民志愿军进行曲》，社会主义建设时期的《毛主席的战士最听党的话》《打靶归来》，改革开放以来的《咱当兵的人》《一二三四歌》等，就是其中的代表作。我军许多优秀军旅歌曲大都是专业文艺工作者和业余文艺骨干相结合的产物。我军不乏能诗爱歌的儒将，如著名的《新四军军歌》就是陈毅元帅和其他同志一起创作的。许多文艺战士深入火热的战斗生活激发灵感，汲取诗情，提炼语言，寻找旋律，写下了不朽的名篇金曲，如彰显我军光辉形象的《中国人民解放军军歌》就出自国际主义战士郑律成（原朝鲜人，后加入中国国籍）之手。还有更多的优秀军歌则是官兵集体创作、自写自唱，在传唱中获得了恒久的生命力，以至于今天我们都无从考证它的确切作者。军歌之于我军，可谓渊源有自、蔚为壮观，其声不可谓不远，其功不可谓不伟。

总政组织的这次《强军战歌演唱会》就是从奔涌于军营中的强军激流中撷取的一束音乐浪花。词曲的创作者中几乎萃集了近年来活跃在我军歌坛创作舞台的第一流专业作者，他们以强烈的使命感，深入部队、体验生活，精雕细刻、千锤百炼，为强军之梦献上了自己的力作。也有的出自战斗在强军第一线的基层官兵之手，他们踊跃应征，在帐篷里，在甲板上，在战鹰旁，凝神结想、逸兴遄飞，把誓言和心声化作了质朴的歌词、跃动的音符。因而，这些歌曲都十分接地气，十分有兵味，可谓来自强军实践、服务强军实践，无矫揉造作之气，有清新活泼之风。

置身演唱会现场，首先是被扑面而来的雄风浩气所感染、所震撼。整场演出以精心创作、已经在部队推广的强军战歌为主题歌，以合唱揭开序幕，以领唱与合唱作为尾声，首尾呼应，气贯长虹，如惊涛裂岸、山鸣谷应。《战之必胜》《钢铁舰队进行曲》《强大机群向前飞》《点火》《就为打胜仗》等众多歌曲，都以排山倒海的气势、荡气回肠的咏叹，配以各种不同形式的演唱和表现手法，辅以大屏幕上三军将士在陆海空天电各个领域演练鏖战的纪实画面，生动地表达了三军将士坚决听党指挥，召之即来，来之能战，战之必胜的坚定信念。"杀敌立功英雄梦，壮丽人生能几回""就为打胜仗兵要天天练，就为打胜仗刀要时刻磨""寻常的岁月总在沉默，守候着风云变幻那一刻"……许多歌词都精彩而准确地传递了三军将士秣马厉兵、枕戈待旦的战斗豪情，塑造了"旗帜下我们是自豪的士兵""队伍中我们是永远的先锋"的新一代军人群像。天下虽安，忘战必危。军队姓军，军队是要打仗的。能打仗、打胜仗，始终是军事生活的主题、军人价值的核心，是一支军队建军治军的终极追求。因而，军旅歌曲一定要洋溢着雄风浩气，体现军人的铁血情怀，如催征的战鼓，似冲锋的号角，能够点燃军人的血性，沸腾军人的热血，激励军人为祖国、为人民一往无前的战斗精神。这场演唱会的众多歌曲都充分体现了这一特点，歌词晓畅明快，音调铿锵有力，非常适宜在队列中和部队集会时演唱。相信随着这些军歌在军营里的不胫而走、广泛传唱，必将对激励全军官兵投身强军实践、履行崇高使命产生巨大的推动作用。同时，诗有别裁，歌有别调。在相对和平时期，在奢靡之风有所滋长、绮艳之音充斥歌坛的当下，这样的旋律和曲风也必将令观众精神为之一振，眼睛为之一亮，为音乐园地注入一股难得的刚健之气。

军人血性，非为无情；军歌嘹亮，不废婉约。我们也高兴地看到，这台演唱会在总体上体现军人战斗精神、保持大气磅礴风格的同时，也有一些从不同侧面展示军营生活、体现军人情怀的轻灵之作。例如，《连队笑脸墙》以表演唱的形式妙趣横生地体现了官兵在连队的温暖和成长；《当兵前的晚上》以娓娓道来、如话家常的风格表达了新兵即将走进军营、从戎报国的激动与喜悦，以及父辈的嘱托和期望；《新时代的女兵》以领唱与小合唱交相映衬，展示了今日女兵靓丽中的英武、柔美中的阳刚，体现了她们"当年万绿丛中我只一点红，未来战争我们能撑起一片天"的自信。即使是一些以直抒胸臆为主的曲目，也大都避免了单纯标语口号的写法，找到了独特的切入点和意向，语言鲜活，富有情感，像《看我的》《弹无虚发》《军旅我们来了》等构思都非常巧妙，"天上的目标飞呀飞，咱们的炮火追，空中碰撞出一朵绚丽花蕾，那花的模样很酷很美，像士兵的勋章空中闪回""我把正义装满弹夹，扣动扳机点射连发，爱在身后仇在枪口，瞄准邪恶弹无虚发"等歌词都可圈可点。同时，整场演唱创作上力求贴近现代军营生活，适应新一代官兵特点，融入了清新、活泼的时尚元素。看完演唱会，让人强烈地感受到，这支军队依然是老红军、老八路的传人，但已然展示了现代化的崭新风姿，正所谓军魂常驻，雄姿日新。

军队向前进，战歌壮征程。在实现强军目标的新征途上，必须继承和发扬我军政治工作的优良传统，注重发挥文化工作特别是军旅歌曲对于军心士气的鼓舞和激励作用。我们也期待着军队的文艺工作者能够不断创作出更多更好的军歌，为我军在新征程上壮行色、长志气，助肝胆、扬军威！

（本文发表于2013年1月）

光荣与梦想

中国人民解放军的历史是在党的旗帜下英勇奋战的历史，是全心全意为人民服务的历史，是用热血和生命挽救民族危亡，托起共和国的晨曦，守护社会主义祖国金瓯无缺、江山永固、山河无恙的历史。人民军队是一支当之无愧的威武之师，攻必克、守必固，霜刃耀世而出令敌人胆寒，也是一支名副其实的文明之师，爱人民、称模范，每到一地"民箪食壶浆以迎王师"。梦想孕育光荣，光荣成就梦想。在中国共产党领导人民为实现中华民族伟大复兴的中国梦而进行的艰苦卓绝、坚韧不拔的斗争史上，镌刻了人民军队的光荣。新时代新征程，贯彻落实习近平强军思想，为实现党在新时代的强军目标而奋斗，为履行党和人民赋予军队的崇高使命而奋斗，人民军队将续写新的光荣。

永远的精神图腾　独有的形象标识

——长征精神对民族复兴伟业和人民军队建设重大意义二题

一个"马背上的共和国"传奇

实现中华民族的伟大复兴，是近代以来华夏儿女孜孜以求的梦想。中国共产党自诞生的那一天起，就历史地担当起了这一重任。1931年在江西瑞金这片红土地上诞生的中华苏维埃共和国就是中国共产党一新故国、再造国家，建立新的社会制度的重要尝试，是我党我军把土地革命战争与政权建设结合起来的光辉实践。从一定的意义上说，她也奠定了今天中华人民共和国的雏形，是今天日臻成熟的中国特色社会主义制度的一个重要源头。这个用枪杆子建立起来的共和国伴随着中央根据地的巩固和发展，曾经取得骄人的政绩，为我们今天执政兴国积累了原初的也是最可宝贵的经验。然而由于"左"倾教条主义的错误逐步占据主导地位，最终导致第五次反"围剿"失败，中共中央和中革军委被迫率中央红军主力开始了两万五千里长征，与之相应地，中华苏维埃共和国一整套的国家机器也随军踏上了征程。因此，有人把这一时期的中华苏维埃共和国称为"马背上的共和国"，是十分贴切的。

长征是一曲革命英雄主义的壮歌，是中国共产党人用理想和信念谱写的英雄史诗。长征中，红军突破了国民党蒋介石的围追堵截，踏过了重重雄关险隘、天堑激流，战胜了种种难以想象的困难，爬雪山，过草地，纵横十几个省，行程两万五千里，终于实现了伟大的战略转移，把革命的大本营从赣水闽山间转移到了西北陕甘边。长征的行程是旷古未有的，长征的艰险程度也是世所罕见的。然而，历史证明，中国共产党领导的红军是英雄好汉，它要压倒一切敌人，而决不被敌人所屈服。长征彰显了中国共产党人崇高理想的力量、坚强信念的力量。没有理想之光的烛照，没有信念之火的燃烧，长征的胜利是不可想象的。邓小平同志在与他的女儿谈到他的长征时只说了三个字："跟着走。"这三个字看似平淡无奇、云淡风轻，但却是共产党人在困境、危局和逆境中高扬理想信念之旗的真实写照。所谓跟着走，就是跟党走，就是跟着理想走，就是跟着信念走。

长征也是中国共产党人伟大创新和变革精神的集中体现。长征既是党和红军同凶恶的敌人和凶险的自然环境作斗争的历程，也是从错误和挫折中汲取教训，实现自我革新、自我完善、自我救赎的历程。长征初期，左倾教条主义的错误领导继续占主导地位，红军面临的处境极为险恶。为了挽救党、挽救红军，毛泽东同志大声疾呼，并团结党内一批有见识的领导同志做了许多力挽狂澜的工作。遵义会议之所以能够彪炳史册，不仅是因为它初步确立了毛泽东同志在红军和党中央的领导地位，而且是因为它是中国共产党人依靠自身的力量解决自身问题的成功尝试。由于确立了毛泽东同志在红军和党中央的领导地位，由于开启了独立自主地领导中国革命战争的伟大实践，长征才真正由一次不得已的战略转移转变为灵活机动的战略进军，由极度被动变为了完全主动。遵义会议后，毛泽东以高超的军事指挥艺术，率领红军闪展腾挪，四渡赤水，一举跳出了蒋介石设下的包围圈，然后挥师北上，迅速扭转了军事上的被动局面。长征中，红军还战胜了张国焘分裂党、分裂红军的罪恶图谋及其逃跑主义的错误路线，在斗争和曲折中进一步强化了党指挥枪的原则和信念。所有这些，都使长征成为党和红军凤凰涅槃、浴火重生的过程。经过长征，红军的人数虽然减少了很多，但是这支队伍更加整齐，更加有质量，对中国革命有了更清醒的自觉和更本真的自信，开始形成了一个成熟的领导集体。正如毛泽东同志所说："长征一结束，新局面就开始了。"

长征是悲壮的，又是辉煌的。长征以红军的胜利、敌人的失败而告结束，长征演绎了一个"马背上的共和国"传奇，演绎了中国共产党人及其领导下的民主政权、人民军队从挫折、困境、危局走向胜利的传奇。长征把中国共产党人及其军队艰难奋战、艰苦跋涉、砥砺前行的姿态永远定格在了历史的天幕上，成为中国共产党及其人民军队的形象的一个象征，成为我们党和军队，乃至整个中华民族的精神图腾。若问中国共产党领导的人民军队与其他国家的军队为什么与众不同？其中很重要的一点，就是这支军队曾经进行过长征。长征积淀了这支军队非同寻常、遗世独立的文化底蕴，从而也使这支军队拥有了一种伟大的文化自信——党的旗帜就是人民的旗帜、胜利的旗帜，紧紧地凝聚在党的旗帜下，一切行动听从党的指挥，就没有跨不过的大渡河、翻不过的夹金山，就没有攻不破的娄山关、拿不下的腊子口。从一定意义上说，今天我们所进行的中国特色社会主义伟大事业就是一次新的长征。所以，长征的故事永远不会只是一段往事，长征的故事具有永恒的魅力。"雄关漫道真如铁，而今迈步从头越。"如今，中华民族伟大复兴的事业依然还在"马背上"。我们不仅要进一步讲好长征的故事，还要努力续写出更精彩、更辉煌、更加激动人心的中国故事，在以习近平同志为核心的党中央领导下，以"踏遍青山人未老"的雄心，以"快马加鞭未下鞍"的姿态，齐心协力、奋勇开拓中华民族更加美好的未来！

一支军队永恒的形象定格

中国人民解放军是一支有着光荣历史的举世无双的军队。在它史诗般的征程上，写满了胜利与辉煌，既有"横扫千军如卷席"的雄壮，又有"天翻地覆慨而慷"的豪迈，许许多多的成功战例都令人叹为观止，许许多多的英雄壮举都令人荡气回肠。然而如果要举出一个重大事件来标识这支军队的精神和风骨、形象和姿态，我认为还是非长征莫属。

长征集中体现了人民军队一切行动听党指挥的热血军魂。在铁流万里的长征途中，红军将士忠贞不渝地凝聚在党的旗帜下，把听党指挥作为自己的自觉行动。长征是在"左"倾错误领导导致第五次反"围剿"失败后而被迫作出的战略决策。当时红军将士包括相当一级的指挥员，并不知道部队到哪里去，向哪里转移，但指战员们本能地、自觉地认为挫折和失利只是暂时的，听党话跟党走，就是光明，就能胜利。正是凭着这种信念和忠诚，红军迅速从失利的阴影中摆脱出来，逐步走上胜利的坦途。长征途中，曾发生张国焘分裂党和红军的严重事件。广大红军将士以中国革命的大局为重，坚决维护党中央的领导权威，与张国焘的分裂主义行为进行了针锋相对的斗争，有力维护和促进了党和红军的团结统一。毛泽东在总结长征经验时指出："谁使长征胜利的呢？是共产党。没有共产党，这样的长征是不可能设想的。"

长征集中体现了人民军队"革命理想高于天"的坚强信念。崇高的共产主义理想和坚定的革命信念，始终是鼓舞广大红军将士克服种种艰难险阻的精神动力。斯诺在《西行漫记》一书中记录了连他自己都无法相信的数字：在中央红军历时1年的长征中，进行了300多次战斗，几乎每天一次遭遇战；平均每天行军35公里以上，翻越了十几座山脉，渡过了20多条河流；突破了10个地方军阀的封锁包围，击败了数倍于己的国民党中央军的围追堵截；征服了雪山、草地等极端恶劣的自然环境……广大红军将士靠什么来战胜敌人、克服险阻、渡过艰难？首要的一条就是崇高的革命理想和信念。一条两万五千里的长征路，就是一条浸透热血的红飘带，就是一条红军将士用理想和信念织就的红飘带！

长征集中体现了人民军队压倒一切敌人和困难的英雄气概。长征翻越了十几座巨大的山脉，其中的几座位于世界屋脊之上且终年积雪；长征渡过了20多条河流，包括世界上最汹涌险峻的峡谷大江；长征走过了世界上海拔最高的湿地，面积几乎与法国的国土面积相等。在此期间，红军往往处在数倍于己的敌军的追击堵截中，平均每 3 天就要发生一次激烈的大战，不但要与重兵"围剿"的敌人作战，还需平均每天行军 35 公里以上。强渡大渡河，在枪林弹雨中，17 位勇士驾着从敌人手里夺回的小船，从浪尖突向对岸；飞夺泸定桥，22 名突击队员冒死爬上摇摇晃晃的铁索……红军战士用百折不挠、英勇无畏的革命精神书写出不朽的战争传奇。斯诺写道，与红军长征相比，"汉尼拔越过阿尔卑斯山就像是一次假日远行"。

长征集中体现了人民军队与人民始终保持血肉联系的赤子情怀。长征是一次厄境中图生存、危局中求发展的远征，军事上处于无后方无依托、非常险恶的境地，作战环境和生活条件异常艰苦，但红军纪律极为严明，不侵占民宅，不违反禁令，公平买卖、救死扶伤，并且宣传群众、组织群众、武装群众，帮助群众建立革命政权，用人民军队的崭新形象赢得了劳苦大众的爱戴。习近平同志曾多次动情地讲起"半条被子"的故事。1934 年 11 月，三位红军女战士经过湖南汝城县沙洲村，借住在村妇徐解秀家中。看到徐家很穷，三个姑娘临走时，把一条被子剪成了两半，留下了半条。徐解秀老人临终前仍挂念着这三位女红军。她告诉后人："什么叫红军和共产党？红军和共产党就是有一条被子，也要剪下半条留给老百姓的好人。"

长征集中体现了人民军队勇于创新、锐意变革的精神风貌。红军长征初期接连受挫的惨痛教训警示了中国共产党人，也警示了红军的高级指挥员：马克思主义是科学的，但中国革命必须从自己的实际出发，创造性地运用马列主义基本原理，走符合中国国情的道路。遵义会议事实上确立了毛泽东同志在党中央和红军中的领导地位，迈出了我们党独立自主解决中国革命问题的决定性一步，在关键时刻挽救了党、挽救了红军、挽救了中国革命。遵义会议后，以毛泽东为主要决策者的红军高级领导层，不唯上、不唯书、只唯实，基于中国国情和红军战略转移的实际，运用灵活机动的战略战术，把"打"与"走"有机结合起来，迅速改变了被动失利的状况。

中央红军四渡赤水、兵临贵阳、虚指昆明、巧渡金沙，一连串的辗转腾挪，跳出蒋介石精心营构的包围圈，令蒋介石的40万大军疲于奔命，徒唤奈何，其后飞夺泸定桥、强渡大渡河、智取娄山关、突破腊子口……或动于九天之上，或藏于九地之下，一路斩关夺隘，创造了战争史上的奇观。

长征集中体现了人民军队党员冲锋在前、干部率先垂范、官兵亲密无间的内部关系。长征途中，广大红军指战员无论在任何情况下都严守纪律，只要上级一声令下，就坚决完成战斗任务，可谓"军令如山重，纪律似铁坚"。一位外国记者写道，这些年轻的红军官兵，这支对未来满怀着绚丽之梦的队伍，为什么能够迎着敌人暴雨一样的子弹发起冲锋？最重要的原因是：冲在前面的永远是这支队伍中杰出的共产党人和优秀的红军指挥员。红二十五军渡汭河时，部队被突然暴涨的河水隔在南北两岸，国民党的骑兵部队向北岸袭来。已经安全到达南岸的吴焕先在枪声响起的瞬间纵身扑进了水流湍急的汭河，奋力返回北岸组织反击，敌人的数粒子弹击中了这位年仅28岁的红军军政委……

史沫特莱在《伟大的道路——朱德的生平和时代》一书中写道："长征已完成，红军正在继续创造历史。"对于人民军队来说，长征是一个形象的定格；对于中华民族来说，长征是一个精神的图腾。长征只有进行时，没有完成时。实现党在新时代的强军目标、履行党和人民赋予我军的崇高使命就是一场新的"长征"——"山高路远坑深"，虽不闻"金沙水拍"，同样要闯激流险滩；虽未见"大渡桥横"，同样必须斩关夺隘。因此，伟大的长征精神永远是我军最可宝贵的精神财富。我们要进一步强化军魂意识，坚定理想信念，以"万水千山只等闲"的豪迈气概和"不到长城非好汉"的凌云壮志迎接前进途中的艰难险阻，使长征精神在新的长征中放射出更加灿烂夺目的光辉！

（本文系2015年10月、12月两篇文字的节录和集纳）

抗美援朝战争是一座不朽的历史丰碑

抗美援朝战争是共和国和人民军队历史上极为光辉的篇章，是一座不朽的历史丰碑。它孕育和弘扬的爱国主义和革命英雄主义精神，在共和国历史上闪耀着穿越时空的灿烂光华；它所创造的作战经验，是名副其实的军事科研富矿。

一、抗美援朝是党的第一代领导集体所作出的英明战略决定

中国人民是爱好和平的。新中国成立后，随着除台湾、西藏等地外的大部分国土的解放，党中央即确定用三年左右的时间恢复国民经济，为大规模经济建设创造条件。然而，树欲静而风不止。1950年6月，朝鲜半岛风云骤起，朝鲜内战爆发。美国从其称霸世界和反共的帝国主义战略利益出发，立即进行武装干涉，同时派海军第七舰队侵入台湾海峡，占领中国的台湾。显然，这场战火不仅是冲着朝鲜来的，也是冲着新生的中华人民共和国来的。美国政府无视中国政府的抗议和警告，无视中国人民的力量，操纵联合国通过了组成以美国为首的"联合国军"的决议，继续扩大侵朝战争。9月中旬美军仁川登陆；10月初美军大举越过三八线，疯狂向中朝边境进攻，战火已烧至鸭绿江边。唇亡则齿寒，户破则堂危。当时，尽管共和国刚刚诞生一年，国内解放战争的烽火还没有最后熄灭，中国人民迫切需要休养生息医治战争的创伤，迫切需要争取和平的环境以恢复经济，进行建设，但是在国家的安全受到严重威胁、兄弟邻邦面临严重困难的情况下，中共中央和毛泽东主席经过慎重考虑，反复权衡利弊，毅然作出了出兵抗美援朝、保家卫国的战略决策。这一决策是革命胆略与科学态度相结

合的产物，是爱国主义与国际主义相统一的产物。历史的发展充分证明了以毛泽东同志为核心的党中央决策的正确性，而且随着时间的推移，其深远的战略意义愈益凸显。可以说，没有这场战争，就没有新中国国防的稳固，就没有中国今天这样的国际地位。然而，时至今日，在关于抗美援朝战争究竟该不该打的问题上，国内外仍然有一些模糊的甚至是根本错误的认识。有人认为抗美援朝得不偿失，是惹祸上门，引火烧身，甚至说什么美国干涉朝鲜战争旨在解决朝鲜问题，对中国并无敌意，假如中国在朝鲜战争期间袖手旁观的话，完全可以与美国发展关系，抓住对外开放和国家发展的历史机遇云云。这种奇谈怪论如果不是由于对历史的无知，只能说是有意混淆视听。运用历史唯物主义的观点，阐明抗美援朝战争的历史必然性和党中央决策的正确性，维护这一神圣而正义之战不受亵渎，是军事理论工作者义不容辞的责任。

二、抗美援朝战争的胜利具有重大而深远的意义

抗美援朝战争以中国人民的伟大胜利载入了史册。它粉碎了美国吞并朝鲜进而扩大侵略的企图，支援了朝鲜人民，稳定了朝鲜半岛的局势，保卫了中国大陆的安全，维护了亚洲及世界和平，无论是对中国、对朝鲜还是对世界东方乃至整个世界，无论是在政治上还是在军事上，都具有重要的意义。

第一，抗美援朝是新中国被迫进行的第一次反侵略战争。它的胜利从根本上稳固了新中国的国防，为中国赢得了一段较长时间的和平环境。近代中国积弱积贫，有国无防。新中国的成立宣告了帝国主义在中国的统治的终结。但当时许多人并没有把内战甫定、百废待兴的中国放在眼里，一些帝国主义者仍然梦想恢复他们失去的在华利益，仍然对中国的领土和主权心存觊觎。抗美援朝一战，打出了中国的国威军威，使帝国主义和对中

国怀有领土野心的人们认识到，今天的中国已经不是昨日的中国了，"西方侵略者几百年来只要在东方一个海岸上架起几尊大炮就可霸占一个国家的时代是一去不返了"。唐诗有云："但使龙城飞将在，不教胡马度阴山。"中国人民志愿军在共和国史上正是担当了砥定立国的"龙城飞将"角色。抗美援朝战争以后，中国的边疆在一个较长时间内维持了相对的稳定，中国获得了一个较长时间的和平环境，可以说正是得益于这场战争。

第二，抗美援朝是新中国在极端困难的情况下所进行的一场战争。它在世界上树立了站起来了的中国人民的形象，极大地提高了中华人民共和国的国际地位。"占人类总数四分之一的中国人从此站立起来了！"这是1949年毛泽东在天安门发出的震天撼地的声音，然而使全世界真正意识到了这句话的分量和内涵的却是抗美援朝战争。通过这场战争，人们看到了一个已经获得新生的民族的形象——这是不信邪、不怕鬼，敢于与任何强敌血战到底的形象，是"敢与魔鬼争高下，不向霸王让寸分"的形象，是坚决维护国家的主权和尊严的形象，是主持正义、为维护和平勇于挺身而出的形象，是说话算数、言必信、行必果的形象，是扬眉吐气的胜利者的形象。连美国的官方史书也承认，中国"在朝鲜战场上赢得了自己的声誉"。亚洲著名政治家、新加坡前总理李光耀曾对这场战争做了这样的评论："多年来欧美人很蔑视中国人，但当中国人民志愿军在朝鲜半岛和打着联合国旗帜的美军作战时，他们鄙视的目光跟着消失了。"

第三，抗美援朝是中国在与世界头号强国美国的较量中取得了胜利的战争。它打破了美国"不可战胜"的神话，有力地振奋了民族精神，鼓舞了世界人民。美国一贯恃强称霸，号称自独立以来从没有被别的国家打败过。特别是二战以后，美国成为资本主义世界经济上和科技上最强大的国家，踌躇满志，不可一世，狂妄得很，但是在中朝人民的英勇反抗面前，却碰得头破血流，铩羽而归。"联合国军"司令克拉克在停战协定签字时哀叹："我获得了一项不值得羡慕的荣誉，那就是我成了历史上签订没有胜利的停战条约的第一位陆军指挥官。"而毛泽东则说："这一次，我们摸了一下美国军队的底……把它的底摸熟了。美帝国主义并不可怕，就是那么一回事。"抗美援朝战争的胜利不仅一扫某些国人心中积淀已久的"恐美症"和《法门寺》里的"贾桂"相，为我们的民族注入了实现全面复兴所必不可少的"钙元素"，而且极大地鼓舞了正在进行反帝反殖斗争的亚洲和世界人民。

第四，抗美援朝是中国维护和平、反对霸权所参与的一次战争。它向世界宣告：中国作为维护东方和世界和平的重要力量已经崛起。侵略朝鲜是二战后美国对一个主权国家的最为严重的干涉。在世界上横行霸道惯了的美国认为无人敢管，但是贫弱而又刚刚从血火中诞生的新中国却站了出来说，"我们要管"。这是何等的气魄！周恩来指出，如果美帝将北朝鲜压下去，则对和平不利，其气焰就会高涨起来。要争取胜利，一定要加上中国的因素，中国因素加上去后，可能引起国际上的变化。历史的发展证明了他的预见。考虑亚洲和世界上的问题时，"一定要加上中国因素"，这就是抗美援朝战争后帝国主义战略家们所得出的一条教训。

第五，抗美援朝战争是第二次世界大战后一场相当规模的现代化局部战争。它像一所学校，使我军经受了现代战争的锻炼，积累了在现代条件下作战的宝贵经验，丰富和发展了毛泽东军事思想，促进了我军的现代化建设。在这场战争中，不仅美军动用了除原子弹外的几乎所有的先进武器装备，我军的装备水平较国内战争时期也有了显著提高，参战军兵种之多在中国人民解放军历史上是空前的。作战形式也更趋多样，既有运动战，又有阵地战。这场战争的作战经验，从战争决策、战略指导和战役战术等各个层面丰富了毛泽东军事思想的宝库，对后来我军自卫作战及援外作战发挥了重要的作用，并成为我军实行军事变革、迈向现代化的一个重要契机。同时，这场战争还极大地推动了中国军事科学的发展，它所提供的丰厚养料直接孕育了新中国成立后中国军事科学的第一个繁荣期。

三、抗美援朝战争给予我们的宝贵启示

历史是现实的一面镜子，朝鲜半岛上的硝烟已散去近半个世纪了。与20世纪中叶相比，今天的世界格局与我国的安全环境发生了巨大变化，我国的综合国力、我军的现代化水平也有了很大的提高，但是抗美援朝作战的基本经验并没有过时。在谋划面向21世纪的中国国防时，在回答"打得赢""不变质"的历史性课题时，这场发生在昨天的战争依然可以给我们许多重要的启示。

其一，面对纷纭复杂的国际风云特别是一些突发的重大事件，要善于站在时代的高度，站在国际大局和国内大局的高度观察问题，权衡利害关系，进行正确的战略判断和决策。要从国家和民族的根本利益出发，正确把握国家利益重心的所在和转移，辩证认识发展利益与安全利益、全局利益与局部利益、长远利益与当前利益的关系。发展和安全是国家利益的两个最基本的方面，对于一个国家和民族来说，发展是大局，安全也是大局；发展是硬道理，安全也是硬道理。不安全，国将不国，国格和国权没有了，遑论发展？因此，小平同志提出的"国家的安全和主权要始终放在第一位"，是我们进行战略思维必须坚持的基本原则。在进行决策时，既要有泰山崩于前而色不变的大无畏的气魄，又要如临深履薄慎之又慎，对种种困难、风险和可能出现的最坏情况作出充分估计，未雨绸缪，制定应对之策，立足于最坏的可能，争取最好的前途。《孙子兵法》凡五千言，其开宗明义的一句话就是："兵者，国之大事，死生之地，存亡之道，不可不察也。"抗美援朝战争的决策进一步印证了这一军事上的至理名言。

其二，敢战方能言和。和平作为战争的对立物，从来就不是建立在良

好愿望的基础上，不能幻想帝国主义和霸权主义会放下屠刀，立地成佛。在很多情况下，和平要靠战争来保卫，来赢得。以战止战，正是战争与和平问题上的辩证法。为了和平，必要时要有不惜一战的勇气，要有血战到底的决心，要有战则必胜的力量。朝鲜战争爆发后，中国多次呼吁和平解决问题，但美国根本不予理睬，直到中国被迫出兵参战打痛了它，使它触了很大的霉头，美国才不得不同意谈判。在谈判中，由于火候不到，美国又不时叫嚷"让炸弹、大炮和机关枪来辩论"。对此，毛泽东的回答是："美帝国主义愿意打多少年，我们也就准备跟他打多少年，一直打到美帝国主义愿意罢手的时候为止，一直打到中朝人民完全胜利的时候为止。"正是有了这种气势，有了以打促谈的正确方针，志愿军才牢牢掌握了战场上的主动权，同时也牢牢掌握了谈判桌上的主动权，才有了《朝鲜停战协定》的最后签字。前事不忘，后事之师。今天，解决台湾问题以实现祖国统一的历史任务已日益紧迫地摆到了我们面前。我们仍然不应放弃和平统一的努力，但为了争取实现和平统一，必须刻不容缓、扎扎实实地做好军事斗争准备，确保必要时能够断然出手，决战决胜。可以说没有军事斗争准备这一手，没有敢打必胜的决心和手段，没有建立在这一基础上的可置信的威慑，和平统一只能是海市蜃楼，一句空话。

其三，无论武器装备怎样发展，人仍然是战争中的决定性因素。无论是过去、现在还是将来，人民战争都是我们克敌制胜的法宝。抗美援朝战争是一场实力悬殊的战争，是一场典型的非对称战争。美国的综合国力比中国强大得多，而且纠集16个国家组成了所谓的"联合国军"，但为正义而战的中朝军队却创造了震惊世界的战争奇迹，在世界战争史上创造了以弱胜强的典范。这里的奥妙不是别的，就是因为正义在我们一面，得道多助，失道寡助；就是因为我们能够并且最大限度地激发了人民群众支前参战的爱国热情，能够并且最大限度地焕发了广大军民的一往无前的战斗精神，能够并且最大限度地发挥了人民群众在战争中的主动性和创造性。抗美援朝战争是一曲气贯长虹的人民战争的凯歌，它的胜利再一次表明：坦克不可怕，飞机不可怕，原子弹不可怕，高技术也不可怕，而人的因素才是决定战争进程和结局的最根本的东西。正如毛泽东所说，"一个觉醒了的、敢于为祖国光荣、独立和安全而奋起战斗的民族是不可战胜的"，"今天的任何帝国主义的侵略都是可以依靠人民的力量击败的"。在当今眼花缭乱的高技术兵器面前，我们也千万不要患"恐高症"。当然，坚信人民战争的威力并不等于轻视武器装备的作用，抗美援朝的实践同样证明，武器落后，是对战斗力水平的巨大制约，有了较为先进的武器装备，人民战争方能如虎添翼。因此，必须重视武器装备建设，特别是发展我们的"撒手锏"。

其四，实施正确的战争指导，采取灵活机动的战略战术，是驾驭战争并赢得胜利的关键。在抗美援朝战争中，毛泽东、周恩来、彭德怀等老一辈无产阶级革命家、军事家，着眼于这场战争的特点和规律，从敌我双方实际情况出发，审时度势，制定了正确的战略方针，对战争实施了正确的指导；志愿军先后采取了以"运动战为主"和"持久作战，积极防御"的战略方针。为了达到预期的战略目标，志愿军在战场上采取了灵活机动的战术，在继承我军传统战法的基础上不拘一格、勇于创新，以己之长、击敌之短，创造性地形成了战术小包围理论，形成了"零敲牛皮糖"、以坑道为主要支撑点的阵地战等战法。在战役指挥上，志愿军首长善于发现、利用和扩大敌人的弱点，及时修改作战计划，趋利避害，牢牢掌握战场主动权。这一切，无不表现出胜敌一筹的高超军事指挥艺术。当时志愿军中流传着这样一句话："敌人和我们打机械化，我们和敌人打巧妙化。"这个巧妙化就是指挥艺术和战略战术。毛泽东在谈到抗美援朝战争胜利原因时说："我们的经验是：依靠人民，再加上一个比较正确的领导，就可以用我们的劣势装备战胜优势装备的敌人。"实践证明，先进的军事理论，正确的战争指导和作战指挥，是人的因素在战争中的重要体现，是赢得战争胜利的重要因素。

创新是军事发展的灵魂和动力，是一支军队始终立于不败之地的根本保证，也是毛泽东军事思想的本质特征。抗美援朝战争的具体作战经验是宝贵的，而比这些具体经验更宝贵的是体现在这些经验中的中国共产党人和军队在军事上的伟大创新精神。当前，由科技进步引发的世界军事领域内的变革方兴未艾，高技术战争乃至信息化战争已经成为未来战争的主要形态。为了抢占21世纪军事发展的制高点，世界各国正在争相创新和发展军事理论。作为军事理论工作者，我们一定要充分认识自身所肩负的崇高使命，进一步解放思想、大胆创新，深入探索现代高技术战争的指导规律和胜敌之法，繁荣和发展有中国特色的军事科学，更好地发挥军事理论在军队建设和军事斗争准备中的先导作用，这就是我们对伟大的抗美援朝战争的最好的纪念。

（本文系2000年11月为纪念中国人民志愿军出国作战50周年而作）

让雷锋精神常驻神州大地

三月，春暖花开的三月，草长莺飞的三月。三月，总是让我们想起一位有着春天般笑容的年轻人的名字，他就是雷锋。

1963年3月5日，《人民日报》等媒体同时发表了毛泽东等党和国家领导人给雷锋的题词。从此，这位生命定格在22岁花季的普通战士的名字镌入了共和国的年轮，一个以学雷锋为标志的道德实践活动在神州大地蓬勃兴起，历久不衰。

时光如流，岁月如歌。近半个世纪过去了，雷锋的笑脸依然绚烂地绽放在共和国的春天里，雷锋的故事依然是一种关于春天的最温馨、最美好的记忆。雷锋属于春天，春天召唤雷锋。今天，在中华民族走向伟大复兴的新征途上，在推进中国特色社会主义伟大事业的新的进军中，我们仍然需要大力弘扬雷锋精神，锲而不舍地实践雷锋精神。

一

近50年来，学雷锋，在当代中国乃至当今世界蔚成一种非常独特、耐人寻味的文化现象——

毛泽东同志在看了雷锋的事迹后夜不能寐，不仅用如椽大笔亲笔题写"向雷锋同志学习"，向全党全军和全国人民发出了伟大的号召，而且后来他还道："我看过雷锋日记的一部分，此人懂得一点哲学。"

1975年，邓小平同志第二次复出。在军队高级干部参加的军委扩大会议上，他出人意料而又意味深长地讲了一个在老百姓中流传的政治笑话——"雷锋叔叔不在了"。由此痛心疾首地说明了"文革"中林彪、"四人帮"给党风军风和社会风气所造成的恶劣影响，道出了人民群众渴望党的优良传统和作风、渴望人与人之间互爱互助关系复归的心声。

1990年3月5日，江泽民等党和国家领导人再次为雷锋题词。江泽民同志的题词是："学习雷锋同志，弘扬雷锋精神"。同年10月，他视察了雷锋纪念馆，并亲切接见雷锋团的官兵，语重心长地说："雷锋精神的实质，是全心全意为人民服务，为了人民的事业无私奉献。"

1993年，时任中共中央政治局常委、书记处书记的胡锦涛同志在纪念毛泽东为雷锋题词30周年大会上发表重要讲话。其后他又多次在不同场合强调学习雷锋，并亲自推动向"当代雷锋"郭明义学习。他说："雷锋精神对于我们这个民族和社会过去具有、现在依然具有重大价值和时代意义。"

半个世纪以来，从激情燃烧的建设年代到春潮涌动的改革时期，党和国家的历代领导人都一以贯之地高度评价雷锋精神，持续发出学习雷锋的号召。无论是在面对"文革"中的极左逆流，还是面对新形势下纷至沓来、鱼龙混杂的社会思潮，人民群众都一如既往地怀念雷锋、呼唤雷锋。

雷锋的事迹报道后，许许多多的社会名流、文苑巨擘挥毫泼墨、题咏赋诗，赞美雷锋、讴歌雷锋。以雷锋为题材的诗歌、歌曲、戏剧、影视、曲艺等作品在共和国半个世纪的文艺长廊中比比皆是，佳作如云。以雷锋的名字命名的标志物和单位屡见不鲜，不可胜数：雷锋岗、雷锋亭、雷锋林、雷锋号、雷锋柜台、雷锋杯、雷锋学校、雷锋青年志愿者……

《雷锋日记》在中国有200多个版本，发行量上亿册，创日记类图书发行量的世界之最。《雷锋日记》——这位普通战士的心路历程成为几代中国人人生选择的启示录，直到今天它所散发的纯美而高尚的思想光芒，仍穿透重重迷雾，不断地温暖和滋养着人们的心灵。

近50年来，共和国学雷锋英模辈出，构成了一条长长的星光大道——欧阳海、王杰、刘英俊、赵春娥、张华、蒋筑英、罗健夫、李俊甲、朱伯儒、张海迪、徐虎、郭明义……

不仅如此，雷锋的名字甚至还超越了国界，走出了国门，成为中国的一张文化名片，转化为了中国的一种软实力。在人类迈向现代化的文化变迁和观念碰撞中，雷锋精神所焕发出的人类良知的恒久魅力正在为越来越多的世人所向往、所仰慕。一位外国青年在雷锋纪念馆曾写下这样的心声："如果我们人类都能像雷锋那样处理人与人之间的关系，那该多好啊！"

二

在中华五千年的文明史上，风流才俊代不乏人；在中国这个十几亿人口的大国里，卓荦之士不可胜数；在中国共产党90多年的奋斗历程中，英烈模范灿若星河。为什么雷锋这个只有22年短暂生命、没有惊天动地业绩的普通战士的名字能够如此深刻地镌入民族的文化记忆？能够在近50年跌宕起伏的风雨历程中对我们民族的精神史产生如此深广而久远的影响？这不能不促使我们更深入地走近雷锋、解读雷锋。

雷锋的出现是与中国人民历史地选择了社会主义道路联系在一起的，是与中国共产党在革命胜利以后成为长期执政的党联系在一起的。雷锋精神生动地诠释了我们党全心全意为人民服务的宗旨，在中国社会孕育出一种以为人民服务为核心的崭新的社会主义伦理道德。《共产党宣言》指出："过去的一切运动都是少数人的或者为少数人谋利益的运动。无产阶级的运动是绝大多数人的、为绝大多数人谋利益的独立的运动。"基于马克思主义的科学世界观和无产阶级的历史使命，在共产主义理想的感召和激励下，中国共产党人在领导中国革命的进程中，形成了崭新的价值体系和革命道德，开创了一代文明新风。延安时期，毛泽东曾经以悼念张思德这位普通的警卫战士为由头，发表了题为《为人民服务》的著名演讲，用中国化的语言深入浅出地阐释了我党我军的根本宗旨。然而，在党成为执政党以后，在社会主义制度在中国确立后，如何把政党、阶级的价值观和伦理观上升为国家意志、普及为社会风尚，是我们党进入社会主义建设时期必须解决的一个问题。雷锋这一先进典型正是缘此应运而生。他出现在20世纪60年代初不是偶然的，他是我国人民在意气风发地建设社会主义新生活的伟大实践中所开出的绚丽的精神文明之花。他的出现从一个侧面反映了在马克思主义的指导下中国社会所形成的崭新的意识形态，反映了我们党所倡导、所践行的全心全意为人民服务的宗旨对社会风尚的引领作用，反映了与社会主义生产关系相适应的新的核心价值体系的形成，反映了社会主义条件下人与人、人与集体、人与社会之间的新型关系。雷锋说得好："人的生命是有限的，但为人民服务是无限的。我要把有限的生命投入到无限的为人民服务之中去。"因此，雷锋精神的本质内涵及其所代表的思想体系，无疑属于科学社会主义，它具体而微地体现了人类最美好、最崇高的伦理思想——共产主义思想，体现了共产主义一代新人应有的精神境界。共产主义战士这一称号，雷锋当之无愧。

如果说中国共产党人把马克思主义中国化所形成的世界观、人生观、价值观是雷锋精神赖以产生的思想理论基础，那么中华民族优秀道德文化则是雷锋精神的重要的文化渊源。中华民族是一个非常崇尚德行的民族。古代贤哲有大量关于社会理想、社会伦理的论述。例如"大道之行也，天下为公"的大同理想，"自强不息、厚德载物"的君子之风，"天下兴亡，匹夫有责"的社会责任感，"仁者爱人"的道德情操，"博施于人，而能济众"的博爱之心，"人而无信，不知其可"的处世规范，等等。所有这些，都熔铸和陶冶了我们民族特有的精神风貌和文化品格。雷锋精神正是共产主义的光辉思想与中华民族优秀文化传统相结合的产物。因此，它非常契合我们民族的文化心理。这也是雷锋精神能够在中华大地上不胫而走、风行景从，为社会各阶层民众所广泛认同的重要原因。在人民心目中，雷锋就是大写的人，就是人类良知和中华美德的代名词，就是热爱祖国、奉献社会，忠于职守、克己奉公，严以律己、善待他人，敬业乐群、热心公益，扶贫济困、见义勇为等善行义举的代名词。

雷锋是一个志存高远、追求卓越、追求完美人格的人。他胸怀祖国，胸怀社会主义、共产主义的远大理想，然而，他又深深懂得"九层之台，起于累土；千里之行，始于足下"的道理，非常注重道德实践和修养。他从不拒绝做小事情，坚持从当下做起，从本职岗位做起，从身边的事情做起，一点一滴地完成自己的人格修炼。所以，雷锋是伟大的，又是平凡的；雷锋令我们高山仰止、景行行止，但又绝非高不可攀。正如老一辈无产阶级革命家谢觉哉所说："雷锋同志是平凡的，任何人都可以学到；雷锋同志是伟大的，任何人都要努力才能学到。"

雷锋曾经发出这样的叩问："如果你是一滴水，你是否滋润了一片土地？如果你是一缕阳光，你是否照亮了一分黑暗？……如果你要告诉我们什么思想，你是否在日夜宣扬那最美好的理想？你既然活着，你是否为未来的人类的生活付出你的劳动，使世界一天天变得更美丽？"这是直抵人类良知的永恒之问。所以，雷锋精神具有阶级性和普适性、时代性和民族性、科学性和崇高性、先进性和群众性相统一的品格。雷锋精神不仅彰显了中国共产党人的先进本色，体现了中华民族的传统美德，而且内在地蕴含了世界上一切向往真善美的人们共同的价值体认。它既是中华民族文化星河中的一个璀璨的星座，也是人类文明宝藏中的瑰宝。

三

中国特色的社会主义伟大事业正处在一个新的起点上。在全面贯彻党的十七届六中全会精神、培养高度的文化自觉和文化自信、提高全民族文明素质、建设社会主义文化强国的过程中，弘扬雷锋精神显得尤为重要。

弘扬雷锋精神，有助于最大限度地把广大人民团结和凝聚在中国特色社会主义的伟大旗帜下。理想是照耀人类前行的灯塔，是合众聚力的旗帜。一个国家、一个民族一定要有理想，有共同的信念追求。雷锋就是一个有理想的人。他说："我就是长着一个心眼，我一心向着党，向着社会主义，向着共产主义。""我要把可爱的青春，献给祖国最壮丽的事业。"他的理想抱负和人生追求，生动地体现了爱国主义和社会主义的统一。党的十一届三中全会以来，我们党带领人民开辟了中国特色社会主义的伟大道路。历史已经证明，这条道路指明了当代中国发展进步的根本方向，体现了最广大人民群众的根本利益，是实现社会主义现代化和中华民族伟大复兴的必由之路，是创造人民幸福生活和美好未来的必由之路。因此，大力弘扬雷锋热爱党、热爱祖国、热爱社会主义的崇高理想和坚定信念，具有特别重要的现实意义。要引导人民特别是青年认同和确立中国特色社会主义的共同理想，并自觉把个人理想融入中国特色社会主义的共同理想之中，献身祖国和人民的事业，创造美好而充实的人生。

弘扬雷锋精神，有助于倡导文明新风，构建社会主义和谐社会。改革开放极大地振奋了民族精神，推进了思想的解放、文化的繁荣。但是，也毋庸讳言，由于市场经济某些难以完全避免的负面效应，由于开放以后各种腐朽思想文化的乘虚而入，当前，在党风和社会风气方面还存在一些人民群众反映强烈的突出问题，在社会生活特别是人与人之间的关系上还存在种种不够和谐的因素。有的崇尚拜金主义、享乐主义和极端个人主义，有的是非不明、美丑不辨、荣辱不分，有的对社会对他人缺失诚信、缺少爱心。以权谋私、造假欺诈、见利忘义、损人利己的现象屡有发生。而雷锋精神正是纠治这种价值观偏移，匡正道德失范、矫正诚信缺失现象的一剂良药。雷锋恪守"自己活着，就是为了使别人生活得更美好"的格言，"永远愉快地多给别人，少从别人那儿取"。他言行一致，表里如一，言必信，行必果，坐而言，起而行。大力弘扬雷锋服务人民、助人为乐的奉献精神，必将有力地推动党的思想作风建设，推动公民道德建设。

弘扬雷锋精神，有助于激发全国人民改革和建设的热情，凝聚干部群众艰苦奋斗的意志和力量。30多年来，中国的改革开放和社会主义现代化建设已经取得了举世瞩目的成就，中国的经济总量已经跃居世界第二位。但是，我国社会主义初级阶段的基本国情没有改变。中国的改革开放正处于一个攻坚的关键时期，中国的发展亟待走上更科学、更绿色的轨道。继续地发扬我们党艰苦奋斗的优良传统和中华民族勤俭节约的道德风尚，弘扬以爱国主义为核心的民族精神和以改革创新为核心的时代精神，比以往任何时候都更加迫切。而所有这些正是构成雷锋精神光谱的重要元素。他甘当螺丝钉，干一行爱一行，专一行精一行；他锐意进取，刻苦钻研；他工作上向高标准看齐，生活上向低标准看齐，以简朴为尚，珍惜每一滴水、每一粒米、每一度电……可以说，雷锋是敬业精神、创新精神和创业精神的典范。学习雷锋，必将为中国特色社会主义伟大事业注入更强大的精神动力。

四

每逢三月，人们总会自然而然地想起雷锋、重新发现雷锋，总会掀起新一轮的学雷锋热。这充分反映了党心民心所向，反映了雷锋精神超越时空的恒久生命力。但是人们也不无遗憾地看到，在学雷锋上还存在着一阵风的现象，正如有的群众所说："雷锋叔叔没户口，三月里来四月走。"为此，有必要在全社会广泛深入地开展学雷锋活动，并使之常态化，形成践行雷锋精神、争当先进模范的生动局面，形成我为人人、人人为我的良好氛围。

共产党员和领导干部要率先垂范，带头学雷锋。邓小平同志给雷锋同志的题词是："谁愿当一个真正的共产主义者，就应该向雷锋同志的品德和风格学习。"雷锋精神堪称共产党人的人生教科书。绝不能认为学雷锋只是普通群众的事，是凡人小事。事实上，越是居庙堂之高，就越要学习雷锋。各级领导干部要把学雷锋与贯彻党的立党为公、执政为民的理念统一起来，情为民所系，权为民所用，利为民所谋。要关注民生，体察民瘼，多为人民群众办好事、办实事。要事政以勤，为政以廉，坚决克服以权谋私、权钱交易的腐败现象，克服铺张浪费、酒绿灯红的奢靡之风。风成于上而行于下。党员和领导干部做好了，人民群众就会照着去学、跟着去做。

以学雷锋为重要抓手，更加深入地开展精神文明创建和共建的活动。将学雷锋活动纳入文明城市、文明村镇、文明单位的测评体系，加大考核力度，使学雷锋活动成为一项经常性的工作。我们党历来重视发挥人民军队的政治优势，历来重视军队和地方在文化建设大系统中的互动作用。毛泽东同志曾号召"全国学人民解放军"，后来他又提出："解放军学全国人民。"我军向来是体现党的政治优势、文化优势的重要载体，是党所倡导的革命精神和道德风尚的模范践行者。雷锋出现在军队，是人民军队的光荣。军队在学雷锋中要一如既往地走在全社会的前列，大力培育当代革命军人核心价值观，当好雷锋的传人。要进一步发挥战斗队、工作队、宣传队的作用，传播文明新风，同时虚心地从人民群众社会主义现代化建设的伟大实践中汲取营养，不断加强思想政治建设。

贴近实际、贴近生活、贴近群众，创新学雷锋的内容、形式和手段。充分发挥新闻媒体特别是主流的重要作用，以丰富多彩、生动活泼、为群众喜闻乐见的方式方法，宣传雷锋精神，适时推出有时代特色的学雷锋先进典型，形成激浊扬清、移风易俗的良好氛围。要注重发挥互联网等新兴媒体的优势，主动占领阵地，精心制作宣扬雷锋精神的网络产品和作品。要把学雷锋实践活动和开展社会志愿服务活动结合起来，广泛普及爱国、敬业、奉献、诚信、友善、互助等基本道德规范，推动学雷锋活动常态化、机制化。

推动广大青少年成为学雷锋的主要力量。雷锋在日记中写道："青春啊，永远是美好的，可是真正的青春，只属于那些永远力争上游的人，永远忘我劳动的人，永远谦虚的人！"雷锋以短暂的22岁生命为我们诠释了青春的真正含义，演绎了一阕华彩的青春诗章。他是全体人民的榜样，更是青少年的榜样。要切实加强和改进大学生思想道德教育和未成年人思想道德建设。各级各类学校要创新德育课程的教育教学，把弘扬雷锋精神作为校园文化建设的重要内容，构建学校、家庭、社会紧密协作的德育教育网络。广泛开展各类学雷锋主题活动，引导青少年像雷锋那样去学习、去工作、去生活，让青春在报效祖国、服务人民中焕发出绚丽光芒。

"当代雷锋"、共产党员郭明义曾写下"来吧，朋友，给你一片绿色，放牧这世界的美丽"的动人诗句。在春风又一次绿遍天涯的时刻，让我们真诚地把春天留住，把雷锋留住，让雷锋精神像无边的绿海、不老的春色一样常驻大地、常驻人间，让世界变得更加美丽！

（本文发表于2012年3月）

为人民开出幸福泉

水是生命之源。有了水，大地才有绿色，田野才有生机，生活才充满欢笑。

共产党员是什么样的人？就是一些为人民的幸福而辛勤"开泉""找水"的人。"模范团长"李国安带领他的团队在千里北部边疆掘出了一眼眼甘泉，把干涸的戈壁荒原变成了一片片充满希望的绿洲，把欢乐洒向了北疆的军营村落。他用自己的实际行动为我们树立了一个开泉者的形象，也向我们诠释了共产党人的人生哲学的全部含义——为人民开出幸福泉。

你从哪里来，又到哪里去？人活着是为了什么？人应该怎样活着？这是自从"人猿相揖别"，人类有了自我的主体意识后就不断提出来的问题。在有限的人生和无限的宇宙之间，多少哲人智者发出了浩叹。有的人因而看破红尘，悲观厌世，认为"天地者，万物之逆旅；光阴者，百代之过客"。有的鼓吹及时行乐，今朝有酒今朝醉。一首名为《享乐曲》的流行歌曲唱道："你活着为享乐，我活着为享乐，今晚你我共聚一堂，何不一起享乐。"更有些人进而宣扬极端利己主义，把他人看作"自我的坟墓"，为了达到个人的目的不择手段，把个人所谓的幸福建立在他人的痛苦上。

只有马克思主义才科学地回答了关于人生的问题。按照历史唯物主义的观点，人不仅作为个体而存在，而且作为整个社会的一员而存在，作为人类社会发展过程长链条上的一个环节而存在。如同一滴水可以干涸而大海却永远涛声不息一样，一个人的一生是短暂的，而人类社会、人类进步的历史、人类物质文明和精神文明发展的历史却不会完结。人的一生只有融入人类文明进步的事业，只有和人类社会发展的主体——人民紧紧联系在一起，才能过得充实而富有意义，才能获得永恒的价值。明白了这个道理，就不必发出人生苦短的哀叹，就不应陷入醉生梦死的自我麻醉，一些利己主义的呓语也会显得卑劣丑陋、俗不可耐，令人鄙夷。

基于这样一种对于人生的理解，基于对于工人阶级阶级地位和历史使命的揭示，马克思主义创始人不仅描绘了人类最美好的理想——共产主义的灿烂前景，而且为我们提供了一种与这种崇高理想相适应的、在这种理想下应运而生的、具有世界历史意义的、完全新型的革命的人生观。这种人生观的核心就是全心全意为人民谋利益。"过去的一切运动都是少数人的或者为少数人谋利益的运动。无产阶级的运动是绝大多数人的、为绝大多数人谋利益的独立的运动。"① 历史上一些先进阶级的代表人物或统治阶级的进步的思想家虽然也曾在不同的层面和不同的意义上提出过"为大众"的人生哲学思想——这些思想无疑是可贵的，它是人类心智和精神开出的花朵，但是阶级和时代的局限决定了他们的这些思想是不可能真正彻底的，在实践中也不可能始终如一地加以贯彻。只有马克思主义才给予我们一种真正科学的、彻底的、具有现实基础的、无比高尚的人生哲学，这是因为她找到了实践这种人生哲学的阶级力量。工人阶级是人类历史上最先进、最大公无私、最富有远见的阶级，她的阶级利益与最广大的人民群众的利益是完全一致的。除了人民群众的利益，她没有自身的特殊的利益。为人民服务，为人民谋利益，工人阶级的利益也就在其中。因而，马克思主义的人生哲学不仅是一种高尚的道德要求，而且是一种自觉的阶级意识，是工人阶级党性的一种体现，是工人阶级为实现自身的历史使命所必需的。

在马克思主义的指引下，中国共产党从诞生的那一天起，就把全心全意为人民服务作为自己的唯一的宗旨，并且为了实践这一宗旨，为了中国

---

① 《马克思恩格斯选集》第1卷，人民出版社1995年版，第283页。

人民的解放和幸福进行了长期的不懈的斗争。早在战争时期，毛泽东同志就指出："我们的共产党和共产党所领导的八路军、新四军，是革命的队伍。我们这个队伍完全是为着解放人民的，是彻底地为人民的利益工作的。"邓小平同志也曾指出："中国共产党员的含义或任务，如果用概括的语言来说，只有两句话：全心全意为人民服务，一切以人民利益作为每一个党员的最高准绳。"在改革开放的新时期，他又要求把"人民拥护不拥护""人民赞成不赞成""人民高兴不高兴""人民答应不答应"作为全党想事情、做工作想得对不对、做得好不好的根本衡量尺度。最近一段时间里，江泽民同志多次强调党的领导干部要讲政治。从根本上说，讲政治，最主要的就是对人民群众的态度问题、同人民群众的关系问题，就是共产党员一定要坚持全心全意为人民服务的宗旨。这是最高的政治要求，也是共产党员必须确立的人生哲学。

李国安就是党的宗旨和革命的人生哲学的模范实践者。作为给水工程团的团长，他把为边疆军民找水、送水作为自己的神圣职责。在他看来，"党的干部就得像清泉一样，奉献自己，甘甜千万家"。他把自己的宝贵年华化作了一股股清泉，涓涓滴滴奉献给了人民，而那一眼眼甘泉也滋润了他的宝贵年华，使他的人生大放异彩。他是马克思所赞扬的那种"专为公众谋福利从而也使自己变得高尚起来"的人。他的生活是清贫的、朴实无华的，没有纸醉金迷的贪欲，没有美食豪宴的奢华，没有轻歌曼舞的浪漫，没有花前月下的悠闲，但却那样充实而富有意义。这足以使一切物质富有精神空虚者黯然失色，使一切个人主义者相形见绌。在他的身后树起的，不仅是找水的丰碑，也是一座伟大高尚人格的丰碑。

过去，在夺取政权的革命战争年代，共产党员的个人利益与阶级和人民利益的一致性是显而易见的：没有人民的翻身解放就没有自己的翻身解放。况且，在艰苦的战争环境中，党与人民群众天然地保持着患难与共的血肉联系，因而比较容易做到不忘党的宗旨，坚持革命的人生哲学。而在新的历史条件下，共产党员坚持革命的人生哲学却面临着新的考验。这种考验主要来自两个方面。一是执政的考验。执政党的地位使我们有了更好地为人民服务的条件，却也可能使一部分党员，特别是党的领导干部滋生出高高在上、当官做老爷的观念。二是改革开放和建立社会主义市场经济的考验。改革开放和建立社会主义市场经济给我国的经济生活以及整个社会生活带来了勃勃的生机和活力，但也不可避免地会产生一些负效应。例如拜金主义、享乐主义的思潮有所抬头，一些资产阶级的腐朽思想文化和生活方式也乘虚而入。面对金钱物欲的吸引，面对酒绿灯红的影响，面对声色犬马的诱惑，一些共产党员很可能逐渐淡忘自己参加革命时的初衷，忘记入党时的誓言，忘记共产党员的人生追求，个别人甚至可能走上腐化堕落的道路。在这种情况下，重新提出"参加革命为什么，手中有权干什么，人生哲学是什么"的问题，就有着紧迫的、振聋发聩的现实意义。人们在呼唤"甘泉"，也在呼唤着李国安那样的真正共产党人的"甘泉"精神。李国安事迹的时代意义就在于，他继张鸣岐、孔繁森之后又一次告诉人们：尽管时代变了，环境变了，条件变了，但中国共产党人全心全意为人民服务的宗旨没有变，革命的人生哲学没有变，也不能改变。这种革命的人生哲学是发源于全心全意为人民服务的宗旨，流淌于中华大地上的一股"甘泉"，是引导中华民族进入新世纪的希望之光。

在新的历史条件下，应该怎样实践共产党人的人生哲学？李国安的事迹给我们的启示是多方面的。

其一，要有一种寝食不安的忧民意识。"衙斋卧听萧萧竹，疑是民间疾苦声。"（郑板桥诗句）这是封建社会有事业心、有操守的官吏所提倡的一种精神境界，共产党员更应该把人民的疾苦时刻放在心上。作为一个在北部边疆战斗生活了近30年的军人，李国安对边疆缺水的状况有着刻骨铭心的感受，边疆军民对水的企盼像烈焰一样炙烤着他的心。为了实现江泽民同志"再也不能让边防军民没水吃、喝苦水了"的嘱托，他真正做到了寝食不安。在白音查干，他与战友们冒着严寒酷暑，像画棋盘格一样反复勘测、寻找水源。直到病魔将他击倒，面临绝症威胁的时候，他所惦念的仍然是："定的那三眼井说什么也要打出来，否则我在九泉之下是不会瞑目的。……"他和每个团领导的身上都有一个记事簿，本子上记的是哪片牧区缺水，哪个村庄水质有问题，哪个连队引水设施不配套。这与一些养尊处优，对人民群众的疾苦漠不关心，对群众的困难熟视无睹、充耳不闻的人，形成了多么鲜明的对照！我们学习李国安，就要像他那样心中时刻想着人民，想人民之所想，急人民之所急，助人民之所需，解人民之所困，多为人民群众办"渴中送水""雪中送炭"的事。

其二，要有一种奋力拼搏的革命精神。戈壁渴望绿水，人民企盼甘泉。而甘泉却不是可以用几句咒语就呼唤出来的，也不是随意用根棍子一捅就可以从地底下冒出来的。它需要千辛万苦地寻觅，百折不挠地开掘。为人民服务，在李国安那里绝不仅仅是一句空洞的口号、漂亮的言语，而是意味着大漠的热风、戈壁的冷月，意味着忠诚与毅力的汇聚，意味着血水与汗水的凝结，意味着年复一年、月复一月、日复一日的顽强拼搏，意味着青春与生命的奉献。他44岁时当团长，在一些人看来这已是军旅生活的"终点站"了，而他却上任伊始就制定了一个分三个阶段解决华北地区野战给水问题的十年规划。他说："守摊子不是共产党人的作风！党把我放在这个岗位上，我就要在这个岗位上把党的事业不断推向前进。"他不顾重病之躯，腰扎15厘米宽的"钢围腰"，忍受着常人难以忍受的痛苦，风餐露宿4个月，颠簸跋涉2.48万公里，终于搞清楚了八千里边防线的水源分布，为解决边防缺水问题提供了可靠依据。他深深地懂得：要把清泉献给人民，实实在在地为边防军民解困济难，没有过硬的本事不行。为此，他刻苦钻研本职业务，由半路出家的"门外汉"变成了一个被群众誉为"草原水神"，连水利部部长都赞不绝口的水利专家，创造了一个又一个奇迹。这与一些对工作不负责任、安于现状、得过且过、贪图安逸、追求享乐的人形成了多么鲜明的对照！我们学习李国安，就要像他那样立足本职工作，不尚空谈，不务虚名，不惜气力，扎扎实实为人民办实事，谋实利。要有一股革命加拼命的劲头，对工作极端负责，对技术精益求精，努力开拓，建功立业。

其三，要有一种无私奉献的高尚情怀。共产党员的个人利益在总体上与人民群众的利益是统一的、一致的，然而，为了实现人民的长远的根本的利益，共产党员却往往需要牺牲一些个人的眼前的利益。"我们喝苦水，正是为了广大边疆军民不喝苦水，这是我们找水战士的光荣。"李国安的话正是共产党人这种甘于奉献的情怀的形象概括。他带领官兵穿戈壁，跨大漠，哪里无水哪安家，为了他人饮甘泉，自己情愿喝苦水。他家在北京，然而在都市色彩斑斓的现代文明与大漠荒原的筚路蓝缕之间，他毅然选择了后者，并且义无反顾，无怨无悔。他在给水团工作22年，就有14个春节是在部队和钻井台上度过的。他经常出差路过北京，但往往是数过家门而不入。这与一些一事当前先为自己打算、把个人的利益看得比什么都重要的人形成了多么鲜明的对照！我们学习李国安，就要像他那样，有一种"一路喝苦水，四外找甘泉"的精神，吃苦在前，享受在后，时刻把人民的利益放在第一位，自觉以个人的利益服从人民利益，为了人民的利益甘愿作出自我牺牲。

其四，要有一股克己奉公的浩然正气。我们的党是执政的党，相当一部分同志处在各级领导岗位上，这就提出了一个问题：手中有权干什么？这也是共产党人人生哲学的一个重要方面。在这一问题上，李国安同样作出了最好的回答。他说："职务就是工作岗位，它代表着责任，意味着事业。"他奉行"上不愧党，下不愧兵"的为官哲学。他为人民开出的是清泉，他自己本身也像清泉一样清澈纯净、一尘不染。作为团长，他手中执掌着数百万元的经费，但他每次外出都以馒头干和矿泉水充饥，住简陋、便宜的旅店。李国安在给水团有很高的威信、很强的凝聚力和号召力，官兵们佩服他、信赖他，重要的一条，就是他有种一身正气的人格力量。这与一些以权谋私、贪污腐化、搞权钱交易的人形成了多么鲜明的对照！我们学习李国安，就要像他那样正确对待和运用手中的权力，人民让我掌权力，我用权力为人民，清正廉洁，克己奉公，当好人民的公仆。

甘泉，是一种昭示，是一种至高无上的呼唤。从一定意义上讲，我们今天所进行的建设有中国特色社会主义的伟大事业就是为人民开出幸福泉的事业。开泉，首先要找水。经过长期的探索，我们已经找到一条"水脉"，找到丰盈不竭的"泉源"。这"水脉"和"泉源"，就是建设有中国特色社会主义的理论，就是在这一理论指引下所形成的党的"一个中心、两个基本点"的基本路线。坚持这一基本理论和基本路线，在这一理论和路线的指引下团结奋斗，不断开拓，我们就一定可以为人民打出更多饱含幸福的"甜水"，引来更多流淌富裕的"甘泉"。满腔热情地投身于这一伟大事业，为这一事业贡献自己全部的智慧和力量，就是当代中国共产党人最高的人生追求。

我们的事业需要千千万万个李国安。

我们的时代需要李国安的"甘泉"精神！

（本文发表于1996年3月）

写在旗帜上的光荣与梦想

——论坚持和发展中国特色社会主义

在一个民族自强不息的奋进史上，总有一些节点令人难忘，总有一些时刻引人遐思。

党的十八大就是这样的节点和时刻。这次大会以鲜明的主题、庄严的宣示、清醒的认知、科学的谋划，回答了在新的起点上党和人民举什么旗、走什么路、以什么样的精神状态、朝着什么样的目标继续前进的问题，必将以举旗定向、继往开来的历史性功绩载入史册。

十八大报告指出："中国特色社会主义道路，中国特色社会主义理论体系，中国特色社会主义制度，是党和人民九十多年奋斗、创造、积累的根本成就，必须倍加珍惜、始终坚持、不断发展。"深刻领会这一重要论断，对于贯彻落实党的十八大精神，具有极为重要的意义。

一

中国特色社会主义伟大道路的开辟，是中国共产党领导人民闹革命、搞建设、兴改革艰辛探索、不懈奋斗的结果，是历史的必然、人民的选择。

闻一多曾写下如此幽愤、如此滚烫的诗句——"有一句话说出就是祸，有一句话能点得着火。……突然青天里一个霹雳，爆一声：'咱们的中国！'"

中华民族是伟大的民族。在漫长的发展进程中，她以自己的勤劳、勇敢、智慧、文雅，创造了灿烂的文明，培育了历久弥新的优秀文化。然而，近代她却落伍了。一部中国近现代史就是中国在屈辱中奋起、在曲折中探索、在追赶中接力，寻求民族复兴的历史。

1840年鸦片战争以后，中国逐渐沦为半殖民地半封建社会。无数仁人志士为寻求救国救民的良方，上下求索、奔走呼号，进行过各种试验，然而都失败了。中华民族到了最危险的时刻。只是在中国工人阶级登上历史舞台，在中国共产党人把马克思主义作为改变国家命运的武器之后，古老的神州大地才露出了熹微的晨曦。然而，如何把马克思主义与中国的实际结合起来，找到一条正确的革命道路，仍然是一个曲折的探索过程。

从第一次国内革命战争到土地革命战争时期，唯共产国际的马首是瞻、照抄照搬别国经验的教条主义，都曾给革命造成重大的损失。以毛泽东为主要代表的一批有远见卓识和创造精神的共产党人从一开始就同教条主义进行了坚决的斗争，致力于探索一条适合中国国情的革命道路。1927年9月，毛泽东带领秋收起义的余部进军井冈山，后来与朱德等同志率领的南昌起义的余部会师，点燃了"工农武装割据"的星火。在夜色如磐、黑云压城的情况下，农村革命根据地和红军能否存在和发展？毛泽东经过缜密思索和论证，在《中国的红色政权为什么能够存在》《星星之火，可以燎原》等论著中进行了科学而肯定的回答，初步提出了一套革命方略，一条以农村包围城市为主要特征新的革命道路开始明晰了起来。遵义会议标志着我们党的一个伟大觉醒。到党的七大，全党终于形成共识，把毛泽东思想写在了自己的旗帜上。

"莫道故国春来晚，东风初绽第一枝。"毛泽东思想伟大旗帜的确立实现了马克思主义中国化的第一个飞跃，在中华民族的复兴史上带有拨云破晓、峰回路转的意义。它贯穿了实事求是的思想路线和独立自主的思维方式，科学回答了在中国这一半殖民地半封建的东方大国开展新民主主义革命的一系列问题，确立了在农村建立巩固的根据地，用农村包围城市，最后夺取全国政权的正确道路，形成了我们党的三大法宝——武装斗争、统一战线、党的建设。抗日战争后，我们党仅仅用4年多的时间，就打败了蒋介石，建立了新中国。

新中国成立后，经过社会主义改造，以毛泽东同志为代表的中国共产党人就开始了中国社会主义建设道路的探索，毛泽东思想继续得到了发展。在《论十大关系》《正确处理人民内部矛盾》等论著中，毛泽东初步阐发了中国社会主义建设的基本构想，提出了"将我国建设成为一个具有现代农业、现代工业和现代科学文化的社会主义国家"的宏伟纲领。站起来了的中国人民焕发出了前所未有的建设热情，新中国十多年间的经济社会建设取得了旧中国几十年惨淡经营所不曾取得的成就。

然而，"历史通常是循着曲折的道路发展的"。由于复杂的历史原因，从20世纪50年代后期，"左"的思想开始抬头，"以阶级斗争为纲"愈演愈烈，直至发展到"文化大革命"这样的全局性错误，令人痛心疾首。但是，改革开放前的三十年，毕竟是我们党探索中国式社会主义道路的最初尝试，为中国社会主义事业打下了基本的制度基础，提供了必需的政治前提。

十一届三中全会前，党和国家面对的是一种极为困难的局面。国内，徘徊不前；域外，千帆竞发。中国向何处去？这样一个严峻的问题又一次历史地摆在了党和人民的面前。

1978年12月13日，邓小平同志在党的十一届三中全会前召开的中央工作会议上发表了题为《解放思想，实事求是，团结一致向前看》的著名讲话。在这篇实际上的十一届三中全会的主报告中，他讲了两句振聋发聩、惊世骇俗的话。

一句是："一个党，一个国家，一个民族，如果一切从本本出发，思想僵化，迷信盛行，那它就不能前进，它的生机就停止了，就要亡党亡国。"

另一句是："如果现在再不实行改革，我们的现代化事业和社会主义事业就会被葬送。"

这是党在社会主义时期的一个新的伟大觉醒！

经过改革开放头几年的实践和深入思考，1982年9月1日，在党的十二大开幕词中，邓小平指出："把马克思主义的普遍真理同我国的具体实际结合起来，走自己的道路，建设有中国特色的社会主义，这就是我们总结长期历史经验得出的基本结论。"

后来删繁就简为"中国特色社会主义"的命题就是由此而提出来的。这个命题的提出既是对长期历史经验的总结，又开辟了一个全新的时代。乍一看来，它似乎是对毛泽东晚年错误的一个反拨，但仔细推究，他又与毛泽东倡导和坚持实事求是、独立自主的思维方式一脉相承。正是这样一个命题确立了改革开放三十多年来中国历史的基本走向。

由此，一面迎风招展的旗帜在中国大地上，在世界东方的天幕上，呼啦啦地展开了。

二

以十一届三中全会为标志，以党的十二大提出的建设中国特色社会主义为目标取向，以改革开放为强大动力，我们党领导人民以一往无前的进取精神和波澜壮阔的创新实践，掀开了中国社会主义事业崭新的一页，谱写了中华民族走向复兴的壮丽史诗，开辟了中国人民奔向幸福安康的锦绣前程。

中国特色社会主义形成和发展的进程，是一个坚持马克思主义实践第一的观点、尊重人民群众首创精神奋勇开拓的历史进程。列宁曾经说过："生气勃勃的创造性的社会主义是由人民群众自己创立的。"① 社会主义不在书斋里，不在沙龙里，不在某些天才人物、先知先觉者的大脑里，不是

①《列宁全集》第33卷，人民出版社1995年版，第53页。

某种先验的、僵化的、一成不变的固有模式。社会主义在实践中，在亿万人民群众创造自己幸福生活和美好未来的实践中。它是鲜活的，生动的，五彩焕然、不拘一格的。在改革开放初期，邓小平有一句非常著名的话——摸着石头过河。摸着石头就是探路，就是实践，"望河兴叹"是不可能到达胜利的彼岸的。正是因为非常注重实践，非常尊重人民群众的历史主动精神和历史首创精神，中国的改革开放才从农村到城市，从沿海到内地，从经济建设到政治、文化、社会建设领域，直至生态文明建设领域全方位地铺开，中国特色社会主义才萌芽破土、生根开花，茁壮成长为一棵参天大树。

中国特色社会主义形成和发展的进程，是一个坚持实践基础上的理论创新、不断推进马克思主义中国化时代化大众化并用以指导实践的历史进程。环顾当今世界，在群雄逐鹿的世纪性的发展潮流中，为什么中国能够脱颖而出、"华丽转身"？个中原因固然多多，但很重要的一条就是我们有理论，有科学理论的指引，有理论上的自觉和自信，有理论上的创新和武装。在开辟中国特色社会主义道路的历史进程中，我们党不仅勇于实践，而且特别注重推进实践基础上的理论创新，结合新的时代、新的实践发展了毛泽东思想，形成了崭新的科学的理论，实现了马克思主义中国化的第二次历史性飞跃，这就是中国特色社会主义理论体系。从邓小平理论到"三个代表"重要思想，再到科学发展观，我们党围绕着什么是社会主义、怎样建设社会主义，建设什么样的党、怎样建设党，实现什么样的发展、怎样发展这三个密切相关的基本问题，形成了一系列紧密相连、相互贯通的新思想新观点新论断，不断深化了在中国这样一个落后的东方大国建设社会主义规律的认识，开辟了当代中国马克思主义的新境界。

中国特色社会主义形成和发展的进程，是一个不断把实践中的成功经验和理论上的正确认识转化和定型为制度并不断进行制度创新和完善的历史进程。人类社会发展史表明，一种阶级统治、发展模式、发展道路，总是体现为一定的制度安排。社会变革，归根结底是制度的更新与重塑。如果说勇于实践是中国特色社会主义的源头活水，科学理论是中国特色社会主义的指路明灯，那么制度建设就是它的大厦梁柱。如果说实践开拓了中华民族的复兴之路，理论点燃了中华民族的复兴之光，那么制度则熔铸了它的规矩方圆。在开辟中国特色社会主义道路的伟大历史进程中，我们党在重视实践开拓、理论创新的同时，也高度重视制度建设，适时通过制度创新固化了改革开放的成果，形成了初步定型、日臻完善的中国特色社会主义制度。这些制度既具有鲜明的中国特色，体现了科学社会主义的基本原理、基本原则，又借鉴和吸收了人类在长期的发展进程中，包括在资本主义条件下所形成的优秀的、有益的制度文明成果，例如市场经济、民主政治、社会保障等，从而使得中国特色社会主义制度显示出巨大的优越性，焕发出旺盛的生命力。

生动的实践开辟了伟大的道路，科学的理论引领了壮丽的事业，初步完善的制度保障了已经取得的成果。道路形态、理论形态和制度形态，堪称中国特色社会主义的"三原色"，共同演绎了中国特色社会主义的绚丽风景；堪称中国特色社会主义的三根支柱，共同支撑起中国特色社会主义的宏伟大厦。

三

回首九十多年党和人民筚路蓝缕、艰辛探索、奋勇开拓的历史进程，可以得出一条基本结论：中国特色社会主义之路就是民族复兴之路，就是中国富强之路，就是人民幸福之路。

坚持和发展中国特色社会主义，必须牢牢把握社会主义初级阶段这一基本国情。搞清基本国情和历史方位，是确立道路和发展方略的首要问题。十一届三中全会以后，我们党认真总结国际国内历史经验，提出在我国这样经济文化比较落后的国家进入社会主义以后必须经历一个很长的（至少上百年）的初级阶段。这一科学论断的提出丰富了马克思主义基本原理和科学社会主义基本原则，为我们党制定正确的路线方针政策确立了总依据。今天，我国已发展为世界第二大经济体，综合国力和人民的生活水平都有了显著的提高。但是正如十八大报告所指出的，我们必须清醒认识到，我国仍处于并将长期处于社会主义初级阶段的基本国情没有变，任何时候都不要妄自尊大、忘乎所以。

坚持和发展中国特色社会主义，必须坚定不移地把党的基本路线看作党和国家的生命线。改革开放以来，我们党逐步提出并不断完善了以"一个中心、两个基本点"为主要内容的党在社会主义初级阶段的基本路线。实践证明，这条路线是中国特色社会主义的灵魂，是党和国家的生命线。正如邓小平所嘱托的："基本路线要管一百年，动摇不得。"以经济建设为中心是兴国之要，离开经济建设这个中心，就有丧失物质基础的危险，其他一切建设都无从谈起。四项基本原则是立国之本，丢掉了四项基本原则，就失去了国之根本，就可能滑向改旗易帜的邪路；改革开放是强国之路，丢掉了改革开放，就窒息了社会主义的生机与活力，就可能重蹈僵化封闭的老路。

坚持和发展中国特色社会主义，必须按照科学发展的理念把握五位一体的建设总布局。社会主义社会作为人类社会的理想境界，是人的全面发展的社会，也必然是社会全面发展的社会。社会主义建设作为复杂的巨系统工程，经济政治文化社会建设，乃至生态文明建设缺一不可。从物质文明和精神文明"两手抓"到经济、政治、文化"三足鼎立"，从经济政治文化社会"四位一体"再到经济政治文化社会生态"五位一体"，记录了改革开放向纵深发展的历史轨迹，体现了我们党对社会主义建设总体布局认识的渐进和深化。发展仍是解决我国所有问题的关键。必须坚持发展是硬道理的战略思想，以科学发展为主题，以加快转变经济发展方式为主线，着力推动经济持续健康发展。民主是社会主义的生命，人民民主是我们党始终高扬的光辉旗帜。必须坚持走中国特色社会主义政治发展道路，积极稳妥地推进政治体制改革，发展更加广泛、更加充分、更加健全的人民民主。文化是民族的血脉和魂魄，中华民族的伟大复兴从根本上说是文化的复兴。必须扎实推进社会主义文化强国建设，兴起社会主义文化建设新高潮，发挥文化引领风尚、教育人民、服务社会、推动发展的作用。完善的社会管理和服务体系，是社会和谐稳定、国家长治久安的重要保证。必须加强社会建设，从维护最广大人民根本利益的高度，努力构建社会主义和谐社会。中国特色社会主义不仅要有"楼高路宽"，还要有"水碧天蓝"。必须把生态文明建设放在突出地位，努力建设美丽中国，实现中华民族永续发展。

坚持和发展中国特色社会主义，关键在党，在于提高党的执政能力，在于弘扬党的优良作风，在于巩固和保持党的先进性和纯洁性。中国共产党以自己九十多年的奋斗和牺牲、忠诚和智慧证明，她不愧是中国工人阶级的先锋队，不愧是中国人民和中华民族的先锋队，只有中国共产党才能担当起拯救中国、改造中国、领航中国的重任。然而，在新形势下，党面临的执政考验、改革开放考验、市场经济考验、外部环境考验十分严峻，精神懈怠危险、能力不足危险、脱离群众危险、消极腐败危险严重存在。因而，不断提高党的领导水平和执政水平、提高拒腐防变和抵御风险能力，是党巩固执政地位、实现执政使命必须解决好的重大课题。

背负着民族的希望，承载着人民的向往，我们党带领人民经过九十多年的艰苦奋斗、不懈奋斗，今天，一个初步繁荣昌盛的、欣欣向荣、充满生机与活力的社会主义国家已经傲然屹立在世界的东方。我们完全有理由骄傲，但丝毫也没有自满的理由。中国的改革开放和社会主义现代化建设正处在关键时期，既有难得的机遇，又面临一系列极具挑战性的矛盾和困难。正如十八大报告指出的，"发展中国特色社会主义是一项长期的艰巨的历史任务，必须准备进行具有许多新的历史特点的伟大斗争"。

风展旗帜如画。让我们高举中国特色社会主义伟大旗帜，以更清醒的自觉和更坚定的信心，奋力开创中国人民和中华民族更加美好幸福的未来！

（本文发表于2012年11月）

为了伟大的中国梦

"胸中海岳梦中飞""梦里落花知多少""春风吹梦到江南"……梦是一个美丽的字眼。翻开中国文化的典籍，可以看到许许多多描绘梦想的美丽诗句。人生因梦想而精彩，民族因梦想而振兴。没有梦想的人生是暗淡的，没有梦想的民族是悲哀的。

习近平总书记在参观《复兴之路》大型展览时，饱含深情而又意味深长地谈到了"中国梦"。他说："我以为，实现中华民族的伟大复兴，就是中华民族近代以来最伟大的梦想。"他用三句诗高度浓缩了中国的昨天、今天和明天。学后令人激动不已，浮想联翩。

一

1840年鸦片战争以后，由于帝国主义列强的入侵和末世封建王朝的腐败，有着五千多年文明史的中华民族到了最危险的时刻。神州陆沉，山河破碎，人民水深火热。然而，在沉沉的暗夜里，在深深的冻土层下，一粒梦的种子也在默默地孕育、悄悄地萌发，这就是民族复兴之梦。

从太平天国到义和团，从戊戌变法到洋务运动，无数仁人志士为寻求救国救民的良方，上下求索、奔走呼号，进行过各种试验，然而都失败了。辛亥革命结束了中国几千年的封建帝制，为中国的进步打开了闸门，但胜利果实很快被封建余孽和野心家篡夺了，中国继续沉沦在战乱和饥馑之中。"长夜难明赤县天""风雨如磐暗故园"。只是在中国工人阶级登上历史舞台，在中国共产党人把马克思主义作为观察国家命运的武器之后，古老的神州大地才露出了熹微的曙色。

然而，如何把马克思主义与中国的实际结合起来，找到一条正确的革命道路，仍然是一个曲折的探索过程。从第一次国内革命战争到土地革命战争时期，唯共产国际的马首是瞻、照抄照搬别国经验的教条主义，曾给革命造成重大的损失。以毛泽东为主要代表的一批有远见卓识和创造精神的共产党人从一开始就同教条主义进行了坚决的斗争，致力于探索一条适合中国国情的革命道路。在星火初燃、红旗漫卷的井冈山，在八角楼微弱的灯光下，毛泽东写下了《中国的红色政权为什么能够存在》《星星之火，可以燎原》等一系列雄文，初步提出了农村包围城市的革命方略。到党的七大，我们终于把毛泽东思想写在了自己的旗帜上。毛泽东思想的形成和确立，实现了马克思主义中国化的第一个飞跃，使我们在经历千辛万苦、走过万水千山之后，终于找到了一条中国革命的正确道路。在毛泽东思想的指引下，经过艰苦卓绝的抗日战争和天翻地覆的解放战争，中国人民终于推翻了三座大山，成为自己国家的主人。

　　"雄关漫道真如铁。"回望昨天，中华民族的"寻梦之旅"是这样曲折而漫长！这是一部饱含血泪的历史，也是一部苦难辉煌的历史。正如习近平同志所指出的，近代以后，中华民族遭受的苦难之重、付出的牺牲之大，在世界历史上都是罕见的。多难兴邦。正是在深重的苦难中，中华民族以爱国主义为核心的民族精神迸发出璀璨的火花、放射出夺目的光辉。没有党的领导，没有科学理论的指引，我们就不可能跨过"如铁"的"雄关"，走出"如磐"的"夜色"。落后就要挨打，这一沉痛的教训我们一定要牢牢铭记。

二

　　新中国成立后，我们党领导人民成功进行了社会主义改造。站起来了的中国人民焕发出了前所未有的建设热情，新中国十多年间的经济社会建设取得了旧中国几十年惨淡经营所不曾取得的成就。以毛泽东为代表的中国共产党人在探索社会主义建设规律中，提出了许多宝贵的思想，奠定了中国社会主义大厦的根基。然而，由于复杂的历史原因，从20世纪50年代后期，"左"的思想开始抬头，"以阶级斗争为纲"愈演愈烈，直至发展到"文化大革命"这样的全局性错误，中国的社会主义建设走了巨大的弯路。但是无论如何，改革开放前的三十年，毕竟是我们党探索中国式社会主义道路的最初尝试，是新道路开辟前的"阵痛"，为新时期中国特色社会主义道路的开辟提供了重要的启示和必要的前提。

十一届三中全会前后，党和国家面对的是一种极为困难的局面。国内，徘徊不前；域外，千帆竞发。中国向何处去？这样一个严峻的问题又一次无可回避地摆在了党和人民的面前。

经过改革开放头几年的冷静观察和思考，1982年9月1日，在党的十二大开幕词中，邓小平成竹在胸地指出："把马克思主义的普遍真理同我国的具体实际结合起来，走自己的道路，建设有中国特色的社会主义，这就是我们总结长期历史经验得出的基本结论。"

"女娲炼石补天处，石破天惊逗秋雨。"这就是后来删繁就简为"中国特色社会主义"的科学命题的源头。正是这样一个命题开启了一个崭新的时代，开启了中华民族青春焕发的追梦年华。

中国特色社会主义形成和发展的进程，是一个坚持马克思主义实践第一的观点、尊重人民群众首创精神奋勇开拓的历史进程。正是因为非常注重实践，非常尊重人民群众的历史主动精神和历史首创精神，中国的改革开放才从农村到城市，从沿海到内地，从经济建设到政治、文化、社会建设领域，直至生态文明建设领域全方位地铺开，中国特色社会主义才从一棵幼苗茁壮成长为一棵参天大树，才从"摸着石头过河"到走出一条康庄大道，并且越走越宽广。

中国特色社会主义形成和发展的进程，是一个坚持实践基础上的理论创新、不断推进马克思主义中国化时代化大众化并用以指导实践的历史进程。在开辟中国特色社会主义道路的历史进程中，我们党不仅勇于实践，而且特别注重推进实践基础上的理论创新，结合新的时代、新的实践发展了毛泽东思想，形成了崭新的科学的理论，实现了马克思主义中国化的第二次历史性飞跃，这就是中国特色社会主义理论体系。从邓小平理论到"三个代表"重要思想，再到科学发展观，我们党围绕着什么是社会主义、怎样建设社会主义，建设什么样的党、怎样建设党，实现什么样的发展、怎样发展这三个密切相关的基本问题，形成了一系列紧密相连、相互贯通的新思想新观点新论断，不断深化了在中国这样一个落后的东方大国建设社会主义规律的认识，开辟了当代中国马克思主义的新境界。

中国特色社会主义形成和发展的进程，是一个不断把实践中的成功经验和理论上的正确认识转化和定型为制度并不断进行制度创新和完善的历史进程。实践开拓了中华民族的复兴之路，理论点燃了中华民族的复兴之光，制度则熔铸了它的规矩方圆。在开辟中国特色社会主义道路的伟大历史进程中，我们党在重视实践开拓、理论创新的同时，也高度重视制度建设，适时通过制度创新固化了改革开放的成果，形成了初步定型、日臻完善的中国特色社会主义制度。这些制度既具有鲜明的中国特色，体现了科学社会主义的基本原理、基本原则，又借鉴和吸收了人类在长期的发展进程中，包括在资本主义条件下所形成的优秀的、有益的制度文明成果，例如市场经济、民主政治、社会保障等，从而使得中国特色社会主义制度显示出巨大的优越性，焕发出旺盛的生命力。

"人间正道是沧桑。"喜看今天，一条洒满阳光的复兴之路已经展现在我们的面前！正如习近平同志指出的，我们终于找到了实现中华民族伟大复兴的正确道路，取得了举世瞩目的成果，这条道路就是中国特色社会主义。道路决定命运。对于这一条千辛万苦才找到的、筚路蓝缕才开辟出来的"人间正道"，我们必须倍加珍惜、不断发展。

三

经过鸦片战争以来170多年的上下求索，经过中国共产党成立90多年的接续奋斗，经过共和国成立以来60多年的艰苦创业，经过改革开放30多年的奋勇开拓，中华民族的伟大复兴已经展示出光明的前景。目前，我国经济总量已跃升为世界第二位，综合国力、国际竞争力、国际影响力显著提高，人民生活初步走向了富裕安康，中华民族以崭新的姿态傲然屹立于世界民族之林。党的十八大提出了"两个一百年"的宏伟目标，并规划了实现这一目标的大政方略。可以说，中华民族比以往任何时候都更加具体而微地接近"好梦成真"的时刻。

"潮平两岸阔，风正一帆悬。"中华民族伟大复兴的航船已经驶上了黄金水道。但是必须看到，越是在深水里航行，越是可能有不期而遇的风浪。综观国际国内大势，我国仍处于可以大有作为的战略机遇期，但影响战略机遇期的不确定因素在增多。从国际看，当今世界正处于大发展大变革大调整之中，经济、政治、文化等各个领域的交融和碰撞、竞争和博弈错综复杂、波诡云谲；国际上一些势力不愿意看到一个社会主义的欣欣向荣的中国，千方百计对我实施战略遏制和挤压；维护祖国统一和领土完整、维护祖国海洋权益的斗争复杂而艰巨。从国内来看，随着改革开放向纵深推进，制约科学发展的体制机制性障碍和发展中的矛盾日益凸显。实践证明，发展起来的问题，不是比不发展少了，而是更多。从我们党自身来看，新形势下所面临的执政考验、改革开放考验、市场经济考验、外部环境考验十分严峻，精神懈怠的危险、能力不足的危险、脱离群众的危险、消极腐败的危险触目惊心。更应该看到，我们虽然取得了历史性的进步和伟大的成绩，但我国仍处于并将长期处于社会主义初级阶段的基本国情没有变，人民日益增长的物质文化需要同落后的社会生产之间的矛盾这一社会主要矛盾没有变，我国是世界最大发展中国家的国际地位没有变。因此，我们切不可小胜即满，忘乎所以。中国有一句古话，叫作"行百里者半九十"。为了迎接那个日益临近、日益真切的"梦圆时分"，我们必须准备继续接力拼搏，锲而不舍。

实现中华民族的伟大梦想，必须依靠全体人民和整个中华民族的共同努力。天下兴亡，匹夫有责。国之不兴，何以家为？每一个人的前途命运都是与祖国的命运连在一起的。正如习近平同志指出的，国家好，民族好，大家才能好。生活在当今时代的中国人是幸福的，能够亲手为中国梦圆而献出一份光热是无上荣光的。流淌着祖先的血液，赓续着先辈的光荣，回应着我们民族近两个世纪的期盼，今日之每一个中华儿女，不论你是在城还是在乡，不论你在世界的哪一个角落，都应该为中国梦圆而增砖添瓦，助推给力。

实现中华民族的伟大梦想，必须弘扬求真务实、真抓实干的精神。愚公移山、大禹治水在中国家喻户晓，这是我们民族宝贵品格的象征。我们党在长期的革命、建设和改革实践中，更培育了艰苦奋斗的优良作风。总书记在讲话中重申"空谈误国，实干兴邦"的古训，寓意十分深远。梦在心中而路在脚下。不干，半点马克思主义也没有。徒有高蹈之论，而无践履之行，就是对梦想的背叛，就是对民族的犯罪。要坚决摒弃高高在上的官僚主义、花拳绣腿的形式主义。

"长风破浪会有时。"展望明天，我们对实现中华民族的伟大梦想充满了必胜的信心。但正如总书记所说，把蓝图变成现实，我们还将走很长的路，我们必须准备为之付出长期的艰苦努力。实干方能兴邦。让我们直挂云帆，奋勇开启中华民族走向伟大复兴的新航程！

（本文发表于2013年1月）

中国梦·强军梦·强军目标

党的十八大以来，习近平同志对国家和军队建设做了一系列重要论述，用新的语言、新的概括、新的理念、新的观点，发展了中国特色社会主义理论体系，为我们统一思想和推动工作提供了科学指南。对于我们军队来说，学习习近平同志重要论述，我认为最重要的是要把握三个关键词——中国梦、强军梦、强军目标。

一、中国梦——凝聚和激励亿万中华儿女实现中华民族伟大复兴的集结号

2012年11月29日，也就是党的十八大闭幕的半个月以后，习近平同志在带领中央政治局的领导同志参观《复兴之路》大型展览时，用他特有的、平实的、娓娓道来、如话家常的话语，深情地讲道："每个人都有理想和追求，都有梦想。现在大家都在讨论中国梦，我以为，实现中华民族的伟大复兴，就是中华民族近代以来最伟大的梦想。"

国家博物馆，是一个极具象征意义的地方，堪称中华民族的"宗祠""文庙"。这个地方凝结了我们民族的历史，供奉着我们的先贤英烈，告诉我们这个民族是怎样走过来的，也启迪我们应该向何处去。在这样一个时间，在这样一个地点，在这样一个场合，习主席提出中国梦这样一个核心理念，可谓意味深长。半年多来，中国梦已经成为一个为中国老百姓津津乐道、口口相传的热词，在国际上也产生了良好的反响，释放、迸发出了巨大的正能量。

为什么要提出中国梦？中国梦为什么能够深入人心？我认为，应该把

这一战略思想放在党的十八大之后，中华民族所处的历史方位、中国的发展、中国特色社会主义伟大事业所处的历史方位这一大背景下来领会。党的十八大是我们党实现新老交替，承先启后、继往开来的一次重要会议。以习近平同志为核心的新的中央领导集体接过了领航中国的接力棒。这是一个重要的时间节点，中国共产党成立90多年了，新中国成立60多年了，改革开放30多年了。积90年之牺牲奋斗、60年之筚路蓝缕、30年之革故鼎新，中国的社会主义现代化事业已经取得了举世瞩目的成就，中国的经济总量已经跃居世界第二，人民生活总体上实现了初步小康。但是，从国际上来说，世界形势已经发生并继续发生着冷战以来最为深刻复杂的变化。中国的发展赢得了世界人民的赞许，也引起了一些戴着有色眼镜看中国、不愿意看到中国强大的人们的恐慌。他们千方百计地遏制中国，对我实施西化、分化战略，给中国制造麻烦。从国内来说，改革已进入深水区，这是一个发展的黄金时期，也是一个矛盾凸显期。改革中的利益摩擦加大。攻坚克难的难度加大。由于发展的不平衡、利益格局的调整分化，由于发展中难以完全避免的次生问题，例如生态问题、环境问题、就业问题、城镇化进程中的问题等，人民内部矛盾呈现出多样、多发的特点。正如邓小平同志曾经预言的那样，发展起来的问题比不发展时期更多。也正如习近平同志所告诫全党的，我们必须准备进行许多新的历史特点的伟大斗争。

站在这样一个新的历史起点上，该怎样凝聚人心、汇聚力量，把党和人民艰辛奋斗开拓的中国特色社会主义伟大事业推进下去，引导中国人民开创更加美好的未来？这是习近平同志首先思考、深入思考的问题。我觉得他提出中国梦，就充分体现了他深远的战略眼光和高超的政治智慧，体现了他善于宣传群众、动员群众、组织群众的马克思主义领导艺术。

首先，中国梦把中国的昨天、今天和明天联系了起来，因而具有深沉的历史感，有利于使我们认清自身的使命与担当。一个国家、一个民族不可没有历史感。中国的今天是昨天的延续，中国的明天是今天的发展。历史可以告诉未来。回顾历史、体认历史，才能使我们找到前行的方位，才能使我们更清醒、更自觉地走向未来。习主席提出中国梦正体现了他深远的历史眼光。

我们中华民族有悠久的历史、灿烂的文化，但近代却落伍了。所以近代以来中国的历史就是谋求民族复兴的历史。

美国学者安格斯·麦迪森在《世界经济千年史》中估算，中国从1000年开始，国内生产总值一直占世界的1/5以上。据有关学者测算，直至18世纪末期，中国的经济规模仍然是世界上最大的，相当于20世纪末美国经济总量在世界经济总量中的比重。

但就是这样一个"老大帝国""中央上国"，却是以一种屈辱的姿态进入近代史的。有学者这样描述："19世纪强加给中国的一系列不平等条约、协定和治外法权条款，使人们清清楚楚地看到：不仅中国作为一个国家地位低下，而且中国人作为一个民族同样地位低下。"国人不会忘记，上海租界内的一个公园门口，竟赫然写着"华人与狗不得入内"。

因而，改变自己的屈辱命运，让民族复兴就成为鸦片战争以来中国历史的主题，成为一切有民族自尊心、自信心的仁人志士的不懈的追求，汇成了奔腾不息的历史洪流。梁启超发出了"少年中国"的畅想，孙中山喊出了"振兴中华"的口号，李大钊提出了为"中华民族更生再造"而奋斗，周恩来立下了"为中华之崛起而读书"的志向，鲁迅写下了"我以我血荐轩辕"的诗句……但是，从太平天国到义和团，从洋务运动到戊戌变法，中国人民所进行的种种抗争、种种试验都失败了。孙中山领导的辛亥革命结束了中国几千年的帝制，打开了中国社会进步的闸门，但是同样没有改变中国人民的悲惨命运。只是在中国共产党成立后，中国人民谋求民族复兴的事业才掀开了新的一页。

习近平同志把中国的昨天、今天和明天高度概括为三句诗。一句是"雄关漫道真如铁"。近代以后，中华民族遭受的苦难、付出的牺牲，可谓世所罕见。但是，在中国共产党的领导下，中国人民经过艰辛奋斗，终于掌握了自己的命运，开启了建设自己伟大国家的历史进程。一句是"人间正道是沧桑"。经过前三十年的艰辛探索和后三十年的改革开放，我们终于找到了一条中国特色社会主义道路，开辟了民族复兴的光明前景。再一句是"长风破浪会有时"。我们有充分的理由相信，沿着这条道路坚定不移地走下去，近代以来中国几代人梦寐以求的民族复兴目标一定能实现。

其次，中国梦把远大的革命理想和每一个老百姓对幸福美好生活的向往联系了起来，因而具有巨大的亲和力，有利于把宏伟目标化为每个人的自觉行动。一个人也好，一个党也好，一个国家也好，一定要有理想。理想，是建立在科学世界观和方法论基础上的对于未来愿景的追求和向往，对理想的理论自信和实践自信，就构成了信念，所以我们讲共产党人一定要有理想信念。但一般说来，理想这个词比较理论化，寻常百姓鲜论之矣。但梦想就不同了，梦想这个词一是富有诗意，二是给人以温馨亲切的感觉。中国古代有许多关于梦的诗句如"梦里花落知多少""庄生晓梦迷蝴蝶"等等，还有许多以梦命名的著名的文学作品如汤显祖的"临川四梦"、曹雪芹的《红楼梦》等。梦想往往折射了我们现实生活中对于美好的期盼与向往。每一个人都有自己的梦想，梦想犹如一盏灯光，照亮了我们前行的道路。我们讲青春是多梦年华，因为青年有太多的梦想可以实现。一个人没有了梦想是悲哀的，是没有希望的。因而，习近平同志提出中国梦，可以说是用中国老百姓喜闻乐见的词汇拨动了中国老百姓最柔软的神经，用最平实、最有亲和力感召力的话语表达了近代以来我们民族、中国共产党成立以来我们党、我们中国人民为之奋斗的目标，而且把这样的奋斗目标与我们今天做的事情、与每个人对幸福生活的向往联系了起来。中国梦是国家的、民族的，也是每一个中国人的。国家好、民族好，大家才会好。只有每个人都为实现个人、家庭的梦想而努力，才能汇聚起实现中国梦的磅礴力量。现在不少媒体都开辟了《我的中国梦》的栏目。青年学子、农民工、个体户……社会各阶层都谈论、倾吐了他们的梦想，这些梦想也许称不上远大，甚至显得琐细卑微，但都使我们感动，都值得称许，值得鼓励，值得支持。不积跬步，无以至千里；不纳细流，无以成江海。正是每个人的梦，每个人为实现自身梦想的奋斗、打拼，汇成了伟大的中国梦，汇成了实现中国梦的奔腾不息的洪流，汇成了让中国梦照进现实的磅礴力量。所以中国梦并不渺茫，并不遥远，它就在我们身边，就在我们的手中，你的梦、我的梦、他的梦，加起来就是中国梦。而随着中国梦日益照进现实，好梦成真，我们自身梦想的实现就有了越来越充分的条件，有了更多的机会与可能。

再次，中国梦把大陆人民、港澳同胞、台湾同胞、海外侨胞和全世界一切炎黄子孙联系了起来，因而具有最广泛的群众基础，有利于结成最广泛的爱国兴国统一战线。中国梦是近代以来中华民族的梦，是中国56个民族共同的梦。因而，它既与党的理想、党的奋斗目标完全一致、完全吻合，又具有广泛的群众性和强大的感召力；不仅能凝聚大陆人民，使各阶层人民找到了利益上、奋斗目标上的最大公约数，而且能为港澳同胞、台湾同胞、海外侨胞所广泛认同。可以说中国梦折射了中国人的命运共同体意识，普天下的中国儿女"人同此心，心同此理"，十三亿中国人民同一个愿景、同一个梦想。习近平在会见国民党荣誉主席连战一行时还专门提出了"兄弟同心，其利断金"。实现中华民族伟大复兴，需要两岸同胞共同努力，我们真诚希望台湾同胞同大陆一道共同发展，两岸同胞共同来圆中国梦。可见，提出中国梦，也有利于增进两岸人民的共同语言，促进中国的完全统一。

最后，中国梦把中国和世界联系了起来，因而具有巨大的亲和性，有利于赢得世界人民的同情和支持。有人群的地方就会有梦想，就会有梦想的种子在萌芽、在生长。那么中国梦与世界梦、与人类大同的梦是什么关系？毛泽东同志有一句诗——"太平世界，环球同此凉热"。自从资本主义使人类进入世界历史时代之后，可以说每一个大国的崛起都伴随着野蛮的扩张、掠夺，伴随着对后发民族和国家的侵略、奴役和剥削，正如马克思所指出的："资本来到世间，从头到脚，每个毛孔都滴着血和肮脏的东西。"例如，欧洲一些老牌资本主义国家，还有中国的近邻日本，它们的强国梦、强国史就是一部血淋淋的扩张史、掠夺史，中国人民可以说深受其害，对此有切肤之痛。现在，国际上一些别有用心、心怀叵测的人们刻意宣扬"中国威胁论"，挑拨中国与周边国家、与发展中国家的关系。而事实上，中华民族最崇尚和平。中国坚定地走和平发展的道路，中国梦与世界各国、各地区人民的梦是相通的。中国梦是合作、互利、共赢的梦，中国人民追梦的过程，将既造福于中华民族，也有利于世界人民。

二、强军梦——中国梦的题中应有之义和有机组成部分

中华民族的伟大复兴内在地包含了富国与强军两大相关联的历史任务。2012年12月30日，习主席在就任党的总书记和军委主席后，沿着小平同志当年南行的路线，首次外出到广东考察。他在视察广州军区部队时，指出：实现中华民族的伟大复兴，是中华民族近代以来最伟大的梦想。可以说这个梦是强国梦，对军队来说，也是强军梦。以后，他在多个重要场合，又重申了这一思想，并且指出，没有一支强大的军队，没有一个巩固的国防，强国梦就难以真正实现。这是一个非常重大的战略思想。

坚持富国与强军的统一，是世界历史特别是近现代世界史反复证明的一条真理。自从战争这个怪物降临到世界上，军队，以及以军事力量为核心的国防力量就深刻影响到一个民族、一个国家的自立、生存与发展。《孙

子兵法》开宗明义："兵者，国之大事，死生之地，存亡之道，不可不察也。"宋朝的经济非常发达，当时的开封堪称世界上最繁华、最发达的城市，著名的《清明上河图》描绘了当时汴京繁盛的景象，但是由于宋朝统治者不重视军事，不重视军队建设，以至于出现了靖康之耻，不断地受到辽国和金国的入侵，只能偏安一隅。"暖风吹得游人醉，只把杭州作汴州。"就是爱国诗人所发出的幽愤的慨叹。近现代，在两次世界大战中一些国家都吃尽了军力羸弱、缺少武备的苦头。现在一些小国看起来很富，但是其自身的安全是很脆弱的，不得不看一些大国的脸色行事，在很多问题上仰人鼻息。

坚持富国与强军的统一，是近代以来中华民族从屡受侵略和奴役的惨痛教训中得出的一条结论。近代以来，中华民族的落伍，中国的国运衰微，中华民族走到亡国灭种的边缘，不仅是因为经济的落后，更是因为兵气不扬、军力羸弱，有国无防、国门洞开。清军入关时曾经非常强悍，横扫中原，但到晚清时已沦落为"八旗子弟"，腐败而没有战力，特别是腐朽的清王朝故步自封，在西方科技飞速进步、军队武器装备快速发展、战争形态发生很大变化的情况下，拒绝进行军事变革，因而在帝国主义的侵略面前不堪一击、一败涂地，八国联军只靠几千人的军队就轻而易举地打开了中国的国门。到了民国时期，蒋介石内战内行、外战外行，中国的军队依然落后于先进国家的军队，因而日军很快占领了中国的大部分国土。山河破碎，神州陆沉，中华民族到了最危险的时刻。所以，落后就要挨打，军事落后更要挨打，这是近代以来中华民族的切肤之痛。强军，是近代以来中华民族最强烈的呼声。

坚持富国与强军的统一，也是我们党建设中国特色社会主义的一条一以贯之的战略方针。早在新中国成立前夕，毛泽东就指出："我们的国防将获得巩固，不允许任何帝国主义者再来侵略我们的国土。"新中国成立初期，他就深刻论述了国防建设与经济建设的关系，指出："国防不可不有。"我国人民在极为艰苦困难的情况下建立了我国的国防科技体系，发展了我军的武器装备，搞了"两弹一星"。改革开放以来，我们党始终注意正确处理国防建设与经济建设的关系，适时提出了经济建设与国防建设协调发展、同步发展，在全面建设小康社会的伟大历史进程中实现富国与强军的统一的思想，使我军的武器装备建设和整体战斗力实现了历史性的跨越。

坚持富国与强军的统一，也是现阶段保证中国发展、维护国家安全利益和发展利益的紧迫需求。随着我国国力的增强，随着中国作为一个欣欣向荣的社会主义大国的不断崛起，西方敌对势力加大了对我遏制的力度。中国的发展面临着越来越复杂、越来越严峻的外部环境。从海上方向来看，我国海洋主权和权益面临群狼环伺的局面。我国统一的问题还没有完成，"台独"势力依然猖獗。还应该看到，随着我国的发展，我国的利益也越来越超越于自身的地理边疆，向海外拓展。这些都离不开巩固的国防和强大的军队。所以，党的十八大报告提出："建设与我国国际地位相称、与国家安全与发展利益相适应的巩固国防和强大军队，是我国现代化建设的战略任务。"我认为，这就是强军梦的科学内涵。

强军梦首先是军人的梦，但是也是全体人民的梦，是全党全国各族人民共同的事业。在新形势下，要进一步强化全民的国防意识，完善国防动员体系，探索信息化条件下人民战争的实现途径与方法。

三、强军目标——强军梦在新形势下的具体化和实践路径

目标引领方向，目标激励奋斗。强军梦，是近代以来每一个中国人的梦想，也是当代中国军人的梦想，那么，怎样才能让这一梦想照进现实、化为现实呢？这也是习主席担任我军统帅后，治军强军兴军首先思考的一个重大的战略问题。经过深入思考，他提出，党在新形势下的强军目标，

就是建设一支听党指挥、能打胜仗、作风优良的人民军队。

建设强大的人民军队，是我们党的不懈追求。抗日战争时期，毛泽东在为抗大题写的校训中，提出了"三句话八个字"的要求，这是对抗大的要求，实际上也是对整个八路军、新四军的要求。新中国成立之初，我们党制定了建设优良的现代化革命军队的总方针。改革开放以来，邓小平提出了"建设一支强大的革命化现代化正规化的革命军队"的总目标，江泽民提出了"政治合格、军事过硬、作风优良、纪律严明、保障有力"的总要求，胡锦涛提炼了我军听党指挥、服务人民、英勇善战的优良传统，提出了按照"三化"统一的原则全面加强我军建设的思想。

习主席关于强军目标的思想既与上述论述一脉相承，又有新的丰富和发展。它高屋建瓴，从历史与现实、理论与实践的结合上，鲜明回答了在世界形势发生深刻复杂的变化、我国进入全面建成小康社会决定性阶段，为什么要强军、强军的要义是什么、怎样强军的重大问题，具有重大而深远的意义。

其一，牢牢把握听党指挥这个灵魂。听党指挥是我军的建军之本、立军之魂，决定着军队建设的方向。86年来，我军从胜利走向胜利，为人民创建了不朽功勋，最根本的是因为有党的领导。党的领导是决定我军性质的决定性因素，也是保证我军不辱使命、能打胜仗的决定性因素。党对军队的领导是我军建设的根本原则，也是中国特色社会主义制度的有机组成部分。对中国特色社会主义的制度自信，包括对党领导军队的制度自信。那些不希望中国强大、不希望看到社会主义中国崛起的人们把党领导的军队看作他们颠覆中国、搞乱中国的最大障碍，极力散布"军队非党化、非政治化"和"军队国家化"。"鹊噪夕阳任鼓吹。"我们千万不要为他们蛊惑人心的宣传所迷惑。

其二，牢牢把握能打胜仗这个核心。军队是干什么的？是打仗的。仗可以千日不打，战不可一日不备，兵不可一日不练。如果不讲打仗、淡忘了打仗，军队就失去了存在价值。军人不讲打仗，就是最大的言不及义、典型的不务正业。早在中国革命胜利之前，毛泽东就及时指出："人民解放军永远是一个战斗队"。在新中国头三十年，他也不断地强调加强战备，要准备打仗。改革开放以来，我们经历了三十多年相对和平的环境，长期的和平环境，使我们一些同志往往把军队的基本职能、军人的基本职志淡忘了，滋生了"和平病"，当和平兵、和平官的习气有所滋长。所以，和平是对军人最大的奖赏，同时也是一名真正军人的最大的"杀手"。

天下虽安，忘战必危。中国坚定地走和平发展的道路，但和平环境需要用战争准备甚至用必要的战斗行动来维护、来营造。在战争形态发生很大变化的情况下，我军能否还打胜仗，做到召之即来、来之能战、战之必胜，是党和人民关注的一个重大课题，我们必须交上一份合格的答卷。文无第一，武无第二。信息化战争往往首战就是决战，甚至小试锋芒都带有战略性。对军队来说，不允许打败仗。失败就是对人民的犯罪，就是对历史的不负责任，就无法向人民交代，向历史交代，就会丧权辱国，甚至迟滞、延误中华民族伟大复兴的进程。这个代价我们承受不起、担当不起。

因此，军队建设的一切方面、一切工作都必须向能打胜仗聚焦，把战斗力标准这个唯一的根本的标准贯彻到军队建设的全过程和方方面面。

其三，牢牢把握作风优良这个保证。有一句话叫作治军必先治气。气就是一支军队的士气、作风。作风不仅关乎军队的性质宗旨本色，而且关乎军队的战斗力，是战斗力中人的因素的集中体现。作风优良才能塑造英雄部队，作风松散可以搞垮常胜之师。作风优良是我军的鲜明特色和政治优势，但在改革开放和市场经济条件下，近年来，形式主义、官僚主义、享乐主义、奢靡之风也有滋生蔓延之势，发现和查处的一些腐败案件触目惊心。一不怕苦、二不怕死的战斗精神有所退化，治军不严、纪律松弛的现象不同程度地存在。这些问题，如果不能及时解决，军队就不成其为军队，就不能打胜仗，就会自毁长城。为此，必须坚持依法治军、从严治军，把作风建设作为军队的一项基础性长期性的工作抓紧抓实。

如果说"听党指挥、能打胜仗、作风优良"三者相互联系、相互支撑，明确了党在新形势下强军的基本要求，"人民军队"这四个大字，则规定了我军必须坚持、不可移易的性质。中国有了人民的军队，这是开天辟地的事情。因为以往的军队，都是为少数人服务的，为剥削阶级服务的，而我军不同，我军是真正的人民军队。在党的领导下，我军始终秉持了全心全意为人民服务的宗旨，真正做到了来自人民、为了人民、服务人民、依靠人民。正是因为紧紧地与人民站在一起，我军才能够不断发展壮大，才成为一支不可战胜的力量。所以，把握党在新形势下的强军目标，我们千万不可忽略"人民军队"这一本质规定。只要我们始终紧紧地和人民站在一起，我军就一定能够军魂永驻，雄风常在，无往而不胜！

（本文系2013年10月作者的一篇讲稿）

把握实现强军梦的基本路径

——学习习近平主席关于"三个牢记"的重要论述

2012年12月，习近平主席到深圳、广州考察时考察和看望了广州战区部队，这也是他就任总书记和军委主席后首次到部队视察。在视察中他指出，实现中华民族的伟大复兴是强国梦，对军队来说，也是强军梦。必须坚持富国与强军的统一，努力建设巩固国防和强大军队。为此，他殷切希望并谆谆告诫全军要做到"三个牢记"。

我认为，习主席主持军委工作伊始，就从实现强国梦、强军梦的战略高度提出"三个牢记"是经过深思熟虑的，充分反映了他对军队情况的熟悉和把握，反映了他思考和谋划国防和军队建设的关注点，反映了他指导国防和军队建设的大政方略。"三个牢记"是对中国近代史、党史、军史历史经验的科学总结，是对建军治军规律的深刻揭示，对我们实现强军梦，把我军建设成为一支听党指挥、能打胜仗、作风优良的人民军队，具有极为重要的原则性和方法论的意义。

一、牢记坚决听党指挥是强军之魂，注重从思想上政治上建设军队，把党对军队的绝对领导作为实现强军梦的根本的政治保证

魂，是一个人群、一个组织为其成员所普遍认同的理想信念、价值追求、价值取向，以及在此基础上所形成的朝着共同目标奋进的精神力量。一个国家要有国魂，一个民族要有民魂，一支军队要有军魂。对于军队来说，没有赖以统摄全军、涵养士气的军魂，就不可能代表本阶级和民族的意志，就不可能有坚定正确的政治方向，就不可能形成坚强的凝聚力和旺

盛的战斗力。

近代中国积贫积弱，不仅国力日渐凋敝，而且武备废弛。清军在入主中原时，曾经"气吞万里如虎"，而到了封建末世，日益沦为"八旗子弟"。以忠君为核心的伦理观念已经不足以维系军心、激励士气，所以在帝国主义列强的战舰大炮面前很快败下阵来。辛亥革命推翻了清王朝的统治，打开了中国社会进步的闸门，但是由于没有建立真正的、先进阶级领导的革命军队，军权把握在封建余孽和投机革命的野心家、阴谋家手里，所以革命的胜利果实很快为人篡夺，甚至发生了陈炯明兵变。孙中山痛感建设革命军队的重要，在共产党的帮助下创建黄埔军校，在军队中建立了政治工作，军队的面貌为之一新。毛泽东同志说，靠了这种政治工作，军队得以一新其面貌。在北伐中以共产党员为骨干的叶挺独立团号称"铁军"，一路斩关夺隘，可谓雄风猎猎。但遗憾的是，很快国民党右派就发动反革命政变，把共产党人和革命群众抛入了血雨腥风之中，大好的革命形势毁于一旦。我们党从血的教训中明白了"须知政权是由枪杆子中取得的"道理，于是有了南昌起义、秋收起义、广州起义，有了遍及全国的暴动。但是，在国民党军队和反动势力的重重包围之中，弱小的红军怎样才能立住脚？星星之火何以燎原？实践证明，党对军队的绝对领导是根本性的制度设置，也是根本的政治保证。毛泽东曾说："红军所以艰难奋战而不溃散，'支部建在连上'是一个重要原因。"因为有了三湾改编，有了古田会议，有了党对军队绝对领导的根本原则，以及由此建立并不断完善发展的进步的、革命的政治工作，我们这支军队才成为挡不住的激流、扑不灭的火焰，才能够从小到大、由弱到强、愈挫愈奋、越战越强。实践证明，中国自从有了共产党，有了共产党领导的人民军队，中华民族任人欺负、任人宰割的历史就结束了，帝国主义在中国的海岸边支起几门大炮就可以发号施令、使中国割地赔款的历史就结束了。所以，我们务必要认识强军必先铸魂的道理。

有的人往往把强军单纯地与武器装备联系在一起，一谈到强军，就是航空母舰呀，第几代军机呀，等等。的确，这很重要，但这种认识有片面性，或者说，只知其一不知其二，只见"硬件"不见"软件"。强军固然离不开武器装备的现代化，离不开可以倚为国之利器的"撒手锏"，但再现代化的武器装备也是要靠人掌握的。人的因素过去、现在和将来都是强军胜战的决定性因素。而人的因素中最根本的又是政治理想、政治信念。正是因为有了党的领导，才使我们这支军队确立了共同的政治理想、政治信念，才使我们这支军队有了共同的革命目标。毛泽东同志说："我们都是来自五湖四海，为了一个共同的革命目标，走到一起来了。"而坚决听党指挥，就是这种"共同的革命目标"的集中体现。在当代中国，只有党的领导，才能使我军确立正确的政治方向，坚定地为人民的利益、民族的利益而战，成为一支不可战胜的力量；同时，也只有党的领导，才能为我军确立从机械化到信息化的复合式发展方略，才能推进国防和军队建设又好又快发展，才能确保在强国梦下面实现强军梦，在全面建设小康社会的实践中实现富国与强军的统一。

《红楼梦》中的贾宝玉与生俱来有一块玉，号称"通灵宝玉"，不可须臾离之，一旦丢掉了就会失魂落魄，迷失本性。我军与生俱来也有一块"通灵宝玉"，就是党的领导。一旦丢掉了，也会失魂落魄，迷失本性。应该看到，我们的敌人，那些不希望中国强大，对中国的发展耿耿于怀、如芒在背的人同样看到了这一点，所以，他们极力散布和鼓吹所谓"军队非党化、非政治化"和"军队国家化"。西方有句谚语，"如果狐狸演讲，公鸡就要沉思"。沉思就是走走脑子，多个心眼。有人说，军队"国家化"没有什么错误呀，早在1945年我们与国民党重庆谈判时就提出了"军队国家化"，毛泽东在答路透社记者甘贝尔问时也说，我们完全赞成军队国家化与废止私人拥有军队。是的，按照马克思主义的国家观，军队是国家机器的重要组成部分。军队应该是国家的"公器"，而不能成为个人私器，这是没有问题的。在抗战胜利后，我们党旗帜鲜明地提出军队国家化，正是因为国民党的军队名曰"国军"，实质上成了蒋家王朝的私人军队，成了为蒋介石集团一党一己谋私利的工具。而我军则不同，正如毛泽东所说，通常所说的"共产党军队"，按其实际乃是中国人民在战争中自愿组织起来而仅仅服务于保卫祖国的军队，这是一种新型的军队，与过去中国一切属于个人的旧式军队完全不同，它的民主性质为中国军队之真正国家化提供了可贵经验，足以为中国其他军队改进之参考。事实上，在我军完成武装夺取政权的历史使命后，随着我们党成为执政党，我国成为人民民主专政的社会主义国家，我军也上升为社会主义国家的军队。宪法明确规定，中华人民共和国武装力量属于人民。政工条例也说，中国人民解放军是中华人民共和国的武装力量。邓小平同志在表述我军性质时说，党的军队，人民的军队，社会主义国家的军队。这就明白无误地告诉我们，我军早已是国家的军队了。那么有些人为什么还要煞有介事地侈谈所谓"国家化"呢？醉翁之意不在酒。事实上他们所讲的国家化，就是"军队非党化、非政治化"的翻版。化来化去，就是要"化"掉党的领导，使中国国家和军队变色，从而遏制中国的发展势头，中断中国的发展进程，我们千万不要太天真了。

二、牢记能打仗、打胜仗是强军之要，在军队建设中鲜明地确立战斗力标准，把能打仗、打胜仗作为实现强军梦的根本着眼点和落脚点

《孙子兵法》讲"兵者，国之大事"。何谓"兵"？兵就是军事，就是战争之事，就是以战争为核心、以军队为主要的实践主体的、人类的军事实践活动。自从战争这个怪物降临到世界上，就催生出军队这一特殊的社会组织；而自从军队这种社会组织降生到世界上，就是为了打仗的。可以

说，军队就是向战而生、为战争而存在的，也只有在战争中，在赢得战争、遏制战争中才能实现和证明自身存在的价值。强军，归根结底就是强化军队应对战争、打赢战争的能力。两锋相加，利钝乃见。军队强不强，归根结底要通过战争实践来检验。甲午海战时，中国北洋水师的装备和兵力如果与日本海军作静态比较并不落后，但是由于整个封建阶级的腐败，由于军事思想的落后和智慧的失误，结果在战争中灰飞烟灭，导致丧权辱国，国难日亟。我军是一支打出来的军队，素以能打仗、打胜仗著称于世，战争年代部队一听到打仗就嗷嗷叫。抗美援朝战争时，我军武器装备明显劣于美军，而且国内战争的征尘未洗，但硬是凭着"一把炒面一把雪"的精神，凭着"钢少气多"，把"武装到牙齿"的美军赶回了三八线，打出了国威军威，让不可一世的美国看到了站起来了的中国人民的力量。所以，能打仗、打胜仗始终是建军治军的第一追求，是强军的第一要务。当下部队流行一句话——"战场打不赢，一切等于零"。这句话就平白而生动地说明了这一浅显而深刻的道理。

军队是要打仗的。遗憾的是，长期的相对和平环境往往容易使人淡忘这一基本原理、基本职责，甚至"枪入库中库，马放南山南"。和平是对军人的最大奖赏，和平也最容易使人忘记军人存在的价值，忘记军人之为军人的基本职责，使军事活动越来越偏离于军事活动的基本目的。这也是造成当下人们所戏言的"演习"变成"演戏"的成因。现在军队建设和军事工作中存在的种种形式主义、花拳绣腿、表面文章，说到底都与这种"和平病"有关。从这一意义上说，习主席提出强军之要，带有振聋发聩的意义。

"自古知兵非好战。"中国坚定地走和平发展的道路。中国的强军梦不是穷兵黩武，不是好战称霸，而是要维护国家的主权和安全，维护自己的国家利益和正当权益，维护国家发展的重要战略机遇期，为国家发展创造和平的环境，同时也为维护世界和平、实现共同发展作出应有的贡献。但是，所有这一切，都必须建立在能打仗、打胜仗的基础上。敢战方能言和，能胜方能止战。对于军队来说，在祖国和人民需要的时候召之不能来，来之不能战，战之不能胜，就是失职渎职，就是负国误国，就是历史罪人。当前，我国的发展正处在关键性的历史时期，既有难得的机遇，同时也面临着空前严峻的安全威胁和挑战。以广东战区正面为例，美国加紧在亚太地区做眼布势、兴风作浪，台湾岛内的分裂势力依然暗流涌动，维护南海主权和海洋权益的斗争尖锐激烈。所以，必须强化随时准备打仗的观念，保持"盘马弯弓惜不发"的态势，做到一旦祖国人民一声令下，能够稳操胜券、旗开得胜。

为此，必须按照能打仗、打胜仗的要求，拓展和深化军事斗争准备。在军队建设的各个领域、各个方面更鲜明地确立、更自觉地贯彻战斗力标准，用战斗力标准检验各项建设、各项工作的得失成败。要围绕军队主题、主线，积极推进战斗力生成模式的转变，向科技创新、现代军队组织形态和科学管理要战斗力。创新和改进政治工作，充分发挥政治工作对能打仗、打胜仗的服务保证作用，防止和克服游离于中心工作的倾向。

三、牢记依法治军、从严治军是强军之基，注重培养部队严守纪律、令行禁止、步调一致的优良作风，把纪律建设和作风建设作为实现强军梦的基础性的工作

军队作为执行特定政治任务的武装集团，决定了它必须具有严密的组织和严格的纪律。治军以严，是一条军队建设的铁律，古今中外，概莫能外。历史上凡是堪称强大的军队、能征善战的军队，无不纪律严明。著名的岳家军"冻死不拆屋，饿死不掳掠"，所以金军发出了"撼山易，撼岳家军难"的慨叹。近代中国，清王朝的军队、国民党的军队之所以不堪一击，一败涂地，都与派系林立、军令不畅、军风腐败、纪律松弛有关。我军创建伊始就注重克服旧军队的军阀作风、农民武装的流寇习气，建立严格的、自觉的铁的纪律。井冈山时期，毛泽东同志就为我军规定了"三大纪律六项注意"，后来修改完善为"三大纪律八项注意"并沿用至今。针对张国焘分裂党、分裂红军的严重违纪行为，毛泽东同志提出了"加强纪律性，革命无不胜"的著名原理。他晚年还亲自带领高级干部唱《三大纪律八项注意》。正因为我军有严格的、自觉的纪律，所以能够确保一切行动听党指挥，能够以秋毫无犯的形象赢得了人们的拥护，也能够以牺牲自我的英雄行为保证战争的胜利。

必须看到，军队的武器装备、组织形态越是现代化，就越是要求正规化，越是要求依法治军、从严治军，越是要求严格而科学的管理。信息化军队是一个以信息为主导的高度集约化的、人机结合的复杂的作战系统，而使这一系统得以高效运行的重要的"软件"就是条令条例，就是纪律，就是依法治军、从严治军。离开依法治军、从严治军，现代化军队就将瘫痪，就将成为一盘散沙，就不能发挥应有的作战效能，就不可能遂行任何作战任务。

依法治军、从严治军是一个有机的整体。严格严格，严要有格，这个格就是"法"，就是以条令条例为核心的法规制度。依法是从严治军的基本依据，不依法，从严治军就失去了科学的准绳和法度，就会陷入随意性；从严是依法治军的内在要求，不从严，依法治军就会成为一句空话，就失去了法规制度的严肃性。

依法治军、从严治军，重要的是形成部队优良的作风。作风是性质宗旨的体现，也是一支军队战斗力强不强、能不能打仗、能不能打胜仗的重要标志。作风就是党性，作风就是形象，作风就是战斗力。作风养成靠教育，也要靠纪律。高中级干部、领导机关要率先垂范。

当前在我军建设的各个方面，治军不严、有法不依，部队管理失之于软、失之于松、失之于宽的现象还普遍存在。为此，必须以纪律建设为核心，进一步贯彻落实依法治军、从严治军的方针，保持人民军队长期形成的良好形象，保持我军严守纪律、令行禁止、步调一致的优良作风。

综上所述，魂、要、基，三者的有机统一，互相支撑，指出了我们实现强军梦必须把握的根本要求、主要矛盾和关键环节，为我们实现强军梦指明了基本路径。

（本文系2013年2月作者在一次军队系统研讨会上的发言稿）

抓住作风建设这一强军兴军的关键

习主席提出党在新形势下的强军目标，集中反映了新的历史条件下党和人民对于军队的核心要求，抓住了新形势下建军治军强军带有根本性全局性关键性的问题，为我军建设和发展指明了方向。我理解，听党指挥、能打胜仗，体现了政治与军事的统一。军队是为执行一定阶级的政治任务、实现一定阶级的政治目标服务的。听谁指挥始终是建军治军的首要问题。离开了党对军队的绝对领导，离开一切行动听党指挥，我军就失去了灵魂，就会迷失方向，就会异化变质。军队是要打仗的。能打胜仗始终是军队第一位的要务、第一位的能力。在党的一声令下之际，在祖国和人民需要之际，召之不能来，来之不能战，战之不能胜，我军就失去了存在价值，就是最大的渎职，就是对人民的犯罪。归结起来，我军必须听党指挥，我军必须能打胜仗，这二者统一于我军是执行革命政治任务的武装集团这一本质规定之中。

听党指挥也好，能打胜仗也好，都离不开培育和弘扬优良的作风。作风是军队性质和宗旨的外化，也是军队有无战斗力、能不能打胜仗的重要标志。人民群众，甚至包括我们的敌人往往是通过作风来观察和认识我们这支军队的。要言之，作风就是形象，作风就是党性，作风就是战斗力。作风坏下去了，不仅听党指挥会成为虚言妄语，我军胜利之师的雄风亦将不再。"治军必先治气。"在各种思想文化相互激荡、西方敌对势力加紧对我渗透的形势下，在改革开放和社会主义市场经济条件下，在长期的相对和平的环境里，继续地保持和发扬人民军队的优良作风，是我军建设刻不容缓的重大历史性课题。习主席履新伊始，就把作风优良作为听党指挥、能打胜仗的重要保证提出来，提到党在新形势下强军目标的重要位置，充分反映了他对这一问题的关注，可谓抓住了我军建设的命脉和"死穴"。

近些年来，我军作风的滑坡和沦落令人忧虑。一是贪腐之风有所滋长。特别是选人用人上，入伍、考学、选改士官等敏感问题上的不正之风官兵反映强烈，人民群众啧有烦言；一些重大贪腐案件触目惊心，严重败坏了我军声誉。二是奢靡之风有所滋长。办公大楼越盖越豪华，院门越修越气派，越大而无当，某些军事机关的楼堂馆所如鹤立鸡群；超标准接待成为惯例，请吃、吃请之风愈演愈烈，浪费惊人。三是虚浮之风有所滋长。爱吹不爱批，报喜不报忧，一些阿谀奉承、弄虚作假之徒登龙有术，形式主义、表面文章大行其道。四是承平之风有所滋长。"河山虚骏足，俎豆损雄心。"我军已许多年没有战事了。许多军人把我国奉行的和平外交政策与军人职志混为一谈，心中无战事，眼中无敌情，看不见刀光剑影，醉心于酒绿灯红，战备观念松弛，战斗精神淡薄，军营文化多了些醉死梦生、风花雪月，少了些挑灯看剑、闻鸡起舞。这些不良的作风是与我军性质宗旨完全相悖的，也是与我军所肩负的历史使命根本不相适应的。如果不及时有效地加以纠正，就会丢掉军民一致、官兵一致的优良传统，打起仗来人民群众就不可能像过去那样舍家舍命地支援我们，官兵就不可能像过去那样亲密无间、勠力同心，我军也不可能保持一往无前的革命精神。这绝不是危言耸听。

这些问题的产生有着复杂的时代背景和社会根源，也与我们没有真正用好的作风抓作风有关，以致教育整顿不断，而作风依然故我，甚至每况愈下。习主席主持军委工作以来，从我做起、率先垂范，言必信、行必果，动真的、来实的，让人感到新风扑面。要珍惜和保持住这一良好的势头，在"常""长"二字上用力，务求一抓到底，务求不令回潮。毛泽东同志曾言："世界上怕就怕'认真'二字，共产党就最讲认真。"只要把"认真"

二字贯彻到底，就有望做到弊绝风清。一要持续地、生动具体地进行理想信念和党性党风的教育，筑牢弘扬党和军队优良作风的思想基础；二要依法从严治党、从严治军，以纪律建设为核心，做到言出法随、违者必究；三要瞄准一些风气"重灾区"进行专项治理，特别是要进一步健全选人用人机制，形成正确的用人导向；四要坚持上行下效、以上率下，从高级干部、高级领导机关做起，一级抓一级、一级带一级；五要切实转变文风、会风。文风、会风是党风、军风甚至世风的重要体现，切不可等闲视之。

（本文发表于2013年4月）

战略机遇期与军队的使命担当

一

战略机遇期，是国际国内各种因素综合作用而形成的有利的时空态势，是一定历史时段内一个党、一个国家发展的战略层面的机会和境遇。发现、认识和把握战略机遇期，对革命、建设和改革事业，对党和国家的前途命运具有全局性、长远性、决定性的意义。战略机遇期是一种客观的存在，是一定历史时期内国内、国际各种矛盾交互作用所形成的一种战略态势、战略空间，它不是主观臆测，而是有着特定的内涵与条件，是主观见之于客观的产物。

战略机遇期是客观的，但把握战略机遇期首先需要慧眼，需要发现和认知。机遇偏爱有准备的大脑。在错综复杂的矛盾面前，要善于抓住主要矛盾；在风云变幻的形势面前，要善于把握大势和主流，要能够在变中看到不变，在不变中看到变。要有深远的战略眼光，"不畏浮云遮望眼，只缘身在最高层"。

战略机遇期不仅需要认知和发现，还需要经营和维护。从本质上说，它是主观与客观互动的产物。机遇等不来，必须积极争取，主动营造，精心维护。机遇往往与挑战并存。善于营造，挑战可以变为机遇；麻木不仁，不仅可能错失机遇，而且有可能使国家、民族和军队陷入万劫不复的深渊。

二

我们党是一个非常具有战略机遇期意识的党。中国革命的胜利，得益于我们党形成了科学的理论，开辟了以农村包围城市、武装夺取政权的正确道路。除此之外，善于把握并充分利用了历史性的战略机遇也是一个重要原因。例如，抗日战争爆发后，我们党抓住民族矛盾上升为主要矛盾的历史机遇，审时度势，推动西安事变和平解决，实现了第二次国共合作，同时深入敌后放手发动群众，壮大人民力量，使我党我军的力量在抗日战争期间有了长足的发展。抗战胜利后，我们党又及时抓住日本投降后国民党军队远在西南大后方鞭长莫及的机会，迅速调整原先"向南发展"的战略为"向北发展"，紧急抽调大批部队和干部赶往东北、经略东北，建立了巩固的东北根据地，从而使东北成为我们党与国民党实现战略决战的重要的前进基地。

改革开放30多年来我国的巨大变化，在很大程度上也得益于我们党强烈的、睿智的战略机遇期意识。改革的决策基于两个方面的判断：国内，改变"以阶级斗争为纲"的错误路线，彻底否定"文化大革命"；国际，作出大战一时打不起来、和平与发展是时代的主题的战略判断。这种国际环境和世界性的发展潮流客观上为我们集中精力搞现代化建设、以经济建设为中心提供了历史性的机遇。所以邓小平同志反复讲，他最担心丧失时机，机会稍纵即逝。东欧剧变以后，他不为天空暂时出现的几片乌云所蒙蔽，经过冷静观察，认为大发展的机遇依然存在着，所以他在南方谈话中强调党的基本路线要管一百年。进入21世纪后，我们党明确提出："纵观全局，二十一世纪头二十年，对我国来说是一个必须紧紧抓住并且可以大有作为的战略机遇期。"并且振聋发聩地指出："如果我们错过了这一二十年，就很可能整整错过一个时代。"正是因为有了这种强烈的机遇意识，才有了30多年来我国持续而迅猛的发展，才有了当代中国的巨大进步。

三

维护国家发展的重要战略机遇期也是军队必须承担的一种重要的使命担当。新世纪新阶段党的军事理论的一个重大创新，就是把国家发展的重要战略机遇期与军事力量的建设和运用更紧密地联系了起来。

当前，危害我国发展战略机遇期的因素很多，哪一方面防范不好、斗争不力、处置不当，都有可能影响和冲击国家发展的重要战略机遇期。为此，军队在坚持把国家的安全、主权始终放在第一位的同时，还必须着力维护国家安全环境总体上的战略稳定。在战略谋划和战略决策上要把握两点。一是必要时要敢于"亮剑"。敢战方能言和，止战必先能战。只有在事关国家核心利益的问题上寸土不让，必要时敢于"扬眉剑出鞘"，能够"脱手斩得小楼兰"，才能使觊觎中国主权和权益、企图打断中国发展进程的势力有所忌惮、望而却步。当断不断，反受其乱。有时小试锋芒，才能避免大动干戈。从这一意义上说，砺剑、亮剑，就是维护战略机遇期。二是要坚持战略服从于政略，讲究斗争艺术。在深刻变动的国际环境和军队、社会日益信息化的条件下，要善于全方位地运用军事斗争手段，把维护国家主权、安全的原则性和斗争策略、手段的灵活性统一起来，把打赢战争与管控危机、遏制战争统一起来，使军队真正成为社会主义祖国的钢铁长城，成为国家战略机遇期的坚强的"防波堤"和"防风林"。

（本文系2010年9月作者在军队系统一次座谈会上发言的节录）

在统筹经济建设与国防建设中
实现富国与强军的统一

记者：习主席指出，中国梦对于军队来说，就是强军梦。可不可以这样说，强国梦、强军梦是相融共生的，强国梦包含着强军梦，强军梦支撑着强国梦。那么，在实现中华民族伟大复兴的新征程中，在坚持和发展中国特色社会主义的历史进程中，应该怎样把握富国与强军的关系呢？

作者：统筹经济建设和国防建设，努力实现富国和强军的统一。这是一个极为重大的战略思想。它深刻揭示了富国与强军的辩证关系，明确了新形势下处理经济建设和国防建设关系必须遵循的指导方针，为在新的起点上推进国防和军队建设指明了方向。

《孙子兵法》开宗明义讲道："兵者，国之大事，死生之地，存亡之道，不可不察也。"在群雄并起、分合变幻、此消彼长的世界上，安全与发展，永远是一个国家的最基本的需求，是治国之道永恒的主题。富国与强军，更是一个民族昌盛发达、振兴腾飞不可缺少的双翼。正如古语所讲，兵不强不可以摧敌，国不富不可以养兵。

探寻中华民族历史发展的轨迹，可以看到，凡是雄视万方、彪炳史册的强盛时期，其共同的特点都是经济发达、军力强大。例如，战国后期的秦通过变法图强，经济上崛起，生产力长足发展，同时致力于锻造强大军队，秦军当时即被称为"虎狼之师"，最终成就了横扫六合、统一中国的霸业。之后，所谓的雄汉盛唐，莫不如是。而宋朝的经济文化不可谓不发达，张择端的《清明上河图》全景式地描绘了北宋都城汴京（今开封）的繁盛景象，在当时汴京堪称世界上最繁荣的城市，用现在的话来说，北宋中期的

GDP在世界上也是首屈一指的。然而由于宋王朝采取了"重文轻武""守内虚外"的政策,军力羸弱,不能打仗,不仅每年向辽大量纳贡,而且最终导致"靖康之耻",北宋灭亡。南宋继续苟延偷安,不振军队,以至于有识的诗人幽愤地发出了"暖风吹得游人醉,直把杭州作汴州"的悲叹。南宋小朝廷最终覆亡,大好的河山、盛极一时的经济文化成果,到头来都成为"他人的嫁衣",思之令人扼腕。

不仅在中国的历史上如此,世界史也是如此。举最近的例子:20世纪90年代,号称世界首富的海湾国家科威特,在不到24小时内,还没有来得及做有效的抵抗,就被伊拉克闪电式地占领,举世为之震惊。这是一个国富兵弱、一朝覆亡的典型例子。

记者:我记得布热津斯基曾说过,世界大国地位的维持必须有四个缺一不可的因素,即军事上的超强优势,经济上的火车头作用,科技的领先地位和巨大的文化感召力。

作者:应该说,他这一认识是有见地的。如果说某些小国尚且可以把国防"外包"或靠所谓的"中立"而自保,那么大国如果没有强大的国防和与自己安全需求相称的军队,就如同"泥菩萨过江",不仅难以自立、自身难保,也不可能在国际事务中发挥应有的作用。

记者:那么,我们党是怎样认识富国与强军的关系的呢?

作者:富国强兵,是以实现中华民族伟大复兴为己任的中国共产党的不懈追求。统筹经济建设与国防建设,也是我们党在探索中国社会主义建设道路中的一贯思想。

新中国成立伊始,毛泽东就高瞻远瞩地提出:"中国必须建立强大的国防军,必须建立强大的经济力量,这是两件大事。"1956年,毛泽东在《论十大关系》中,对经济建设与国防建设的关系做了精辟论述,进一步深化了"两件大事"的思想。新中国头30年,以毛泽东为核心的党的第一代领导集体，始终警惕地关注着国家的安全，始终高度重视国防和军队建设。在十分困难的情况下，我们发展了"两弹一星"，军队的现代化水平也有了长足的进步。进入改革开放新时期，邓小平在强调军队要服从国家经济建设大局的同时及时指出，四个现代化，其中就有一个国防现代化。国防和军队建设也是大局的一个重要方面。世纪之交，江泽民指出"把经济建设搞上去和建立强大的国防，是我国现代化建设的两大战略任务"，提出了国防建设与经济建设两头兼顾、协调发展的重要思想。新世纪新阶段，胡锦涛指出，国防和军队建设在中国特色社会主义事业总体布局中占有重要地位，直接关系中国特色社会主义的兴衰成败。改革开放30多年，我国在抓紧时机、发展经济的同时，国防和军队建设也迈出了崭新的步伐。由此可以看出，习主席提出富国与强军相统一、国防实力与经济实力发展相同步的战略思想，标志着我们党对中国特色社会主义建设规律认识的深化，是对党的军事指导理论的丰富与发展。

记者：习主席指出，中国梦是和平、发展、合作、共赢的梦。中国坚定不移地走和平发展的道路。既然如此，为什么还要提出党在新形势下的强军目标呢?

作者：和平不能只是建立在一厢情愿的美好愿望的基础上。正如古人所说，不恃敌之不来，恃我之有以待。当今世界求和平、谋发展、促合作的时代潮流不可逆转，但正如习主席指出的，国际竞争的"丛林法则"没有改变，铸剑为犁仍然是人民的一个美好的愿望。中国正处在由大向强、将强未强的阶段。用得着两句话，一句叫"树大招风"；一句叫"卞和无罪，怀璧其罪"。无论是从国际战略博弈的角度，还是从意识形态斗争的角度，美国等西方国家都不愿意看到中国的发展壮大，千方百计对我进行战略遏制和围堵。当前，我国安全问题的综合性、复杂性、多变性增强，我国周边领土主权和海洋权益争端、大国地缘竞争、军事安全较量、恐怖主义威胁等问题更加凸显。面对复杂严峻的国际安全形势，面对维护国家主权、安全、发展利益的迫切需求，我们必须以只争朝夕的精神推进国防和军队现代化，把军队搞强大，这样底气才足、腰杆才硬，才能保持战略主动，做到有备无患。无数历史事实证明，和平，不能建立在一厢情愿的良好愿望的基础上。事实正是这样，准备打，才可能不需打，备战才可能止战。

记者：那么，在当今时代，应该怎样实现富国与强军的统一呢？

作者：实现经济实力与国防实力的协调同步发展，必须走军民融合式发展路子。过去往往把经济建设与国防建设的关系，单纯理解为一种"分蛋糕"的关系，此大彼小、此消彼长，"鱼与熊掌不可兼得"。而事实上经济建设与国防建设完全可以像"合金钢"一样，你中有我、我中有你，有机地熔铸在一起，产生出双赢互补的效应。而军民融合发展，就是这样一条路子，一种敏锐把握现代经济和军事发展规律的发展战略。它既是兴国之举，又是强军之策。习主席指出，在更广范围、更高层次、更深程度上推进军民融合，有利于促进经济发展方式转变和经济结构调整，有利于增强国家战争潜力和国防实力。我们要深刻理解习主席的重要指示，同心协力做好军民融合深度发展这篇大文章。

（本文系一篇记者访谈稿，发表于2013年2月）

征程旗如画　岁月梦如歌

又一个姹紫嫣红的春天在催征的马蹄声中迤逦而来。春节前夕，由总政治部承办的中央军委慰问驻京部队老干部的迎新春文艺演出隆重登场。这台演出一扫文艺舞台上一度盛行的炫彩铺张、浮华俗艳之气，以铅华洗尽、返璞归真的风格，荡气回肠、温婉感人的情韵，如诗如梦、如画如歌的意境，向为新中国建立、为保卫和建设祖国、为开辟中国特色社会主义伟业建立了卓著功勋的老同志们表达了崇高的敬意和问候，也向他们传递了浓郁而浩荡的春的信息——强军兴军的春风正鼓荡于江南塞外的每一所军营，热流如不尽春潮滚滚而来。

"生命中有了当兵的历史，一辈子都不会感到懊悔。"对于曾经集结在军旗下、戎马一生的老军人来说，最难忘的是士兵情结。整台晚会以一个"兵"字为基调，淋漓尽致地展示了"兵"的气概，抒发了"兵"的情怀，挥洒了"兵"的雄姿英发，铺展了"兵"的壮怀激烈。

晚会以欢快祥和、充满浓郁民族特色的管弦乐《春节序曲》开场后，接下来的曲目就是混声合唱《我是一个兵》。这首曾激励和鼓舞了几代中国军人的老歌，经过重新编配和令人耳目一新的演绎，如激昂的军号、催征的战鼓，如山鸣谷应、山呼海啸，一下子就把人带入了难忘的岁月、火热的军营、鏖战的疆场，令人激情澎湃、热血沸腾。"壮岁旌旗拥万夫。"我军许多老一辈横戈马上，百战归来，将星闪烁，功昭日月。今天，他们虽然已脱下戎装、卸下军务，但仍时刻没有忘记"我是一个兵"，慎终如始地践行着当代革命军人的核心价值观，保持着"兵"的本色，坚守着"兵"的节操，守望着"兵"的荣誉，他们就是党和军队的优良传统、作风的人格化。而踏着他们足迹步入军营的我军新一代也接过了他们手中的接力棒，正在新形势下演绎着"兵"的精彩，在新征程中赓续着"兵"的荣光。"我是一个兵"——这是一个革命军人最美好的记忆、最崇高的称号、最本真的认知，是老一代对新一代的嘱托，是新一代对老一代的承诺，是来自岁月深处的呼唤，是谱写强军新篇的号角！

《革命人永远是年轻》是20世纪50年代创作的歌剧《星星之火》中的唱段，曾风靡一时，成为那个激情燃烧岁月的音乐符号。晚会特意选取了这支曲目进行了新的编配，仅以一部手风琴和一把低音提琴伴奏，像一股清冽的山泉从时光深处流淌出来，一下子就唤起了人们久远的记忆，尽情地讴歌了老同志苍松翠柏般的崇高品德，也向他们送去了最美好的祝福。的确，革命人永远是年轻，追梦的人永远是年轻，中国共产党带领人民开创的中国特色社会主义事业永远是年轻。生命因梦想而精彩，人生因事业而长青。当我们的生命为梦想燃亮的时候，当我们的生命与党和人民的事业融为一体的时候，我们就不会老去，就永远不会自悲迟暮，就能够永远保持青春的激情和活力。

青山在，人未老。最美不过夕阳红。莫道桑榆晚，为霞尚满天。在整台晚会以铁板铜琶、金戈铁马为基调的情况下，编导精选了近年来我军文艺工作者创作的优秀节目——女子舞蹈《莲颂》献给老同志，可谓匠心独运，意味深长。这个舞蹈以领舞、双人舞和群舞交替穿插的形式，富有立体感地表现了莲花"出淤泥而不染，濯清涟而不妖"的绰约风姿，在给人以纯美的艺术享受的同时也使人的心灵得到净化和陶冶。一阕莲颂，一幅荷图，既是对老同志高洁品节的礼赞，也是对革命军人高尚情怀的讴歌。

忆往昔峥嵘岁月稠。中国共产党领导人民革命、建设和改革的历史，谱写了近代以来中华民族寻梦筑梦追梦的辉煌篇章，也是最为艰苦卓绝、可歌可泣的英雄史诗。历史铭记着先辈的殊勋，也是共产党人"吾善养吾浩然之气"的最好的营养剂。忘记过去就意味着背叛。晚会以散点透视的形式，通过长征、延安、太行山、沂蒙山等意象，大写意地、艺术地再现了中国革命战争的历程，再现了人民军队在党的领导下、在人民的怀抱里成长壮大的历程。

一曲《过雪山草地》引领人们又一次回望人民军队走过的漫漫征途。如果说长征是世界军事史上闻所未闻的故事，那么，过雪山草地就是其最悲壮、最传奇、最为惊天地泣鬼神的一页。"风雨侵衣骨更硬，野菜充饥志越坚。官兵一致同甘苦，革命理想高于天。"正是凭着崇高的理想和信念，凭着艰苦奋斗的革命精神，凭着官兵一致的优良传统，我军才踏平了鸟道不通的雪山，蹚过了人迹罕至的草地，用事实证明：红军是不可战胜的，红军是英雄好汉。历史证明，理想信念是共产党人铸魂立身的钙质，艰苦奋斗是革命军人千锤百炼的本色。在强军兴军的新征程上，我们必须继续高扬理想信念的旗帜，继续保持艰苦奋斗的优良作风。

春节是归乡的时节、省亲的日子。革命老军人来自五湖四海，走过万水千山，为人民身经百战，为革命浪迹天涯，然而在他们的心底总有一方魂牵梦萦的故土，总有一个情牵魂系的家园，这就是革命的圣地，就是曾经长期战斗过的地方。这些地方有他们曾经绚丽绽放过的青春，有他们生命中最美好、最圣洁的记忆，有养育了他们的父老乡亲、兄弟姐妹，有长眠地下的战友。晚会非常准确地契合了老一辈革命家的心理，在春节来临之际引领他们又进行了一次朝圣之旅、回乡之旅、省亲之旅，把他们，同时也把在场的每一个观众的思绪带到了宝塔山下、延水河边，带到了壁立万仞的太行山上，带到了情深意长的微山湖畔。

《回延安》是总政歌舞团作曲家彦克在20世纪70年代创作的一首经典声乐作品。这首歌经过重新配器，由我军著名老歌唱家杨洪基演唱。他那浑厚深情的音色，还有大屏幕上珍贵历史镜头、历史照片的剪辑，朴实无华而又感人至深地表现了一个革命老战士重新扑入革命圣地怀抱"惊喜且痴迷"的情愫，表达了对革命传统的向往和呼唤。

短剧《太行山上》是为这台晚会量身定做的节目，它紧扣党的群众路线教育这一主题，以一位离休多年的同志重回太行山老区为线索，借用当前网络的流行词"高端大气上档次"，以老区人民在喜迎亲人回乡上的"美丽的误会"为包袱，妙趣横生而又入情入理地把历史与现实联系了起来。短剧还极富创意地设计了战争年代太行军民的群雕形象，再现了抗战时期党群一心、军民携手、共筑堡垒的生动场景，展示了"军队向前进、人民是靠山"的主题。

"我的家乡沂蒙山，高高的山峰入云端。"深情的女声伴唱又把我们带到了沂蒙山区。习主席曾在给蒙阴八一希望小学同学们的回信中写道："沂蒙山是光荣的革命老区，为新中国的成立和社会主义建设事业作出了重要贡献，塑造了爱党爱军、无私奉献的沂蒙精神，养育了一代代英雄的沂蒙儿女。"撷取于舞剧《铁道游击队》的女子舞蹈《沂蒙情》以富有地域特色的舞蹈语汇抒发了沂蒙儿女军民一家的情怀，这既是对家乡的深情讴歌，也是对人民的肺腑感恩。

新创作的女声独唱《大地情深》堪称整个晚会的点睛之笔。战争年代，人民群众"最后一碗米做军粮，最后一尺布缝军装，最后的老棉被盖在子弟兵的担架上，最后的亲骨肉送到咱队伍上"。从红土地到黄土地，从太行山到沂蒙山，是人民用小米、用乳汁养育了我们。如果说人民军队是一棵参天的大树，是一方葱郁的森林，那么人民就是我脚下的土地。树高千尺也不能忘记根，忘记我们植根的大地。脚踏着祖国的大地，背负着民族的希望，我们就能无往而不胜。

老一辈为祖国和人民战斗、操劳了大半生，而今正安享着晚年的恬淡和从容，然而他们"还有一梦相伴日月长"，这就是强军梦。"醉里挑灯看剑，梦回吹角连营。"今天我们的队伍是个什么样子？今天军营里的娃娃们怎么样？这是他们所密切关注的。晚会用相当的篇幅，展示了今日军营里的火热生活，展示了在习主席一系列重要论述的指引下我军官兵志在强军胜战、锐意开拓进取的崭新风貌。

由我军多名歌坛新秀唱响的联唱《踏上强军新征程》堪称向老同志的一个集中汇报，从不同领域、不同战线向他们汇报了我军聚焦强军目标搞建设、抓准备的喜人局面和巨大成就。

小品《英雄帖》以某特战旅战士原本向班长下"英雄帖"（挑战书）却误把"英雄帖"装入下连当兵的旅长口袋来展开，设计了一系列妙趣横生的细节，既展示了党的群众路线教育以来军营的新气象，又从一个侧面展示了当前军营里热气腾腾的实战化训练的热潮。

男子舞蹈《步调一致》则是一部充满阳刚之气的军旅舞蹈力作，这部由北京军区政治部文工团创作的作品曾获得2013年全军舞蹈比赛一等奖。舞蹈编排新颖、结构严谨，仅以铿锵激越的军鼓伴奏，演员把一流的基本功自然熨帖地融入到从部队队列生活提炼的舞蹈语汇中，雄姿英发，整齐划一，动如脱兔，静如处子，生动地展示了"步调一致才能得胜利"的主题，塑造了我军官兵的时代形象。

晚会在气势恢宏的混声合唱中推向高潮。《假如战争今天爆发》是2013年强军战歌征集活动中涌现的优秀作品。这首歌的词曲堪称双璧，内涵丰富，想象瑰丽，节奏紧凑，极富张力。看！"旗在翻飞，梦已合围，胆略在穿插"，"每一天都全副披挂，每一刻都整装待发，我用生命向使命承诺，假如战争爆发，这就是我的回答"。这也是全军官兵枕戈待旦的真实写照和战之必胜的钢铁誓言。而《强军战歌》则以领唱与合唱交相呼应的形式，以排山倒海、雷霆万钧的气势，表达了三军将士为实现党在新形势下的强军目标而奋斗的坚强意志。演出使我们强烈地感受到，先辈的梦想正在新一代的奋进中延续，先辈的血性正在新一代的血管里流淌。我们这支军队军魂长驻、雄风犹在，堪当重任，大有希望。

战歌声声壮征程，军旗猎猎舞春风。让我们衷心祝愿心系强军事业的老一辈马年吉祥，也预祝我们的军队在强军兴军的新征程上马到功成！

（本文系应《解放军报》之约撰写的2014年中央军委慰问

驻京老干部新春文艺演出述评）

赓续与创新

    在世界军事史上，中国人民解放军为什么能够以史诗般的征程风流绝代，为什么能够不断书写震古烁今的战争传奇？其中很重要的一点就是，在中国共产党的领导下，这支军队建立并不断创新发展了进步的、革命的政治工作。政治工作是中国人民解放军的生命线，也是革命军事文化的主线。一条生命线，万里胜利程。征途在延续，生命线在延伸。赓续我军政治工作的优良传统，坚持我军在长期的政治工作实践中所形成的一整套的方针、原则、制度并不断创新发展，努力增强政治工作的时代性、针对性和有效性，是使生命线永葆生机活力的根本保证，是使我军始终做到"政治好，称第一"的根本保证。加强对政治工作创新发展的研究，也是军队政治工作研究者的崇高使命。

一条生命线 万里胜利程

从南昌城头的枪声冲破旧中国的沉沉夜空，伟大的中国人民解放军已经走过了80年的胜利征程。

80年来，我军在党的领导下，紧紧地和中国人民站在一起，为着人民的利益英勇奋战、前仆后继，用鲜血和生命托起了中华民族伟大复兴的灿烂晨曦，用使命与忠诚筑成了社会主义祖国的钢铁长城，谱写了惊天动地、震古烁今的英雄史诗。什么是我军立军的根本？什么是我军胜敌的奥秘？什么是我军看家的本领？什么是我军壮大的源泉？答曰：政治工作。政治工作过去是、现在是，将来也永远是我军的生命线。

何谓"生命线"？"生命线"，命根子之谓也。存之则昌，去之则亡；兴之则昌，废之则亡。《红楼梦》中贾宝玉的命根子是他一生下来口里衔着的一块玉——通灵宝玉。中国人民解放军的"通灵宝玉"就是政治工作。政治工作是中国共产党在军队中的思想工作和组织工作。可以毫不夸张地说，中国人民解放军的政治工作在世界军事史上是前所未有、独一无二的，是中国共产党伟大创造精神在军队建设上的集中体现。正是有赖于这种政治工作，我军这支脱胎于旧军队、以农民为主要成分的革命队伍才一新其面貌，才孕育和形成了源远流长的听党指挥、服务人民、英勇善战的优良传统，中国人民才开天辟地第一回有了真正属于自己的军队。正是有赖于这种政治工作，我军才形成了共同的理想信念和革命目标，形成了与人民群众的血肉联系和鱼水亲情，建立了完全新型的、同志式的、官兵平等的、情同手足的内部关系，形成了严格的、自觉的、铁的纪律。正是有赖于这种政治工作，我军才生成和培养了令我们的敌人甘拜下风、望而生畏的软实力，始终充盈着一往无前、所向披靡的雄风浩气，牢牢把握了道义上、精神上、气势上的主动和优势。正是有赖于这种政治工作，我军才始终保持了旺盛的生机和活力，敏锐地把握时代前进的脉搏，勇立世界军事变革的潮头，不断展示了现代化的崭新风貌。"生命线"三个字，可谓形象而准确地概括了政治工作在我军发展史上的地位和作用，也彰显了献身这一事业的神圣与荣光！

九万里风鹏正举。在纪念建军80周年的时候，我军的建设正站在一个新的起点上。凝聚在中国特色社会主义的旗帜下，有效履行我军的历史使命，实现军队建设又好又快的发展，要求我军必须把思想政治建设放在首位，牢牢把握政治工作这条生命线。我军80年的经验证明，对生命线一要坚持，二要发展。坚持才能根基永固，发展才能生意盎然。唯其坚持，所以不易；唯其发展，所以日新。每一个致力于"生命线"探索、"生命线"耕耘的同志，要进一步解放思想，深刻把握改革开放和社会主义市场经济条件下政治工作面临的新课题新矛盾，深刻把握信息化条件下政治工作发展的新特点新趋势，在坚持我军政治工作基本原则和制度的前提下，不断创新政治工作的内容、形式、手段、方法，使我军的生命线"更加郁郁葱葱"，永远生机勃发！

（本文发表于2007年8月）

军队政治工作的本质内涵

本质，是一事物区别于其他事物的根本属性。2010年8月中共中央、中央军委修订颁发的《中国人民解放军政治工作条例》指出："中国人民解放军的政治工作，是中国共产党在军队中的思想工作和组织工作，是构成军队战斗力的重要因素，是实现党对军队绝对领导和军队履行职能使命的根本保证，是中国人民解放军的生命线。"这是对军队政治工作本质的高度概括，既界定了军队政治工作是党的工作的政治属性，又阐明了军队政治工作为军队以打赢战争为中心的军事实践活动服务的军事属性，还表明了军队政治工作以思想工作和组织工作为基本实现形式的社会属性。理解军队政治工作的本质内涵，应从以下三个维度予以整体把握。

一、军队政治工作是中国共产党从思想上、政治上、组织上掌握和领导军队的实践活动

我军政治工作是党的工作，其直接目的就是确保党对军队的绝对领导，确保人民军队的性质、本色、作风永不改变。这是我军政治工作的根本所在，也是人民军队区别于其他任何剥削阶级军队的最显著的特征所在。1940年，谭政在《论革命军队的政治工作》一文中指出："中国红军是在中国共产党领导下的武装，所以红军的政治工作实质上就是党的工作，因此，党的组织就成了政治工作的支柱，而党的政治的内容就作为政治工作的灵魂而出现。"

军队政治工作是党的工作，是由军队政治工作自身的工作性质、组织领导、工作内容等决定的。从工作性质上看，军队政治工作是中国共产党

为掌握和领导军队，为夺取和巩固政权、实现党的奋斗目标而建立和开展的，是为实现党的意志、要求和任务而服务的。从组织领导上看，军队政治工作是由中国共产党中央军事委员会统一领导、各级党组织及其负责人直接领导、由各级党的工作机关即政治工作机关组织实施的工作。从工作内容上看，军队政治工作是中国共产党在军队中的思想工作和组织工作。在思想上，坚持用马克思主义及其中国化的科学理论武装官兵，开展党的路线方针政策教育、军队职能和使命任务教育、形势战备教育、军队优良传统和作风纪律教育、法制教育等，引导官兵官兵树立正确的世界观人生观价值观，懂得"为谁当兵，为谁打仗"的道理，做合格的革命军人。在组织上，建立健全军队党的各级组织及其共青团组织、军队内部的民主组织，不断加强各级党组织的建设和干部队伍建设，贯彻党的政治路线、组织路线，执行党的干部政策、人力资源管理政策，确保枪杆子始终掌握在忠诚于党的、政治上可靠的人手中，确保军队党的各级组织坚强有力，确保军事人力资源充分涌流、科学配置，确保军队人才辈出、才尽其用，确保军队的各种组织职能有效发挥。

需要指出的是，不应对思想工作和组织工作作机械的、狭义的理解。有的人简单地对号入座，认为思想工作就是宣传部门的事，组织工作就是组织部门、人力资源管理部门的事，这种认识是片面的。实质上，所谓思想工作和组织工作，界定的是政治工作的两种基本的实践内容、实现途径。无论是思想工作还是组织工作，都是贯穿于政治工作的全领域、全过程的。军队政治工作必须坚持思想领先的原则，把握思想教育这一中心环节，通过生动有力的思想工作去保证政治工作各项任务的落实。同样，在政治工作的各个领域都必须注重组织建设和组织工作，通过恰当的、科学的、有效的组织形式、组织方式去保证政治工作各项任务的落实。

我们强调"政治工作就是党的工作"，并不否定军事工作、后勤工作和装备工作等也都是党的工作。军事工作、后勤工作和装备工作都是党统一领导下的工作；从事这些工作的干部都是党委派的，都要向党负责；这些工作的最终目的都是为实现党的纲领路线服务的。之所以把军队政治工作特别地定性为党的工作，是从其根本属性上来讲的，因为军队政治工作贯彻党的主张、体现党的意志更具有根本性、基础性和直接性。军队政治工作不是党的所有工作，而是党在军队中实施的思想工作和组织工作，是确保党对军队绝对领导的工作，是党对军事工作、后勤工作、装备工作等一切军队工作、军事实践活动实施政治领导的途径。政治工作机关是党的工作机关，党的事务由政治机关承办。这就决定了，政治工作与军事工作、后勤工作和装备工作虽然同为党的工作，但在属性上是有区别的。

二、军队政治工作是紧紧围绕军队使命任务，着眼于生成、巩固、提高和发挥部队战斗力而开展的实践活动

军队政治工作既然是党在军队中的工作，就不能没有鲜明的军事属性。它既贯注和渗透于军队的各种军事实践活动之中，其本身也是一种特殊的、重要的军事实践活动。

首先，政治工作在生成、巩固、提高和发挥军队战斗力中具有极为重要的、无可替代的作用。军队战斗力的构成是一个复杂的系统，主要包括人、武器装备，以及把人与武器装备结合起来的军队组织形态、体制编制及作战理论等。在战斗力的有机构成中，人是最活跃、最生动、最有决定性意义的因素。政治工作就是做人的工作，主要通过坚定理想信念、强化战斗精神、培塑优良作风等思想工作和组织工作，确保官兵一切行动听党指挥，为保卫祖国而战，为人民利益而战，确保官兵树立战争的全局观念，树立联合集成的观念，以个人和局部利益服从整体利益；确保官兵具有坚强的战斗意志和良好的心理素质，一不怕苦，二不怕死，压倒一切敌人而不被敌人所压倒，战胜一切艰难险阻而不被艰难险阻所屈服，确保官兵具有良好的军政素质，实现人与武器装备的最佳结合，从而，平时为战斗力的生成、巩固和提高提供服务和保证，战时为战斗力的有效发挥和充分释放提供激励和支持。

其次，军队政治工作还可以作为一种特殊的战斗力形式，发挥对敌人的软作战功能。所谓软作战功能，是指在战争过程中，军队政治工作直接作用于敌方，影响敌方官兵及其民众的心理、认知、意志甚至行为，直接产生克敌制胜效应。在农耕时代和工业时代，战争一般表现为物质力量的较量，精神上的软杀伤在战争舞台上所起的作用还不很明显。而今天，战争已经进入到一个全新的时期，即由机械化战争逐步演进为信息化战争。作为军队政治工作重要内容的舆论、心理和法理攻防已经成为与其他作战行动有机配合的相对独立的作战样式，其战略地位日益凸显，对战争的进程和结局可以产生重要影响。瓦解敌军，是我军政治工作的优良传统。在信息化条件下，军队政治工作发挥软作战功能大有可为。

三、军队政治工作是坚持以官兵为本，提高官兵素质、促进官兵全面发展的实践活动

军队政治工作作为党在军队中的思想工作和组织工作，归根结底是做人的工作，是通过一定的组织形式做启发人、引导人、教育人、培养人的工作，以官兵为本是军队政治工作的核心理念。军队政治工作在整体上要把部队凝聚和熔铸成能够有效履行使命的坚强战斗集体，在个体上要把每一个军人培养成政治、军事、身体、心理全面过硬的革命军人。要全方位地提高官兵的素质，包括政治思想素质，科学文件素质，身体心理素质。要坚持毛泽东同志确立的"人民解放军是一所大学校"的战略思想，重视发挥军事人才的"溢出效应"。军队政治工作育才树人，不仅要坚持姓军为战，紧紧扭住战斗力建设这个核心，着眼于现实备战打仗、履行职能任务的需要，努力培养新一代合格军人，还要着眼于官兵全面发展，兼顾官兵今后的人生发展，使官兵的军旅生涯成为其人生的一个重要的定型地、加油站，真正做到"生命中有了当兵的历史，一辈子都不会感到后悔"。这既是广大官兵的迫切愿望，也是军队政治工作的本质要求。

（本文系2011年5月作者关于军队政治工作学基础理论的授课提纲的一部分）

军队政治工作的基本规律

规律是事物及其发展过程中固有的、本质的必然联系，反映着事物的本质特征和发展趋势。军队政治工作的基本规律，反映了军队政治工作的本质特征及其运行过程中各要素之间的内在联系。军队政治工作要保持正确方向，保证有效开展，达到预期目的，就必须正确认识和自觉遵循这些基本规律。

一、军队政治工作必须与党的理论和路线方针政策相一致

军队政治工作与党的理论和路线方针政策相一致的规律，揭示了军队政治工作与党的理论和路线方针政策之间的内在联系，反映了我军政治工作最本质的特征和要求。这一规律的基本含义是：党的理论和路线方针政策规定着军队政治工作的方向和任务；军队政治工作必须保证党的理论和路线方针政策在军队的贯彻执行。

1. 党的理论和路线方针政策规定着军队政治工作的方向和任务

党的基本理论，是马克思主义的科学理论，是伴随着革命、建设和改革的伟大历史进程，我们党把马克思主义中国化取得的科学成果，也是我们党全部实践活动的理论基础和科学指南。党的路线方针政策，是党在一定历史时期，依据党的基本理论，为了实现自己的使命任务、发挥自己的领导作用，所提出和制定的指导原则和行动规范。党的理论和路线方针政策深刻体现了党的性质、宗旨，反映了党在不同历史时期完成使命任务的客观要求，是党进行各项实践活动的根本遵循。党的旗帜就是军队的旗帜，整个军队的方向就是军队政治工作的方向。党的理论和路线方针政策从根

本上决定着军队政治工作的方向和任务，军队政治工作必须依据党的理论和路线方针政策来谋划和实施，为贯彻执行党的理论和路线方针政策服务。离开了党的理论和路线方针政策，军队政治工作就会成为无源之水、无本之木。偏移了党的理论和路线方针政策，军队政治工作就会偏离正确方向，就无法发挥出应有作用。

党的理论和路线方针政策历来是军队政治工作的基本依据。我军自建军以来，就把党的理论和路线方针政策作为开展政治工作的依据，以坚决贯彻执行党的理论和路线方针政策为己任。土地革命战争时期，我们党制定了实行土地革命、武装反抗国民党反动派的政治路线和一系列方针政策。为此，在军队中开展革命的政治工作，实施马克思主义基本原理教育和无产阶级的阶级教育，使红军指战员认识到自己的政治责任，明白为谁当兵、为谁打仗的道理，使党的理论和路线方针政策在红军中得到贯彻执行，成为当时军队政治工作的根本方向和主要任务。抗日战争时期，民族矛盾上升为中国社会的主要矛盾，我们党制定了实行国共合作、建立抗日民族统一战线、在党的领导下依靠全民族力量打败日本侵略者的路线方针政策。这一时期军队政治工作的根本方向和中心任务，就是在民族矛盾和阶级矛盾错综复杂的情况下，确保党对人民军队的独立领导，最大限度地动员官兵的抗战热忱，团结友军和一切可以团结的力量与日本侵略者作战。解放战争时期，我们党制定了打败蒋介石、解放全中国、建立新中国的路线和方针，军队政治工作深入进行思想教育和政治动员，使全体官兵切实认清国民党统治集团的反动本质，认清中国人民和中华民族的前途命运和希望所在，坚定了将革命进行到底的决心和意志。党的十一届三中全会后，我们党制定了社会主义初级阶段的基本路线，作出了实行改革开放和发展社会主义市场经济的重大决策。军队在大局下行动，热情拥护和支持改革，为保卫祖国、建设祖国，推进中国特色社会主义伟大事业做贡献成为军队政治工作的重要方向和基本任务。历史表明，坚持以党的理论和路线方针政策为依据，军队政治工作才会有正确的方向和目标，有明确的任务和要求，有强大的动力和旺盛的活力。

2. 军队政治工作必须保证党的理论和路线方针政策在军队的贯彻执行

必须坚持用党的理论和路线方针政策引领和规范军队政治工作，使军队始终保持军队建设和发展正确的政治方向，始终成为党和人民可以信赖依靠的力量，始终保持坚强的凝聚力和旺盛的战斗力。

把用党的理论和路线方针政策统一全军思想作为军队政治工作的首要任务。围绕贯彻执行党的理论和路线方针政策，做好深入细致扎实的思想工作，把官兵的思想认识统一到党的理论和路线方针政策上来，确保全军在思想上政治上与党中央保持高度一致，一切行动听从党中央、中央军委的指挥。党的理论是制定党的路线方针政策的基础和指导，路线方针政策是党的理论在一定历史时期的具体运用和集中体现。要坚持用党的理论武装官兵头脑，深入进行党的基本理论、基本路线、基本纲领和基本经验教育。在新形势下，特别是要组织广大官兵认真学习中国特色社会主义理论体系这一马克思主义中国化的最新成果，努力掌握蕴含在其中的立场、观点和方法，不断提高官兵特别是党员干部的马克思主义思想和理论水平。引导广大官兵紧密联系改革开放和社会主义现代化建设的实际，深刻认识党的路线方针政策体现了国家、民族和人民的根本利益，符合军队建设和发展的客观要求，不断增强贯彻执行党的路线方针政策的自觉性和坚定性。要围绕贯彻党的路线方针政策做好经常性的思想工作，教育引导官兵正确对待利益格局的调整，正确处理眼前利益与长远利益、局部利益与全局利益的关系，顾全大局，拥护和支持改革。同时，不断完善和落实相应政策制度，使改革开放的成果更好地惠及广大官兵，激励官兵报效国家、献身使命、建功立业。

切实加强党组织建设和干部队伍建设，保证党的理论和路线方针政策在军队的贯彻落实。努力提高军队党的建设的科学化水平，提高各级党组织贯彻和执行党的理论和路线方针政策的能力，使军队各级党组织始终成为领导本单位贯彻执行党的理论和路线方针政策的坚强领导核心。要努力建设高素质干部队伍，认真贯彻执行德才兼备、以德为先的用人标准，确保军队各级的领导权始终掌握在忠实践行和贯彻党的理论路线方针政策的真正的马克思主义者手里。

二、军队政治工作必须与时代发展相同步

军队政治工作与时代发展相同步的规律，揭示了军队政治工作与时代条件之间的必然联系，反映了我军政治工作与时俱进的内在品格。这一规律的基本含义是：时代条件是开展军队政治工作的重要依据；军队政治工作必须紧贴时代发展来进行。

1. 时代条件是开展军队政治工作的重要依据

时代条件对军队政治工作具有重要的影响和制约作用。时代是指依据特定标准划分的社会和事物发展的历史阶段。时代条件是构成一个时代的基本要素，反映了时代的本质特征，也是所有实践活动包括军队政治工作所处的大环境。军队政治工作作为一种生动具体的社会实践活动，必然要以一定的时代条件为依托。

时代条件影响着军队政治工作目标任务的确立和方法途径的选择，是开展军队政治工作的基本依据。军队政治工作与时代发展相同步，说到底，就是根据时代条件的发展变化，正确确定自身目标任务、方针原则和方法手段，实现政治工作的与时俱进。在长期革命、建设和改革实践中，我军政治工作立足不同的时代条件，分别提出和确立了与当时的时代条件相适应的目标任务、方针原则和方法手段，从而能够不断创新发展、发挥应有

作用。革命战争年代，我军在党的领导下，担负着开展武装斗争、推翻国民党反动统治、夺取全国政权的时代任务，面对的敌人十分强大，所处的环境极其险恶，进行的斗争非常残酷。与此同时，由于根植于小农经济的土壤、脱胎于封建的旧军队，各种非无产阶级思想对官兵的影响十分突出。在这样的时代条件下，我军确立了党对军队绝对领导的建军原则，创立并广泛开展了革命的政治工作，坚持用无产阶级思想教育官兵，用进步的政治精神灌注部队，把一支以农民为主要成分的军队改造成为无产阶级的新型人民军队，从而保证了革命战争的胜利，也保证了我军的发展壮大。新中国成立后，我们党取得了全国政权，我们国家进入了社会主义革命和建设的历史时期，我军担负着捍卫国家领土和主权完整，保卫人民和平劳动的神圣职责。立足这样的时代条件，我军教育引导官兵积极参加国家的各项建设事业，并着眼于建设现代化正规化革命军队的要求，开始系统进行军队政治工作的组织、机构和各种法规制度建设，使军队政治工作实现了新的发展。进入改革开放新时期后，我军所处的时代条件与之前相比有了很大变化，特别是与战争年代相比有了显著区别。为此，我军紧紧围绕如何继承政治工作的优良传统和提高部队战斗力这一重大课题，深入研究军队政治工作的特点规律，积极探索新的历史条件下实现军队政治工作根本目标的途径方法，采取了许多新的措施和办法，使军队政治工作始终保持了旺盛的生机与活力，保证我军经受住了改革开放和发展社会主义市场经济新环境的考验。

时代主题对军队政治工作的影响和制约作用尤为深刻。时代条件的内涵十分丰富，包括时代主题、时代背景、时代要求等多种要素。其中，时代主题在时代条件中居于核心地位，对军队政治工作的影响和制约作用最为广泛和深刻。不同的时代主题决定着党和军队不同的中心任务，进而决定着军队政治工作的目标任务和工作重心。在以革命和战争为主题的时代条件下，我们党的中心任务是开展武装斗争，因此，军队政治工作坚持"一切为了前线、一切为了胜利"，主要围绕保证革命战争的胜利来进行。20世纪80年代中期，我们党作出了和平与发展是时代主题的科学判断，实现了党和国家工作中心向经济建设转移，军队建设也相应地转到了相对和平时期建设的轨道上来。与之相适应，军队政治工作的目标任务和具体内容作出了许多重大调整，先后提出了军队政治工作"两个服务、四个保证"的指导思想和主要任务，提出了军队思想政治建设"两个提供"的历史使命和"三个确保"的时代课题，并把"两个服务""三个确保"确立为新世纪新阶段军队政治工作的基本任务。时代主题具有很强的战略性和一定的稳定性，不会轻易发生改变，因而对军队政治工作的影响也相对具有长久性。军队政治工作只有正确把握时代主题，始终坚持从时代主题的客观要求出发，正确确定一个时期和阶段的工作重心，才能顺利开展和取得预期效果。

2. 军队政治工作必须紧贴时代发展来进行

认识和把握军队政治工作与时代发展变化相同步的规律，就是要密切关注、正确把握时代条件的发展变化，紧紧跟上时代发展步伐，把军队政治工作建立在所处时代的现实条件之上，使军队政治工作更好地体现时代性、把握规律性、富有创造性。

军队政治工作必须紧跟时代发展加强总体谋划。我们所处的时代，是一个大发展大变革大调整的时代，是一个充满机遇和挑战的时代。时代发展的步伐越来越快，国际国内各方面的形势错综复杂、日新月异。军队政治工作着眼于时代条件、顺应时代发展，必须要有全局和战略眼光，坚持整体和辩证思维，运用联系和发展观点，善于从国际与国内的紧密联系和相互影响中，从政治、经济、军事、文化、社会等相关因素的紧密联系和相互影响中，去正确认识时代条件的发展变化，把握时代趋势，顺应时代潮流。特别是要抓住那些对于军队政治工作具有根本性、全局性、长远性影响的因素和条件，深入分析和揭示这些因素和条件的发展变化与军队政治工作之间的影响和互动，积极探求有效应对的措施和办法。当前，尤其要紧紧把握和平与发展的时代主题，把握改革开放和发展社会主义市场经济的时代背景，把握社会信息化程度不断加深的时代特征，把握军队职能使命不断拓展的时代要求，加强军队政治工作的整体谋划和前瞻研究，使军队政治工作始终符合时代发展的趋势和要求。

军队政治工作必须紧跟时代发展不断充实完善。随着时代的发展，不仅社会生活的各个方面都在发生着深刻变化，而且直接和间接地牵引和推动着军队建设不断发展变化。突出表现在，军队的编制体制不断调整，军队的武器装备不断更新，军队的成员结构不断变化，军队担负的任务不断拓展，这就必然对军队政治工作不断提出新的更高要求。军队政治工作必须努力拓展服务保证的领域、丰富工作内容、更新方式方法，以适应时代发展的客观需要。既要充分利用时代发展带来的积极影响，主动适应时代发展的新情况新特点和官兵的新要求新期待，大力弘扬主旋律，使政治工作富有时代感和影响力，又要高度重视时代发展带来的严峻挑战，充分认识和科学分析新的时代背景下产生的各种负面影响和效应，主动采取措施加以应对和解决。同时，在军队政治工作实践中，各级政治干部和广大官兵也在不断进行着新的探索，积累着新的经验，尤其需要及时将那些符合时代发展要求、在实践中形成又经过实践检验的新思想、新理念、新做法、新经验等吸纳和充实到军队政治工作体系中来，使军队政治工作不断趋于完善，从而更好地适应时代发展所提出的要求。

军队政治工作必须紧跟时代发展锐意改革创新。改革创新是时代精神的核心，也是军队政治工作永葆生机活力的根本性因素。军队政治工作在改革创新中应正确把握变与不变的辩证统一关系。我军的性质宗旨、根本职能永远不会变，因此，军队政治工作的地位作用、基本原则等带根本性的东西也永远不会变。但由于时代条件总是处在不断发展变化当中，军队政治工作的内容和形式、方法和手段等方面也应该不断改进创新。即使是过去一些行之有效的经验做法，也会因为时代条件的改变而失去其存在的合理性，或者降低和减弱效果。军队政治工作必须在坚持根本原则和制度的基础上，勇于探索，积极创新，及时改革调整与时代发展不相适应的东西，在坚持和继承优良传统的基础上，不断丰富新的内容，创造新的形式，采用新的方法和手段，为我军政治工作的优良传统和丰富经验注入新的内涵，使军队政治工作随着时代发展而持续焕发出新的生机，显示出强大的生命力。

三、军队政治工作必须与军队使命任务相适应

军队政治工作与军队使命任务相适应的规律，揭示了军队政治工作与军队使命任务之间的内在联系，反映了我军政治工作发挥服务保证作用的根本要求。这一规律的基本含义是：军队使命任务规定着军队政治工作的任务；军队政治工作必须紧贴军队使命任务来进行。

1. 军队使命任务规定军队政治工作的任务

军队使命任务对军队政治工作提出任务需求。军队因使命任务而存在，包括军队政治工作在内的军队建设的各个方面和全部实践，都是为了保证军队能够有效履行所担负的使命任务，都要围绕履行使命任务的要求来进行；离开了军队使命任务，军队建设的所有工作包括军队政治工作在内，都将失去存在价值。因此，政治工作的任务只能根据军队的基本任务与当前具体任务去规定，不能在我军基本任务与当前具体任务之外再有所谓政治工作的独立任务。军队政治工作就是从思想上、政治上、组织上去保证军队使命任务的完成。纵观历史，我军政治工作在各个不同历史时期的使

命任务，都是由这一时期军队所担负的使命任务所决定的。战争年代，我军担负着战斗队、工作队、生产队的使命任务，政治工作除了保证部队战斗力提高之外，还要执行宣传群众、组织群众、帮助地方群众建立政权和发展生产的任务。新中国成立以来，我军担负的使命任务不断拓展，军队由单一的陆军发展成为由陆军、海军、空军、火箭军等军兵种组成的合成军队，军事斗争的领域逐步拓展到海洋、太空、网络和电磁空间，除开军事斗争任务外，遂行的各种非战争军事行动趋于常态，军队政治工作的使命任务也随之不断丰富拓展，逐步产生和发展了各军兵种部队的政治工作以及执行多样化军事任务中的政治工作。尽管军队政治工作有其自身特殊的规律和特定的具体任务，但这些任务都是由军队的使命任务所提出、所派生并且为军队履行使命任务提供服务保证作用的。

2. 军队使命任务为军队政治工作提供实践载体

军队政治工作并不是孤立存在和自我运行的事物，它总是围绕一定的实践活动、依托一定的实践载体来展开和进行。而有效履行使命任务是军队最基本的实践活动，正如胡锦涛所指出的："人民解放军的全部工作，都要围绕有效履行这一历史使命来展开，各项建设都要围绕提高履行历史使命的能力来进行。"[①]军队政治工作的"生命线"地位作用，必须在服务保证军队履行使命任务的实践中体现；军队政治工作目标任务的确立、内容形式的设定、实际效果的检验，必须在军队履行使命任务的实践中完成；军队政治工作的创新发展，也必须根据军队履行使命任务新的实践要求，并在这一实践中来实现。离开了军队履行使命任务的实践活动，军队政治工作就会失去赖以存在的依托和发挥作用的平台，就会陷入自我循环、自我服务的怪圈。因此，无论何时何地，军队政治工作都要把军队的使命任

---

① 《国防和军队建设贯彻落实科学发展观重要论述选编》，解放军出版社2010年版，第99页。

务作为基本实践载体，自觉与军队使命任务搞好结合，在军队履行使命任务的过程中体现出应有价值，发挥出重要作用。

3. 军队使命任务决定政治工作目标方向

认识和把握军队政治工作必须与使命任务相适应的规律，就是要明确军队政治工作的方向目标和基本着力点，切实端正工作指导思想，使军队政治工作始终围绕确保有效履行使命任务来展开。

适应军队履行使命任务需要强化服务保证。军队有效履行担负的使命任务，需要有可靠的政治保证和强大的精神动力。政治工作在军队履行使命任务的过程中要发挥服务保证作用，应突出强化以下职能：一是强化思想教育。深入进行军队根本职能和使命任务教育，使官兵对军队的使命任务有深刻理解，对军人应尽的职责有清醒认识，不断增强忠于使命、献身使命、不辱使命的自觉性和主动性。二是强化党组织建设。军队各级党组织是所属部队的领导核心和战斗堡垒，对于部队有效履行使命、完成任务具有决定性作用。要大力加强党组织的能力建设和先进性建设，使各级党组织在军队履行使命任务的过程中切实发挥坚强有力的领导作用。三是强化人才培养。按照履行使命任务对人才素质提出的要求，加大人才培养力度，努力培养造就大批高素质新型军事人才，为军队有效履行使命任务提供强有力的人才支持。四是强化战斗精神培育。军队履行使命任务，必然面临着血与火、生与死、苦与累的严峻考验，离不开勇猛顽强、敢于牺牲的战斗精神。要强化官兵的战斗队意识，培育当兵打仗、带兵打仗、敢打必胜的战斗精神，保证一声令下能够圆满完成党和人民赋予的各项任务。

适应军队履行使命任务需要搞好结合渗透。军队政治工作紧贴军队使命任务来进行，就是要融入履行使命任务的各项实践活动中去。要结合军事斗争准备的实践，把政治工作渗透到军事训练等日常工作中去。军队的根本职能是遏制和打赢战争，提高核心军事能力、做好军事斗争准备，是有效履行军队根本职能的基础和前提，也是军队使命任务的重中之重。军事训练是和平时期军队最基本的实践活动，是战斗力生成的基本途径，也是部队的经常性中心工作。政治工作要融入军事训练，进一步端正训练指导思想，坚持从难、从严、从实战需要出发，营造大抓军事训练的浓厚氛围，激发官兵的训练热情。要结合完成多样化军事任务的实践，把政治工作渗透到完成任务的全过程。新形势下我军担负的多样化军事任务日趋繁重，特别是遂行非战争军事行动任务明显增多。军队政治工作应从思想教育、宣传鼓动、心理服务、政策保障、法律咨询、组织优化、人才支持等方面发挥服务保证作用，确保多样化军事任务的圆满完成。要结合官兵履职尽责的实践，把政治工作渗透到各个工作岗位中。军队使命任务是靠广大官兵在各个岗位上共同完成的，岗位实践是官兵完成使命任务的基本途径。因此，政治工作要渗透到广大官兵的工作岗位和具体职责之中，把政治工作做到战位、哨位和机位，形成全员全方位覆盖。

适应军队履行使命任务需要拓宽工作领域。在新形势下，我军所担负的使命任务非常繁多，而且还在不断拓展。其中既有战争行动，也有非战争军事行动；既有在境内的，也有在境外和国外的；既有通常环境下的，也有特殊环境下的；既有普通官兵只要付出努力就能完成的，也有需要特殊和专门人才参与才能完成的；等等。军队使命任务的变化和拓展，要求军队政治工作不断开阔视野、丰富内容，努力拓展服务保证的领域范围。比如，政治工作要向心理服务工作领域拓展延伸。信息化条件下战争愈益残酷激烈，对官兵的心理会造成严重冲击和影响。这就要求政治工作必须高度重视做好官兵的心理服务工作，加强心理疏导，排除心理疾患，使官兵始终保持良好的精神和心理状态。又比如，军队使命任务的拓展对人才提出了新的要求，建设信息化军队、打赢信息化战争要求大批懂得信息技术、信息管理和使用的人才，开展舆论战、心理战、法律战需要相应的新闻、法律、心理及外语专业人才，遂行多样化军事行动任务需要特殊的工程人才、救援人才等。军队政治工作要切实加强人力资源管理和建设，最大限度地满足部队履行使命任务的人才需求。

四、军队政治工作必须与工作对象实际相符合

军队政治工作与工作对象实际相符合的规律，揭示了军队政治工作与工作对象之间的内在联系，反映了军队政治工作必须从工作对象的实际出发的客观要求。这一规律的基本含义是：工作对象的实际是军队政治工作的基本出发点，军队政治工作必须紧贴官兵实际来进行。

1. 工作对象的实际是军队政治工作的基本出发点

我军官兵是军队政治工作的主要对象。开展军队政治工作的过程，就是政治工作主体通过卓有成效的思想工作和组织工作，对官兵进行教育、培养和塑造，使之符合党和人民的要求，适应履行军队使命任务和岗位职责需要，得到全面发展的过程。工作对象的实际特别是官兵实际，是军队政治工作的基本出发点。

从官兵实际出发，是坚持军队政治工作根本作风和方法的必然要求。扎实有效地做好军队政治工作，从而实现其目标、完成其任务，要靠良好的作风和方法做保证。军队政治工作的根本作风和方法是实事求是和群众路线，这是党的思想路线和工作路线在军队政治工作中的具体体现，也是军队政治工作能够产生巨大威力、发挥重要作用的关键。坚持这一作风方法，要求军队政治工作实事求是地确立工作目标、设置工作内容和开展各项工作，坚持从群众中来，到群众中去，相信并依靠广大官兵开展工作。这些要求集中到一点，就是要一切从官兵的实际出发，端正态度、扑下身子，深入基层和官兵当中，认真进行调查研究，切实把官兵的思想、工作、生活等各方面的情况搞清楚、把握准，为正确有效地开展军队政治工作奠

定坚实基础。

从官兵实际出发，是坚持以人为本、促进官兵全面发展的必然要求。军队政治工作是围绕官兵这个军队建设的主体所开展的工作，是培养人、塑造人、激励人、团结人的工作，坚持以人为本、促进官兵全面发展，既是新形势下建军治军的重要理念，也是军队政治工作必须坚持的重要原则。坚持这一理念和原则，就是要了解官兵、尊重官兵、信任官兵、服务官兵，从官兵的思想基础和愿望要求出发，把军队的整体性要求与官兵合理的利益诉求和理想愿望有机统一起来，充分调动广大官兵的积极性，使官兵在为国防和军队建设做贡献的同时，个人合理的愿望要求也能得到满足，综合素质得到提升。新的历史条件下，广大官兵的思想和行为带有鲜明的时代特征，呈现出许多新的特点，特别是民主意识不断增强，成才愿望十分强烈，利益诉求更加多样。军队政治工作只有从官兵的这些实际出发，切实尊重官兵的主体地位，努力想官兵之所想、急官兵之所急、帮官兵之所需，才能得到广大官兵的理解和信任，受到他们的拥护和支持。

从官兵实际出发，是增强军队政治工作实际效果的必然要求。军队政治工作的过程，是一个主体与客体互动并共同发挥作用的过程。军队政治工作目标的实现，要通过工作对象表现出来；军队政治工作的方法、手段，要作用于工作对象并为之接受才会有效。工作对象直接制约着军队政治工作的开展，影响着军队政治工作的效果。由于时代条件不同、社会环境不同、个人成长经历和家庭状况不同，官兵的思想基础、利益需求往往有很大差别，不仅不同时代的官兵有其时代烙印，即使是处于同一时代和同一环境的官兵，也有各自的鲜明特点。只有从官兵实际出发，既看到不同时代官兵的群体性差异，又看到同一时代官兵的个性化特点，有的放矢，对症下药，特别是注重做好一人一事的工作，军队政治工作才能取得预期成效。

2. 军队政治工作必须紧贴官兵实际来进行

认识和把握军队政治工作与工作对象实际相符合的规律，就是要切实尊重官兵的主体地位，把官兵实际作为军队政治工作的出发点，把促进官兵全面发展作为军队政治工作的落脚点和最终归宿，切实增强军队政治工作的主动性、针对性和实效性。

准确把握新形势下官兵思想观念、心理特征和行为方式的新变化，增强军队政治工作的主动性。了解掌握官兵实际，是增强军队政治工作主动性的前提。新的历史条件下，官兵的思想、心理和行为方式出现了许多新变化，同时，由于人的思想和心理具有隐匿性特点，了解掌握官兵真实的思想和心理往往难度很大。必须善于透过各种现象把握官兵思想的本质，摸清官兵究竟有什么思想上的困惑和问题，其中哪些是主要的，哪些是次要的；摸清官兵特定思想产生的内在原因，其中哪些是主观的，哪些是客观的；摸清到底有哪些信息渠道影响官兵思想，其中哪些影响力较大，哪些影响力较小；摸清这些特定思想对官兵个人和军队的影响，其中哪些是积极的，哪些是消极的。只有深入透彻地了解官兵实际，准确把握官兵的思想脉搏，军队政治工作才能真正贴近官兵，切实增强主动性，避免盲目被动和流于空泛。

积极适应官兵思想、心理和行为变化的新特点，增强军队政治工作的针对性。有针对性才有实效性，无的放矢只会事倍功半甚至前功尽弃。军队政治工作紧贴官兵实际，就是要针对官兵的特点开展工作，使各项工作和措施能够与官兵形成共振、产生共鸣。针对新时期官兵主体意识提高、民主意识增强的特点，政治工作必须切实尊重官兵的主体地位，充分发挥他们在军队建设中的主人翁作用，最大限度地把官兵的智慧凝聚起来、积极性调动起来、创造性发挥出来。针对新时期官兵利益观念增强、利益诉求多样的特点，政治工作必须在坚持思想领先的同时贯彻物质利益原则，在引导官兵正确对待物质利益的基础上，采取政策和法律等多种手段方式，积极实现、维护和发展官兵正当合理的物质利益。针对新时期官兵文化水平提高、成才欲望强烈的特点，政治工作必须加大科学技术和文化知识含量，想方设法为官兵的学习和成才搭建舞台、创造条件。针对新时期官兵中独生子女比较普遍、心理问题明显增多的特点，政治工作必须关注官兵的为人处世、生活习惯和心理健康等现实问题，使官兵在军营健康成长、愉快工作和顺利成才。

努力满足官兵工作、生活、交往中的新要求，增强军队政治工作的实效性。军队政治工作能否为官兵所喜闻乐见并取得好的效果，在很大程度上要看其能否满足官兵多方面的正当合理需求。为此，军队政治工作必须调整思路、转变方法，用更加积极、更加符合时代要求的态度去看待官兵，特别是正确看待官兵的个性特点及其在工作、生活、交往等方面的合理要求，强化以人为本观念和服务意识，尊重人、服务人、关心人、提高人，努力在满足官兵实际需求的过程中，增强军队政治工作的亲和力、感召力和影响力，达到军队政治工作的预期目的。

（本文系2010年参与马克思主义理论研究和建设工程重点教材《军队政治工作学》编写期间为该教材"军队政治工作基本规律"一章撰写的初稿）

军队政治工作的指导理论

建立并不断创新发展政治工作，把革命的、进步的政治思想灌注于军队之中，是中国共产党领导当代中国军事的一个伟大创举。唯其如此，我们党才锻造出了一支真正的、完全新型的人民军队。政治工作，质言之，就是党的工作，就是党按照自己的面貌和世界观建设军队、按照自身的政治要求和政治目标掌握和运用军队的工作，是党在军队中的思想工作和组织工作。毫无疑义，党的旗帜就是军队政治工作的旗帜，党的方向就是军队政治工作的方向，党的指导思想就是军队政治工作的指导思想。马克思主义的科学理论奠定了军队政治工作的全部基础，为军队政治工作提供了基本依据和科学指南。

第一，马克思主义理论为军队政治工作指明了方向。人们常说，政治工作是管方向的，方向来自哪里？来自马克思主义科学理论的指引。只有坚持马克思主义科学理论的指引，政治工作才能正确理解党在一定历史时期的工作路线、工作重心，把握党对军队的政治要求，从而卓有成效地开展工作。尤其是在当今世界各种思想文化相互激荡、意识形态领域里的斗争依然十分尖锐复杂的情况下，在敌对势力煞有介事地鼓吹"军队非党化、非政治化"和"军队国家化"，企图改变我军性质的情况下，政治工作只有坚持以马克思主义为指导，才能为部队也为自身提供科学的理论武装，提供观察和分析问题的政治上的显微镜和望远镜，才能引导官兵正确识别泥沙俱下、鱼龙混杂的社会思潮和价值观念，坚定理想信念，铸牢不变军魂。

第二，马克思主义理论为军队政治工作奠定了科学原理。军队政治工作是一门科学。这门科学的发展固然要从许多新型学科吸收营养，但马克思主义的辩证唯物主义和历史唯物主义则为其提供了基本的世界观和方法论，奠定了其基本原理，例如马克思主义关于社会存在决定社会意识的观点，事物普遍联系和发展变化的观点，人在本质上是一切社会关系的总和的观点，人们奋斗所争取的一切都与利益有关的观点，社会的物质文明、政治文明和精神文明协调发展相互促进的观点，社会的全面发展与人的全面发展相统一的观点，等等。坚持这些基本原理是政治工作保持革命性和科学性的保证，也是政治工作正确回答和解决问题的根本保证。

第三，马克思主义理论为军队政治工作提供了强大的思想武器。"乱花渐欲迷人眼"，当今世界和当代中国正处于深刻的历史变革之中。在政治多极化、经济全球化和科学技术迅猛发展、社会生活日益信息化的情况下，在改革开放和社会主义市场经济的条件下，在中国特色军事变革的伟大历史进程中，引导官兵正确观察和分析形势，正确认识种种扑朔迷离的社会现象和鱼龙混杂的社会思潮，正确认识和处理各种利益关系，以释疑解惑、激浊扬清，是军队政治工作经常性的重大课题，而马克思主义理论就为政治工作提供了认识上的伟大工具。只有以这一科学理论为武器，政治工作才能引导官兵透过现象把握事物的本质，不为一些错误观念光怪陆离的虚幻"圣光"和花样翻新的时髦包装所迷惑，保持政治上的清醒和坚定；才能在思想政治领域旗帜鲜明地坚持真理、纠正谬误，提倡先进、反对落后，发扬正气、祛除邪气。

第四，马克思主义的科学理论为军队政治工作提供了科学的工作作风和方法。《中国人民解放军政治工作条例》第十一条指出："中国人民解放军的根本作风和方法是实事求是和群众路线。"这种作风和方法的哲学基础正是辩证唯物主义和历史唯物主义，是党的思想路线和根本的工作路线在政治工作实践中的运用和体现。政治工作本质上是群众工作，是用党的理论、路线和方针政策去教育、引导、激励、组织和规范官兵的工作。离开了实事求是和群众路线，政治工作就不可能发挥应有的效能。在新形势下，政治工作必须把继承和发展统一起来，努力创造新形式、新手段、新方法，增强时代感和针对性实效性主动性，而这种创新的基本要求和基本途径，依然是实事求是和群众路线。

（本文系2007年5月的一篇授课稿的节录）

在深化国防和军队改革中加强和改进政治工作

一

目前，我军正处在一个深化国防和军队改革的重要的窗口期和黄金时期。

世界军事变革的深入发展，既对我军构成了严峻的挑战，又提供了难得的机遇。世界军事史表明，军事形态发生革命性变革的时期，往往是一个力量格局分化重组、"重新洗牌"的时期。一些原先的军事强国的军队，固然可以得风气之先，率先转型，巩固其领先地位，而一些原先相对落后国家的军队如果见事早，锐意革新，举措得当，也有可能直抵前沿，甚至后来居上，这就是所谓的后发优势。中国古代曾留下赵武灵王胡服骑射、变革强军的佳话。今天，我军尤其要发扬生气勃勃的创新精神，抓住机遇而千万不能丧失机遇。

我国改革开放的深入发展和综合国力的大幅度提升为军队的改革提供了适宜的外部环境，提供了不断改善、日益丰厚的物质基础，提供了过去所不曾有的经济、科技和机制条件。例如依托国民教育培养和造就军事人才，利用市场机制优化军事资源的配置，建立现代职业军官制度，实现军队的社会化保障，等等。在全面建设小康社会的历史进程中，实现富国与强军的统一不仅是必须的，而且是可能的。

近年来，我军武器装备建设取得了显著成就，武器装备系统的信息化水平大幅提高，这既对军队的指挥方式、编组形式、组织结构等提出了新的要求，也为军队的改革创造了前所未有的硬件条件。如果我们充分利用信息技术的主导性、联通性、融合性等特征，适时对各种力量单元和要素进行整合，就有可能实现我军战斗力的整体跃升。

综上所述，不失时机地深化国防和军队改革势在必行。

二

把军队改革引向深入，必须进一步解放思想。

如果说在一切领域都需要思想解放的话，那么在军事领域解放思想更是须臾不可放缓、不可懈怠。军事领域是一个事关国家和民族"死生之地、存亡之道"的领域，是一个以生动对抗和战略博弈为主要特征的领域。"春江水暖鸭先知。"军事领域是科技进步、社会发展最敏感的晴雨表和风向标。兵无常势，水无常形。因时而变，因形而变，因势而变，因敌而变。变则通，变则利，变则无穷，变则不竭。军事上没有一成不变的法则，没有一成不变的体制制度。在军事上故步自封、抱残守缺、不思变革、不思进取必然导致落后，而落后就意味着挨打，意味着灭亡。

我军是一支用马克思主义武装起来的、具有伟大创新精神的、生气勃勃的人民军队。战争年代，我军适应形势任务的转换和自身的发展，不断创新军事理论和战略战术，不断革新军制。我军变化多端的编组方式、不拘一格的作战方法、奥妙无穷的军事指挥，令号称强大的对手徒唤奈何，甘拜下风。然而，正因为我军是一支有着光荣历史和优良传统的军队，是一支胜利之师，往往容易使一些同志自觉或不自觉地沉湎于往日的辉煌，陶醉于曾有的殊荣，失去锐意改革创新的动力。长期的和平环境，由于缺少实战的检验和砥砺，容易造成盲目乐观的情绪，形成故步自封的惰性，使人缺少改革的紧迫感。因此，要把军队改革引向深入，必须大声疾呼、积极倡导解放思想。要努力摒弃在机械化半机械化条件下形成的、以打大规模地面战争为主要背景的、与传统的计划经济体制相联系的不合时宜的军事观念和军事思维方式，树立与建设信息化军队、打赢信息化战争相适应的、与社会主义市场经济体制相吻合的军事观念和军事思维方式。

在军事领域继续解放思想，必须鲜明地确立战斗力标准。战斗力是军队履行使命的核心能力。一支军队的建设水平、军事系统功能的优化，归根结底要体现在战斗力上。军队就是要讲战斗力。要改变那种用先验的、抽象的标准评价和裁判军事决策、军事制度的思维定式，把有利于生成、提高、巩固和发挥战斗力作为谋划改革的出发点和落脚点，作为检验改革得失成败的唯一标准，应兴则兴，应革则革。应该看到，战斗力是军队建设最活跃的因素。在信息化条件下战斗力要素内涵和战斗力基本形态正在发生深刻变化。因此，谋划军队改革必须瞄准信息化，使之有利于转变战斗力生成模式，有利于形成与信息化相适应的新的军事组织形态，有利于发挥信息力在战斗力中的主导作用，有利于提高我军基于信息系统的体系作战能力。

在军事领域继续解放思想，很重要的是处理好坚持我军特色与借鉴和吸收外军有益经验的关系。一方面，我军是党的军队，人民的军队，社会主义国家的军队。在80多年的胜利征程中，我军形成了党对军队绝对领导的根本原则，形成了全心全意为人民服务的唯一宗旨，形成了听党指挥、服务人民、英勇善战的优良传统，形成了坚持以人为本、实行三大民主等一系列具有鲜明特色的治军理念和治军方法，这些都是我军建设的根本性要求，是我们的宝贵优势和看家本钱。"天不变，道亦不变。"坚持并有利于保持和发展我军特色，是军队改革的应有之义，绝不能数典忘祖、妄自菲薄。那种言必称外军，唯外军马首是瞻的观点是错误的。另一方面，也应该看到，军队作为一种高度社会化的、与先进生产力和现代科学技术密切联系的、严密的军事组织，其建设和战斗力的生成有着某些固有的规律可循。一些发达国家的军队在信息化建设与军事变革上起步较早，他们的一些做法在一定程度上反映了信息化军队建设的共同规律和发展趋势，代表了世界军事发展的潮流，值得我们认真研究和借鉴。"他山之石，可以攻玉。"我军只有以发达国家军队的发展为参照系，才能瞄准世界军事发展前沿，走在世界军事发展的前列。封闭自恋只能导致落后。当然，借鉴不等于照抄照搬，不应该邯郸学步，要学人之长，为我所用。

三

把军队改革引向深入，离不开生动有力、富有创造性的政治工作。

马克思主义指引下的、革命的、进步的政治工作是我军勇于变革、勇于创新的力量源泉，是我军永不僵化、永不停滞的奥秘所在。要坚持用中国特色社会主义理论体系特别是科学发展观武装官兵头脑，提高广大官兵特别是各级领导对改革的必要性、重要性和紧迫性的认识，增强推进改革的责任感和紧迫感。要把党的建设作为军队政治工作的核心内容，紧紧抓住能力建设和先进性建设这条主线，提高各级党组织领导改革的能力，强化党员的开拓创新意识。军队的改革是一个复杂的军事系统工程。要引导广大官兵运用科学发展观所蕴含的马克思主义的立场、观点和方法来分析和认识改革中遇到的各种矛盾和问题，正确认识改革，热情支持改革，积极推进改革。要通过深入细致的思想政治工作，引导官兵正确对待改革中的利益调整，牢固树立大局意识，自觉以局部利益服从全局利益，个人利益服从集体利益，当前利益服从长远利益。

深化军队的改革，也包括军队政治工作领域自身的改革。很多改革本身就属于政治工作的范畴或者与政治工作有关，例如改革军事人力资源的配置方式，扩大党内民主和军队内部的民主，提高选人用人公信度，等等。因此，政治工作不仅要在改革中发挥好服务保证作用，还要积极推进自身的改革和创新。在政治工作领域要坚持"不变"与"变"的统一，不变的是军魂，是根本原则、根本制度和优良传统，变的是具体的制度安排和运作方式。通过改革建立起精干、灵便、高效、利战的政治工作体制编制和运行机制，建立起以人为本、有利于凝聚和吸引人才、有利于战斗力提升的政策制度。

（本文发表于2010年10月）

创新和发展军队政治工作的基本着眼点

马克思主义认为，战争是政治的继续，军事是政治的集中体现。军队作为武装集团，归根结底代表和体现一定政治集团、一定阶级、一定国家的利益，是为实现其政治目标、政治任务而服务的。因此，军队不能不具有强烈的政治性。尽管许多剥削阶级的军队总是极力掩盖其为少数人服务的性质，甚至有意淡化其政治和意识形态色彩，但是凡军队皆有政治性的工作，古今中外，概莫能外。

共产党人不屑于隐瞒自己的政治观点。在马克思主义的旗帜下，在全心全意为人民服务的宗旨下，建立强有力的政治工作，把革命的、进步的政治思想灌注于军队之中，是我军从建军之初就形成的优良传统，是我军区别于旧军队和一切剥削阶级军队的显著标志之一，是我军特有的政治优势，是我军克敌制胜的力量源泉。

除开鲜明的阶级性、强烈的实践性之外，我认为，军队政治工作的最显著特征，就是它的创新性。因为我军政治工作的一整套方针、原则、制度和方法，不仅旧军队没有，资本主义国家的军队没有，就是与苏联以及其他社会主义国家的军队也有很大的不同，可谓"开天辟地第一回"。在这一领域最鲜明不过、最集中而生动地体现了中国共产党人在军事上的伟大创新精神。正是有了政治工作的创立和创造，我们这支以农民为主要成分的军队才能够一新其面貌，才能够真正成为党绝对领导下的、无产阶级性质的人民军队。一句话，没有创新，就没有军队政治工作。创新是军队政治工作之根，创新是军队政治工作之魂。传统是什么？传统不过是昨日创新的积淀。同样，要使我军的优良传统发扬光大也有赖于今天的创新。离开了与时俱进，传统之水就会干涸，传统之花就会枯萎。

那么，创新和发展军队政治工作应该把握哪些基本着眼点呢？我认为至少有以下四点。

一、着眼于坚持和保证党对军队的绝对领导

江泽民在党的十六大报告中指出："党对军队的绝对领导是我军永远不变的军魂，要毫不动摇地坚持党领导人民军队的根本原则和制度。"为什么说党的绝对领导是我军永远不变的军魂呢？我理解，这是因为党的领导是决定我军性质的最根本、最关键的因素。我军全心全意为人民服务的宗旨，社会主义共产主义的理想信念，爱国主义与社会主义相统一的精神支柱，当代革命军人核心价值观，等等，归根结底是在党的领导和培育下形成和确立的。中国共产党是中国工人阶级的先锋队，也是中华民族的先锋队。它以振兴中华民族为己任，是有中国特色社会主义事业的领导核心。正因为我军是党的军队，所以我军才能成为名副其实的人民的军队，成为堪称"钢铁长城"的社会主义国家的军队。党的旗帜就是军队的旗帜，党的方向就是军队的方向。如果抽掉了党的绝对领导，我军就失去了灵魂，不仅"不变质"将成为一句空话，而且不可能"打得赢"。因为在当代中国只有党才能为我军确立正确的军事战略；才能使我军正确应对世界军事变革的挑战，走在世界军事发展的前列；才能激励和凝聚全军在为祖国、为人民的战斗中决战决胜。军队政治工作，质言之，就是党在军队中的工作，是党为了掌握和领导军队实现自己的政治任务，在军队所开展的思想工作和组织工作。

毫无疑义，我们思考军队政治工作创新必须着眼于坚持和保证党对军队的绝对领导。离开党对军队的绝对领导，军队政治工作的改革与创新就会偏离方向。但是，永远不变的军魂和与时俱进的精神并不矛盾。军魂不

变，党领导军队的根本原则和根本制度不变，不等于党领导军队的一些具体形式和方法一成不变。事实上，从战争年代到和平时期，我们党领导军队的具体制度和方法是一直随着形势和任务的变化而发展的。今天，我军建设所面临的环境、任务与战争年代相比发生了巨大的变化，即使是与20世纪90年代相比也有很大的变化，特别是信息化条件下的战争已经成为我军可能面对的主要战争形态。与此相对应，我军的组织形态也发生了很大变化，并且仍在进一步的改革之中。如何使党对军队领导的具体制度和方法更好地适应我军编制体制的改革，如何在未来的高技术战争中既能保证党对军队绝对领导的实现，又能实行灵便高效、灵活机动的战场指挥，提高我军的快速反应能力，需要我们大胆探索，深入研究。

二、着眼于提高、巩固和发挥部队的战斗力

军队姓军，军队是要打仗的。军队的政治工作和思想政治建设不仅要确保军队正确的政治方向，而且要着眼于提高、巩固和发挥部队的战斗力。

在人类军事发展的长河里，我们可以看到一定的军队战斗力总是与一定的生产力联系在一起的。在军事领域代表先进生产力的发展要求，从根本上说就是要代表先进战斗力的发展要求。军队战斗力的先进性主要从两个方面体现出来。

一是阶级基础的先进性。新生的、先进的阶级代表社会发展方向，因而能够用理想和信念把官兵凝聚起来，能够最大限度地激发官兵的战斗热忱，能够创造和形成新的军事理论和作战方法，因而其军队尽管在一开始处于弱小的地位，武器装备处于劣势，但往往能够以弱胜强、克敌制胜。这也是我们为什么要强调党对军队绝对领导的重要原因。我军阶级基础的先进性是我们的敌人难以比拟的。新形势下的军队政治工作依然要致力于发挥这种优势，巩固我军的阶级基础，用马克思主义的科学理论，特别是

党的创新理论武装官兵，引导官兵自觉地认识到自己是在为人民的利益而战、为祖国的利益而战、为社会主义共产主义的崇高理想而战。要靠党的坚强领导出战斗力，靠理想信念出战斗力，靠战斗精神出战斗力，靠团结出战斗力，靠作风和纪律出战斗力。凡此种种，都是军队政治工作的着力点。

二是科学技术水平的先进性。科学技术的发展推动着战争形态的发展，推动着战斗力形态以及整个军事领域的变革。在当代，科学技术是第一生产力，也是最重要的战斗力，是战斗力的倍增器。军队建设的科技含量，特别是武器装备的现代化程度直接决定着军队的战斗力水平。党中央、中央军委提出科技强军战略，正是基于对这一当今世界军事发展本质特征的敏锐洞察和深刻把握。因此，军队政治工作的创新发展也要为贯彻科技强军战略服务，努力为科技强军提供旺盛的精神动力和有力的智力支持。要有针对性地解决官兵在科技强军的伟大实践中出现的现实思想问题，强化官兵的科技意识特别是信息化意识，把培养与我军现代化建设目标相适应的高素质人才作为政治工作的重要任务。

三、着眼于官兵的全面发展

实现人的全面发展，是马克思主义创始人关于科学社会主义的一个极为重要的思想。在马克思看来，人的真正解放，是与人的全面的、自由的发展联系在一起的。共产主义社会之所以是人类历史上最美好的社会、是人类社会发展的理想境界，而不是像一些庸俗社会主义者所理解的那样仅仅是吃得好、穿得好，例如"土豆烧牛肉"，更主要的是因为它为一切人的自由而全面的发展提供了广阔的天地。党的十六大报告鲜明地提出了实现人的全面发展的思想，并且将其与全面建设小康社会的目标联系起来，这是对社会主义本质论的重要丰富和发展，对于加强和改进新形势下的思想政治工作具有重要的指导意义。实现人的全面发展，既是手段，又是目的。从手段来讲，只有实现人的全面发展，才能为现代化建设提供充分的人才支持和人才保障；从目的来讲，人的发展需要本身就是人最重要、最深层次的需要，在人的利益结构中处于最高的层次。实现人的全面发展本身就是"三个代表"的体现，就是代表最广大人民群众的根本利益。从一定意义上说，后面这一层含义更为重要，但遗憾的是这一点还较少为人们所讲到，或者讲到了却强调得不够。旧军队都是把官兵单纯作为炮灰、作为战争工具的，而我军是人民的军队，我军的政治工作不仅要激励官兵能打胜仗，要有利于提高军队的战斗力，也要有利于官兵的成才发展，为他们发展自己的能力、提高自己的素质、施展自己的才华创造条件。在今天这样的相对和平时期，在改革开放和社会主义市场经济条件下，这一点尤为重要。要进一步健全军队的民主制度，保证官兵的民主权利，充分发挥官兵在军队现代化建设中的主动性、积极性和创造性。要更好地贯彻把军队建设成一个大学校的思想，努力满足官兵渴望成才的需要和日益增长的、不断拓展的精神文化生活的需要。

四、着眼于培育和弘扬先进文化

从一定意义上讲，军队政治工作也是一种军事文化建设。在整个社会文化体系中，军事文化是一种亚文化。在文明史上，军事文化曾经对整个人类文化的发展和进步产生重要的影响，作出重要的贡献。姑且不讲军事哲学、军事理论、军事技术、军事组织形态对社会文化的影响，单是军事文化对民族精神的影响就十分深远。党的十六大报告指出，中华民族形成了以爱国主义为核心的团结统一、爱好和平、勤劳勇敢、自强不息的伟大民族精神。我认为军队就是孕育这些精神的最重要的摇篮。我军诞生以后，在马克思主义指引下，在党的领导下，更是孕育出了一种全新的文化，为民族精神的再造和弘扬发挥了重要的作用。江泽民要求军队在文化建设上走在全军的前列，这既是很高的标准，也是党和人民对军队的期望。因此，军队政治工作一定要高举先进文化建设的旗帜，坚持用科学理论武装人，以正确舆论引导人，用崇高精神塑造人，以优秀作品鼓舞人。要旗帜鲜明地抵制腐朽文化的侵蚀，恪守我军的政治本色和道德高地。同时也要看到，社会主义文化是比资本主义更高的文化形态，是对资本主义文化的扬弃。只有在借鉴和吸收人类一切优秀文化成果的基础上，才能创造堪称先进的社会主义文化，才能真正代表先进文化的前进方向。对当代西方文化要做具体分析，一方面它们往往与资本主义的思想体系、价值观念和生活方式相联系，有其腐朽、没落、颓废甚至是反动的一面；另一方面，当代西方文化是与科学技术的巨大进步联系在一起的，是与当代生产力发展的前沿联系在一起的，因而在一定的意义上或者说某些方面，也体现了文化发展的最新趋势，值得我们加以借鉴。例如当代西方的许多文化形式、文化时尚就为青年包括我军官兵喜闻乐见。政治工作要把传统性和时代性统一起来，使我军的政治工作更有时代气息，更为引人入胜，更加富有成效。

（本文发表于2003年4月）

把以人为本作为政治工作的核心理念

以人为本是科学发展观的本质和核心，也是我们党执政理念的重大创新。我认为，在政治领域提出以人为本，从一定意义上说不亚于在经济领域提出社会主义也可以搞市场经济，是一次巨大的思想解放。政治工作主要是做人的工作的，是党的群众工作，更应把以人为本作为核心理念。坚持以人为本，不是一般的工作方法问题，而是根本的政治立场、政治原则和政治态度问题，是各级领导干部和机关必须担当的政治责任。

在政治工作中贯彻以人为本，最重要的是把推进军队建设科学发展与促进官兵全面发展统一起来。促进官兵全面发展，是建设信息化军队、打赢信息化战争的客观要求，也是从本质上关心和爱护官兵。现在，应该说以人为本的理念已经深入军营军心，但在政治工作具体实践中把"以人为本"当口号喊、做标签贴的现象还不同程度地存在，在一些单位还存在着一些不符合"以人为本"要求的现象。比如，有的领导干部偏重于教育和管理官兵，忽视关心和培养官兵；有的领导干部偏重于要求官兵履行义务，忽视维护官兵的合法权益；有的单位民主机制不够健全，民主渠道不够通畅，在军队建设和发展的重大决策上，在事关官兵切身利益的问题上，不能广泛、及时地征求官兵意见，凝聚官兵智慧，听取官兵建议，体察官兵诉求；个别单位借口军人职业特殊，侵占官兵娱乐、休息、休假等正当权益；一些单位片面强调部队的高度集中统一，压缩甚至剥夺官兵个性发展的空间，不重视为官兵的成才发展创造条件，提供帮助；一些基层官兵的实际困难还没有得到有效解决；等等。

为此，有必要鲜明地提出把以人为本作为政治工作的核心理念。军队政治工作以人为本，必须注意以下几个方面的问题。一是既要把官兵作为政治工作的客体，又要把官兵作为政治工作的主体。政治工作作为党在军队中的思想工作和组织工作，把广大官兵作为基本的工作对象是没有疑义的。但是，更应该看到官兵是我军现代化建设的主体，也是政治工作的主体。要充分相信和依靠广大官兵，依靠群众开展政治工作、开展群众性的政治工作，努力创造官兵自我教育、主动受教育、在实践中受教育的有效形式。二是既要着眼于提高官兵思想政治素质，又要着眼于促进官兵全面发展。顾名思义，政治工作一定要讲政治，要坚持不懈地搞好马克思主义的理论武装和灌输工作，搞好中国特色社会主义理论的学习和教育，注重从思想上解决官兵的政治立场、政治原则、政治方向问题。但政治工作也不能为讲政治而讲政治、搞空头政治，必须围绕引导官兵立身做人、成才立业，全方位地提高官兵的能力素质，包括思想政治素质、伦理道德素质、科学文化素质和身体心理素质，努力满足官兵实现自身全面发展的愿望和需求，使政治工作真正成为一种培养人、提升人、成就人的工程，成为阳光下最美好的事业，使各级政治干部成为官兵最信赖的、最愿意亲近的人，增强政治工作的吸引力、感召力。要按照育人的理念重新定位和设计政治教育，增进政治教育的人文知识含量、科学文化知识含量。要把军队现代化建设的实践作为促进官兵全面发展的舞台，鼓励和支持官兵岗位成才，在履职尽责中修身砺志、增长才干。中国有句话，叫作"道不远人"。政治工作如果缺少人文气息、人文关怀，必然是缺少吸引力和感召力的，必然是无效的、失败的。三是既要理直气壮地强调牺牲奉献，又要关心官兵的切身利益。政治工作必须坚持正确的思想导向和高格调，体现原则性和战斗性，注重从思想上高屋建瓴地解决问题，同时也要设身处地体恤官兵的疾苦，努力解决他们的实际困难，把解决思想问题与解决实际问题结合起来，把坚持思想领先与体现物质利益结合起来。四是既要强调部队的集中统一和铁的纪律，又要实现和维护好官兵的民主权益。军队作为武装集团，必须保持高度集中统一，必须强调一切行动听指挥，不能搞极端民主化。但同时也要看到，新形势下官兵的民主意识不断增强，应积极探索在新形势下发扬我军"三大民主"的优良传统、实现军队内部民主的有效形式，充分调动官兵在军队建设中的积极性和创造性，发挥他们的聪明才智。同时，也要在组织官兵积极参与民主的实践中提高他们的素质。

（本文发表于2011年5月）

思想政治教育功能刍议

古今中外，任何一支军队都极为重视铸造一种理念和精神作为部队的魂。例如，欧洲十字军战争利用宗教感情，我国农民起义打出"替天行道"的旗帜，美国军队声称并灌输"美利坚的利益在地球的每一个角落"，日本军队宣扬为天皇效忠的"武士道精神"……不管这些东西是进步的还是反动的，是自觉的还是盲目的，都启示我们，精神力量对于一支军队是何等重要！

战争年代，我军艰难奋战而不溃散，星星之火终可燎原，由弱到强横扫千军，这种坚强的凝聚力和战斗力并非来源于优渥丰厚的物质条件，而是来源于基于共同理想、共同革命目标所形成的强大精神力量。这是我军的真正优势所在。为此，在新形势下，必须更好地发挥思想政治教育熔铸我军理想信念和核心价值的功能。

一是灌输功能。科学的理论、先进的思想以及由此形成的精神力量不是自发地、自然而然地产生的，需要进行灌输。教育正是实行这种灌输的必要手段。思想政治教育要坚持用马克思主义及其中国化时代化的科学理论武装官兵的头脑，敢于并善于讲大道理，不能"犹抱琵琶半遮面"，也不能"半入江风半入云"。

二是导向功能。在改革开放和市场经济条件下，各种思想文化呈现出泥沙俱下、鱼龙混杂的现象，官兵的价值取向、利益追求、人生选择也出现多元化的趋势，这就需要思想政治教育发挥明心见性、释疑解惑、激浊扬清、扶正祛邪的导向功能，引导官兵自觉地抵制落后的、腐朽的思想文化，纠正种种错误的、不良的思想倾向，继承和发扬我军的优良传统，培养和保持部队的良好风气。

三是激励功能。思想政治教育既是一种马克思主义科学理论及人类优秀文化知识的灌输和传授，也是一种革命热情、革命精神的激发和鼓励。要通过目标激励、榜样激励、褒奖激励、物质利益激励等多种手段，激励官兵争先创优、思进向上。

四是转化功能。思想政治教育不能只是一般地解决"知"的问题，还要努力解决"行"的问题，要引导官兵完成由理论到觉悟、由觉悟到行为、由行为到习惯的转变，达成培养"四有"革命军人的目标。

五是补偿功能。按照现代心理学的观点，人的需要是多层次的，有物质方面的，也有精神方面的，而精神方面的需要、自身发展的需要往往更深层、更强烈。当物质需求因种种客观条件限制难以完全满足时，更需要从精神方面加以补偿。思想政治教育应该更全面地满足官兵的精神需求和价值追求，努力提升他们的思想境界，使官兵增强军人职业的使命感和荣誉感，做到为祖国、为人民乐于吃苦，甘于奉献，勇于牺牲。

（本文发表于1998年5月）

对新形势下我军思想政治工作的几点思考

在加快改革开放、发展社会主义市场经济的形势下，我军思想政治工作面临着许多新情况、新问题，必须大力加强和改进。

一、要坚持先进性

毫无疑问，思想政治工作要从官兵的觉悟水平和认识能力出发，进行生动具体而又富于说服力的教育。但是，思想政治工作是否可以因此而降低格调呢？我认为是不可以的。不仅如此，越是在市场经济的条件下，越是要坚持我军政治上的先进性，越是要讲革命的理想和纪律，越是要讲艰苦奋斗、无私奉献精神。

坚持思想政治上的先进性是由我军的性质和宗旨决定的。我军是中国共产党创建、培育和绝对领导下的人民军队，以全心全意为人民服务为唯一宗旨，共产党员、共青团员占很大比例，是一个组织纪律严密、高度集中统一的战斗集体，是党的政治优势和组织优势的重要体现，是全社会中比较先进的一部分。党和人民应该而且必须在思想政治上对我军提出先进性的要求。江泽民同志指出："在新的历史条件下，我军应在精神文明建设方面更好地起带头作用，走在社会前列。"他特别强调要大力发扬邓小平同志倡导的"五种革命精神"，坚持不懈地在干部战士中大力贯彻这些精神。这对我们确立新时期军队思想政治工作的基本格调、基本思路，具有很强的指导意义。

这几年，我们一些同志做思想工作，往往不敢讲、不会讲革命的大道理。有的甚至连一些共产党人最基本的道理也不敢讲了，令人每兴"古调虽自爱,今人多不弹"之叹;有的讲大道理吞吞吐吐、扭扭捏捏,"口将言而嗫嚅,足欲进而趑趄","千呼万唤始出来,犹抱琵琶半遮面"。古人云:"取法乎上,仅得其中;取法乎中,仅得其下;取法乎下,仅得其下矣。"不敢讲共产党人、革命军人的大道理,思想政治工作怎么能够高屋建瓴、纲举目张呢?我们还是要理直气壮地讲社会主义、共产主义的远大理想,讲我党我军全心全意为人民服务的宗旨,从人生观、价值观这个根本上解决问题。有了这一条,其他问题就好解决了。当然,大道理不是空道理,不是不食人间烟火,要努力把大道理讲实、讲活、讲生动,使之有情感有温度,讲到官兵的心坎上。

思想政治工作要坚持先进性,有几个认识问题要厘清。一是正确认识适应社会主义市场经济的环境和条件。坚持思想政治工作的先进性,发挥正确导向功能,以进步的思想灌注去克服市场所无法完全避免的一些消极因素,是"适应"的题中应有之义。那种借口"适应"市场经济来否定思想政治工作应有的先进性和原则性的观点是错误的。二是正确认识转变思想,更新观念。要使政治工作跟上飞速发展的改革开放新形势,必须解放思想,更新观念。但是这里有一个问题:更新什么观念?什么样的观念才是新观念?现在有一种倾向,似乎一讲更新观念,我军过去传统的东西都不行了,都过时了,都在"更新"之列。这是一种误解。辩证法所谓的"新",并不是以时间的早晚、出现的先后为标准,而是要看它是否代表了事物或者历史的发展方向。观念也是分层次的,我军在几十年的斗争中,形成了一些最基本的观念,例如为人民服务的观念,讲理想、讲纪律的观念,艰苦奋斗的观念,无私奉献的观念,等等,这些观念是无产阶级先进思想与我军建设实践相结合的产物,体现了人民军队的本质,因而具有长期的稳定性,具有跨越时空的长久的生命力,是常讲常新的,不存在过时的问题。我们所要做的只是适应新的历史条件,赋予其新的时代的内涵。

只有有了这些最基本的观念，其他新观念才会有适宜的生长点。因此，在新的历史时期，我们仍然要旗帜鲜明地弘扬这些观念，不能一讲到"竞争"呀，"利益"呀，"参与"呀等新名词就津津乐道，而对我们的一些看家的东西则不敢讲，理不直，气不壮。三是正确认识物质利益原则。政治工作一定要关心人、体贴人，一定要考虑到、照顾到人们的实际利益；反之，就不是唯物主义的。在改革开放和发展社会主义市场经济的条件下，人们对物质利益的关注普遍增加了，解决思想问题一定要同解决实际问题、关注官兵的物质利益结合起来。但是，利益并不是孤立的，正如江泽民同志深刻指出的："个人利益要在国家、社会利益的发展中得到实现。"为了党和人民、国家和社会的全局的、长远的利益而自觉地牺牲某些个人的、眼前的利益，这就是"义"。我们在政治工作中，一定要坚持义利统一观，只讲"义"，讳言"利"，或者不讲"义"，只单言"利"都是片面的。军队作为一个以牺牲和奉献为其主要职业本质的社会群体，更不能忽视精神支柱的作用。现在政治工作中有一种无所作为的观点，认为现在部队中存在的思想不稳定等问题，主要是由"反差"引起的，解决问题只能靠提高干部待遇，思想工作无能为力。这种认识是片面的。正确的思路应该是像江泽民同志强调的那样，坚持"两手抓"。既要讲物质利益原则，要关心并重视解决干部战士的实际问题，也要紧紧抓住思想教育这个中心环节，用无私奉献精神、艰苦奋斗精神、创业精神把全军振奋起来、凝聚起来、团结起来，形成顾大局、向前看、甘愿牺牲、奋发向上的浓厚空气。

二、要提高战斗性

与政治工作的先进性相联系的是它的战斗性。鲜明的党性和坚强的战斗性是我军政治工作的一个优良传统和重要特征。但是，近些年来对政治工作的战斗性讲得很少了。其实，越是在改革开放和发展社会主义市场经济的形势下，越有强调其战斗性的必要。

建立社会主义市场经济体制，有利于解放和发展生产力，有利于提高综合国力和人民生活水平，也有利于人们开阔眼界、活跃思想、开拓创新，其积极因素无疑是主要的。但同时也应清醒地看到，市场活动中出现和存在的东西，并不都是积极的、健康的、合理的。社会主义市场经济体制的建立，需要一个较长的过程。当前正处于新旧体制转换期，市场发育不成熟，各项改革的具体措施不够配套，法制不够健全，更容易滋生以权谋私、权钱交易、唯利是图、贪污受贿等消极腐败现象。在对外开放中，资本主义的腐朽思想、价值观念、生活方式也会乘虚而入。军队不是生活在真空里的，社会上的消极现象也必然会对部队产生不良影响。近年来部队中消极现象增多，正与这个大背景有关。江泽民同志指出："我们的党和人民，决不允许那种损人利己、唯利是图、金钱至上、尔虞我诈等错误思想在社会生活中泛滥，决不允许给各种腐朽思想提供阵地。""对于错误的、丑恶的东西，必须予以抵制、批评和纠正，不能漠然视之，更不能任其泛滥，让它们去腐蚀人们的思想灵魂。"这些都说明在市场经济形势下，政治工作必须提高战斗力，以大力发扬积极因素，努力克服消极因素。提倡什么，反对什么，弘扬什么，抵制什么，一定要旗帜鲜明。

提高政治工作的战斗性，有三个"丢不得"。一是政治工作教育人、改造人、培养人的任务和功能丢不得。政治工作注意尊重人、理解人、关心人，这是对的，但光讲这一面是不够的，它的根本任务仍是教育人、改造人、培养人。有的人总觉得"改造"两个字眼叫人听了不舒服。其实毛泽东同志早就讲过了，无产阶级认识世界包括两个目的：改造客观世界和改造主观世界。任何人都需要改造。周恩来同志说，要"活到老，学到老，改造到老"，我们为什么就不能"改造"了呢？当下政治工作仍然应该鲜明地提出改造人的任务，帮助干部战士不断地纠正一些错误思想，引导他们不断确立正确的理想和信念、正确的人生观和价值观，自觉地抵制腐朽、错误的东西的侵蚀。这样一个过程既是改造人的过程，也是培养人的过程，培养寓于改造之中。二是面对改革和发展社会主义市场经济中复杂的社会现象和思潮，政治工作对事物批判的眼光和态度丢不得。"批判"，这也是"文化大革命"中被滥用而搞得名声很不好的一个词。其实马克思主义的本质就是批判的，就是在对事物的肯定的理解中包含着对它的否定的理解，这是一个非常深刻的思想和科学的态度。我们应该为"批判"正名。在发展社会主义市场经济的条件下，社会生活中的现象非常复杂，各种思潮鱼龙混杂，我们应该保持清醒的头脑，用批判的眼光去加以分析，分清哪些是正确的，哪些是错误的；哪些是积极的，哪些是消极的；哪些是既有积极的一面，又有消极的一面的；哪些是军队和地方都可以适用的，哪些是只适用于地方而军队却不能照搬的，从而采取正确的态度，兴利除弊、激浊扬清。特别是对于市场经济的两重性要有清醒的认识，既要打消"姓社姓资"之类的疑虑，又不能认为只要在市场经济前面加上"社会主义"四个字，就万事大吉、光昌流丽了，有百利而无一弊了。其实，通过包括思想政治工作在内的经济的和政治的、行政的和法制的、思想的和文化的等各种手段，来保证我国市场经济的社会主义性质，正是我们所要做的工作。三是政治工作批评与自我批评的武器丢不得。批评与自我批评是我党我军政治工作的优良传统，毛泽东同志曾经把有无认真的批评与自我批评作为我们党区别于其他政党的一个显著标志加以强调。但近年来，在党内政治生活中，在政治工作的实践中，批评与自我批评的空气大大淡薄了，这一武器也有"刀枪入库"之虞。对错误的人和事，对错误倾向，不敢理直气壮地进行批评，不敢较真，不敢碰硬。有的领导甚至采取一种哄着干、捧着干的办法，例如对一些伸手要官、闹转业的干部，有的领导不是批评其个人主义的倾向，而是无原则地表示同情，用"上级不批准""名额有限"

之类的话加以推诿。这样怎么能谈得上政治工作的战斗性呢？因此，在新形势下，有必要强调政治工作要拿起批评与自我批评的武器，特别是要发挥党管干部的作用，以抵制拜金主义、享乐主义、极端个人主义等错误思想对干部的影响。

三、要注重系统性

思想政治工作的目标既然是培养"四有"军人，就应该把它作为一个系统工程来看待。不能零打碎敲，不能遇到什么抓什么，不能只拘泥于一人一事，不能头痛医头、脚痛医脚，要有总体构思和谋划。也就是说，要注重整体效应。现在，我们部队好多教育不大管用，大道理不敢讲，讲了也没人听，甚至产生逆反心理，一个重要的原因就是缺乏系统性。教育中你给他输入了一个正信号，而在现实生活中他所大量接收的却是负信号，这又怎么能行呢？思想政治工作不能只是就道理讲道理，不能只是局限于上上课谈谈心，而要树立"大政工"的理念，着眼于建设，着眼于"造势"，运用各种手段和方式，努力创造一个培养人、教育人的良好环境。就实际情况来看，以下几个方面是十分重要的。

一是风气的教化作用。风气对于人的思想和行为的影响是潜移默化的。纯正风气，既是建设社会主义精神文明的紧迫要求，又是提高思想政治工作有效性的必要条件。必须看到，这些年，受社会上拜金主义和腐朽人生观、价值观的影响，我军的风气已经受到一定程度的侵蚀。一定要从领导做起，从机关做起，从干部做起，肃贪倡廉，带出一个好风气。思想政治工作不抓端正风气，效能就无从谈起。

二是政策的导向作用。政策归根结底是一种利益导向。与舆论导向的作用相比，政策导向的作用是无声的，但却是更加强有力的。我们一定要重视正确的政策导向。要求干部安心部队工作，就要在政策上鼓励干部在部队工作。强调无私奉献的精神，就要让无私奉献的老实人、"老黄牛"尽量不吃亏、少吃亏，尽量使他们从物质上精神上得到补偿。如果一方面讲无私奉献光荣，另一方面是现实生活中无私奉献的人不受重用，而偷奸耍滑、投机取巧的人大行其道，那么无私奉献宣扬得再多，也是缺少号召力的。

三是榜样的示范作用。榜样的力量是无穷的。身教胜于言教。打铁必须自身硬。思想政治教育要让有理想的人讲理想，有道德的人讲道德，行奉献的人讲奉献，这样才有说服力、感染力；反之，只会坏了教育本身的名声。除了教育者自身要做好之外，还要善于发现和推出先进典型，用官兵身边体现崇高精神的人和事去教育和引导大家。

四是法纪的规范作用。古人云："不以规矩，不能成方圆。"人的行为不仅要受到思想的引导，还要受到法纪的规范。在市场经济条件下，这一点尤其重要。思想政治工作一定要同加强管理、严格法纪结合起来，与依法治军、从严治军结合起来，要用党纪、国法、军纪来规范大家的行为；对违法乱纪的现象，要敢于动真格。惩于前方能惩于后。

五是情感的激励作用。人是感情动物，思想政治工作者不能总是板着面孔，冷冰冰的，更不能成为"冷血动物"。既要晓之以理，以理服人，又要动之以情，以情感人，做到合情合理、有情有理、情理交融。对干部战士的切身问题和实际困难绝不能漠然视之，要设身处地地去想，满腔热情地去帮助解决。

（本文发表于1999年10月）

把握思想政治工作创新的本质要求

党的十六大报告指出:"与时俱进,就是党的全部理论和工作要体现时代性,把握规律性,富于创造性。"这一论述揭示了我们党所倡导的与时俱进精神的科学内涵,指明了理论和实践创新的本质要求,对于在新形势下加强和改进思想政治工作具有重要的指导和启示意义。

第一,新形势下的思想政治工作必须在体现时代性上下功夫。日月飞驰,春秋代序,斗转星移,沧海桑田,世界处于永恒的发展变化之中。如果说一切工作都需要与时俱进,那么思想政治工作尤其需要与时俱进。这是因为思想政治工作是党的工作,是党为了实现历史任务而在群众中开展的宣传、教育、引导、激励等思想性的工作,而党的工作任务和工作重心是随着时代的发展而不断变化的;思想政治工作是做人的工作,而人的思想和观念是随着时代、随着社会存在的变化而变化的。

与时俱进,首先要知"时",不知"时"者谓之盲目。研究时代的变化以及这种变化所带来的人们的思想观念、思维方式、行为方式和生活方式的变化,是做好思想政治工作的前提。当今世界和中国正处于飞速发展和急剧变动之中。从国际来说,世界多极化的趋势在曲折中发展,经济全球化的浪潮势不可挡,新一轮科技革命方兴未艾,各种思想文化相互激荡。如果说工业革命给人类社会的发展提供了轮子,那么信息革命则给人类社会的腾飞插上了翅膀,微电子信息技术、生物工程等高科技日新月异地改变着人类的社会生活,信息时代的曙光已经照临东方的地平线。从国内看,改革向纵深发展,社会主义市场经济体制初步建立,社会组织形式和经济结构发生了重大变化,我国加入WTO,对外开放进入了新阶段。所有这些都已经并将继续对人们的思想产生深刻的影响，对思想政治工作提出了许多新课题新要求。面对我们这个飞旋的星球，面对种种令人目不暇接、眼花缭乱的新事物新情况，思想政治工作者绝不能做"桃花源中人"，要保持自己对于时代发展的敏锐感知力和接受新事物、获取新知识的能力，使自己的思想跟上飞速发展的形势。

与时俱进关键是要思"进"，不思"进"谓之僵化。要适应变化了的形势，跟上时代前进的步伐，依据新的历史条件和社会环境确立新的工作方针，努力增强思想政治工作的时代感，体现时代性。唯其如此，思想政治工作才能有针对性和有效性，才能有亲和力和生命力。例如，思想政治工作的观念要体现时代性，要确立以人为本、着眼于人的综合素质的提高和全面发展的观念，要把教育人、培养人、塑造人和尊重人、理解人、体贴人统一起来，要把解决思想问题和解决实际问题统一起来，把先进性的要求与广泛性的要求统一起来。思想政治工作的内容要体现时代性，不仅要着力解决政治上的坚定性问题，还要注重解决思想道德的纯洁性、心理素质的健康性问题；不仅要坚持进行马克思主义科学理论的学习和教育，进行党的路线、方针和政策的教育，还要进行社会主义市场经济所需要的社会公德、职业道德教育；不仅要注意培养社会主义和爱国主义的精神，还要致力于培养集体主义的精神如企业精神、团队精神等。思想政治工作的手段要体现时代性，要适应信息网络化的趋势，高度重视并充分运用信息网络技术及其他现代传媒，使思想政治工作提高时效性，扩大覆盖面，增强影响力。思想政治工作的方法要体现时代性，在坚持马克思主义的认识论和方法论的同时，大胆借鉴现代社会学、心理科学、行为科学等前沿学科的有益方法，要改变那种居高临下、单向灌输的做法，更多地采取民主讨论的方法、双向交流的方法、群众自我教育的方法，寓教于乐，寓教于学，寓教于一切有益身心的实践活动，讲求春风化雨，润物无声，耐心细致，潜移默化。

第二，思想政治工作要在把握规律性上下功夫。创新不是玩弄新名词和新概念以哗众取宠，不是形式主义和表面文章的标新立异，创新的本质是研究新情况，解决新问题，探索新规律，是在更高的层次上揭示规律、把握规律并创造性地运用规律。只有正确地把握规律，自觉地运用规律，思想政治工作才能取得预期的效果。

在改革开放不断深化和建立社会主义市场经济的条件下，社会经济成分、组织形式、利益关系、就业方式以及分配方式日益多样化，人们思想活动的独立性、选择性、多变性、差异性明显加大，获取信息、接受教育的渠道大大拓宽，思想观念和思维方式发生了很大的变化，竞争意识、民主意识、个性意识、效益意识、法制意识大大增强，这都使思想政治工作的主体和客体等各个方面呈现出许多新特点，从而在新形势下做思想政治工作也必然有着与以往不同的规律，这是我们必须着力探索的。

规律是有层次的，我们不仅要研究和把握思想政治工作的一般规律，而且要研究和把握新的历史条件下思想政治工作的特殊规律，把握各个不同行业、不同领域以及各个不同单位思想政治工作的具体规律。要探索新形势下人们思想活动的规律，把准人们的思想脉搏，增强思想政治工作的预见性、针对性和主动性。要探索在不同经济成分和社会组织中、在不同类型的人群中开展思想政治工作的规律，使思想政治工作与一些新出现的经济成分和社会组织有机地结合起来，与一些流动人群结合起来，防止出现空当和死角。要探索思想政治工作与经济工作及其他业务工作相结合的规律，使思想政治工作如影随形般地渗透于各项工作中，形成思想政治工作发挥效能的有效机制。

第三，新形势下的思想政治工作要在富于创造性上下功夫。规律是事物内在的必然的联系，规律只能运用，不能违背，但遵循规律并不排斥人的主观能动性，恰恰相反，它为人们发挥主观能动性提供了广阔的天地。紧跟时代，把握规律，还必须创造性地开展工作。

要正确处理继承传统和发展创新的关系。思想政治工作是我们党特有的政治优势，从战争年代到社会主义建设和改革开放的新时期，我们党把马克思主义的历史唯物主义原理和群众路线的工作方法贯穿于思想政治工作中，形成了一整套行之有效的方针、原则、制度和做法，这是我们的宝贵财富，在新形势下我们必须很好地继承这些优良传统。但是传统是什么？传统是昨日的创造，是昨日创造的结晶。昨日的创造凝结成今天的传统，今天的创造也终将成为明天的传统。创新是一切优秀传统的精魂，是它的本质要求。要想使传统不致成为一种"历史的惰性"，就必须努力创新，在创新中不断赋予传统以新的时代内涵。率由旧章，故步自封，表面上看是继承传统，实际上是窒息乃至扼杀传统的生命力。

要正确处理贯彻党中央、中央军委和各级领导部门关于思想政治工作的方针指示与创造性地开展工作的关系。依据形势的发展和实践的需要，及时提出加强和改进思想政治工作的意见，是各级领导的重要职能。毫无疑义，对于党中央和各级领导部门关于思想政治工作的指示必须坚决贯彻落实，但是贯彻落实的过程就是一个上级的指示与本单位的实际相结合的过程，就是一个创造性地开展工作的过程。一切等因奉此，简单地照抄照转，照本宣科，看起来"原原本本""认认真真"，其实是一种不负责任的懒汉做法，其结果只会败坏思想政治工作的声誉。

要正确处理理论创新与实践创新的关系。实践基础上的理论创新是社会发展和变革的先导，也是推进思想政治工作改革与创新的先导。思想政治工作作为人文社会科学的一个重要学科，一定要加强基础理论建设。广大从事思想政治工作研究的理论工作者要增强使命感，进一步解放思想，更新观念，以开拓进取、日新又新的理论勇气大胆进行理论探索，努力为思想政治工作的创新提供有力的理论指导。但是创新的理论不是坐在屋子里想出来的，不能指望幽居斗室，冥思苦索，灵机一动，妙笔生花。必须看到，思想政治工作是一门社会实践性很强的科学，思想政治工作本质上是群众工作，思想政治工作创造性的源泉在于群众之中，在生机勃勃的建设中国特色社会主义的实践之中。"问渠那得清如许，为有源头活水来。"人民群众有无限的创造力。改革开放以来，人民群众已经创造了大量开展思想工作、进行自我教育的好形式。各级领导和理论工作者要努力投身并深入现代化建设的实践中去，及时发现和总结实践中的新鲜经验，并把这些经验适时上升到理论和制度的层面，加以普及和推广，使思想政治工作更加为群众喜闻乐见，更加富有成效。

体现时代性、把握规律性、富于创造性是一个有机的整体。体现时代性指明了我们进行思想政治工作创新的现实依据和历史坐标，把握规律性揭示了思想政治工作创新的本质规定，而富于创造性则指出了推进思想政治工作创新所必需的精神状态和思想方法。只要我们大力弘扬与时俱进的精神，在实践中把三者有机地统一起来，就一定可以开创思想政治工作的新局面。

（本文发表于2002年12月）

强化思想政治教育的科学精神和人文精神

思想政治教育怎样才能真正拨动官兵的心弦？我认为，最根本的是把以人为本作为基本理念在思想政治教育领域鲜明地确立起来。思想政治教育是党的工作，也是做人的工作，是做培养人、塑造人、完善人的工作。思想政治教育既要为实现党的政治任务服务，又要为促进官兵的人格完善和全面发展服务；既要有强烈的政治功利性，又要有鲜明的人文体恤性。马克思主义是党性与科学性、革命精神与人文精神的统一。马克思主义的政治，体现在致力于人的解放和人的发展这一崇高的、深广的人文关怀之中。离开官兵的实际利益和自身发展去讲政治，只会败坏政治工作的声誉。反观当下的某些教育，往往过于强调它的政治功利性，而忽视了其应有的科学精神和人文精神。这样的教育是不可能引起官兵的共鸣的。为此，思想政治教育要进一步强化和应用好五种力量。

一是思想的力量。一位哲人说过，思维着的大脑是这个星球上最美丽的花朵。思想是引导人类文明的灯塔，人类文明的每一个进步都离不开思想的解放、思想的升华、思想的启蒙。思想走多远，我们就能走多远。思想的魅力是无穷的。思想政治教育，顾名思义，就是要有思想，要靠思想的力量抓住人、打动人、掌握人。思想政治教育无思想，岂非咄咄怪事！可遗憾的是，我们一些教育者搞的所谓"教育"，思想含量却稀薄得很，清汤寡水，既缺少新颖、深刻的思想观点，又缺少严密、系统的逻辑论证，缺少理性的、思辨的思想光芒，只是简单重复一些现成的政治术语、政治口号，充满了大话空话套话，很难给人以启迪、启发，这样的教育，其效果可想而知。有人说，这年头，讲大道理不行了。其实，不是讲大道理不行了，关键在于我们能不能把大道理讲深讲透讲实讲活。理论只要彻底，就能够说服人。我们要为思想的力量正名。思想政治教育者首先要成为一个思想者、一个思想的富有者，成为思想解放的先驱者，要努力提高马克思主义理论素养，提高运用马克思主义理论分析和说明问题的能力。

二是事实的力量。事实胜于雄辩。摆事实与讲道理是一对孪生兄弟，摆事实是讲道理的前提、基础。共产党人的优势就在于用事实说话。思想政治教育一定要贴近现实生活，注重用事实说话，善于用事实说话。不善于用事实说话，从理论到理论，从概念到概念，也是当下思想政治教育的一大通病。好多教育与社会实践、与官兵在实际生活中真切感受或耳闻目睹的现象脱节，结果是言者谆谆，听者邈邈。为此，思想政治教育首先要勇于面对现实，敢于正面回答官兵所关注的热点难点问题，例如苏东剧变、颜色革命、腐败现象、分配不公等，而不能采取"鸵鸟政策"。其次，要善于直接运用事实搞教育。改革开放以来，我国现代化建设飞速发展，人民生活得到了巨大的改善，已经实现了由温饱向全面小康的历史性跨越，社会生活为我们搞教育提供了多么丰富的养料呀！事实俱在，有目共睹。我们不能守着宝山不识宝，抱着金砖讨饭吃，要充分运用这些宝贵的教育资源搞好教育，例如开展社会调查、参观见学等。最后，要引导官兵正确认识事实，善于从本质上、主流上、总体联系上、发展趋势上把握事实，观察和认识现实生活。事实不等于个别事例、个别现象。要引导官兵透过现象看本质，防止一叶障目，不见泰山。

三是知识的力量。思想政治教育的目的从根本上来说，就是要引导人们确立以崇高理想为核心的世界观人生观价值观。马克思主义的世界观人生观价值观既是革命的，又是科学的，它建立在人类先进文化的基础之上，是人类精神文明建设的最高成果。正如列宁所说，只有用人类所创造的一切知识来武装自己，才能成为一个真正的共产主义者。要言之，丰富的知识，包括人文社会科学知识、自然科学知识，特别是现代科技发展的前沿知识，是培养共产党人理想信念的不可或缺的养料，是锻造世界观人生观和价值观的必备的平台。我们读马克思主义经典作家的原著时，常常惊叹，他们的学养是多么富赡，知识是多么渊博！可以说是含英咀华，云蒸霞蔚，吞江吐海，气象万千！先进的政治思想必须附丽在广博的知识之上。我们应该确立一种思想政治教育既是政治教育也是知识传播和灌输的理念。青年官兵正是学习的最佳时期，他们的求知欲非常旺盛，非常强烈。那种没有信息含量、知识含量的思想政治教育课是很难满足他们的求知预期的。遗憾的是，我们的某些思想政治教育知识含量过于稀薄，知识的内容和形态也缺少更新，难怪官兵听不起劲来，提不起神来。为此，必须下气力提高思想政治教育的文化含量、知识含量、信息含量。思想政治教育者要扩大知识面，改变相对单一的知识结构，广泛涉猎和汲取各方面的知识，特别是各个领域内的新知识，使自己既成为一个熟谙思想政治教育规律的专家，也成为视野开阔、学识渊博的杂家。

四是人格的力量。 共产主义既是一种科学的理想，也是一种崇高的人格，马克思曾经说，将来站在我们的墓碑面前，善良的人们将流下泪水。为什么会流下泪水？这就是人格的力量。思想政治教育要努力使崇高的理想、革命的道理人格化，要善于做好人格化的宣传和教育。近期全军大力宣扬了杨业功、丁晓兵等先进典型，这些都是思想政治教育的成功范例。现在一些教育活动没有效果，一个重要原因就是教育者自身的人格形象欠佳。思想政治工作者一定要努力修炼和塑造自己的人格形象。一个合格的、优秀的思想政治工作者应该有一种令人崇慕、令人倾倒的人格魅力，散发出一种迷人的人格光辉，就像敬爱的周总理那样，让人"高山仰止，景行行止"。只有这样，人们才会心悦诚服，见贤思齐。

五是利益的力量。 在中国传统的价值观中，人们往往把"义"放在了核心的位置，而羞于谈"利"，有道是"君子喻于义，小人喻于利"。见利忘义，重利轻义，历来为人们所鄙夷、所不齿。其实，义与利是对立的统一。正确理解的利益是整个道德的基础。离开一定利益关系、利益取向的抽象的"义"是不存在的。马克思说："人们奋斗所争取的一切，都与利益有关。""或闻海外有仙山，山在虚无缥渺间。"离开了现实的利益关系，离开人民群众的切身利益，侈谈理想信念，这样的理想信念高则高矣，远则远矣，但很难为人民群众所接受。毛泽东有一句十分经典、十分深刻的话："共产党人的任务，就是引导群众认识自己的利益，并且自觉地为实现自己的利益而斗争。"把党的历史使命与人民群众的现实利益紧紧联系起来，是我们党领导革命、建设和改革的一条基本经验。例如土地革命战争时期的打土豪、分田地，抗日战争中的减租减息，解放战争中的土地改革，都使官兵和广大群众切实感到了他们是在为自身的利益而战。反观我们今天的某些思想政治教育，则显得空洞苍白得很。不善于引导官兵正确认识当兵扛枪与他们自身利益、自身发展的关系，不善于引导官兵正确认识改革开放中的各种利益关系，好多方面陷入了唯心论和形而上学。例如，片面强调牺牲奉献，而忽视社会对此应有的回报与补偿；片面强调艰苦奋斗，而忽视新形势下，在经济社会飞速发展的情况下官兵日益增长的物质文化需求；片面强调严格纪律和集中统一，而忽视官兵正当的民主和自由的权益，忽视他们追求自身全面发展的愿望。这样的思想政治教育是很难拨动官兵心弦的。为此，思想政治教育要把解决思想问题和解决实际问题结合起来，在高扬牺牲和奉献精神旗帜的同时，努力体察和反映官兵的利益诉求，满足他们的合理要求和愿望，这样的思想政治教育才能真正讲到官兵的心坎上。

（本文发表于2010年3月）

培本固元之策　凝魂聚气之道
——论大力培育当代革命军人核心价值观

一个民族不可没有强大的精神支柱，有了强大的精神支柱，才能以昂扬的姿态、昌明的文化、长足的发展屹立于世界民族之林。

一支军队不可没有强大的精神支柱，有了强大的精神支柱，才能生气勃勃，雄风猎猎，所向披靡。

中央军委胡锦涛主席在2008年终的一次重要会议上郑重提出，要大力培育"忠诚于党、热爱人民、报效国家、献身使命、崇尚荣誉"的当代革命军人核心价值观。这一重要论述和决策，科学总结了我军思想政治建设的历史经验和新鲜经验，准确把握了新的历史条件下我军建设和发展的内在要求，为强化官兵精神支柱、发展先进军事文化指明了方向。

一

马克思指出："'价值'这个普遍的概念是从人们对待满足他们需要的外界物的关系中产生的。"人的社会实践具有合目的性。人们在社会实践中会自然产生事物有用性的判断，从而也就形成了价值的概念。价值是人的认识所应把握的一种特定的、基本的关系，同时也是人的实践活动的动因以及检验这种实践活动合目的性的内在尺度。

价值观是人们把握价值关系的特殊的观念系统，是人们认识和处理价值问题所持的立场、观点和方法的总和，它直接决定人的思维方式、价值判断和行为取向。

任何一个国家和民族，任何一种特定的社会形态，都有自己的主导价值观。它是国家、民族和社会精神文化的特质和底色，是该国家、社会生存和发展的精神支柱，是赖以构筑该民族精神家园的基石。

价值观强烈而鲜明地体现着人的世界观、人生观，反过来又对人的世界观、人生观有重要影响。

价值观有自觉与盲目、先进与落后之别，有崇高与庸俗、正确与错误之分。一种价值观是否科学、高尚、合理，归根结底是要看其是否符合事物发展的客观规律，是否顺应人类历史进步的必然趋势，是否体现和凝结了人类优秀的、先进的思想文化成果。

核心价值观，是特定价值观的核心部分，是人们基于一定的世界观、人生观形成的最基本的价值取向和最高价值判断标准。在价值体系中，核心价值观处于基础和核心的地位，发挥着主导、统摄和支配的作用。

从宏观来看，核心价值观是立党兴国强军之本；从微观来看，核心价值观乃做人安身立命之基。

核心价值观具有传统性。一般地说，它总是体现着一定的文化基因和历史传承。对于军队来说，一支军队的核心价值观就凝结和流淌在它的传统里。从这一意义上说，它是稳定的。核心价值观又具有一定的时代性，在其发展进程中总是要不断地吸收鲜活的文化因子，融入新的时代内涵。从这一意义上说，它又是与时俱进、不断升华的。

军队是一种特殊的社会组织，是执行政治任务的武装集团，鲜明的政治性、激烈的对抗性、严密的组织性、严格的纪律性是其显著的特征。因此，军队和军人尤其需要形成群体和个人普遍遵从的核心价值观。军人的核心价值观对军人思想道德和行为方式起着主导作用。没有鲜明的、具有凝聚力和感召力的核心价值观，就不可能合军聚众，克敌制胜。

纵观人类军事史，一切有远见、有作为的军事家和军队统帅都把培塑体现本阶级政治要求的军人核心价值观作为基本的治军之道；一切威武之师、胜利之师，无不洋溢和激荡着一股建立在一定价值观基础上的浩气雄风。

中华民族有源远流长、璀璨夺目的武德文化。中华民族的武德文化从一个重要方面展示了中华民族深厚而丰富的文化底蕴，凝结了中国军人核心价值观的文化基因。《尉缭子·兵教》中说："……此之为兵教，所以开封疆，守社稷，除患害，成武德也。"《孙子兵法》提出了"智、信、仁、勇、严"的为将之道。在长期的军事实践中，中华民族形成了以崇仁尚武、捍族保民、精忠报国、合军制胜等为主要内容的武德文化体系，中国军人历来以"执干戈以卫社稷"为神圣职责，以马革裹尸、以身许国为最大荣耀。在中华民族发展史上，涌现出了李广、岳飞、戚继光、郑成功等众多的军旅英雄。"生为百夫雄，死为壮士规""捐躯赴国难，视死忽如归""愿得此身长报国，何须生入玉门关""一年三百六十日，多是横戈马上行"……在中国军事文化的画廊里，以爱国主义、英雄主义为主旋律的军旅诗篇比比皆是。

放眼寰宇，世界各国军队大都有军人核心价值观的概括，并普遍重视核心价值观的培塑。美国军队在《2010年联合构想》中把军人核心价值观建设放在非常突出的位置，指出："无论是复杂的战斗决心还是简单的日常工作，都包括着道德因素；道德因素的核心问题是价值观，军人价值观是军人的精神支柱，是完成所肩负的使命的根本保证，是强化部队战斗力的思想基础，是养成军人性格的前提条件。"美军提出忠诚、职责、尊敬、奉献、荣誉、正直、个人勇气七个核心价值观念，列入"基础战斗训练教育"。美军各军兵种、院校还普遍根据自己的实际提出相应的价值观，并扎实有效地开展教育。近年来，俄罗斯军队在提出"为重振俄罗斯担当使命"的同时，还提出了荣誉、形象、责任、纪律、勇敢等核心价值观念，并通过多种措施强化官兵的核心价值观养成。法国军队强调"忠于法兰西"、"做不屈的高卢雄鸡"以及"自由平等""顽强坚忍""呵护名节"等核心价值观；英国军队强调"忠诚""自豪""坚定"，"做真正的不列颠勇士"；德国军队强调"忠诚""服从""勇敢""奋发"……可以说，重视核心价值观的构建和培塑是世界各国军队的普遍做法。

在我军政治工作的话语体系中，过去没有"核心价值观"的提法，但可以毫不夸张地说，我军是世界上最注重核心价值观建设、核心价值观最鲜明的军队。在党的领导下，在马克思主义科学世界观的指引下，我军从创建一开始就把进步的政治工作灌注于军队之中，着力解决"为谁当兵、为谁打仗"的问题，形成了人民军队所特有的价值体系和核心价值观。这种核心价值观，就蕴含在我军建设的基本原则以及人民军队所特有的革命精神和革命作风中。毛泽东同志关于人民军队性质、宗旨、原则、作风、纪律、战斗精神的许多经典论述，都从不同侧面揭示了我军的核心价值观，对构建我军核心价值观起到了奠基性的作用。例如，他为我军确立了党指挥枪的根本原则和全心全意为人民服务的根本宗旨，提出了"三大纪律八项注意"，并大力倡导一往无前的精神，"一不怕苦，二不怕死"的革命精神。进入新时期，邓小平同志强调我军"始终要忠于党，忠于人民，忠于国家，忠于社会主义"，发扬"五种革命精神"，培育"有理想、有道德、有文化、有纪律"的革命军人等。江泽民同志要求我军做到"打得赢、不变质"，强调铸牢党对军队绝对领导这个军魂，并倡导开展"爱国奉献、革命人生观、艰苦奋斗和尊干爱兵"教育等。正是由于我们党注重革命军人核心价值观建设，我军在不同的历史时期、不同的军事实践中，都培育和形成了具有鲜明特色的革命精神，始终保持了坚定正确的政治方向，保持了强大的凝聚力战斗力，所以能够不断从胜利走向胜利。古代先贤强调："内圣而外王"。我军就是一支洋溢着王者之风的军队，这种王者之风源于哪里？"内圣"也。"内圣"者何？革命军人特有的核心价值观也。历史经验表明，革命军人核心价值观，是我军战斗力的重要源泉，是我们必须十分珍视的政治优势。

新世纪新阶段，国际国内形势发生重大变化，我军历史使命有了新的延伸和拓展。在新的历史条件下，如何继承和发展我军政治工作的优良传统，汲取中华民族优秀武德文化的精华，借鉴外军政治性工作的有益经验，在坚持我军于长期实践中形成的、一贯秉持的核心价值观的同时，赋予其新的时代内涵，着力培育当代革命军人核心价值观，是胡锦涛同志领导国防和军队建设所关注的一个重大战略问题。他担任军委主席伊始，就要求全军继承和发扬我军优良传统，不久又把我军优良传统高度概括为"听党指挥、服务人民、英勇善战"。党的十七大之后，他明确提出以中国特色社会主义理论体系为指导，构建当代革命军人核心价值观。为此，他指导全军积极开展理论研究和实践探索，为之倾注了大量心血。当代革命军人核心价值观的科学表述就是他经过深入调研和缜密思考提出来的。这是对党的三代领导核心关于革命军人核心价值观重要论述的继承、丰富和发展，是适应军队思想政治建设面临的新形势新任务，从时代高度审视思想政治建设、以创新精神推动思想政治建设所作出的重大决策。

二

大力培育当代革命军人核心价值观，是建设社会主义核心价值体系的重要方面。核心价值体系是社会意识的本质体现，决定着文化建设的性质和方向。党的十七大强调，要把社会主义核心价值体系建设融入国民教育和精神文明建设全过程，贯穿于文化建设各个方面。我军作为党绝对领导下的人民军队，是全社会中比较先进的一部分，历来是体现我们党政治优势、文化优势和组织优势的重要力量。充分发挥军队的率先垂范作用、辐射传播功能，是我们党领导先进文化建设的一条重要经验。在80多年的征程中，我军恪守全心全意为人民服务的宗旨，创造了一系列彪炳史册、光耀千秋的革命精神，涌现出灿若星河的英模人物，以崭新的道德风尚影响和带动了全民族，起到了开风气之先的作用。毫无疑义，在建设和践行社会主义核心价值体系方面，军队应该也必须走在全社会的前列。以社会主义核心价值体系为指导，构建起符合时代要求、体现军队特点的当代革命军人核心价值观，必将对社会主义核心价值体系建设起到积极的引领、示范和推动作用。

大力培育当代革命军人核心价值观，是发展先进军事文化的现实需要。当今世界是不同社会制度、思想体系和价值观念并存的世界。各种文化碰撞交融，各种思潮相互激荡。"纷总总其离合兮，斑陆离其上下。"文化博弈已经成为国际阶级斗争的重要战场，成为国家核心竞争力的重要因素。对于军事领域来说，由于信息化条件下的战争规模和目标的有限性，使得软实力较量的地位进一步凸显。军事文化也已经成为一种重要的军队软实力，成为战争中人的因素的重要体现，成为敌我双方较量和博弈的重要内容。军事文化建设不仅直接决定军队的性质和建设方向，而且直接决定军队软实力的强弱和发挥，进而影响军队履行使命的能力。改革开放为我军先进军事文化建设注入了前所未有的生机和活力，但同时也应看到，随着经济社会的深刻变革和对外开放的不断扩大，我军文化建设也面临着前所未有的挑战。敌对势力加紧对我军的渗透破坏活动，大肆鼓吹"军队非党化、非政治化"和"军队国家化"。社会上各种腐朽落后的错误思想观念和文化现象也不可避免地会传导和渗透到军营来，对官兵思想道德产生冲击。为此，要占领先进军事文化建设的高地，就必须打好主动仗。科学的核心价值观是先进军事文化建设的灵魂。从这一意义上说，大力培育当代革命军人核心价值观乃是强军之举、固本之策、胜战之道。

大力培育当代革命军人核心价值观，是履行新世纪新阶段我军历史使命的必然要求。进入新世纪后，胡锦涛同志以马克思主义政治家、战略家的远见卓识，敏锐把握世界军事发展的新趋势、新动向，科学判定党和国家的历史方位及其对军队的要求，提出了"三个提供、一个发挥"的历史使命，实现了我军军事战略指导的又一次与时俱进。这一使命要求我军不仅要始终不渝地听党指挥，而且要把巩固党的执政地位作为忠诚于党的现实要求；不仅要坚定地维护国家的主权和安全，而且要把维护国家发展的重要战略机遇期纳入职能任务的重要范畴；不仅要关注传统的国家安全问题，还要关注新形势下与不断发展、不断拓展的国家利益相关联的非传统安全问题，例如海洋安全、海上战略通道安全、太空安全、电磁空间安全等；不仅要立足本土，维护稳定，防范颠覆，反对分裂，抵御侵略，而且要面向世界，为维护世界和平、促进共同发展积极作为。为此，我军必须深入推进中国特色军事变革，提高应对多种安全威胁的能力，提高以打赢信息化条件下局部战争为核心的执行多样化军事任务的能力。使命延伸到哪里，政治工作就应该跟进和保证到哪里。在继承和发扬我军优良传统的同时，熔铸新的时代元素，适时对当代革命军人核心价值观作出科学概括，必将对我军有效履行历史使命产生巨大的导向、激励、凝聚和规范的作用。

大力培育当代革命军人核心价值观，是加强和改进军队思想政治工作的中心环节。改革开放30年来，我军思想政治工作呈现出前所未有的生动活泼的局面，取得了长足进步。但必须看到，在新形势下，我军建设的社会环境和时代条件发生深刻变化，官兵的成分及其思维观念、行为方式也发生了重大变化。社会的开放程度不断提高，信息技术快速发展，互联网等新兴媒体广泛应用，各种信息鱼龙混杂，泥沙俱下，对官兵思想道德的影响不可低估。紧贴时代发展，紧贴使命任务，紧贴官兵实际，大力改进和创新思想政治工作，是一个不容回避的重大课题。思想政治工作本质上是党在军队所进行的思想灌输和思想引导工作，是构筑和培塑核心价值观的工作。只有鲜明地提出、有效地铸牢我军核心价值观，才能使官兵在五彩缤纷的社会生活面前，在五光十色的思潮观念面前保持主心骨，增强免疫力。当前在思想政治工作领域还存在着某些随意性，存在着"头痛医头，脚痛医脚"乃至"打乱仗"的现象。从这一意义上说，科学概括、鲜明提出当代革命军人核心价值观，可谓整个思想政治工作的神来之笔、点睛之笔。纲举而目张。围绕着构建和培育当代革命军人核心价值观来谋划、指导和改进整个思想政治工作，必将极大地促进思想政治工作向着科学化、有序化、机制化发展，提高思想政治工作的主动性、针对性和实效性。

大力培育当代革命军人核心价值观，是培养"四有"革命军人、促进官兵全面发展的铸魂工程。政治工作说到底是做人的工作，是培育人、发展人、造就人的工作。必须把以人为本作为军队政治工作的核心理念，将推动国防和军队建设科学发展与促进官兵的全面发展统一起来。价值观对一个人的发展如同"罗盘"与"引擎"。没有正确的、科学的价值观，没有基于这种价值观之上的理想、信念和执着追求，就不可能有发展和完善自身的内在动力，就不可能追求卓越、臻于至善，就不可能成就一番事业，就不可能创造充实而有意义的人生。引导官兵确立起当代革命军人应有的核心价值观，不仅可以引导和激励他们爱军精武、爱岗敬业，成为我军现代化所需要的合格的"四有"革命军人，成为高素质的新兴军事人才，而且将使他们受益终身。

三

"忠诚于党、热爱人民、报效国家、献身使命、崇尚荣誉"这五个方面，分别从我军官兵与党、人民、国家、军队的关系以及我军官兵相互间的关系等不同方面揭示和界定了人民军队必须遵循的最基本、最核心的价值观念，相互联系，相互支撑，构成一个有机的整体，体现了革命性与科学性、政治性与军事性、传统性与时代性、导向性与规范性的统一。

——"忠诚于党",主要界定了我军官兵与党之间的价值关系。我军是党的军队。党的领导是铸成和保持我军性质的决定性因素,也是我军长盛不衰、摧敌胜战的根本保证。革命军人要忠于党,忠于人民,忠于国家,忠于社会主义,而忠诚于党是前提,是保证。新形势下全军官兵必须更加自觉地锤炼忠诚于党的品格,牢固确立一切行动听党指挥的坚强信念。

——"热爱人民",主要界定了我军官兵与人民的价值关系。我军是人民的军队。服务人民是我军的唯一宗旨,依靠人民是我军的力量源泉。为了人民的利益,我军官兵勇于冲锋陷阵,勇于赴汤蹈火,不怕艰难困苦,不怕流血牺牲。而这种拼搏、奉献、牺牲的精神正是源于对人民无比的热爱。在新形势下,全军官兵必须继续着力培育这种"大爱",把人民的利益始终放在高于一切的位置。

——"报效国家",主要界定了我军官兵与国家的价值关系。我军是社会主义国家的军队,是人民民主专政的坚强柱石,是社会主义祖国的钢铁长城,是建设中国特色社会主义的重要力量。以身许国、精忠报国,历来是中国军人的优良传统,也是我军最重要的伦理道德准则。在新形势下,全军官兵必须进一步激发和强化爱国之心、报国之志。

——"献身使命",主要界定了我军官兵与军队的价值关系。我军是肩负着光荣历史使命的军队。军队为使命而存在,军人因使命而光荣。使命承载着党的重托、人民的期盼、国家的利益。对于当代中国军人来说,有效地履行历史使命,是忠诚于党、热爱人民、报效国家的最高形式和集中体现。在新形势下,全军官兵必须进一步强化为使命而献身的精神。

——"崇尚荣誉",可以说是上述基本价值关系在军人追求自身价值实现中的集中体现。我军是洋溢着革命英雄主义的军队。荣誉是军人的不懈追求,是对军人价值的认同和肯定,是对军人牺牲奉献的最高褒奖。基于崇高理想，基于对党、人民和国家的忠诚与热爱，基于对使命的献身精神，我军官兵历来视荣誉重于生命，并且总是自觉地把个人的荣誉与国家、军队、集体的荣誉统一起来。杀敌打头阵，涉险争先锋，临难讲气节，工作创一流，在我军蔚然成风。在新形势下，全军官兵必须进一步强化争优创先、尚荣明耻的荣誉观念。

四

当代革命军人核心价值观的提出为我军政治工作创新发展提供了重要的抓手和契机，必须把大力培育当代革命军人核心价值观作为思想政治建设的重要基础工程抓紧抓好。

坚持不懈地抓好中国特色社会主义理论体系的武装工作。马克思主义科学理论特别是马克思主义中国化的最新成果是构建当代革命军人核心价值观的理论基石。要以学习实践科学发展观活动为契机，推动中国特色社会主义理论体系的学习和教育，引导官兵掌握贯穿于这一科学体系中的立场、观点和方法，树立坚定的理想信念，提高识别和抵制各种错误的价值观念的能力。要联系我军建设和使命任务的实际，组织官兵深入学习党的军事指导理论，打牢官兵践行当代革命军人核心价值观的思想根基。

以培育当代革命军人核心价值观为主题，统领和改进整个思想政治工作。核心价值观的提出，确立了军队思想政治工作经常性的主题和目标牵引机制。要以此为主线整合思想政治教育的内容，统筹军队历史使命、理想信念、战斗精神和社会主义荣辱观等各项主题教育，搞好时事政策等各项经常性的教育，把核心价值观的培养渗透于各项教育活动中。增强对新形势、新情况、新特点的研究，不断创新思想政治教育内容、方法、形式和手段，不断改进思想政治工作的领导方式和工作作风，不断完善思想政治工作的制度机制，使思想政治工作真正做到与时代发展同步伐、与使命任务要求相适应、与官兵思想实际相符合。

把培育当代革命军人核心价值观融入部队建设的方方面面。培育当代革命军人核心价值观不单单是政治干部、政治机关的事，也是全军上下的共同职责；不仅要灌注于思想政治建设之中，也要融入各项军事实践活动之中。军事训练是和平时期的一种重要的治军方式，对于培育和铸造当代革命军人核心价值观具有不可替代的功能。要在军事训练、军事斗争准备、执行多样化军事任务等各项军事实践中培养和砥砺官兵确立核心价值观。管理也是教育。要通过严格管理、科学管理、点滴养成，使核心价值观内化为官兵的行为准则。

着力营造培育当代革命军人核心价值观的良好环境和浓厚氛围。培育当代革命军人核心价值观要坚持系统谋划、整体造势。大力加强并精心组织好军事宣传，以当代革命军人核心价值观为主旋律繁荣发展军事文化，形成良好的舆论环境和军营文化环境。注重培养、发现和宣传践行当代革命军人核心价值观的先进典型，使官兵学有标杆、行有榜样。共产党员特别是各级领导干部在践行核心价值观上要率先垂范。

可以预期，随着当代革命军人核心价值观为官兵普遍理解认同、自觉培养践行，必将为我军永葆本色、科学发展和履行使命提供更坚实的政治保证，注入更强大的精神力量。

（本文发表于2009年1月）

思想政治工作要增强时代性和感召力

强有力的思想政治工作是我们党的一大政治优势，而我们党的政治工作最先是在军队建立的，是在创建人民军队的过程中发展起来的。军队可以说是党的政治工作的发祥地和"试验田"。正是因为有了强有力的思想政治工作，我们这支以农民为主要成分的军队才真正成为一支完全新型的人民军队，才成为一支自觉地、完全彻底地为了人民的利益而战的军队，成为一支在党的领导下"吊民伐罪"的正义之师、无坚不摧的威武之师、誉满天下的文明之师、遏制战争的和平之师。早在红军时期，我们党就指出，政治工作是红军的生命线。以后，这一关于政治工作地位与作用的经典性表述，一直写在我军的政工条例里，成为我军建设的一条不可移易、不可撼动的原则。西方一些军事观察家曾慨叹，不怕中国军队现代化，就怕中国军队毛泽东化。他们所谓"毛泽东化"，说白了，就是人民军队的革命化，就是坚持用马克思主义的科学理论教育和武装军队，把革命的、进步的政治工作灌注于军队之中，就是基于这种政治工作所产生的理想信念、政治热忱和战斗精神。历史已经并将继续证明，这样的军队是不可战胜的。

毛泽东有一句名言："掌握思想教育，是团结全党进行伟大政治斗争的中心环节。"新中国成立后，在执政兴国、建设和发展中国的新的历史进程中，我们党把军队政治工作特别是思想政治工作的优良传统和基本做法推广于地方，在各行各业都建立了政治工作。新中国成立60多年来，思想政治工作在把党的理论和主张、纲领和目标化为亿万群众的自觉实践，调动人民群众投身社会主义现代化建设的积极性和创造性中，在解决群众各种现实思想问题、倡导和培育社会主义核心价值观中，都发挥了重要的作用。

新中国成立后，公安系统是以军队为骨干力量组建的。同时，公安机关与军队，都是国家机器的重要组成部分，都是人民民主专政的柱石。因此，公安系统的思想政治工作与军队政治工作更有着天然联系，结下了不解之缘。可以说，公安机关思想政治工作是直接继承人民军队思想政治工作的传统发展起来的。在新形势下，军队和公安系统在思想政治工作方面完全可以同时也应该加强交流，相互学习、相互借鉴。

这里，我想略微介绍一下当前军队思想政治工作前沿的一些情况。

习近平同志主持军队工作后，提出了党在新形势下的强军目标。这就是建设一支听党指挥、能打胜仗、作风优良的人民军队。其中，听党指挥是灵魂，能打胜仗是核心，作风优良是保证。除开党和军队的任务外，政治工作没有自身独立的、特殊的任务。所以，军队思想政治工作的任务，就是为实现党在新形势下的强军目标提供服务和保证。具体地说，就是要着眼于筑牢军魂，确保我军始终听党的话，任何时候、任何情况下都坚决听从党中央、中央军委的指挥，做到对党绝对忠诚、绝对纯洁、绝对可靠；着眼于提高、巩固和发挥战斗力，须知军队是要打仗的，必须提高战斗力，因此军队思想政治工作必须鲜明地确立战斗力标准，有机地熔铸于战斗力的生成和锻造之中，为战斗力之剑淬火加钢；着眼于继承和保持我军的优良作风。作风就是形象，作风就是党性，作风就是战斗力。习主席讲，作风优良才能带出英雄部队，作风松散常能搞垮常胜之师。思想政治工作，从微观讲，是做一人一事的思想工作，从宏观上讲，就是培塑一种优良的作风。"风起于青蘋之末"，作风看似无形，看不见、摸不着，却是一支军队的"气场"，一支军队的"精气神"，对内表现为一种凝聚力，对敌表现为一种威慑力，对人民群众表现为一种吸引力。因而，它既是战斗力有机构成的重要因素，同时也是一种达成"不战而屈人之兵"的军事博弈最高境界的重要软实力。

在新形势下加强和改进思想政治工作，必须继承和发扬我军政治工作的优良传统，增强思想政治工作的时代性和感召力。

马克思主义认为社会存在决定社会意识。人的思想必然带有鲜明的时代特征，打上鲜明的时代烙印。为此，思想政治工作必须具有时代性。要把握时代的脉搏由此所决定的对象的思想脉搏。从思想政治工作的角度，把握时代特征，最值得关注的有两点。一是世界范围内的思想文化交融交流交锋。随着我国的改革开放不断深入，我们面临着越来越开放的环境，人们思想呈现出多样性、多变性、差异性的显著特征。在各种思想文化异彩纷呈、各种信息眼花缭乱的背后，人们看到的是意识形态领域的尖锐复杂的斗争，是两种价值观体系的斗争。习近平总书记反复讲要准备进行"有着许多新的历史特点的伟大斗争"，其深刻内涵就包括这一方面。二是随着信息技术特别是各种新兴媒体的突飞猛进的发展，人类社会已经进入了信息时代。互联网以及各种新兴媒体，已经深刻地改变了人类的生产方式、生活方式、学习方式、交往和联系方式乃至思维方式。这也是一次新的学习革命、教育革命。今天的官兵是伴随着互联网和新媒体成长起来的，这对他们的思想观念、思维方式、接受习惯、生活情趣等产生了深刻影响。毛泽东同志曾经引用"到什么山上唱什么歌"来说明做政治思想工作要因时因地而异的道理。所以，思想政治工作一定要把握这些时代特点，紧跟时代，因时而变，与时俱进。

有了时代性，才能有感召力。感召力就是感染力和号召力，没有感染力和号召力，思想政治工作就是无用功，就失去了存在的意义。增强感召力，从当前部队的主要做法来看，我认为要做到以下几点。一是聚焦"大目标"。就是把官兵凝聚到强军目标的旗帜下，着眼于为强军胜战铸魂育人、凝神聚力、固本培元。二是瞄准"活思想"。习主席指出："思想政治工作要取得实效，就要奔着现实问题和活思想去。"活思想就是官兵在生活和实践中所产生的各种现实思想问题。要针对这些活思想特别是带有倾向性的思想问题，适时进行引领、疏导、教育。在全面深化改革、社会生活急剧变化的大背景下，要看到现实思想与现实利益密切相关，思想关注度往往与利益观关切度成正比。因此，必须把解决思想问题与解决实际问题结合起来。三是扭住"总开关"。这个总开关就是世界观人生观价值观，就是理想信念。当前，要引导官兵自觉抵制"军队非党化、非政治化"和"军队国家化"等错误观点的影响，不断筑牢听党指挥的思想基础，不断校正官兵当兵做人的航向。四是下足"真字功"。习主席讲："思想政治教育的力量在一个'真'字，要用真理说服人、用真情感染人、用真实打动人。"要看到真理是与真情、真实联系在一起的，失去真情、真实，所谓的"真理"就会变为空洞的说教，就会陷入"塔西佗陷阱"，败坏政治工作的公信力。五是用好"新媒体"。现在网络及新兴媒体深度融合在社会生活的方方面面，上网用网已成为现代人生活的常态。增强思想政治教育的时效性、覆盖面和影响力，必须学会和善于应用新媒体。从某种程度上说，熟悉网络就是熟悉官兵，掌握网络就是掌握思想。当前我军各部队普遍加大了政工网络建设力度，如开办了网络电视台、开发网络游戏、创作动漫作品等，产生的效益十分明显。要进一步强化学网、用网、管网、引导网的意识，充分发挥网络的资源优势、互动优势、传播优势，积极推动网络与教育的深度融合，使思想政治教育在网络时代焕发出新的生机活力。

（本文系2013年5月作者参加公安系统一次思想政治

工作研讨会上的发言）

坚守与重塑

　　一定的战斗力形态总是与一定的军事文化相联系。文化是一支军队的底蕴与标识，是一支军队战斗力建设的灵魂。深化国防和军队改革的过程，是我军组织形态乃至整个战斗力形态再造和重塑的过程，也是打造新的强军文化的过程。只有在保持我军优秀的军事文化传统一脉相传、发扬光大的基础上，孕育和催生出与实现强军目标、履行使命任务相适应的军事文化，孕育和催生出与建设信息化军队、智能化军队，打赢信息化战争、智能化战争要求相适应的军事文化，才能确有把握地、扎实有效地实现强军目标，才能使我军真正成为屹立于世界军事发展潮流前列的一流军队。

煌煌其武　郁郁乎文

——略论人民军队的文化特质

中国人民解放军是一支史无前例、举世无双、完全新型的人民军队。这支军队走过了光荣的历程，创造了在战争史上蔚为奇观的辉煌战绩。

这支军队为什么与众不同？为什么堪称"完全新型"？从军事文化的视角看，这个"不同"，这个"新型"，就体现在文化上，体现在文化的高标独步上，体现在文化的高度自觉和自信上。

"惜秦皇汉武，略输文采，唐宗宋祖，稍逊风骚，一代天骄，成吉思汗，只识弯弓射大雕……"在中国金戈铁马、剑影刀光的历史天幕上，骁勇剽悍的"虎狼之师"并不鲜见，但是真正堪称一代风流、独领风骚的军队非我军莫属。我们这支军队虽然也是从旧军队的营垒里杀出来的，但是她与历代黄巢、李闯式的农民起义军，与新旧军阀的军队有着根本的不同。我军从创建之初就置于党的绝对领导之下，并且在长期的战斗历程中，铸造了自己永远不变的军魂，确立了全心全意为人民服务的宗旨，形成了民主平等、团结友爱、和谐纯洁的内部关系，建立了在自觉基础上的、严格的铁的纪律，创造了旧军队从来没有过的健康向上、新鲜活泼、丰富多彩的军营文化，不断提高了官兵的文化素质和综合素质。同时，基于马克思主义的世界观、战争观和军事辩证法、军事方法论，我军形成了人民战争的灵活机动的战略战术，创造了不拘一格、变化无穷、令人叹为观止的战争指导艺术、军事指挥艺术。中国古代兵法强调"文种武植"，强调治军作战"令之以文，齐之以武"。这种军事文化传统在我军得到了最精彩、最充分的呈现。

尽管我军创建之初，以农民为主要成分，即使是今天官兵的文化水平与发达国家军队相比仍然存在差距，但是在总体上，在更深刻的军事文化学意义上，我军却始终牢牢占领了军事文化发展的制高点。这是我军最根本的优势，是我军雄视千古、睥睨当代、压倒一切敌人而决不被敌人所压倒的最深层的原因。

那么，我军在党的领导下，牢牢占领先进军事文化发展的制高点，其最主要的经验是什么呢？我认为至少有以下几点。

一是牢固确立马克思主义在建军作战中的指导地位。指导思想及其所蕴含的世界观、方法论和价值体系，是文化的内核。我军军事文化的先进性首先基于指导思想的科学性。我军一贯以党的旗帜为旗帜，坚持用马克思主义、用当代中国的马克思主义教育官兵，指导军事实践。党的创新理论发展到哪里，理论武装就跟进到哪里，从而保证了我军能坚定不移地听党指挥，始终走在时代的前列，走在中国社会发展进步的前列，保证了我军在军事思想、军事学术上始终优于对手。

二是建立有中国特色的军事领导制度和政治工作制度。制度本身属于文化的范畴，同时也是文化的重要载体。一定的制度安排总是体现了一定的政治要求和文化特色。我军在长期的军事实践中，确立了党对军队绝对领导的原则，人民军队最高领导权和指挥权属于党中央、中央军委，实行军委主席负责制，军队各级实行党委统一的、集体领导下的首长分工负责制，并在此基础上形成了完备、科学的政治工作制度。实践证明，这种制度适合我国的国情军情，符合我军的性质和宗旨的要求，是构筑我军文化优势的重要保证。我们必须始终不渝地坚持，并在具体制度方面不断地加以发展完善。

三是牢牢抓住革命军人核心价值观培育这个基础工程、铸魂工程。军人核心价值观说白了就是解决"为谁当兵、为谁打仗"的问题，是军人的文化自觉问题。这也是党和毛泽东同志从建军之初就注重解决的问题。正因为这支军队的每一个人都懂得"为谁当兵、为谁打仗"的道理，都懂得是在为国家、为人民，同时也是为自己的利益而战，她才拥有了摧不垮、打不烂的凝聚力和攻必克、守必固的战斗力。

四是着眼促进官兵全面发展、满足官兵文化需求，建设昂扬奋发、丰富多彩的军营文化。我军不仅秉持了全心全意为人民服务的宗旨，为人民的利益勇于冲锋陷阵、赴汤蹈火，而且把这种宗旨贯彻到军队内部，确立了以人为本的治军理念，把促进官兵的全面发展作为军队建设发展的重要着眼点。在战争年代，我军就注重组织官兵学文化，因地制宜地开展文体活动，今天更是注重提高官兵的科学文化素质，不断改善军营的文化条件、丰富军营的文化生活、满足官兵日益强烈的成才愿望和日益增长的精神文化生活需要。

五是重视软实力在战斗力有机构成中的作用和战略运用。军事文化是军队软实力的核心内容。军事软实力不仅作为人的因素融入了战斗力之中，而且是一种"不战而屈人之兵"的军事战略能力。我军很早就把瓦解敌军作为政治工作的重要原则。毛泽东同志说得好："我们的胜利不但是依靠我军的作战，而且依靠敌军的瓦解。"这样一种"胜敌于文"的军事传统和军事艺术，体现了最先进、最高妙的战略文化，体现了知兵谋胜的最高境界。

六是重视军地、军民之间在文化建设上的互动关系。军事文化作为一种亚文化，既受到其赖以产生的母体社会文化的制约，又对社会文化的形成和发展有重要影响。我们党在强调军事文化"姓军向战为兵"的同时，历来重视发挥军事文化的社会功能。我军所孕育和锻造的独具特色的精神，涌现的灿若星辰的英雄模范人物，用崭新的道德风尚影响和带动了全民族，特别是军事文艺作品更是以独特的风韵"绚丽"了社会主义文艺百花园，为社会主义文艺注入了一股不可或缺的阳刚之气，涵养了中华民族的尚武精神，弘扬了人民大众的家国情怀。反过来说，军队的文化建设也不断从地方、从人民群众中汲取了宝贵的营养。

七是勇于变革、勇于创新。兵无常势，水无常形。变革和创新是先进军事文化的特质。时移世易，敌变我变，军事上的墨守成规、故步自封，就意味着落伍、意味着失败。在党的领导下，我们党把无产阶级生气勃勃的创造精神贯彻于军事领域，锐意进行军事思想、军事制度、军事管理、军事技术的创新，在武器装备长期处于劣势的情况下，坚持"你打你的、我打我的"，创造了灵活机动的战略战术和精妙如神、不拘一格的军事指挥艺术，把战略博弈和军事斗争的主动权牢牢地操在了自己手里。

孔子曰："郁郁乎文哉！"一支军队做到有"武功"固然很难，而做到有文化上的大气象、高格调尤为不易。在新形势下，我们要很好地继承和发扬我党我军的军事文化传统，不断培植和筑牢我军的文化优势。这样，我们方能始终做到不辱使命，无敌于天下！

（本文发表于2012年4月）

中国共产党先进军事文化建设思想研究

建军85年来，在党的绝对领导之下，我军铸造了自己永远不变的军魂，确立并恪守了全心全意为人民服务的宗旨，形成了人民军队特有的革命军人核心价值观，创造了人类军事史上从来没有过的、具有鲜明中国特色的、先进的、灿烂的军事文化。实践证明，中国共产党高举的先进军事文化建设的旗帜不仅是人民军队不断发展壮大、战胜一切敌人的重要法宝，也是引领人民军队阔步前进、始终走在时代前列的根本保证。中国共产党先进军事文化建设思想是党的军事指导理论的重要组成部分，是马克思主义中国化在军事文化领域所开出的绚丽花朵，是我军不断加强先进军事文化建设的科学指南。

一、中国共产党先进军事文化建设思想的历史演进

重视培育和发展先进军事文化，是中国共产党领导当代中国军事的优良传统。中国共产党先进军事文化建设思想是伴随着人民军队的创立而萌芽，伴随着人民军队的成长壮大而发展，伴随着人民军队使命任务的延伸递嬗而日新又新的。它是中华民族优秀传统武德和兵学文化的升华，是马克思主义军事文化思想与人民军队建设、中国革命战争和新中国国防实践相结合的产物。

（一）以毛泽东为核心的党的第一代领导集体奠基铸魂，构建了我党我军先进军事文化建设思想的雏形

如何把一支以农民为主要成分的军队建设成为党领导下的完全新型的人民军队，这是我军初创时期面对的重大现实课题。从三湾改编到古田会

议，从井冈山时期到延安时期，从抗日战争到解放战争，在以毛泽东为代表的中国共产党人的艰辛探索下，我们党不仅找到了一条中国新民主主义革命的正确道路，而且在人民军队的建设中创立和形成了一种崭新的、先进的军事文化，奠定了我军文化建设的基础和雏形。毛泽东深刻认识到了为实现党的奋斗目标，党独立领导武装斗争、自主掌控和建设军队的极端重要性，提出党对军队绝对领导的原则，鲜明地宣告和告诫，我们这支军队是"党指挥枪，而决不允许枪指挥党"。以提出"支部建在连上"为基点，他不断总结我军建设的经验，为我军确立了党领导军队的一系列制度。他深刻阐明了我军的性质宗旨，指出："紧紧地和中国人民站在一起，全心全意地为中国人民服务，就是这个军队的唯一宗旨。"他强调政治工作是我军的生命线，只有这样，才能一新军队的面貌，保持军队的性质，使军队有效地承担起党和人民赋予的使命。他为我军提出了"战斗队、工作队、生产队"的三大任务，总结了"官兵一致、军民一致、瓦解敌军"的政治工作三大原则，制定并不断完善了"三大纪律八项注意"。毛泽东这些重要论述，奠定了人民军队建设的文化底色，对我军起到了奠基铸魂作用。

武装斗争是中国革命的主要形式。在波澜壮阔的人民战争实践中，毛泽东把马克思主义军事原理与中国革命战争的实际相结合，在汲取中外优秀军事文化精髓的基础上，创造性地提出了在中国开展党领导的武装斗争的一系列方针原则，提出"枪杆子里面出政权""没有一个人民的军队，便没有人民的一切"[1]"兵民是胜利之本"[2]"军事文化是军事斗争的有力武器"等一系列重要论断，这些构成了中国共产党军事价值观的重要内容。他结合人民战争实践，提出"你打你的，我打我的""实行积极防御，反对消极防御""战略上藐视敌人，战术上重视敌人""集中优势兵力，各个歼灭敌

①《毛泽东选集》第2卷，人民出版社1991年版，第480页。
②《毛泽东选集》第2卷，人民出版社1991年版，第509页。

人"等一系列战略战术原则，奠定了中国特色军事科学和战略战术思想的根基。他以高瞻远瞩的军事战略指导、出神入化的军事指挥艺术，领导我党我军创造了以弱胜强、以劣势装备战胜优势装备之敌的战争奇观，极大地丰富了中国军事文化宝库。新中国成立后，在巩固国防、指导我军向前迈进中，毛泽东军事文化思想进一步得到丰富和发展。

毛泽东指出："没有文化的军队是愚蠢的军队，而愚蠢的军队是不能战胜敌人的。""我们的工作首先是战争，其次是生产，其次是文化。"①"重要的问题在善于学习。"他自身就是"学习军事、准备打仗"的典范。他熟谙马克思主义哲学和军事辩证法，广泛涉猎古今中外文化典籍和科学成果，写下了《中国革命战争的战略问题》《论持久战》等多部不朽的军事名篇。毛泽东军事思想所蕴含的一系列富有独创性的思想、观点、论断以及军事思维和军事指导原则，在我军军事观念、军事制度、军事战略谋划等方面都起到了奠基性的作用，构成了中国共产党独具特色的先进军事文化建设思想的基石和原理，为人民军队不断发展壮大、为中国革命战争不断从胜利走向胜利提供了强大的思想武器。

（二）以邓小平为核心的党的第二代领导集体正本清源，开启了我党我军先进军事文化建设思想发展的新时期

以党的十一届三中全会为标志，以邓小平为核心的党的第二代领导集体带领党和人民开辟了改革开放和社会主义现代化建设新时期。他大力倡导和积极支持全党全军开展关于真理标准问题的大讨论，以此为历史的转折点，重新确立了党的实事求是的思想路线，为国家的改革开放同时也为军队建设的拨乱反正、革弊鼎新奠定了思想基础。依据国际形势的发展变化，与党和国家指导思想的战略性转移相适应，邓小平提出了军队从立足

---

① 《毛泽东选集》第2卷，人民出版社1991年版，第708页。

于早打、大打、打核战争的临战状态转入和平时期建设的轨道。军队建设指导思想的战略性转变，为我军军事文化建设的健康发展提供了历史性的前提。

针对十年内乱给我军造成的内伤，针对林彪、"四人帮"对我军优良传统的破坏，邓小平非常关注在新的历史条件下保持我军的政治本色，强调"军队要像军队的样子"。他指出："我们这个军队有好传统。从井冈山起，毛泽东同志就为我军建立了非常好的制度，树立了非常好的作风。我们这个军队是党指挥枪，不是枪指挥党。经过长期反对军阀主义的斗争，军队内部很团结，联系群众也很好。"①依据新时期党的任务及其对军队的新要求，他提出了"建设一支强大的革命化现代化正规化的军队"的军队建设总目标，并强调军队就是提高战斗力，必须牢牢把握现代化建设这个中心。他敏锐把握世界科技日新月异及其加速与经济社会融合的形势，提出"科学技术是第一生产力"，并将这一原理推广于军事领域，非常注重科学技术对提高战斗力和全面加强部队建设的作用。针对十年内乱造成的军队臃肿不堪的状况，他作出了裁减员额一百万的决策，推动我军走上了中国特色的精兵之路。他高度重视制度建设和正规化建设，提出从制度建设抓起，引领全军在体制编制、军事训练、院校教育、干部工作、后勤建设等各个领域，建立和完善了相关的制度法规，使我军制度文化建设有了新的发展。这些都在恢复我军军事文化的优良传统、校正我军军事文化发展方向上发挥了重要作用，开创了我军军事文化建设的新局面。

（三）以江泽民为核心的中国共产党第三代领导集体继往开来，结合新的形势丰富和发展了我党我军先进军事文化建设思想

世纪之交，国际风云变幻，国际战略格局发生了深刻变化。国内，以

---

① 《邓小平文选》第二卷，人民出版社1993年版，第1页。

建设社会主义市场经济为取向的改革逐步深入。在军事领域，一场由高科技引发的世界军事变革蓬勃兴起，战争形态加速演进。以江泽民为核心的党中央第三代领导集体肩负起了引导党和国家跨入新世纪的重任。在军队建设上，他提出了"政治合格、军事过硬、作风优良、纪律严明、保障有力"的总要求，强调要回答和解决好"打得赢""不变质"两大历史性课题，为我军先进军事文化建设指明了前进方向，提供了根本遵循。

面对风云突变的国际局势，面对各种思想文化的相互激荡，江泽民从确保我军性质宗旨的政治高度，提出了人民军队的军魂思想。他指出："党对军队的绝对领导是我军永远不变的军魂。"为此，他强调要把思想政治建设放在全军各项建设的首位，坚持以科学的理论武装人、以正确的舆论引导人、以高尚的精神塑造人、以优秀的作品鼓舞人，提出要加强官兵道德教育，广泛开展爱国奉献、革命人生观、尊干爱兵、艰苦奋斗教育，并强调"军队精神文明建设要走在社会前列"。他说："我军是人民民主专政的坚强柱石，不仅在政治上要十分坚定，始终不渝地坚持正确的政治方向，而且在思想道德方面必须保持纯洁，成为人民群众学习的榜样。"

发端于20世纪六七十年代的世界新军事变革，是一场波及全球、涉及所有军事领域、影响极为深刻广泛的军事革命。迎接世界新军事变革的挑战，积极推进中国特色的军事变革，是新形势下军队建设面临的时代课题。为了抓住世界新军事变革的历史性机遇，江泽民指出："我们要牢固树立科技强军的战略思想，紧紧依靠科技进步，大力推进我军的质量建设，全面提高我军的战斗力。"① 他主持制定了新时期军事战略方针，提出实行"两个根本性转变"，即由数量规模型向质量效能型、由人力密集型向科技密集型的转变，把军队建设的重点转移到依靠科技进步和提高军人素质上来。

---

① 《坚持科技强军　推进我军质量建设　为维护祖国安全提供有力坚强保证》，《人民日报》，1999年4月7日，第1版。

"推进军队质量建设，必须依靠科技进步。贯彻科技强军战略，不仅要大力发展先进武器装备、利用高技术改进现有武器装备，而且在教育训练、作战指挥和后勤保障等各个方面，都要努力利用科技进步的最新成果，增大高科技含量。"[1]江泽民军事文化建设思想，赋予了中国共产党先进军事文化建设思想以崭新的时代内涵，推动了我军建设水平的整体跃升和官兵素质的全面提高。

（四）以胡锦涛为总书记的党中央领导集体科学统筹，开辟了我党先进军事文化建设思想的新境界

新世纪新阶段，以胡锦涛为总书记的党中央，正确把握当代中国发展的阶段性特征、深刻总结社会主义中国长期发展经验、积极借鉴当今世界有关发展认识成果，提出了科学发展观重大战略思想。胡锦涛站在党、国家和军队建设全局的高度，要求我军要发扬"听党指导、服务人民、英勇善战"的优良传统，担负起"三个提供、一个发挥"的历史使命。他高度关注军队的思想文化建设和政治工作，提出政治工作要从思想上、政治上、组织上确保我军始终成为党绝对领导下的人民军队，确保国防和军队建设科学发展，确保有效履行新世纪新阶段我军历史使命。他指导全军深入探索实践，在总结我军优良的军事伦理传统和借鉴当今世界各国军队建设的通行做法的基础上，凝练和概括出了"忠诚于党、热爱人民、报效国家、献身使命、崇尚荣誉"的当代革命军人核心价值观。胡锦涛这些重要论述，丰富和发展了党的先进军事文化建设思想，有力地推进了我军思想政治建设和文化建设创新发展。

党的十七届六中全会通过的《中共中央关于深化文化体制改革推动社会主义文化大发展大繁荣若干重大问题的决定》，是加强社会主义先进文化

---

① 江泽民：《论科学技术》，中央文献出版社2001年版，第128页。

建设的一个纲领性文件。这一文件充分体现了以胡锦涛为总书记的党中央对先进文化建设的新观察、新认识、新决策，不仅进一步完善了中国特色社会主义总体布局，同时也为军队先进文化建设创新发展指明了方向、作出了部署。胡锦涛和中央军委指出，大力发展先进军事文化，是从思想上政治上建设部队、保持人民军队性质和宗旨的迫切要求。全军要深入持久培育当代革命军人核心价值观，进一步发展先进军事文化，为建设社会主义文化中国作出积极贡献，为推动国防和军队建设科学发展、有效履行新世纪新阶段军队历史使命提供强大精神动力。要坚持我军重视文化建设的优良传统，坚持走具有我军特色的军事文化发展路子，坚持把培育当代革命军人核心价值观作为发展先进军事文化的根本任务，坚持把保持我军高度团结统一作为发展先进军事文化的重要着力点，坚持紧贴时代要求创新发展先进军事文化。这些重要论述和根本性要求，深刻回答了先进军事文化建设在中国特色社会主义文化建设中的战略地位、目标任务、发展思路、方针原则等重大问题，为推进我军先进军事文化建设大发展大繁荣指明了方向。

军队建设的转型在本质上也是文化的转型。胡锦涛着眼于实现建设信息化军队、打赢信息化战争的战略目标，提出以推动国防和军队建设科学发展为主题，以加快转变战斗力生成模式为主线的重大战略思想；要求大力加强我军先进军事文化建设，必须"把提高部队战斗力作为根本着眼点"，始终紧贴培养当代革命军人的特殊要求，体现军事职业特点，继承发扬我军大无畏的革命英雄主义精神，不断深化"爱军精武"的时代内涵；要求必须积极而稳妥地推进国防和军队的改革。这些重要论述和重大决策也把我军的先进文化建设与战斗力的生成、提高和转型更有机地联系了起来。

二、中国共产党先进军事文化建设思想的主要内容和基本观点

经过85年的发展，中国共产党在先进军事文化建设思想上已经形成了

一个内容丰富、科学严整的理论体系。这一体系坚持了马克思主义的世界观、军事观、文化观和方法论，既继承前人又锐意创新，既一脉相承又与时俱进，形成了鲜明的中国特色和时代特色。

（一）关于先进军事文化建设的指导思想：始终坚持马克思主义的指导地位

文化属于上层建筑，是相应经济基础的反映。军事文化，更鲜明地体现着我们党所倡导、所代表的先进文化的发展方向。因此，军队必须以党的旗帜为旗帜，以党的方向为方向。从毛泽东、邓小平、江泽民到胡锦涛，党和军队历代领导人都强调坚持马克思主义在军队建设中的指导地位，强调用马克思主义的科学理论、中国特色社会主义的理论教育部队、武装官兵。在新形势下，用中国特色社会主义理论体系武装官兵头脑，这是我军保持人民军队性质和发展方向的政治保证，也是加强军事文化建设的重要前提。

（二）关于先进军事文化建设的重要原则：促进官兵全面发展

恩格斯指出："文化上的每一个进步，都是迈向自由的一步。"①官兵是军队建设的主体，也是战斗力的首要因素。我们党十分注重官兵自身的全面发展，把实现官兵的全面发展作为军事文化建设的重要着眼点。毛泽东提出了人民解放军应该是一所大学校的思想，要求我军"人人都要努力学习。有条件的要努力学技术，学业务，学理论"。邓小平热情支持和大力倡导培养军地两用人才的活动，提出"要把教育训练提高到战略地位，就包括把军队办成一个大学校，使干部既学到现代战争知识，又学到现代科学知识和生产知识，还要学会做政治工作和管理工作"②。胡锦涛强调："只有不断发展先进军事文化，才能更好地促进官兵全面发展，全面履行新世纪

---

① 《马克思恩格斯选集》第3卷，人民出版社1995年版，第456页。
② 《邓小平文选》第二卷，人民出版社1993年版，第76页。

新阶段军队历史使命。"①先进军事文化具有引领官兵价值追求、提升官兵精神境界、为官兵成长成才引路的重要功能，是激励官兵斗志、促进官兵全面发展的强大精神源泉。大力发展先进军事文化，必须着眼于促进官兵全面发展，全面提高官兵的思想政治、科学文化、军事专业、身体心理等素质，培养出有理想、有道德、有文化、有纪律的新一代革命军人。

（三）关于先进军事文化与战斗力的关系：先进军事文化是战斗力的重要因素

毛泽东指出："革命文化，对于人民大众，是革命的有力武器。革命文化，在革命前，是革命的思想准备；在革命中，是革命总战线中的一条必要和重要的战线。"②毛泽东还把政治动员作为"取得胜利"的重要方面，指出："要联系战争发展的情况，联系士兵和老百姓的生活，把战争的政治动员，变成经常的运动。这是一件绝大的事，战争首先要靠它取得胜利。"③随着信息技术的不断发展，军事科技文化在战争中的影响也越来越突出。"知识作为一种重要的军事要素，在军队建设和军事斗争中的作用越来越突出。未来的信息化战争，从某种意义上说，就是知识的较量。"④"科学技术是第一生产力，也是非常重要的战斗力和保障力。"⑤因此，我军先进军事文化建设，必须始终把提高部队战斗力作为根本着眼点，紧贴使命任务对当代革命军人的特殊要求，体现军事职业特点，继承发扬我军大无畏的革命英雄主义精神，激发官兵的战斗热情，锻造官兵的战斗作风，砥砺官兵的战斗意志，提高官兵的战斗技能，同时不断提高官兵的科学文化素质。

---

① 胡锦涛在一次重要会议上的讲话，2011年12月。
②《毛泽东选集》第2卷，人民出版社1991年版，第708页。
③《毛泽东选集》第2卷，人民出版社1991年版，第481页。
④ 江泽民：《论国防和军队建设》，解放军出版社2003年版，第299页。
⑤ 胡锦涛：《会见解放后勤工作会议代表和"十五"时期全军后勤重大科技成果获奖单位、个人代表讲话》，2006年1月11日。

（四）关于先进军事文化与社会主义文化的关系：先进军事文化是中国特色社会主义文化的重要组成部分

中国共产党历来认为先进军事文化孕育于社会母体，是先进社会文化的有机组成部分，同时也是塑造先进社会文化，特别是中国特色社会主义文化的重要因素。毛泽东指出，"伟大的胜利的中国人民解放战争和人民大革命，已经复兴了并正在复兴着伟大的中国人民的文化"，这是"中国人学会了马克思列宁主义以后，中国人在精神上就由被动转入主动"[①]的结果。改革开放以来，我们党提出"军队精神文明建设要走在全社会的前列"思想等，都蕴含了把军事文化纳入社会主义文化建设大系统、以军促民、军民共建的战略思维。随着信息时代的到来，先进军事文化在现代战争中的作用越来越重要，在先进社会主义文化中的地位越来越突出。"先进军事文化是社会主义先进文化的重要组成部分，在新形势下推动社会主义文化大发展大繁荣，客观上要求军事文化建设有一个新的更大发展。"[②]这种关系决定了，建设先进军事文化，既要遵循发展社会主义文化的共同规律，又要探索发展先进军事文化的特殊规律，在推动先进军事文化发展中为建设社会主义文化强国作出积极贡献。

（五）关于先进军事文化建设的发展路径：走中国特色先进军事文化发展之路

在发展我军军事文化上，我们党历来注重走自己的路，并强调要广采博取、兼收并蓄。毛泽东指出："艺术的基本原理有其共同性，但表现形式要多样化，要有民族形式和民族风格。"[③]邓小平十分注重吸收借鉴国外文化发展经验，"我们要向资本主义发达国家学习先进的科学、技术、经

[①]《毛泽东选集》第4卷，人民出版社1991年版，第1516页。

[②] 胡锦涛在一次重要会议上的讲话，2011年12月。

[③]《毛泽东文集》第7卷，人民出版社1999年版，第76页。

营管理方法以及其他一切对我们有益的知识和文化，闭关自守、故步自封是愚蠢的。但是，属于文化领域的东西，一定要用马克思主义对它们的思想内容和表现方法进行分析、鉴别和批判"①。胡锦涛深刻指出："发展先进军事文化，要坚持中国特色社会主义文化发展道路，学习地方文化建设的有益经验，同时积极吸收我国传统军事文化精华，借鉴外军文化建设优秀成果。"②他结合我军建设实践，系统提出了发展先进军事文化"五个坚持"的总体思路。

（六）关于先进军事文化建设的根本动力：改革创新是发展先进军事文化的根本动力

创新是文化建设的灵魂，是文化生生不息的动力。我们党历来重视文化创新，始终把创新作为推动军事文化发展的根本动力。毛泽东指出，"马克思这些老祖宗的书，必须读……但是，任何国家的共产党，任何国家的思想界，都要创造新的理论，写出新的著作"，"我们已经进入社会主义时代，出现了一系列的新问题，如果……不适应新的需要，写出新的著作，形成新的理论，也是不行的"③。邓小平特别强调科技文化创新，"搞科技，越高越好，越新越好。越高越新，我们也就越高兴"④。江泽民认为，"创新也是军队进步的灵魂"，"军事领域是对抗和竞争最为激烈，因而也必然是创造多于模仿、创新最为迅速的领域"。新世纪新阶段，胡锦涛进一步继承发展了我们党的文化创新思想，提出要"坚持紧贴时代要求创新发展先进军事文化"。我们必须不断拓宽文化视野，大力推进军事文化内容形式、体制机制、传播手段创新，不断赋予军事文化新的时代内涵，始终保持先进军事文化的时代性和创造性。

---

① 《邓小平文选》第三卷，人民出版社1993年版，第44页。
② 胡锦涛在一次重要会议上的讲话，2011年12月。
③ 《毛泽东文集》第8卷，人民出版社1999年版，第109页。
④ 《邓小平文选》第三卷，人民出版社1993年版，第378页。

（七）关于先进军事文化建设的组织保证：加强党对文化事业的领导

中国共产党是中国革命、建设和改革伟大事业的领导核心。我军先进军事文化建设，同样离不开党的领导。毛泽东在《新民主主义论》中指出，新民主主义的文化，"只能由无产阶级的文化思想即共产主义思想去领导，任何别的阶级的文化思想都是不能领导了的"。特别是在意识形态领域斗争尖锐复杂的新形势下，我们党更加注重对文化的领导。"党管宣传、党管意识形态，是我们党在长期实践中形成的重要原则和制度，是坚持党的领导的一个重要方面，必须始终牢牢坚持，任何时候都不能动摇。"[1] "各级党委都要增强阵地意识，切实加强对思想文化阵地的领导。"[2] 正是因为注重党对文化工作、文化事业的领导，才使我军先进军事文化建设始终体现着无产阶级的性质宗旨，始终保证着人民军队建设的政治方向。

（八）关于先进军事文化建设的人才支持：大力加强文化人才队伍建设

大力加强人才队伍建设，育才引才聚才用才是夺取革命、建设和改革胜利的基础，也是推动社会主义文化发展繁荣的关键。"我们要战胜敌人，首先要依靠手里拿枪的军队。但是仅仅有这种军队是不够的，我们还要有文化的军队，这是团结自己、战胜敌人必不可少的一支军队。"[3] 邓小平提出了尊重知识、尊重人才的思想。在新形势下，胡锦涛指出："要坚持党管人才原则，加强宣传思想战线专业人才队伍建设，努力培养造就一大批坚持正确方向、精通各自业务、作出突出成绩、受到人民欢迎的各门类专家和业务骨干。"[4] 并进一步提出，要"加强军事文化人才培养，抓好军事文化战线思想作风和职业道德建设"[5]。我们党加强文化人才队伍建设的思想，

---

① 胡锦涛：《在全国宣传思想工作会议上的讲话》，《人民日报》，2003年12月8日。
②《江泽民文选》第3卷，人民出版社2006年版，第97页。
③《毛泽东选集》第3卷，人民出版社1991年版，第847页。
④ 胡锦涛：《在全国宣传思想工作会议上的讲话》，《人民日报》，2003年12月8日。
⑤ 胡锦涛在一次重要会议上的讲话，2011年12月。

抓住了文化建设的规律要求和关键环节，为我们大力发展军事文化，尤其是加强军事文化人才队伍培养提供了理论指导。

三、以中国共产党先进军事文化建设思想为指导，不断推进我军先进军事文化创新发展

中国共产党先进军事文化建设思想，揭示了中国特色先进军事文化生长和发展的内在规律，是中国共产党以高度的文化自觉和自信、为建设一支"有文化"的人民军队而不懈探索的理论结晶。在新形势下，我军必须以党的先进军事文化建设思想为指导，继承优良传统，总结新鲜经验，保持自身优势，汲取新的营养，努力创造更加丰富多彩、灿烂辉煌的军事文化。

（一）牢牢把握先进军事文化建设的政治方向

文化作为上层建筑，深深地根植于社会历史与现实经济政治的土壤中。"一定的文化是一定社会的政治和经济在观念形态上的反映。"[①]政治性是文化的根本属性。推进先进军事文化发展，必须牢固确立马克思主义的指导方针地位，"把保持我军政治本色放在第一位"。要坚持用马克思主义科学理论，特别是中国特色社会主义理论体系武装全军，强化官兵对党的理论、路线、方针、政策的政治认同和价值认同，打牢高举旗帜、听党指挥、履行使命的思想政治基础，把筑牢军魂和恪守宗旨体现到军事文化建设的各个方面。加强和改进党对文化工作的领导，进一步探索和把握发展先进军事文化的内在规律，健全领导体制机制，改进工作方式方法，不断增强各级党委和领导干部抓先进军事文化建设的素质和本领。面对意识形态领域尖锐激烈的斗争，要保持马克思主义的战斗锋芒，发挥先进军事文化的战

---

①《毛泽东选集》第2卷，人民出版社1995年版，第292页。

斗功能，坚持真理，纠正谬误，激浊扬清，扶正祛邪，始终保持人民军队的性质、宗旨和政治本色。

（二）抓好培育当代革命军人核心价值观这一中心环节和基础工程

文化的内核和灵魂是价值观。有什么样的价值观，就有什么样的文化立场、文化取向、文化选择、文化品位。先进文化从来都是以科学、崇高、优秀的价值观为底蕴和灵魂的。胡锦涛提出的当代革命军人核心价值观，是我军先进军事文化的核心内容，体现了我军优良传统、时代发展要求和官兵价值追求的内在统一。坚持以党的先进军事文化建设思想为指导，必须"把培育当代革命军人核心价值观作为发展先进军事文化的根本任务"。要深入阐发和大力彰显当代革命军人核心价值观所蕴含的忠诚至上、使命至上、荣誉至上的文化特质，赋予当代革命军人核心价值观以更深刻的文化意蕴，进一步增强其时代魅力。充分发挥先进军事文化的教育功能，把军营文化熏陶与思想教育、舆论引导、典型示范、实践养成、制度保障有机结合起来，形成全员参与、全程渗透、立体实施的培育格局。加强思想道德建设，积极弘扬社会主义荣辱观，坚决抵制庸俗、低俗、媚俗之风，始终保持革命军人的崇高精神追求和良好道德风尚，发挥先进军事文化在社会文化中的引领示范和推动促进作用。

（三）把提高战斗力作为根本着眼点和落脚点

军队是要打仗的，军队就是提高战斗力。战斗力是军队建设的基础，是检验军事活动成效的根本的唯一的标准。先进军事文化既是催生和提高战斗力的精神动力，也是战斗力的重要因素。坚持以党的先进军事文化建设思想为指导创新发展先进军队文化，必须"把提高部队战斗力作为根本着眼点"。要深入开展我军职能使命教育，大力弘扬我军大无畏的革命英雄主义精神，强化官兵"当兵打仗、练兵打仗、带兵打仗"的思想意识。着力提高官兵的军事文化素质，围绕战斗力生成模式转变的特点规律，引导官兵深入学习信息化知识，牢牢掌握信息化技能，熟练驾驭信息化装备，不断提高官兵建设信息化军队、打赢信息化战争的素质能力。以军事文化建设促进信息化战争观念的确立、推动武器装备信息化进程、优化部队编制体制调整，通过发挥先进军事文化的牵引作用，实现我军由半机械化、机械化向信息化的转型。

（四）着力保持我军高度团结统一

高度团结统一，是我军战胜强敌和各种艰难困苦的基本条件，也是先进军事文化的鲜明特质。不管时代如何发展，形势任务如何变化，保持我军在崇高理想信念基础上的高度团结统一，始终是先进军事文化建设的不变规律。坚持以中国共产党发展先进军事文化思想为指导创新和发展先进军事文化，必须弘扬集体主义精神，把凝心聚力保持我军高度团结统一作为重要着力点。要充分发挥先进军事文化对保持我军高度团结统一的重要作用，通过理论武装、思想教育、环境熏陶、制度规范等多种途径，使先进军事文化成为统一官兵思想、凝聚军心士气、协调内部关系的重要桥梁和纽带；大力发掘先进军事文化蕴含的重视团结的精神资源，进一步打牢团结的思想政治基础，坚决抵制妨碍团结的不良思想文化和社会风气的影响，巩固和发展我军团结、友爱、和谐、纯洁的内部关系；着力培养官兵情同手足、亲如兄弟的革命情谊，全面贯彻落实以人为本的原则，深入开展尊干爱兵活动，不断巩固紧密团结、生死与共的战友情谊；坚持以集体利益和全局利益为重，把个人利益摆到党、国家事业的大局和部队全面建设发展的全局，处理好个人与集体、个性与共性的关系，自觉把个人成长进步与部队全面发展、维护集体荣誉统一起来。

（五）建设宏大的高素质的文化人才队伍

文以才立，业以才兴。我们党认为，"文化建设最重要的是抓方向、抓队伍建设"，"军事文化建设，队伍是基础，人才是关键"。实现先进军事文化的繁荣发展，关键是要有一批高素质的文化人才队伍。以中国共产党发展先进军事文化思想为指导创新发展先进军事文化，必须坚持人才兴军战略，特别是抓好文化工作管理队伍、专业文化人才队伍、基层文化骨干队伍建设，形成梯次配备、结构合理、充满活力的人才建设格局。加大名家大师的培养力度，实施名家大师工程，培养造就一批官兵喜爱、有广泛社会影响的名家大师和军事文化代表人物，不断提升军事文化的辐射力、影响力；加强文化工作者职业道德和作风建设，结合社会文化风气和部队建设实际，引导广大军队文化工作者自觉践行当代革命军人核心价值观，以良好的道德品行和人格操守成为先进军事文化的引领者、示范者。

（六）发扬改革创新的时代精神

创新是先进军事文化的灵魂，是先进军事文化生生不息、欣欣向荣的内在动力。我们党历来重视军事文化的创新，认为"文化是最需要创新的领域"，军事文化只有不断推进内容形式、体制机制、传播手段的创新，才能适应军事实践需要和时代发展要求。以党的先进军事文化建设思想为指导创新和发展军事文化，必须坚持军事文化的创新品质，以改革创新精神为军事文化的发展提供强大动力。要继承我国光辉灿烂的优秀军事文化遗产，传承好我军革命文化传统并赋予其新的时代内涵。以宽广的眼界和胸襟，积极吸收社会文化的合理元素，大胆借鉴外军文化的有益成分，使我军先进军事文化始终紧跟发展步伐、体现时代精神、保持生机活力；注重运用现代科技成果特别是信息技术和手段，努力促进军事文化传播方式、表现形式和发展样式的变革，不断提升军事文化的表现力、传播力和感召力。

（本文发表于2012年8月）

在坚守与重塑中打造强军文化

随着国防和军队改革大幕的徐徐开启，军队改革正受到军内外的普遍关注和热议，而人们的兴奋点往往更多地集中在编制体制的调整变化上。其实，深化国防和军队改革，绝不仅仅是编制体制的调整变化，就其实质而言，是我军组织形态乃至整个战斗力形态再造和重塑的过程，是打造新的强军文化的过程。从一定意义上说，较之编制体制、组织形态的变化，更深刻、更带根本意义的是军事文化的转型。只有在保持我军优秀的军事文化传统一脉相传、发扬光大的基础上，孕育和催生出与实现强军目标、履行使命任务相适应的军事文化，孕育和催生出与建设信息化军队、打赢信息化战争要求相适应的军事文化，才能确有把握地、扎实有效地实现改革的目标。而这种军事文化，即新形势下强军文化的成功打造、蔚然成风，也是改革落地生根的最根本、最主要的标志。

一

一部人类军事史就是一部与社会生产力形态相联系的军队战斗力形态演进和变革的历史，而一定的战斗力形态总是表现为一定的军事文化、生长出一定的军事文化。纵览军事史可以看到一种现象：战争制胜的天平往往向那些得风气之先、率先实现军事文化转型的国家和军队一方倾斜。

还是以大家反复言说的甲午殇思为例。甲午战争时，如果只就武器装备的数质量相比，中国军队并不处于劣势，但结果却是中国北洋水师几近全军覆没，上演了中国近代史上悲壮的一幕。这是为什么呢？究其最深层的原因，还是在军事文化上。甲午战争前夕，清廷已意识到了军事变革的重要，一些有识之士也痛心疾首。然而其改革主张仅限于"师夷长技以制夷"的层面，只变"器"，不变法，军事思想、军事体制依然沉迷在"天朝上国"的幻梦中。中国北洋水师徒有从欧洲引进的先进战舰，而头上依然拖着长长的辫子，大脑仍停留在陈旧的陆战思维里。而日本在明治维新后，则迅速"脱亚入欧"，从观念、理论、制度等各个方面比较彻底地重塑了军事文化，建立了一支真正意义的近代海军。

这样的两支军队迎面相遇，其胜负利钝可想而知。

二

"周虽旧邦，其命维新。"近代史表明，无论是腐朽没落的封建王朝，还是中国先天不足的资产阶级，都不可能承担起实现军事文化更生再造的任务。这种打造与实现强国梦、强军梦相适应的军事文化的使命历史地落到中国共产党领导的人民军队的身上。

我军正是在旧中国如晦的风雨中、如磐的夜空下横空出世的。我军一诞生就在党的领导下，把无产阶级的革命品格和马克思主义创新精神贯彻和投射于军事领域，一改旧军队政治上的腐败、军事上的保守，为陈腐、停滞的中国军事界吹入了一股清新的风，孕育和催生出了一种千百年来所不曾有过的生气勃勃的军事文化。

在党的领导下，我军形成了坚定正确的政治方向。我军紧紧地凝聚和集结在党的旗帜下，以党的方向为方向，以党的目标为目标，把爱国主义和新民主主义、社会主义有机地统一了起来，树立了崇高而科学的理想信念。我军紧紧地与人民站在一起，来自人民，为了人民，服务人民，依靠人民，确立了全心全意为人民服务的宗旨。党性与人民性的一致性，熔铸了我军特有的政治本色。

在党的领导下，我军形成了崭新的军事制度和完全新型的内外部关系。我军确立了党对军队绝对领导的根本原则和制度，并随着形势任务的变化不断改进其实现形式，革新了军队的编制体制和各项制度安排。我军建立并不断发展了进步的、革命的政治工作，制定了军队内部的民主制度，确立了官兵一致、军民一致、瓦解敌军的政治工作三大原则，不断巩固了官兵之间平等、友爱、纯洁、和谐的内部团结和军政军民之间同呼吸、共命运、心连心的外部团结。

在党的领导下，我军形成了先进的军事思想和以变革创新为主要特征的军事思维方式。我军注重军事理论的先导作用，形成并与时俱进地发展了科学的军事指导理论。特别是毛泽东军事思想，作为人民军队建设、中国革命战争和新中国强军固防伟大实践的理论结晶，更是在人类军事思想史上矗起一座令人仰视的山峰，放射出照亮夜空、耀彻寰宇的光辉。毛泽东军事思想所蕴含的科学的军事指导原则及其培育的崭新的军事思维方式，指引我军在战争舞台上纵横驰骋，在复杂的斗争中纵横捭阖，坚持"你打你的，我打我的，各打各的"，形成了灵活机动的战略战术和出神入化的军事指挥艺术，无穷如天地，不竭如江河。

在党的领导下，我军形成了弥足珍贵的革命精神和优良的战斗作风。在长期的艰苦卓绝的斗争中，在完成党和人民所赋予的各项使命任务中，在不同的历史时期、不同的军事实践中，我军淬炼和涵养了集无产阶级先进性与中华民族优秀品格于一身的革命精神，如井冈山精神、长征精神、延安精神、老西藏精神、"两弹一星"精神等。这些精神不仅融入了我军的血液中，而且不断充实了中国共产党的精神谱系，影响和带动了全民族。我军形成了优良的战斗作风和自觉严明的纪律，艰苦奋斗，勇于牺牲，一不怕苦，二不怕死，步调一致，令行禁止。

所有这些，化育出和熔铸为一种新的军事文化。这种军事文化既历史地、自觉地继承和弘扬了中国优秀的军事文化遗产，中华民族传统兵学、武德思想的精华，又是除旧布新、推陈出新的创造；既不乏对外国军事文化借鉴和吸收的元素，又植根于人民军队建设、中国革命战争和强军固防的生动实践。概言之，它是马克思主义军事思想和共产党人革命品格在中国所开出的灿烂的军事文化之花。

这种文化构成了中国军队的灵魂、风骨、血性和情怀，构成了人民军队一以贯之、代代相传的基因，是我军最本质的特征和优势。正是因为有了这种文化，我军才能够一路斩关夺隘、摧枯拉朽，不断从胜利走向新的胜利，才能够等闲看云飞浪卷，傲然屹立、卓然独步于世界军队之林。西方一些军事观察家曾经无可奈何地慨叹："不怕中国军队现代化，就怕中国军队毛泽东化。""毛泽东化"者何？此之谓也。

应该看到，当前我们所进行的军队改革，正是这种文化传统的具体体现和本质要求，其目的也是更好地传承这些基因，赓续这种特色。如果我们在改革中不是很好地保持这些基因和特色，而是把它们丢掉了，使之变异或者黯然失色了，那就南其辕而北其辙了。

因此，在改革中坚持和坚守我军的文化底蕴、文化品格，确保我军红色基因永不变异，优良传统发扬光大，是我们必须着重考虑和把握的一个问题。在这一点上，我们必须确立文化的自觉和自信。离开了这一点，我们就会犯历史性的错误。

三

还有问题的另一个方面，就是我们所讲的坚持不是消极的坚持，我们所讲的坚守不是盲目的坚守。

尽管我们这支军队是一支有着伟大创新精神的军队，但毕竟我军是在旧中国的暗夜中揭竿而起的，武器装备长期处于落后和劣势的状态，新中国成立后特别是改革开放以后，我军的武器装备有了长足的发展，但总体上仍比较落后，某些方面与世界先进水平甚至存在代差。我军机械化的任务还没有完成，信息化建设更是刚刚起步。因此，我军的军事文化，特别是官兵的军事思维方式不能不受到这种状况的制约。

尽管我们这支军队是一支胜利之师，有着"敢与魔鬼争高下，不向霸王让寸分"的雄风，有着丰富的战争经验，但毕竟我们的战争经验大都是在半殖民地半封建的旧中国取得的，是在小米加步枪、加一点初级阶段的机械化的条件下取得的。特别是我军已30多年没有战事。"在长久的和平时期，兵器由于工业的发展改进了多少，在作战方法上就落后了多少。"长期的相对和平环境，缺少实战的砥砺和检验，使得军事文化，特别是某些军事思维方式难以跳出"昨天的战争"窠臼。

从这一意义上看，当前我们所进行的改革，不仅旨在推进军队组织形态的现代化，也旨在实现军事文化的现代化。从某种程度上说，后者更深刻、更重要。因为没有军事文化的现代化，军队组织形态的现代化就不可能实现，即使实现了也是不彻底的、不完全的，而且有可能"穿新鞋，走老路"。这既是一个在新形势下继承和发扬我军优良文化传统的过程，也是一个对既有文化形态进行再造，使之浴火重生、华丽转身的过程。在改革中不仅军事力量体系将获得重塑，军事文化形态也将获得重塑。

因此，在改革中着力孕育和催生新的军事文化内涵，努力实现军事文化从传统向现代、从机械化形态向信息化形态的转型，也是我们必须着重考虑和把握的问题——在当前，可能是更重要的问题。在这一点上，我们同样要确立文化的自觉与自信。离开了这一点，就不可能达成我们的改革目标，就会使所谓的"毛泽东化"成为稻草人，成为虚幻的灵光和盲目的乐观，我们同样要犯历史性的错误。

四

伴随着改革的历史进程，基于波澜壮阔的改革实践，必须把打造强军文化，构建具有崭新时代特色的、符合建设信息化军队、打胜信息化战争要求的强军文化，作为重要而紧迫的任务——用文化的转型为改革助推加力，以改革的实践催生新的军事文化。

这种军事文化应该进一步彰显我军的本色和特色。在改革中，要坚持变与不变的统一：变化的是编制体制、运行机制，不变的是军魂、血脉；变化的是指挥、管理部队的体制设计和具体的制度安排，不变的是政治建军的根本原则和内在要求。要在新体制下创新党对军队绝对领导的实现形式，在军委管总、战区主战、军种主建的格局下创新政治工作新的运行机制和工作方式，实现我军优良传统与新的体制机制的"无缝链接"。

这种军事文化应该以创新作为本质内涵。军事领域是最需要创新、最离不开创新的领域，在信息化时代尤其如此。只有创新，才能解决制约国防和军队建设的体制性障碍、结构性矛盾、政策性问题，进一步解放和发展战斗力，进一步激发和增强军队活力。只有创新，才能把握信息化战争特有的制胜机理，为打赢我军可能面对的战争提供科学的理论指导、管用的胜敌方略。要在创新中把握毛泽东军事思想的本质内涵，确立体现信息化的军事思维方式。要着眼于抢占未来军事竞争战略制高点，充分发挥创新驱动发展作用，培育战斗力新的增长点。

这种军事文化应该以联合、融合为重要理念。基于信息系统的体系作战、军民之间的深度融合式发展是信息时代作战建军的客观要求和显著特征。要改变我军历史形成的大陆军理念，在单一军种作战或低层次的联合作战下所形成的思维惯性，条块分割、各自为战的建设模式，确立系统思维方式，确立以联合铸战力、求效能、夺胜利的观念。要赋予我军军民一致的原则以崭新的时代内涵，着力贯彻军民融合发展战略，努力形成全要素、多领域、高效益的军民融合深度发展格局，推动经济建设和国防建设融合发展，使我军的战斗力深深地熔铸于国家的综合国力之中、植根于人民的伟大创造力量之中。

这种军事文化应该展示出更加开放的风度。由于特定的地理环境和复杂的历史文化因素，中华民族的军事文化传统呈现出内敛的特点，侧重于安土固防，海洋文明的元素相对稀薄。新中国成立后，面对敌对势力的战略包围和挤压，我军战略思维的重点也主要放在维护国家领土主权和完整上，甚至以在海外没有一兵一卒相尚。在我国由大向强的历史进程中，在新一轮军事改革的浪潮中，中国军队应以更成熟、更自觉、更开放的姿态面向世界、放眼世界、走向世界，凭海临风，登高望远，彰显负责任的大国军队的气度和风范，把防卫性的国防政策与更主动、更积极的战略营造有机统一起来，把维护国家安全、主权与保卫世界和平有机统一起来。要进一步加强与世界各国的军事合作与交流，以海纳百川的气度大胆借鉴和吸收世界各国建军治军、谋战胜战的有益经验。

这种军事文化应该体现革命精神与科学精神的统一。如前所述，在80多年奋斗历程中所培育的革命精神是我军的宝贵财富。在新一轮军队改革中，在军事文化的再造中，我们应该把这种革命精神与信息化所要求的科学精神更有机地统一起来。在军队建设上，在强调艰苦奋斗的同时，要进一步强化科学、效能、集约、精细的理念。在作战和军事斗争准备中，要把敢打必胜、一往无前与体系制胜、科学练兵统一起来，赋予我军传统的战斗精神以新的时代内涵。我军的军事文艺作品也要努力塑造有灵魂、有本事、有血性、有品德的新一代革命军人的形象，展示我军"革命化+现代化"的时代风采。

这种军事文化应该体现网络与新媒体时代的思维和传播方式。军事文化既熔铸于战斗力建设与生成的方方面面，同时也是一种国家和军队不可或缺、不容小觑的软实力。而软实力要发挥其效能，就必须借助于先进的传播媒介和途径。军事文化要努力改变陈旧的生产和传播方式，实现与网络与新媒体的充分联姻，在变革中获得新的表现手法和形式，更加为官兵和人民群众所喜闻乐见，向世界展示中国军事文化的独特魅力。

总之，这是一个赓续与超越、坚守与重塑相统一的过程。而随着这种新的强军文化的打造，我军将会以新的形象、新的风姿出现在世人面前，在中华民族伟大复兴的新的历史进程中，更加卓有成效地担当起党和人民赋予的使命。

（本文发表于2015年4月）

强军文化断想

（1）文化是什么？"横看成岭侧成峰"，聚讼纷纭，莫衷一是。我认为，从最一般、最普遍的意义上说，文化是"人猿相揖别"的标志，是人之所以成为人的本质，是衡量人类社会进步以及人自身完善发展的标尺。文化的质地和境界决定国家的前途、民族的命运、军队的生死存亡。文化的优势是一个国家、一个民族、一支军队最本原、最深层、最重要的优势。

（2）中国古代兵家很早就有"文种武植"的说法，揭示了军队与文化的关系。我感到在这一问题上认识最深刻的是毛泽东同志。毛泽东是我们党最先认识到建立军队重要性的人，他提出了"枪杆子里面出政权"的著名论断。从领导秋收起义开始，他就非常注重军队的文化建设，非常注重塑造人民军队的文化品格，非常注重通过进步的、革命的政治工作孕育、催生和建构出一种新的军事文化。古田会议之所以成为我军建设史上的一座光辉的里程碑，就是因为它澄清了我军初创时期文化上的幼稚性和盲目性，从根本上确立了"建设一支什么样的军队、怎样建设军队"的文化自觉。这种文化自觉对我军的建设与发展、对中国革命的胜利以及新中国成立后的强军兴军具有决定性的意义。正是有了这种文化自觉，我军才能够"开天辟地第一回"，并不断凤凰涅槃，浴火重生，成为一支完全新型的、走在世界军事文化发展前列的人民军队。

毛泽东的军事文化自觉还体现在他非常注重提高军队的文化素养上。他有一句名言："没有文化的军队是愚蠢的军队，而愚蠢的军队是不能战胜敌人的。"我军初创时期官兵的文化水平普遍比较低，被敌人讥为"土包子""泥腿子"。然而即便在战斗频仍的战争年代，我军仍会利用战斗间隙组织官兵学文化，开展各种文化活动，创办随营学校培育人才，延安时期的"抗大"更成为军事人才的摇篮。同时，我军所展示出来的崭新的文化风貌，也像启明星一样给中国带来了希望，像磁石一样把一批又一批的知识青年吸引到自己的队伍中来。这些都使得我军不断甩掉了"没有文化"的帽子。至于党和军队的领导集体——毛泽东以及如众星拱月般聚集在他身边的将帅，他们中的大多数既有深厚的国学渊源，又得新文化的熏陶之先，更是中华民族的一代精英，是文韬武略的一代风流。

基于这样一种文化自觉，基于对这种文化自觉的历史唯物主义的理解，毛泽东始终洋溢着高度的文化自信。我印象最深刻的是毛泽东的词——《沁园春·雪》。这首词发表于抗战胜利之后毛泽东赴重庆谈判期间，当时"中国向何处去"的问题又一次摆到了人们的面前。这篇恢宏的词作发表可谓有深意存焉。在词中毛泽东纵论千古，睥睨当代，写道"惜秦皇汉武，略输文采，唐宗宋祖，稍逊风骚，一代天骄，成吉思汗，只识弯弓射大雕"。虽然这是填词，不能太过穿凿，但我们可以看到毛泽东对中国历史上众多的政治家、军事家的评骘，无一例外地把他们的主要弱点和缺陷界定在"文"的方面。最后他笔锋一转，力挽千钧，以一句"俱往矣，数风流人物，还看今朝"作结，这是何等的文化自信！"风流"者，"郁郁乎文哉"之谓也，文质彬彬、文采焕然之谓也。他的自信正是建立在牢牢占领和把握了先进文化发展的制高点，在文化上高人一格、胜敌一筹上。

（3）对于一支军队来说，做到剽悍易，做到风流难；做到武功赫赫易，做到文质彬彬难。所谓"风流"，所谓"文质彬彬"，就是要有文化上的自觉与自信，有深厚的文化底蕴，有文化上的大气象、大格局、大境界，有基于文化自觉、自信所创造出来的厚重的、灿烂的军事文化。回顾战争史，我们可以看到，一些军队往往初起时堪称剽悍，攻掠如火、席卷如风，气吞万里如虎，但很快雄风不再，最终灰飞烟灭。"折戟沉沙铁未销，自将磨洗认前朝。"探究其深层的原因往往与武而无文或者重武轻文有关。在战争舞台上，在军事领域激烈的竞争和博弈中，一支军队从根本上胜敌要靠文化，保持长盛不衰更要靠文化。

（4）文化对于一支军队来说至关重要。首先，文化铸就一支军队的灵魂。一个人要有灵魂，一支军队要有军魂。而三军之魂，文以化之。如果我们不是狭义地理解文化，政治工作本质上就是一种"大文化"工作，是"以文化人"的工作，是党按照自己的世界观、价值观及其文化品格建设军队，对军队实施思想上政治上组织上领导的工作。我军的军魂正是在这种"大文化"工作中铸就并牢固确立起来的。其次，文化淬炼一支军队的战力。军队是要打仗的。战争是人与人之间的生动的、全方位的对抗和较量。文化渗透和融汇在战斗力建设的方方面面，是战斗力的黏合剂和倍增器。再次，文化塑造一支军队的形象。军队要像军队的样子。样子既有"面子"，又有"里子"，而这个"里子"，就是文化。文化源于里而见于表，修于内而形于外，文化涵养一支军队的气质、风度。有什么样的文化就有什么样的军队"样子"。我军之所以是这个"样子"而不是别的什么"样子"，就是因为我军形成了与别的军队完全不同的文化。军队的形象既直接体现一支军队的性质、宗旨、作风，从而也直接关系到军队的战斗力。同时，军队形象还是一种重要的软实力，有了好的形象，可以令敌人折服，同行钦佩，舆论点赞，人民拥戴。最后，文化提升一支军队的素质。现代职业军队需要良好的素养，新一代革命军人一定要有本事。这种素养和本事，离不开严格的训练，更离不开文化的浸染和熏陶。

（5）一支军队积淀形成的文化，直接决定其战斗力的强弱高低。以我军为例，基于马克思主义科学理论所形成的"革命理想高于天"的坚定信念，在军事领域勇于变革、勇于创新的理论品格，在战争舞台上"你打你的、我打我的"灵活机动的战略战术，"两军相逢勇者胜""一不怕苦、二不怕死"的革命精神和战斗精神，艰苦奋斗的政治本色和优良作风，军队内部的民主制度以及在此基础上形成的团结友爱、纯洁和谐的官兵关系，军爱民、民拥军，同呼吸、共命运、心连心的军政军民关系，严格的、自觉的铁的纪律，这些宝贵的文化品格和鲜明的文化特色，已成为我军战斗力的重要源泉和因素。我军之所以能够在不同时期以劣势装备战胜优势装备之敌，不断发展壮大，其源盖出于此。

（6）我认为所谓强军文化，是与党在新形势下的强军目标紧紧地联系在一起的，是在强军兴军新的伟大征程中所建立的文化，同时也是与强军兴军的伟大目标相适应、直接服务于强军兴军的文化。这种文化，应该对实现强军目标起到凝魂聚气、固本培元、革弊鼎新、激浊扬清的作用，起到厚植文化底蕴、熔铸文化品格的作用，起到促进官兵全面发展、培育新一代革命军人的作用。

毫无疑义，繁荣和发展军事文学艺术，开展丰富多彩的军营文化活动，创作更多的为官兵喜闻乐见的优秀的精神文化产品，是建设强军文化的重要内容。但我认为仅此还不够，应该赋予强军文化以更广泛、更深刻的理解。除开我们通常所讲的文化工作之外，强军文化还应该包括为实现强军目标所进行的一切具有文化意义的理论研究、政治教育、思想引导、观念更新、风气养成、制度安排、人才培养等实践活动，包括这些实践活动中所取得的成果成效。

（7）建设强军文化，应该以铸魂育人为首要任务。强军必先铸魂，强军必先育人。文化第一位的功能就是育人，文化的内核是核心价值观。要紧紧围绕听党指挥、能打胜仗、作风优良的强军目标，围绕有灵魂、有本事、有血性、有品德的"四有"要求，持续培育当代革命军人核心价值观，充分发挥强军文化在铸魂育人中的作用。应该以改革创新为时代特色。改革是强军兴军的必由之路，僵化是军队前进的天敌。在军事领域，故步自封必然导致落后，而落后就要挨打。"齐一变，至于鲁；鲁一变，至于道。"当今世界，发端于20世纪90年代的以信息化为本质和核心的军事变革正深入推进，军队的战斗力形态正在得到重塑。当前，我军新一轮的调整改革也已拉开序幕。为此，建设强军文化必须大力倡导改革创新的精神，努力形成与强军兴军相适应的新思想、新观念、新风气，为改革提供思想保证、精神动力、舆论环境和文化条件。军队应该以能打胜仗为根本旨归，这是不言而喻的。强军最集中的体现、最重要的标志就是能打仗、打胜仗。强军文化必须牢固确立战斗力标准，向涵养、巩固、提高和发挥战斗力聚焦。孟子曰："我善养吾浩然之气。"强军文化就应该对强军起到"养气"的作用，涵养我军压倒一切敌人的雄风浩气。必须看到长期的和平环境，对军队来说，容易消磨军人的战斗精神；对社会来说，容易淡薄人们的国防观念以及对军人牺牲奉献的认同。从这个意义上说，强军文化应该把培育和激发军人的战斗精神、强化全民族的国防观念和尚武精神作为重要任务。

（8）如前所述，建设强军文化必须着眼于培育新一代革命军人，培育新一代革命军人也必须建设强军文化。有灵魂、有本事、有血性、有品德，哪一个方面都离不开"文以化之，以文化之"。文化的特性是潜移默化。文化如同阳光，普照大地，化育众生，而又自然而然；文化如同空气，无处不在，人们赖以生存、浸淫其中，却又浑然不觉。在当前的多元文化环境中，在意识形态斗争尖锐复杂的形势下，我们既要强化阵地意识，坚持"守土有责"，又要努力使我们的政治工作真正成为一种有吸引力、辐射力、感召力的"文化"，而不仅仅是一种政治标签、政治术语、政治口号，做到"随风潜入夜，润物细无声"。

（9）文化的一个重要特征是具有延续性和传承性。一支军队的文化必然会带有鲜明的民族特色以及其自身的传统特色。我军建军88年来，形成了崭新的、优秀的、堪称先进的军事文化，这种文化集中体现和凝结在我军的传统里，传统就是我军的文化"基因"。一些敌对势力所实施的政治"转基因"工程，其要害就是企图使我军丢掉自身的传统。一支军队走得再远，走到再光辉的未来，也不应忘记、丢掉自身的传统。习主席把率领全军政治工作高级干部重回古田作为新形势下政治工作的破题之笔，正是基于这样一种深远的战略考量。所以，继承和发扬我军的优良传统，是固本强基之策，是建设强军文化的应有之义。当然，继承和发扬优良传统，必须与创新发展统一起来。纪念抗战胜利日大阅兵给我印象最深的是，每一个方队的前面，都用一个排面高擎着抗战中英雄部队的旗帜，使我感到这既是一支已经初步现代化并正在阔步走向更高水平现代化的军队，也是一支保持了老红军和八路军、新四军血脉，有着优良传统和深厚的文化积淀的军队，这样的军队将无敌于天下。

（10）继承和发扬优良传统，就必须崇尚英雄。我军是一支洋溢着革命英雄主义的军队，在我军历史上，英模辈出，灿若星辰。他们就是传统的形象化载体，是中华民族优秀传统、我党我军优良传统的人格化。从这一意义上说，捍卫我们的英雄，就是捍卫优良传统，就是捍卫先进文化。

（11）建设强军文化理所当然地应首先着眼于军队，激励全军将士为强军兴军拼搏奉献、开拓进取、建功立业。同时应看到，强军绝不仅仅是军队的任务，也是国家和民族的任务，是全党和全国人民共同的事业，因而建设强军文化也必须强化全民族和全体人民的国防观念，在全社会形成居安思危的国防意识，形成尚武拥军的社会风尚。中华民族是一个热爱和平的民族。中国文化中鲜有穷兵黩武、侵凌杀伤的元素，但也不乏以武止戈、保家卫国的因子。"男儿何不带吴钩，收取关山五十州。"从古至今，军旅文化、军事文化就一直是中国文化中的一个重要流派，是中国历史文化长廊中的一道亮丽风景线。它涵养了我们民族的阳刚之气和英雄情怀，对中华民族精神的形成和发展注入了宝贵的基因，发挥了重要作用，提供了不可或缺的钙质和养分。毫无疑义，今天的强军文化也应该成为社会主义先进文化建设的一个重要的、有机的组成部分，从一个重要方面为实现中国梦、强军梦提供文化支持和精神力量。

文化是强军之魂、兴国之光。文化的繁荣昌明是一个民族兴旺发达的首要标志，因而也是中华民族伟大复兴的必不可少的条件、任务。我军历来是体现党的政治优势、文化优势的重要载体，是党所倡导的先进文化的首善之区。从战争年代到和平时期，我军培育了许多独具特色、光照千秋、堪称瑰宝的革命精神，涌现出数以千百计的英雄模范人物，我军的文艺工作者也创作了大量堪称经典的军事文艺作品。这些都用崇高的道德风尚和崭新的文化特色影响和带动了全民族。这或许可以称为军事文化的"溢出效应"。在新形势下，建设强军文化要继续发挥好这种"溢出效应"，为培育和弘扬社会主义核心价值观，为实现社会主义先进文化的大繁荣大发展，作出人民军队应有的贡献。

（本文发表于2014年1月）

军事软实力建设刍论

一

1990年3月，曾任美国国家情报委员会主席和助理国防部长的小约瑟夫·奈在《世界箴言》月刊上撰文首次提出了一个著名的概念——软实力。其后他又在专著《软实力：世界政治中的取胜之道》中，系统阐发了"软实力"的思想。他认为，随着国际政治权力的变革和权力性质的变化，实力的概念正在从早些时期强调军事力量和武力征服转向别的方面，软实力的地位和作用日益凸显、日趋重要。

姑且不论小约瑟夫·奈对软实力内涵的界定是否科学，但这一概念的提出无疑对我们把握当今国际竞争与战略博弈的特征具有重要的借鉴和启示意义。从总体上，小约瑟夫·奈是把军事看作一种硬实力的，他并没有提出军事软实力概念。然而，如果我们将光圈缩小到军事层面内部，就会发现，军事实力本身也有硬、软之分。我们认为，所谓军事硬实力，是指军队武器装备发展水平、兵力的规模和质量，以及依托这些基本的物质条件所可能产生的、可用于直接作战和打击的能力；所谓军事软实力，是指军事文化传统、军事理论、军事运行机制、战略战术、战斗精神、军队形象等无形的东西，即将人与武器装备结合为有机战斗力的政治因素、文化因素、精神因素、机制因素，等等。它附丽于硬实力之上，然而又具有间接的、硬实力所不能替代的功能，对履行军队使命、维护国家利益发挥着重要作用。军事软实力主要体现为军事文化的影响力、军事理论的创新力、军队内部和军地之间的凝聚力、战斗精神和气势的威慑力、军队形象的感召力等。军事软实力虽然源于军队的性质、宗旨、国家的军事文化传统、军队的历史与传统，但又离不开现实的营造与建设。

军事软实力与军事硬实力如影随形，水乳交融，密不可分。硬实力是软实力的物质基础，离开了足够强大的、真实可信的硬实力，软实力就失去了依托，失去了附丽，就会成为虚无缥缈的海市蜃楼、水月镜花；软实力则是硬实力的黏合剂和倍增器，是硬实力的"场效应"，是硬实力的展示、放大和延伸。离开充盈饱满、足资倚重的软实力，硬实力就会失去魂魄，失去神采，就会黯然失色、大打折扣，也就不能发挥应有的效能。如果把军事硬实力比作一颗坚硬的钻石，军事软实力就是它焕发出的夺目的光彩；如果把军事硬实力比作一把龙泉宝剑，军事软实力就是它的凛凛寒光、铮铮夜鸣。一支军队的战斗力及其以战斗力为核心的履行使命的能力，不是硬实力与软实力的简单相加，而是它们的乘积。如果说军事硬实力主要体现为一种"对抗型"的能力，军事软实力则更多地体现为一种"合作型"的能力、博弈性的能力；军事硬实力主要体现为一种实战能力，军事软实力则更多地体现为一种和平运用军事力量的能力，一种折冲樽俎的能力，一种"不战而屈人之兵"的能力。

军事硬实力与军事软实力是互相渗透、互相转化的。军事硬实力的充分展示和成功运用，可以转化和积淀为软实力；军事软实力对人与武器等战斗力要素的优化配置和"淬火加钢"，也可以转化和聚合为硬实力。

军事硬实力是国家的重要的战略依托，军事软实力同样也是国家须臾不可缺少、必须倚为重宝的战略资源。军事硬实力的建设与应用，离不开高超的谋略；军事软实力的建设与应用，往往需要更高妙、更深远的谋略。

《尉缭子》曰："兵者，以武为植，以文为种。"何以为"武"？何以为"文"？"武"者，硬实力的建设与应用之谓也；"文"者，软实力的建设与应用之谓也。历史经验证明，能够有效履行使命、创造辉煌战绩的军队，往往是文武兼备的军队；卓越而富有远见的统帅，大都是善于"软""硬"兼施的统帅。随着人类战争形态由机械化向信息化转变，一种新的战争——"软战争"正浮出水面，军事软实力在世界军事领域竞争中的地位越来越突出，在维护国家利益中的作用越来越重要。我军历史使命的拓展，要求我军必须提高应对多样化安全威胁、完成多样化军事任务的能力。我们要更加注重军事力量的不用之"用"、和平运用，注重军事软实力的建设与运用。统筹硬实力的建设与软实力的建设，是运用科学发展观指导军队建设的重大课题。

我军是中国共产党创建和领导的人民军队。我军从诞生的那一天起，就展示了历史上一切剥削阶级军队所不曾有的风貌，显示了无产阶级在军事上生气勃勃的创造精神。综文武，兼"软""硬"，既是中国军事文化的优良传统，更是毛泽东军事思想的显著特色，是中国共产党领导当代中国军事的显著特色。我军从小到大、由弱变强，以劣势装备迭克优势装备之敌，从某种意义上讲，靠的是政治优势、文化优势、精神优势、机制优势，靠的是软实力胜敌一筹。当前我军已发展成为一支初步现代化的、迈向信息化的雄师劲旅，但与可能面对的更强大的对手相比，我军在硬实力上总体处于劣势的状况在一个短时间内不可能有根本的改变。在加速硬实力建设的同时，须把软实力的建设与应用摆在更加突出的位置。

二

凝聚力是军队战斗力的基础，也是军事软实力的基础。我国古代兵家很早就认识到了"道者，令民与上同意""师克在和不在众"的道理。早在战争年代，毛泽东同志就把官兵一致、军民一致作为我军政治工作的重大原则提了出来。在新的历史条件下，我们要把增强凝聚力作为我军软实力建设的关键环节，把军队内部和外部的团结作为构建社会主义和谐社会的重要内容，不断增进官兵之间、军政军民之间的团结与和谐，巩固和发展亲如兄弟的官兵关系、情同鱼水的军民关系。

强大的凝聚力来自共同的理想信念、一致的奋斗目标。长征中，我军为什么能够冲破层层包围圈，战胜种种难以想象的困难，跨激流，越天堑，走雪山，过草地，纵横大半个中国，长驱两万五千里，把一次不得已的战略退却转变为开创中国革命新局面的伟大的进军？萧华上将的《长征组歌》道出了其中奥秘——"官兵一致同甘苦，革命理想高于天"。邓小平同志说："对于我们军队来说，有坚定的信念仍然是一个建军的原则。"旨哉斯言。对于我军来说，这种理想信念源于党对军队的绝对领导。离开了党对军队的思想领导，广大官兵就没有了崇高的革命理想，也就不可能有共同的信念和追求；离开了党对军队的政治领导，广大官兵就找不到利益交汇点，也就不可能有一致的奋斗目标；离开了党对军队的组织领导，军队就失去了团结凝聚的核心。正是在这一意义上说，党对军队的绝对领导是我军的军魂，是我军特有的软实力优势。当前，在经济形态、利益主体、社会组织和社会生活方式呈现多样化，人们的思想观念、价值取向趋于多样化的形势下，在西方敌对势力极力兜售"军队非党化、非政治化"和"军队国家化"的错误观点妄图乱我军心、坏我长城的情况下，必须强化全军官兵的军魂意识，紧紧抓住科学理论武装这个根本，坚持用党的创新理论统一思想、凝聚军心，确保部队在任何时候任何情况下坚决听从党中央、中央军委指挥，确保部队建设与发展的正确的政治方向。

实现官兵一致，是增强我军凝聚力的根本因素。中华民族传统军事文化历来强调爱兵如子。《孙子兵法》曰："视卒如婴儿，故可与之赴深溪；视卒如爱子，故可与之俱死。"我国古代良将，大多能够关心爱护士兵，体恤士兵疾苦。吴起为生病的战士吮疽，千百年来传为美谈。我军把马克思主义军事原理与中华民族优秀军事文化结合起来，建立了完全新型的内部关系，官兵之间、上下之间在政治上一律平等，干部爱护士兵，士兵尊重干部，官兵一致，同甘共苦。我军创造性地把民主机制引入了军队这一最需要权威、最需要集中统一的社会组织，实行了"三大民主"。这些都是我军重要的软实力优势。在新形势下，要把以人为本作为重要的建军治军理念，充分尊重官兵在军队建设中的主体地位。要研究解决新形势下官兵关系出现的新情况新问题，进一步深化尊干爱兵教育，特别是爱兵教育，端正军官对士兵的态度，纯洁部队内部关系，依法带兵、以情带兵、文明带兵、科学带兵。努力探索新的历史条件下实现政治民主、经济民主和军事民主的新形式新方法，维护官兵正当的民主权益，充分调动官兵在军队建设和军事斗争准备中的积极性与创造性。

实现军民一致，是增强我军凝聚力的又一个重要因素。战争伟力之最深厚的根源在于民众之中，军事软实力的根源也在于民众之中。我军是人民的子弟兵，来自人民，服务人民，与人民有着天然的、不可分割的联系。在人民群众中，我军如同希腊神话中的安泰脚踏大地，可以汲取到无尽的力量；在人民群众中，我军如鸟在林、如鱼在渊，获得了最大的行动自由。战争年代留下了许多人民群众舍生忘死掩护我军、参战支前的感人故事，陈毅元帅曾动情地说：淮海战役的胜利是人民群众用小车推出来的。新世纪新阶段，我军要忠实地履行历史使命，遏制战争、赢得战争，同样离不开人民群众的拥护、支持和参与。在社会主义市场经济条件下，军政军民关系面临着不少新情况新问题，我们要努力学会运用法律手段、经济手段等协调军政军民之间的利益关系，但是无论何时何地军民一致的原则不能变，人民子弟兵的本色不能变，拥军爱民、拥政爱民的传统不能丢。"军民团结如一人，试看天下谁能敌！"

三

毛泽东同志在总结抗美援朝战争胜利经验时说过一句非常著名的话，他说，美国人是"钢多气少"，我们是"钢少气多"。钢者，武器装备的现代化程度之谓也；气者，浩然正气、英雄豪气、昂扬士气之谓也，压倒一切敌人、压倒一切困难的气势、气概之谓也。古人云："民之所以战者，气也。气实则斗，气夺则走。""胜在得威，败在失气。"因此，"治军必先治气"，"练兵必先练气"。"激人之心，励士之气"历来被视为治军之要言妙道、胜敌之不二法门。综观古今中外，在军事史上写下了风流、创造了辉煌的军队，例如中国历史上的雄汉盛唐的军队、成吉思汗的军队、西方亚历山大统率的马其顿军队、斯巴达克率领的起义军、克伦威尔的"新模范军"、拿破仑统率的法国军队等，无不具有王气、霸气、虎气，无不具有胜利之师的雄风。实践证明，"气"是军事软实力不可或缺的内容。

一支军队的雄风浩气以战争正义性为基础。《左传》中说，"师直为壮，曲为老"。只有从事进步的、正义的战争，军队才会保持长久而旺盛的气势，才能一往无前、所向披靡。所谓"卒寡而兵强者，有义也"，"兵贪者亡，兵应者强，兵义者王"。正因如此，即使不可一世的美军也极力打出"世界新秩序""人权""反恐""人道主义""和平自由"等旗号，力图从政治上、道义上做到"师出有名"。我们党的初心和宗旨，我们国家社会主义的性质以及积极防御的战备方针，决定了无论过去、现在或将来，我军所进行的战争都是名副其实的正义战争，用不着挖空心思寻找借口，炮制理由，掩人耳目，自欺欺人。这是我军对敌产生强大精神威慑力的客观基础，也是我军特有的优势。可以预见，未来我军可能面对的主要敌人，或者是倒行逆施的分裂势力，或者是侵犯我主权、干涉我内政、觊觎我权益的侵略者，这就决定了他们必然色厉内荏，我军是兴王师而讨叛贼，卫主权而反霸权，道义的优势在我一方。我们要一如既往地高举正义战争的旗帜，大力伸张我作战行动的正义性、合法性，揭露敌人的倒行逆施、叛国嘴脸和强盗行径，在道义上、气势上首先压倒敌人。

一支军队的雄风浩气是与战斗精神紧紧联系在一起的。战斗精神是军人的职业精神，是军队软实力的重要指标。"但使龙城飞将在，不教胡马度阴山。"一支骁勇善战的军队常常可以先声夺人，不战自威，令对手闻风丧胆，望而却步。我军是一支打出来的军队，是一支从旧世界杀出一条血路的军队，是一支创造了辉煌战绩的军队。毛泽东同志说："这个军队具有一往无前的精神，它要压倒一切敌人，而决不被敌人所屈服。不论在任何艰难困苦的场合，只要还有一个人，这个人就要继续战斗下去。"我军的战斗精神堪称惊天地、泣鬼神，睥睨千载、独步当代。这种精神威慑力至今仍是遏制战争、赢得战争的宝贵资源。抗美援朝一战，共和国百废待兴，我军征尘未洗，而党和毛泽东主席敢于断然出手，扬眉剑出鞘，所凭借、所张扬的正是中国军队骄人的软实力。此战为新生的共和国的安全和维持一个较长的相对和平的环境举行了奠基礼。西方垄断资产阶级的一些谋士智囊无可奈何地慨叹：不怕中国军队现代化，就怕中国军队毛泽东化。"毛泽东化"者，不怕鬼、不信邪、不怕死，敢于斗争、敢于胜利之谓也。在新的历史条件下，我们必须继续保持我军的威势，发扬革命英雄主义的传统。79年的战斗历程，我军孕育了井冈山精神、长征精神、上甘岭精神、老西藏精神、西沙精神、抗洪精神、载人航天精神等，在我军的行列里涌现出许多战功卓著、获得荣誉称号的英雄群体和个人，这些都是战斗精神的具体化、人格化，是我军重要的软实力资源，是一笔不可小视的"无形资产"。我们不能身在宝山不识宝，要善于运用这些资源进行教育，通过报刊影视宣传、部队史教育、环境熏陶、宣誓、授旗、授枪、阅兵等多种方法和形式，使我军战斗精神不断"增值"，日益光大。要加强军营文化建设，使革命英雄主义成为军事文化的主旋律。"教兵之法，练胆为先。"要把战斗精神的培育列入军事训练的重要内容，既练战法战术技术又练胆量意志作风，既强化体能又健全心理，使我军在未来信息化战场上依然"咄咄逼人"、虎虎生威。

四

1949 年 2 月，上海市外围的激战渐渐归于沉寂。清晨，市民们打开房门一看，一种场面把他们惊呆了：整连整排的解放军战士抱着枪露宿于街头，这与耀武扬威、在百姓头上作威作福的国民党军队形成了多么鲜明的对照！一位外国军事观察家评论：这样的军队赢得中国在情理之中。

人过留名，雁过留声。人不可没有好的形象，一支军队也不可没有好的形象。形象是内在气质的外化，是一支军队性质、宗旨、纪律、战斗力等的外在体现，是外界对于一支军队的观感。军事实践反复证明，军队的形象是构成军事软实力的核心要素。军队形象好，亲民爱民，举止文明，令行禁止，秋毫无犯，就能够产生巨大的亲和力、感召力、影响力、辐射力，往往能够收到"民箪食壶浆以迎王师""兵不接刃而敌降服"之效。军队形象差，纪律废弛，鱼肉百姓，奸淫掳掠，杀戮成性，就会失道寡助：一是极大地增加"作战成本"；二是即使军事上胜利了，其政治目标的实现也会大打折扣。仁者无敌。古往今来，一切有远见、有政治头脑的军事家都十分注重军队的形象。正义之师、文明之师、和平之师的形象，历来是军队赢得人心、凝聚军心，争取友军、瓦解敌军，进而克敌制胜的法宝，也是实施"上战无与战"战略的重要着眼点。在当今这个战场趋于透明、大众传媒极度发达的时代，军队形象更是直接关系到国家的形象，关系到人们对军事行动是否具备正义性、合法性、有理性的判断，对军事任务的完成、政治目标的实现影响至巨。军队形象问题，已成为任何一个国家军队谋划军事行动不可不未雨绸缪并全程关注的问题。伊拉克战争中，美军采用记者"嵌入"方法，主导了军队形象塑造权，极大地提升了美军的吸引力和亲和力，应该说是颇为成功的。然而，美军"虐俘"事件、奸杀伊拉克少女及其家人的事件的曝光，也极大地损害了美军的形象，使美国政要大伤脑筋。

我军不仅以英勇善战、所向无敌著称于世，而且素以正义之师、文明之师誉满天下。"纪律好，如坚壁。军事好，如霹雳。政治好，称第一。"我军的形象是有口皆碑、举世无双的。但是，要看到，今天的青年官兵对我军的优良传统及其重要性感受不甚真切，在新形势下，在社会主义市场经济条件下，在日益开放的社会环境下，面对形形色色的诱惑，难免会为之所动，甚至作出一些有悖我军宗旨的事。特别是西方敌对势力出于其战略需要，处心积虑地贬损、诋毁中国，也包括丑化、矮化、妖魔化中国军队，更要求我军在形象问题上慎之又慎，以止谤祛诬、防微杜渐。同时，随着历史使命和职能的拓展，我军也即将更多地走向世界，参与国际军事合作，在世界人民面前展示中国军队的风采。所有这些，都要求我军把塑造和维护形象作为一个重大的战略性课题来研究，作为一个新的伟大工程来推进。必须强化全军官兵的形象意识，教育和引导官兵像爱护眼睛一样爱护军队的形象，像珍惜生命一样珍惜军人的荣誉。

塑造和维护我军形象，就必须全面加强思想政治建设。形象是一支军队宗旨的外化，不是靠作秀作出来的，包装包出来的。为少数人谋利益的军队，必然鱼肉百姓，不可能有好的形象，更谈不上感召力。人民军队的性质和宗旨为我军形象感召力提供了坚实基础。从战争年代到和平时期，在我军的行列中，不仅涌现出数以千百计的战斗英雄，而且还出现了张思德、雷锋、徐洪刚、李国安、丁晓兵、华益慰等灿若星辰的爱民模范、精神文明标兵，成为党的道德化身，成为全民族的道德楷模。他们用崭新的道德风尚影响和带动了全民族，他们像一个个辉煌的星座点亮了我军形象的星空。有人把"扶贫司令""找水团长"讥为不务正业，其实这是一种短视的、军事职能上的实用主义，扶贫、找水看似与军队战斗力没有直接联系，然而它塑造了我军形象，并最终转化为一种重要的软实力，谁又能够说其与"打得赢"不相关呢？在新形势下，我军要贯彻落实胡锦涛同志的指示，深入进行理想信念、我军使命、战斗精神和社会主义荣辱观的教育，在精神文明建设上继续走在全民族的前列。

塑造和维护我军形象，必须依法从严治军。没有纪律的军队是乌合之众，不可能有形象感召力。井冈山时期，"三大纪律六项注意"中的"上门板、捆铺草"，最先规定是"还门板、还铺草"。但在还门板时，往往搞乱。还铺草呢，则是一股脑儿往堂屋里堆上就走人。毛主席发现这一问题后，就把"还门板"改为"上门板"，把"还铺草"改为"捆铺草"。于是，部队要走，门板各就各位，铺草也捆好放在原地。一字之改，足见我军纪律的严明与细致！解放战争时期，锦州那个地方出苹果，我数十万大军路过果园，但饥渴的战士竟没有一个人伸手去摘。他们自觉地认为不吃是光荣的，吃了是可耻的。毛泽东同志看了报告兴奋而感慨地说，我军严格而自觉的纪律就建立在这个上面。在新形势下，我军要继续保持和发扬这种军纪严明的优势，把从严治军真正落到实处。

塑造和维护我军形象，必须教育和引导官兵在军事行动中把维护国家利益与主持国际正义、维护世界和平统一起来，把战略战术的灵活性与作战行动的合法性、节制性统一起来，把革命英雄主义和革命人道主义统一起来。战争是不文明的，但战争行为本身也是人类文明的一个尺度。中华民族的战争文明意识是发祥最早的。《太白阴经》指出："兵非道德仁义者，虽伯有天下，君子不取。"《司马法》更明确阐述了"仁义之师"的行为规范："入罪人之地，无暴神祇，无行田猎，无毁土功，无燔墙屋，无伐林木，无取六畜、禾黍、器械，见其老幼，奉归勿伤，虽遇壮者，不校勿敌，敌若伤之，医药归之。"我军既是威武之师，又是仁义之师。在抗战的艰苦岁月里，我军官兵经常吃的是黑豆，却把精米白面省出来给日本战俘吃。这就是仁者之师的风范。随着历史使命的拓展，我军应进一步强化全军官兵的战争文明意识，在作战及其他军事行动中，自觉遵守关于人道主义的国际公约和战争法的有关规定，模范执行党的民族宗教政策，严格战区群众纪律，在更广阔的舞台上展示我军正义之师、文明之师、和平之师的形象。

塑造和维护我军良好形象，必须加强和改进军事宣传。军队的形象既是客观的，也离不开积极和精心的塑造。"桃李不言，下自成蹊""酒好不怕巷子深"是农业文明时期的观念。由于种种原因，西方媒体关于中国军队的报道、分析，往往是不公正、带有偏见的，甚至是别有用心的。在这种情势下，我们更要强化舆论战意识，努力打破西方媒体的话语霸权，澄清敌方和某些不怀好意的媒体对我军形象的歪曲和中伤，主动塑造我军形象。要拓展军事宣传渠道，在发挥军队媒体主阵地作用的同时，探索运用地方媒体、借助国际媒体树我形象的途径和策略；要提高军队新闻工作者的理论素质、军事素质、业务素质，建立一支特别能战斗的军事新闻队伍。

五

"现在未必能找到另一个像军事这样的革命的领域。"这是恩格斯在150年前的一句话，如果他有幸看到当今世界科技进步给军事领域带来的日新月异的变化，一定会更加兴奋和关注。军事领域是以竞争和对抗为主要特征的领域，也是最需要创造精神的领域。军事创造力是军事软实力的重要内容，也是其最具活力的因子。进入信息时代后，战争形态发生了革命性变化，呈现军事人员知识化、武器装备智能化、作战编成一体化、战场要素数字化、作战方式精确化、作战空间全维化等趋势。战争节奏大大加快，战争的不确定性更强。在这种情况下，谁想占领军事发展制高点，立于不败之地，谁就要经常保持头脑清醒，不断开拓进取，追求军事理论、技术、制度、战法训法的突破与创新。20世纪80年代之后，美军加大了军事创新力度，加快了以信息化为核心的变革步伐，提出了"21世纪战争""21世纪战场""21世纪陆军""21世纪海军""21世纪空军""数字化部队"等一系列新观念新思想新理论。美军军事创新所获得的效益，在近几场战争中得到充分验证。无数事实表明，创新是军事进步的灵魂，是军事发展的不竭动力；军事创造力是不可估量的潜在战斗力，是重要的软实力。一支充满创造力的军队，必然是朝气蓬勃、虎虎生风的军队，是令同行钦佩、令对手生畏的军队。

我军是极富创造力和创新力的。从毛泽东军事思想、邓小平新时期军队建设思想、江泽民国防和军队建设思想到胡锦涛关于军队建设、军事斗争准备的一系列重要论述，我军始终坚持了一条在创新中寻求胜敌之道、探索发展之路的路线。可以说，创新是我军军事理论、军事战略指导的灵魂和精髓，是中国共产党领导当代中国军事的宝贵特质。至法无法，法无定法。正是因为坚持"你打你的，我打我的"，实行完全自由的作战，我军才能够在战争舞台上纵横捭阖，挥洒自如，把战争艺术的运用推向极致，"无穷如天地，不竭如江河"，创造战争史上的奇观，让一个个熟谙兵书战策、自诩科班出身、经过正规训练的对手成为手下败将。中国共产党在军事上所实行的伟大创新可以说是前所未有的。

新世纪新阶段，军事领域的竞争日趋激烈。机遇偏爱有准备的国家，机遇偏爱有准备的军队。自我满足、自我陶醉，安于现状、不思进取，想用"旧船票"去登新客船，只能被时代浪潮所淘汰。因此，我们要有一种强烈的忧患意识、危机意识、"恐慌"意识，要把创新作为军队发展的首要条件，作为军队建设的不懈追求。着眼于我军使命的拓展，着眼于军事发展的战略主动，着眼于建设信息化军队、打赢信息化战争，着力培育和激活军事创造力，着力推动军事理论创新、军事技术创新、军事组织体制创新。广大官兵是军事认知与实践的主体，是军事创造力的源泉。要把推动部队建设与促进官兵全面发展统一起来，激发官兵创新欲望，提高官兵创新能力，在军营形成理解创新、支持创新、尊重创新、接受创新的浓厚氛围，努力造成一种创新活力竞相迸发、创新才华争相展示、创新源泉充分涌流、创新欲望充分满足的局面。

综上所述，我们认为，在党的领导下，在马克思主义科学理论的指引下，基于共同的理想信念所产生的坚强凝聚力，压倒一切敌人、压倒一切困难的雄风浩气的巨大威慑力，正义之师、文明之师、和平之师形象的强大感召力，永不自满、永不懈怠、永不枯涸的旺盛创造力，构成了我军软实力建设的基本内容。"软""硬"并重、文武兼备、全面建设、综合应用，我军就一定可以在新世纪的征途上再创新的辉煌！

（本文发表于2007年6月）

大力发挥先进军事文化的软实力功能

王：各位网友，大家好！很高兴与大家在人民网军事频道见面！

主持人：关于软实力是近年来人们热议的一个话题。党的十八大报告在讲到扎实推进社会主义文化强国建设时，也明确提出了提高国家文化软实力的战略要求。王将军，您是否先给大家介绍一下软实力的概念？

王：好的。"软实力"的概念，最早是由美国哈佛大学教授小约瑟夫·奈提出来的，他曾担任过美国国家情报委员会主席和助理国防部长，是新自由主义学派理论的代表人物。1990年他出了一本书，叫《注定领导世界：美国权力性质的变迁》，在这本书中他首次提出了软实力的概念。其后他又在专著《软实力：世界政治中的取胜之道》中，系统阐发了"软实力"的思想。他认为，随着国际政治权力的变革和权力性质的变化，实力的概念正在从早些时期强调军事力量和武力征服转向别的方面。因此，软实力的地位和作用日益凸显、日趋重要。什么是软实力呢？他把"软实力"定义为"通过吸引和说服他人接受你的目标，从而得到你想要的东西的一种能力"。他认为"吸引比强迫更廉价，这是一种需要滋养的资产"。

姑且不论小约瑟夫·奈对软实力的定义是否科学、准确，但这一概念的提出无疑是非常具有战略眼光的，为我们观察和分析当今国际关系中的战略博弈和综合国力的竞争具有重要的启示意义，同时也提供了一个非常独到的视角。因此，这一概念很快得到了国际社会和学术界广泛认同，并成为一个使用频率很高的热词。

我认为，软实力在其本质上是一种文化的力量。一个国家也好，民族也好，军队也好，最深层、最本原的力量是文化的力量。文化深深地熔铸于民族的血脉之中，决定着国家和民族发展的底蕴和动力。在当今世界，文化越来越成为民族凝聚力和创造力的重要源泉，越来越成为综合国力竞争的重要因素。文化的本质是"文以化之""以文化之"。《易经》中说："观乎人文，以化成天下。"所谓软实力，我认为就是一种基于文化的、着眼于"文以化之"的柔性的力量。就其内向来说，表现为一种凝聚力、创造力、激励力；就其外向来说，表现为一种威慑力、辐射力、感召力。

主持人：在当今世界综合国力的竞争中，文化作为一种软实力的作用确实越来越重要。我记得一位西方的前政要曾经说过大意如此的话，不管中国有多少电视机出口，只要它不能输出大量的电视片就无所谓。那么，王将军，我们知道，军队是一个武装集团，是暴力工具，是战争的机器。讲到军队，人们想到的就是钢铁，就是飞机大炮战舰，就是血与火，很少与软实力联系起来，为什么说军事能力也有软硬之分呢？

王：你提出的问题很好。的确，小约瑟夫·奈主要是从国家层面考察软实力与硬实力的，他把军事力量看作国家硬实力的重要体现和依托，看作"大棒"的象征，而把软实力看作与军事力量相对应的东西，即"胡萝卜"。因此，他并没有提出军事软实力概念。提出军事软实力的概念，应该说是我国军事理论界特别是军队政治工作研究者的一个创新，或者说是对软实力概念的一个拓展。

诚然，军事从总体上是一种硬力量、硬手段。但如果我们将光圈缩小到军事层面内部，就会发现，军事实力本身也有硬软之分。我们认为，所谓军事硬实力，是指军队的数量规模、武器装备现代化水平等有形的东西，即可以诉诸实战的现实威慑和打击能力；所谓军事软实力，是指军事文化传统、军事思维方式、军事理论、军事伦理观念、军事组织体制，军队的理想信念、战斗精神、战略战术、军队的观瞻形象等无形的东西，即将人与武器装备有机结合为有效战斗力的政治因素、人文因素、精神因素、机制因素等。这些因素，一般地说都属于军事文化的范畴。因此，同样可以把军事软实力看作一种基于军事文化的柔性的力量。

古代兵书讲："兵形象水。"老子说："天下之至柔，驰骋天下之至坚。"可见，治军用兵也要刚柔相济。军事硬实力是国家的重要的战略依托，军事软实力同样也是国家须臾不可少，必须倚为重宝的战略资源。军事硬实力的建设与应用，离不开高超的谋略；军事软实力的建设与应用，往往需要更高妙、更深远的谋略。

主持人：王将军，从您以上所讲，我们可以看出军事硬实力与软实力是紧密地嵌合在一起的。您可以具体给我们讲一讲军事软实力与硬实力的关系吗？

王：是的，军事软实力与军事硬实力如影随形，水乳交融，密不可分。硬实力是软实力的物质基础，离开了强大的、真实可信的硬实力，软实力就失去了依托，失去了附丽，就如同海市蜃楼、水月镜花；软实力则是硬实力的黏合剂和倍增器，是硬实力的"场效应"，是硬实力的展示、放大和延伸，离开强大的软实力，硬实力就失去了精魂、失去了神采，就不可能发挥应有的效能。

军事硬实力与军事软实力是互相渗透、互相转化的。军事硬实力的充分展示和成功运用，可以转化和积淀为软实力；军事软实力对人与武器等战斗力要素的优化配置和"淬火加钢"，也可以转化和聚合为硬实力。比如，抗美援朝前，身为联合国军司令的麦克阿瑟曾非常狂妄，不可一世，他对媒体说："中国人是亚洲思维，他们是懦弱的，他们敢过江，我们就用飞机炸平他们。"还说："我想他们应该想到对手是美国，指挥官是我——麦克阿瑟五星上将。"但到了中印边境自卫反击战时，他的态度和观点就大不一样了，他说："谁要想跟中国陆军打仗，那他简直就是有病。"这就说明经过与中国军队的交锋，他触了霉头，转变了对中国军队的看法。这是我军硬实力的应用转化为了软实力的一个鲜明的例子。

主持人：那么，军事硬实力和软实力各有什么特点？

王：如果说军事硬实力主要体现为一种"对抗型"、杀伤性的能力，军事软实力则更多地体现为一种"合作型"、吸引性的能力；军事硬实力主要体现为一种实战能力，军事软实力则更多地体现为一种和平运用军事力量的能力，一种折冲樽俎的能力，一种"不战而屈人之兵"的能力。

主持人：您刚才讲，军事软实力是一种基于军事文化的柔性的力量。那么何谓军事文化？它又有什么特点呢？

王：军事文化是整个社会文化中的一种极为重要的亚文化。大家知道，自从人类社会进入阶级社会以来，以打赢战争和遏制战争为中心的军事活动就成为人类一项极为重要的社会实践，军队就成为一个重要的社会组织。军事文化，就是一个民族、一个国家、一支军队在长期的军事实践中所形成的文化形态。军事文化一般包括军事思想，军事思维方式，军事伦理价值观念，军队的历史传统、理想信念、道德情操、战斗精神，军事文学艺术以及军营文化生活，等等。

我认为，军事文化至少具有如下四个方面的特点。

一是阶级性。军队是执行政治任务的武装集团，是为一定阶级的利益服务的。因此，军事文化不可能没有阶级性。军事文化的阶级性是决定军事文化先进与否的最根本、最主要的标志。因为在一定的历史条件下，只有进步的阶级才能代表先进生产力发展的要求、代表先进文化的前进方向。例如，我军是无产阶级性质的、完全新型的人民军队。我军从创建之初就置于党的绝对领导之下，并且在长期的战斗历程中，逐步创立了世界上独一无二的军队政治工作的制度，铸造了自己永远不变的军魂，确立和恪守了全心全意为人民服务的宗旨，形成了平等、和谐的内部关系，不断提高了官兵的文化素质和综合素质，创造了旧军队从来没有过的军营文化。同时，基于马克思主义的世界观、方法论、战争观和军事辩证法，形成了人民战争的灵活机动的战略战术。这就决定了我军的军事文化具有剥削阶级军队所无可比拟的先进性，这种军事文化本原上的先进性是我军最重要的优势。

二是民族性。一定的军事文化是在民族文化的母体里发展起来的，因而不能不打上民族文化特质的印记。民族文化传统是军事文化的主要的源头。例如，一般地说，西方军事文化传统比较重"器"、重技术战术，而中国军事文化则呈现出重道、重军事哲学思维、军事战略思维的特色；西方军事文化传统的进取性、外向性比较强，而中国军事文化的特色则相对内敛，主张保境安民，很少有穷兵黩武、向外扩张的元素。

三是传承性。上面所说的民族性，实际上也是传承性。但是军事文化的传承性更多地与一支军队的历史与传统相关。例如，世界上许多国家，是先有国家后有军队。而我军则不同。我军的军史要比共和国国史还要长。甚至可以说，共和国是我军在党的领导下用枪杆子打出来的。我军是党为武装夺取政权而创建的军队，是由革命的军队转变为国家的军队。在党的领导下，在长期的革命战争实践中，我军形成了独具特色的、包括军事领导体制在内的军事文化传统。现在，有些人非常热衷于谈论所谓"军队非党化、非政治化"和"军队国家化"，这些人如果说不是别有用心，就是出于对中国军队历史的无知，就是不了解中国军队的传统。

四是时代性。恩格斯曾经说过："现在未必能找到另一个像军事这样的革命的领域。……技术每天都在无情地把一切东西，甚至是刚刚开始使用的东西当作已经无用的东西加以抛弃。"军事是人类社会发展的最敏感的神经，是时代前行的最敏锐的风向标和传感器。一定形态的军事文化总是与一定的科技水平以及与之相应的一定生产力发展水平相联系，与一定的战争形态相联系。因此，军事文化必然带有强烈的时代性。例如，冷兵器时代与热兵器时代，机械化战争时代与信息化战争时代的军事文化就有很大的不同。故步自封、僵化保守是军事领域的大忌、大敌。因为僵化必然导致军事文化的落后，而落后就要挨打，落后就要失败。当今世界以信息化为标志的军事变革正在加速发展，为此，军事文化发展要保持先进性，就必须与时俱进，锐意创新。

主持人：是否可以这样理解：要建设先进军事文化，必须保持我军军事文化的无产阶级性质，坚持以马克思主义为指导，继承和发扬我们民族优秀的军事文化遗产，继承和发扬我军优良的文化传统，同时借鉴和吸收世界各国和外军有益的军事文化成果，把继承与发展、坚持与创新统一起来，做到与时俱进。

王：是的。

主持人：那么，先进军事文化作为一种软实力，它的功能主要体现在哪里？或者说，我们今天应该怎样发挥先进军事文化的软实力功能？

王：先进军事文化的软实力功能主要体现在两个方面，即军事功能和社会功能。我先说说军事功能。

如前所述，军事软实力与军事硬实力是密不可分的。一方面，军事文化作为军事系统中人的因素的集中体现，深深地熔铸于战斗力的各个方面，是构成战斗力的决定性的因素；另一方面，军事文化还具有独特的、相对独立的"软作战"功能。这就通过慑服、感化、吸引、辐射等，达到"不战"或"小战"而"屈人之兵"的目的。军队就是为战争而存在的，正如习主席指出的，军队要能打仗、打胜仗。但打仗本身不是目的，达成战略意图才是目的。综文武、杂刚柔，是中国军事文化的优良传统。《尉缭子》曰："兵者，以武为植，以文为种。"何以为"武"？何以为"文"？用我们今天的理解，可以把"武"理解为硬实力的建设与应用；"文"理解为软实力的建设与应用，二者不能偏废。古人曾经讲："成文事者必有武备。"反过来也可以说："成武事者必有文助。"大家都熟悉毛泽东雄视千秋的词句："惜秦皇汉武，略输文采，唐宗宋祖，稍逊风骚，一代天骄，成吉思汗，只识弯弓射大雕……"当然，对于这些诗句我们不能拘泥刻板地看，但是，这也确实说明了毛泽东对战争史上只靠蛮勇、蛮力的政治家、军事家是看不上的。他把"瓦解敌军"规范为我军政治工作的一条重要原则，指出："我们的胜利不但依靠我军的作战，而且依靠敌军的瓦解。"他曾经说过，要用"文房四宝"打败国民党的八百万军队。果然如此，解放战争的胜利，其源盖出于他从西柏坡发出的雪片般的文电。仅解放战争，我军就争取国民党军队官兵投诚63万余人，起义和接受改编114万余人。

更应该看到的是，随着和平与发展成为时代的主题，随着人类战争形态由机械化向信息化的转变，战争行动越来越克制化、精确化、小型化，军事文化作为软实力的地位在军事实践中越来越突出，在维护国家利益中的作用越来越重要。在很多情况下，在化解危机、遏制战争方面，军事文化软实力能够起到"四两拨千斤"的作用。例如，伊拉克战争之后，美国防部在其《转型计划指南》中，提出了三大转型战略，其中第一条就是"军事文化转型"，并提出了"文化中心战"的概念。所谓文化中心战，我们理解就是基于文化软实力的作战。所以，在战争形态发生很大变化的形势下，我们要更加注重军事力量的不用之"用"、和平运用，注重军事软实力的建设与运用。可以说，统筹硬实力的建设与软实力的建设，是运用科学发展观指导军队建设的重大课题。

主持人： 看来，一支军队要履行历史使命，硬实力和软实力缺一不可。而随着战争形态的演进和时代主题的变化，军事文化作为软实力的功能越来越重要。那么，军事文化作为软实力的社会功能又怎样呢？

王： 先进军事文化作为软实力的社会功能，主要体现在它是国家文化软实力的一个重要的组成部分。可以从这么几个方面看。

首先，发展先进军事文化，有利于铸国魂、强民魂。一个国家要有国魂，一个民族要有民魂。国魂和民魂的实质是人们常说的核心价值观问题。这是文化的核心问题，也是文化软实力的内核。而军事文化往往最鲜明地体现了国家和民族的核心价值理念，更直接地承载着民族精神。考察人类文明史可以看到，军事文化对文明的发展和演进、对民族精神的形成和发展产生了重要的影响。例如，我们中华民族在漫长的发展进程中形成了维护国家统一的"大一统"观念，形成了以爱国主义为核心的民族精神。而对于这种民族心理和民族精神的形成，军事文化功不可没。中国军人历来以保卫祖国、维护国家的统一和安全为己任。"捐躯赴国难，视死忽如归。""但使龙城飞将在，不教胡马度阴山。"在中国文学的长廊中，以讴歌爱国主义为主旋律的军旅诗词比比皆是，成为一个重要流派。可见，弘扬优秀军事文化可以弘扬和振奋民族精神。

　　更应该看到，中国自从有了共产党，中华民族的精神状态就发生了根本的变化。而这种变化的开风气之先者、率先垂范者是军队。人民军队可以说是党的理想、信念和宗旨的忠实践行者，是党所倡导的先进文化的人格化身。在党的领导和哺育下，基于马克思主义的科学世界观，基于全心全意为人民服务的宗旨，汲取民族精神和时代精神的精华，继承和发扬中华民族优秀的武德文化，我们这支军队形成了区别于一切剥削阶级军队的崭新的核心价值观。无论是战争年代还是和平时期，无论是在血与火的战场上还是在固防强军的默默无闻的奉献中，我军都形成了堪称中华民族文明地标和精神星座的伟大精神，例如井冈山精神、长征精神、延安精神、老西藏精神、"两弹一星"精神等，涌现出灿若星辰的英雄模范人物，为民族精神的再造提供了必不可少的钙质和酵母，为社会主义核心价值体系的构建注入了源头活水。延安时期，毛泽东曾经以悼念张思德这位普通警卫战士为由头，深入浅出地阐发了为人民服务这一我党我军的根本宗旨。从此"为人民服务"这五个大字深深地镌入了共和国的基石，成为我们党执政兴国的核心理念，成为社会主义伦理道德的灵魂。社会主义建设时期，雷锋这位平凡而伟大的战士，也孕育出一代新风，影响了几代中国人。实践证明，人民军队构筑了我国的道德高地，是践行社会主义核心价值体系的楷模。大力发展先进军事文化，必将大大地促进社会主义核心价值观建设，从而也从根本上提升我国的文化软实力。

其次，发展先进军事文化，有利于在国际舞台塑造和展示我国的形象。为什么国家的重大庆典要举行阅兵式？为什么检阅三军仪仗队被视为最高规格的国宾礼遇？因为从一定意义上说，军队的形象就是国家和民族的形象，是一个国家的文化名片。新世纪新阶段，随着我军使命任务的拓展，我军参与国际安全和军事领域的合作越来越多，与外军的交往和接触越来越多。在这些活动中，我军所展示的中国军人的一流素质和良好形象，所彰显的中国军人的献身精神和敬业精神，所呈现出的富有魅力的军事文化，都潜移默化地转化为了国家的软实力。我举个例子，驻港部队举行的军营开放日，就增进了香港市民对我军的理解和对祖国的热爱。当然，这是在国内。

最后，发展先进军事文化，有利于增强中国文化的国际影响力。中华民族的伟大复兴最根本的是文化的复兴。而文化复兴的前提是让中国文化走向世界。讲到中国文化，大家往往想到的就是儒学，就是孔孟之道、礼仪之邦。现在，中国在世界各地建了不少孔子学院，目的是传播中国文化，应该说这是不错的。但是不要忘记，中国文化还有另一块瑰宝，这就是兵学。孙子兵法，至今被尊为百代兵家之师。美国著名的学者约翰·柯林斯这样评价孙子："孙子是古代第一个形成战略思想的伟大人物，他于公元前400—前320年写成了享誉世界的名著《孙子兵法》。孙子十三篇可与历代包括2200年后克劳塞维茨的著作媲美。今天没有一个人对战略的相互关系考虑的问题和所受的限制比他有更深刻的认识。大部分观点在我们当前环境中仍然具有和当时同样重大的意义。"在现当代，毛泽东军事思想，更是人类军事思想史的一座高峰，它所蕴含的博大精深的军事哲学思想、所展示的出神入化的军事艺术，令他的对手也不得不叹服。美国一个机构评出人类十部最杰出的军事著作，其中中国的有两部，一部是《孙子兵法》，另一部是毛泽东的《论持久战》。现在国际上的"孙子热"和"毛泽东军事思想热"历久不衰。我们自己不能"身在宝山不识宝"，要很好地承继这份厚重的遗产，并将之推向世界。除此之外，军事科学研究、军事文学艺术的创作、军事文化产品的制作生产也是国家文化整体实力和竞争力的重要组成部分，我就不再多说了。

主持人：王将军，听了您的介绍，我们感到发挥先进军事文化的软实力功能对于兴国强军都具有重要的战略意义。那么，您认为应如何提高和用好军事文化软实力呢？

王：这是很大的题目。我想，首先，要围绕培育当代革命军人核心价值观这个根本任务大力发展先进军事文化。当代革命军人核心价值观是我军的精神之旗、文化之魂。要继续强化教育引导、创新方式方法、健全制度保障，把培育当代革命军人融入部队建设全过程和各项军事实践，体现到军队精神文化产品创作生产传播的各个方面。其次，要精心组织好军事宣传特别是军事外宣工作。先进的军事文化如果不能真实有效地传播于受众，就不可能发挥其应有的软实力功能。在信息时代和网络时代，要善于应用网络和新型媒体，适时澄清一些歪曲和丑化我军的宣传，塑造和展示我军正义之师、和平之师、威武之师、文明之师的形象。

（本文系2013年5月作者接受人民网军事频道访谈的文字稿）

走在社会主义先进文化最前列

文化，作为观念形态的文化，是上层建筑的重要组成部分。军队作为阶级、国家的暴力工具，其存在本身就是一定的阶级信念、民族精神、政权建设方向的反映。军事文化，总是鲜明地体现着一定的社会文化；反过来说，军事文化的前进方向在很大程度上又影响着社会文化的前进方向。我军作为在党直接领导下的执行革命的政治任务的武装集团，从来就是先进文化的率先创造者、重要承载者和热情传播者。在社会主义先进文化建设中，人民军队可以也必须继续走在最前列。

一、人民军队自诞生之日起就是代表中国先进文化前进方向的战斗集体

先进文化是社会发展的火炬。1919年爆发的五四运动在冲击和荡涤中国几千年陈腐落后的旧文化的同时，也在古老的神州大地孕育和催生了一种全新的文化的萌芽，这就是用马克思主义的"透视镜、显微镜、望远镜"观察国家命运，"阐旧邦以辅新命"。中国共产党的诞生就是这种新文化运动的直接产物，就是这种先进文化赖以为自己开辟通路的组织基础和骨干力量。然而在半殖民地半封建的中国，要除旧布新、革故鼎新，"批判的武器不能代替武器的批判"。因此，党在汲取大革命失败的沉痛教训之后，毅然开始了独立创建人民军队的伟大实践。党为了实现自己的历史使命而创建和缔造了军队，理所当然地党也把自己拥有和代表的新文化的因子注入了这支军队，按照自己的文化追求和精神风貌塑造了这支军队。

"开天辟地第一回，人民有了子弟兵。"在中国近代史舞台上，曾经出

现过八旗兵、湘军、淮军、北洋水师、新式陆军等形形色色的军队。这些旧军队在封建势力的把持和主导下，或以封建忠君思想为维系，成为封建统治者镇压人民革命的鹰犬、维护反动统治的爪牙；或以宗法观念、乡土观念相纠集，成为一些军阀、野心家争权夺利的工具。这些军队虽然也进行过一些改革，但从根本上说都是与中国社会腐朽落后的旧文化联系在一起的，是反人民的，而中国共产党领导的人民军队则以党的旗帜为旗帜，以党的宗旨为宗旨，以党的目标为目标，从一开始就展现了全新的文化风貌。

——这支军队具有崇高的理想和坚定的信念。在马克思主义的指引和培育下，官兵把个人翻身求解放的朴素的阶级意识逐步上升为了为社会主义、共产主义而奋斗的崇高理想。为了实现崇高的理想，他们前赴后继，一往无前，一不怕苦，二不怕死，"官兵一致同甘苦，革命理想高于天"。

——这支军队以全心全意为人民服务为唯一宗旨，紧紧地与人民站在一起。不仅在血与火的战场上，他们奋不顾身地为人民的利益而战，而且在和平年代、在日常的生活中，也时时处处把自己看作人民的勤务员，每到一地，满腔热情地为人民群众做好事，而绝不侵占和损害人民的利益。这与旧军队的奸淫掳掠、残害百姓形成了鲜明的对照。

——这支军队形成了旧军队不曾有过的民主制度和完全新型的内部关系。中国共产党创造性地把无产阶级的民主主义运用于军队建设，彻底扫除了旧军队内部的封建等级制度和军阀作风，形成了平等的、官兵之间亲如兄弟的同志式的关系。"红军中官兵伕薪饷吃穿一样，白军里将校尉起居饮食不同。"这条红军时期的标语就从直观的比较中揭示了人民军队所具有的文化优势，揭示了这支军队艰难奋战而不溃散的一个重要原因。

——这支军队具有建立在自觉的基础上的、严格的、铁的纪律。旧军队赖以维持军队集中统一的是棍棒，是严刑峻法，是愚兵政策，而我军的纪律则完全建立在自觉的基础上。为了战争的胜利，为了整体的利益，他们甘愿牺牲局部，牺牲自己，邱少云烈士就是我军高度纪律观念的杰出代表。

——这支军队把为阶级而战和为民族而战统一了起来。他们"脚踏着祖国的土地，背负着民族的希望"，不仅是觉醒了的阶级解放的先驱，而且是反对帝国主义对中国侵略和奴役的最忠勇、最热忱的斗士，是民族解放的中坚。这支军队的精神既是社会主义和共产主义的，也是真正爱国主义的。

由于军队这些先进的文化特质，使得其在先进文化的建设中有可能担当起播种者、宣传队和排头兵的重任。

二、人民军队在建设和弘扬先进文化中发挥了不可替代的作用

我们党历来重视发挥军队在文化建设中的作用，重视开发军队的文化功能。战争年代，党的领导、武装斗争和根据地建设是紧紧地联系在一起的，军队是党武装夺取政权的工具，也是党联系群众的重要纽带，是党动员和组织群众的骨干力量。毛泽东为我军规定了战斗队、工作队、生产队三大任务。进入社会主义建设时期，我们党也一贯把军队看作我们党所具有的政治优势和先进的文化特质的重要载体，重视通过军队去引领新的社会风尚，去倡导社会主义的一代文明新风。毛泽东号召"全国学人民解放军"，就蕴含了这种深远的战略考虑在里面。从战争年代到社会主义建设时期，军队在建设和弘扬先进文化中都发挥了无可替代的作用。

一是先进文化的培育和创新作用。在旧中国封建文化、帝国主义等各种落后的思想文化盘根错节的丛莽中，怎样开辟一片新天地，建立新民主主义的和社会主义的新文化？人民军队就是最好的"试验田"。军队所形成的新的精神风貌和文化生态犹如茫茫戈壁上的一片绿洲，成为旧中国一道

亮丽的文化风景线。抗战时期，延安之所以能够成为爱国青年甚至海外侨胞、国际友人向往的圣地，就是因为共产党及其军队形成的新文化吸引和感召了他们。正如邓小平同志所说，历来毛主席倡导的好思想、好作风是由军队带头的。"为人民服务"这五个鲜亮而醒目的大字在中国代表了一种崭新的人生观、价值观和道德风尚，今天已经成为我们党执政兴国的座右铭，成为社会主义道德建设的一面旗帜，然而这五字箴言的产生溯其源却来自军队，来自毛泽东为纪念一位普通的战士——张思德所做的著名演讲。军队所形成的思想政治工作的光荣传统和丰富经验，被各行各业广泛借鉴。"三大民主""三大原则""三大纪律八项注意""三句话八个字"等，不仅是军队建设上的伟大创造，也是文化上的伟大创造，对全社会的民主建设和精神文明建设产生了重要的影响。从红军时期到现在，以军队为主要载体所孕育和创造的井冈山精神、长征精神、延安精神、南泥湾精神、老西藏精神、老山精神、"两弹一星"精神等不仅构成了中国共产党人的精神谱系，也成为中华民族宝贵的精神财富。除此之外，军队还是中国新文艺的摇篮。从战争时代到建设时期，部队文艺工作者坚持毛泽东提出的文艺为工农兵服务的方向，创作了许多优秀的文艺作品，如戏剧《白毛女》《兄妹开荒》，歌曲《我们在太行山上》《游击队之歌》《歌唱南泥湾》，小说《暴风骤雨》《太阳照在桑干河上》等，这些文艺作品以旧文艺完全没有的新形象和新的艺术表现形式对建立新文艺起到了重要的奠基作用。

二是先进文化的传播和普及作用。中国革命走的是农村包围城市的道路。在文化落后的农村，建立巩固的革命根据地，必须首先播撒先进文化的种子。战争年代，我军把宣传群众、组织群众作为一项重要的任务，部队走到哪里，就把群众工作做到哪里——发动群众开展革命斗争，帮助地方建立政权，向群众传播革命道理和党的路线方针政策，帮助群众学习科学文化，医愚启智，移风易俗，组织群众开展文体活动，进行军民联欢等。

这种群众工作本质上是一种先进文化的宣传和普及工作。毛泽东曾说，长征是宣传队，长征是播种机。用"宣传队"和"播种机"来形容战争年代军队在整个先进文化建设的作用也是十分恰切的。社会主义建设时期，我军继续发扬了这种传统和特有的功能，每到一地注重开展思想文化上的爱民活动，既密切了军民关系，又弘扬了社会主义的文化。在改革开放的新时期，我军更创造了"军民共建"这一社会主义先进文化建设的新形式。

三是先进文化的楷模和示范作用。我军是一支党领导下的、以共产党员和共青团员为主体、思想政治素质很高的军队，在这支队伍里"集合着一群中华民族的优秀子孙"。一方面，这支军队整体思想文化风貌在全社会堪称楷模，是一支真正的文明之师，是一方当之无愧的首善之区；另一方面，从战争年代到和平时期，这支军队中走出了无数的英雄模范，造就了许许多多的杰出人才。在人民军队灿若星辰的英模长廊里，既有杨子荣、董存瑞、黄继光、麦贤德等战斗英雄，又有张思德、雷锋、朱伯儒、欧阳海、徐洪刚等一心为民、舍己救人的道德楷模；既有以"硬骨头"六连等为代表的攻必克、守必固的战斗集体，也有南京路上好八连这样的拒腐蚀、永不沾的思想道德建设模范。这些先进典型经过党的历代领导集体的高度褒奖和媒体的广泛宣传，在中国家喻户晓、妇孺皆知，对全社会起到了很好的示范作用。

"我们的队伍向太阳。"实践证明，这支军队不仅在血与火的战场上是一支不可战胜的力量，在思想文化战线上，同样是一支除旧布新、激浊扬清的骨干力量。

三、新形势下人民军队在先进文化建设中要继续走在最前列

军队在先进文化建设中走在全社会的前列，既是党和人民提出的政治要求，也是社会主义文化建设面临的新形势的迫切要求。当今世界多极化

和经济全球化的趋势在曲折中发展，各种思想文化相互激荡。国际敌对势力加紧对我实施"和平演变"战略，不遗余力地向我国输入其价值观念和思想文化，企图从文化上打开缺口，"西化"和"分化"中国。特别是我国加入WTO后，西方文化产品的大量涌入更是难免的。从国内情况看，社会经济成分、组织形式、利益分配和就业方式的多样化，必然造成人们思想观念、价值取向和文化生活的多样性。建立社会主义市场经济一方面孕育和催生了许多反映社会进步的新观念，另一方面市场自身的负面影响，也在一些人中间引发了唯利是图、见利忘义的现象，部分人的国家意识、集体观念和奉献精神有所淡漠。尤其值得注意的是，近年来，新中国成立之初被扫荡殆尽的封建文化、迷信文化包括邪教这一类东西又有死灰复燃、沉渣泛起之势，黄、赌、毒等腐朽丑恶的社会现象滋生蔓延，屡禁不绝。坚持先进文化的前进方向，用先进的、健康向上的文化去抵制和战胜落后的、腐朽没落的文化是我们党在执政兴国中所面临的紧迫的现实课题。在这种情况下，党和人民寄希望于军队是很自然的。

军队在文化建设上过去走在社会的前列，今后也依然可以不负重托，不辱使命。这是因为，从客观上说，军队历来是我们党政治优势的重要载体。在众多的社会团体中，军队的党员、团员所占的比例最高。改革开放20年来，我国社会的结构和利益关系发生了很大变化，而军队作为党的军队、人民的军队、社会主义国家的军队的性质没有变，全心全意为人民服务的宗旨没有变，职能、任务和使命没有变，在国家机器和社会结构中的地位没有变。从主观上看，在社会大变革时期，军队坚持革命化和现代化正规化的统一，始终把思想政治建设放在第一位，思想政治工作始终没有削弱。尽管社会大环境对军队也有一些消极影响，但应该说，军队在总体上保持了我军的优良传统和政治本色，保持了艰苦奋斗的革命精神和纯洁高尚的道德情操。这一切决定了军队在建设和弘扬有中国特色的社会主义先进文化上完全可以大有作为。

军队在文化建设上继续走在全社会前列，必须坚持党对军队的绝对领导，坚持不懈地用马克思主义、用中国特色社会主义的科学理论教育和武装部队。党对军队的绝对领导是我军的军魂，是我军的政治优势和思想文化上的先进性的源头，是保证我军文化建设方向的决定性因素。我军建立之初以农民为主要成分，还有相当一部分人员是从旧军队起义过来的。狭隘的农民意识、旧军队的不良习气从各个方面影响着这支军队的建设与发展。是什么力量、什么元素使这支军队成为一支无产阶级性质的新型的人民军队？是党对军队的绝对领导，是党在军队所建立的与旧军队完全不同的制度，是党在军队所进行的强有力的革命的政治工作。今天，军队要继续担当起在先进文化建设上走在社会前列的使命，就必须更好地坚持党对军队的绝对领导，坚持党对军队绝对领导的各项制度，坚持用科学理论教育和武装全军。

军队在先进文化建设中继续走在全社会前列，就必须与时俱进，开拓创新。先进文化是一个动态的概念，与时俱进、不断发展是它的本质要求，因循守旧、故步自封、停滞不前就必然导致落后。必须看到，在新的历史条件下，整个社会的思想文化建设呈现出许多新的时代特点，我军文化建设的环境发生了很大变化，我军的成分和官兵的文化素质、心理特点、行为特征发生了很大变化。要努力探讨新形势下军队思想文化建设的特点和规律，在继承和发扬我军优良传统的基础上，不断更新军队思想文化建设的内容、形式和方法，把革命性和时代性，先进性和群众性，进步的、健康向上的内容和富有时代特色的、官兵喜闻乐见的形式更好地统一起来。

军队在先进文化建设中继续走在全社会前列，还必须努力创造"军民共建"的新形式和新经验。建设有中国特色的先进的社会主义文化是军民共同的事业、共同的责任。一方面，军队的思想文化建设要注重从人民群众中，从人民群众推进改革开放和社会主义现代化事业的生动实践中汲取营养；另一方面，在社会主义先进文化建设的战略谋划中，在培育社会主义核心价值体系中，也要更加注重发挥军队的带头和示范作用，最大限度地发挥军队在先进文化建设中的"前列"效应。要在总结前些年"军民共建"经验的基础上，继续探索在社会主义市场经济条件下军民携手、共同建设先进文化的新形式、新方法。要在保证部队正规化的管理、保守军事机密的前提下，扩大军地之间的文化交流，形成军队与地方在文化建设上相互支持、相互促进的良好局面。

（本文发表于1998年12月）

强军之魂　兴国之光
——文化视阈的当代革命军人核心价值观

军事文化是一种亚文化，是军人及其军队在以战争为中心的军事实践活动中所孕育和创造的文化形态。在人类文明进程中，战争比和平出现的时间更早。军事文化是文化的一个重要的源头、一个发达的支脉，是构成人类文化光谱中的一个重要的原色。源远流长的军事文化对人类文明的演进、民族精神的形塑产生了重要的影响。军事文化具有阶级性、民族性和时代性等特点。军事文化强烈而鲜明地反映着一定历史条件下占统治地位的社会文化，同时也对整个社会文化留下浓重的投影。

如同在整个社会文化中一样，军事文化的核心问题和根本问题是价值观问题。一种军事文化形态先进与否，归根结底取决于其所蕴含和弘扬的军人核心价值观是否科学，是否高尚，是否与国家、民族和整个人类社会发展进步的方向相一致，是否体现了先进阶级及其政党应有的政治理想和伦理道德要求。军人的核心价值观折射着社会的核心价值体系；反过来说，军人的核心价值观又对社会核心价值体系的构建具有巨大的导向、示范和催化作用。

中国人民解放军是中国共产党绝对领导下的、用马克思主义科学理论武装起来的、无产阶级性质的、完全新型的人民军队，是一支具有高度的文化自觉和自信的军队。这支军队从它诞生的那一天起，就高举先进军事文化建设的旗帜，展现了全新的价值追求和精神风貌。在党的领导和哺育下，在马克思主义科学世界观和方法论的指引下，基于全心全意为人民服务的宗旨，继承中华民族优秀的武德文化，借鉴世界各国军人价值理念的精华，这支军队形成了独具特色的革命军人核心价值观，从而也孕育了旧中国从来没有过的、在世界军事史上也独树一帜的、崭新的军事文化。2008年底，经过长期缜密思考，军委主席胡锦涛把当代革命军人核心价值观精辟地概括为"忠诚于党、热爱人民、报效国家、献身使命、崇尚荣誉"。这二十个字从五个方面凝练而深刻地界定了我军官兵与党、人民、国家、军队关系以及我军官兵相互间关系的价值准则，既熔铸了我军的优良传统，又体现了崭新的时代要求，揭示了当代中国先进军事文化的内核和精髓，为大力发展先进军事文化指明了方向。

当代革命军人核心价值观乃立军强军之魂、摧敌胜战之源。军人的核心价值观是一支军队性质宗旨和本色的集中体现。有什么样的军队，就有什么样的核心价值观。在军事领域的竞争和较量中，文化的坚守是一种最重要的坚守，文化的优势是一种更本原、更深层的优势。毛泽东同志有一句名言："没有文化的军队是愚蠢的军队，而愚蠢的军队是不能战胜敌人的。"不过我们应该赋予文化更广泛、更深刻的理解。回顾历史，我们这支军队为什么能够穿越炮火硝烟，等闲看酒绿灯红，始终保持自身的性质？为什么能够不断成长壮大，从点燃于三湘四水间的星星之火发展为社会主义中国的煌煌之师？为什么能够以劣势装备迭克强敌顽敌，创造出人类战争史上的一个又一个奇迹？重要原因就是我军始终秉持了人民军队特有的核心价值观。正是因为这支军队的每一个人都自觉地在党的旗帜下而战，为人民、为国家的利益而战，正是因为这支军队的每一个人都具有强烈的使命感以及基于这种使命感而生的荣誉感，我们这支军队才拥有了旧军队所不曾有也不可能有的文化自觉和自信，才形成和保持了思想上政治上的强大优势，才能够压倒一切敌人而决不被敌人所压倒，战胜一切艰难险阻而决不向困难低头。在新形势下，西方敌对势力极力散布"军队非党化、非政治化"和"军队国家化"的错误观点，其要害正是企图从修改和阉割我军核心价值观入手改变我军性质，动摇我强军胜战的思想文化根基。所以大力培育当代革命军人核心价值观乃是军队建设的强基固本之策、凝魂聚气之道。只有大力发展以当代革命军人核心价值观为精髓的先进军事文化，才能为我军实现科学发展、有效履行使命提供坚强的政治保证，注入不竭的精神动力。

当代革命军人核心价值观也是人民军队点燃并高擎的一束社会主义先进文化之光，是人民军队奉献给中华民族和伟大祖国的一份精神瑰宝，是社会主义核心价值体系在军人思想道德建设上的生动体现。作为党缔造并绝对领导下的人民军队，我军历来是体现党的政治优势、彰显党的文化品格的重要载体，是党的理想、信念和宗旨的忠实践行者，是党所倡导的先进文化的人格化身。无论是战争年代还是和平时期，无论是在血与火的战场上还是在默默无闻的奉献中，我军都形成了堪称中华民族文明地标和精神星座的伟大精神，例如井冈山精神、长征精神、延安精神、老西藏精神、"两弹一星"精神、载人航天精神等，涌现出灿若星辰的英雄模范人物，为民族精神的再造提供了必不可少的养分和钙质，为社会主义核心价值体系的构建注入了一股抛珠溅玉的源头活水。延安时期，毛泽东曾以悼念张思德这位普通的警卫战士为由头，深入浅出地阐发了为人民服务这一我党我军的根本宗旨，从此"为人民服务"这五个大字深深地镌入了共和国的基座，成为我们党执政兴国的核心理念，成为社会主义道德风尚的第一要义。社会主义建设时期，雷锋这一平凡而伟大的战士的嘉言懿行，也孕育出一代新风，影响了几代中国人。今天，大力培育当代革命军人核心价值观，大力发展以当代革命军人核心价值观为精髓的先进军事文化，也必将使我军继续走在社会主义先进文化建设的前列，在构建社会主义核心价值体系中展示首善之区的功能、发挥率先垂范的作用。

（本文发表于2009年5月）

人民军队的另一种担当

——浅论人民军队的文化功能

我感到这次研讨活动确立的主题非常好。实现中华民族的伟大复兴，是近代中国历史的主题，也是无数仁人志士的夙愿。经过辛亥革命100年来、中国共产党成立90年来、中华人民共和国成立62年来、改革开放33年来的艰辛奋斗，中华民族伟大复兴的曙光已经照临地平线，同时也处在一个非常关键的时期，机遇与挑战并存，光明与风险同在。在这样一个时机，探讨军队建设与民族兴衰的关系问题，的确太有现实意义了。

中国古代的先贤早就指出："兵者，国之大事，死生之地，存亡之道，不可不察也。"在阶级存在的世界上，在国家利益竞争十分激烈的世界上，军队、军事与国家、民族的命运息息相关。特别是近代以来中国的国情，决定了中国革命必须走武装斗争的道路。可以说没有一个人民的军队，就没有国家的独立和民族的解放，就没有人民的一切。新中国成立后，面对复杂的国际环境，可以说，没有一支与我们国家地位相称的、强大的军队，就不能有效地维护国家的主权和安全，维护与日俱增的、日益拓展的国家利益。一支强大的军队乃是民族的依托、人民的希望，是坚强的后盾。因此，我们必须努力实现富国与强军的统一。同时，这也是民族复兴的重要标志。军队不强，谈何复兴？军队乃民族干城、国家利器，关于这方面的道理是显而易见的，大家已经讲得很充分了。

这里，我想反弹琵琶，利用一点有限的时间，讲讲人民军队的文化功能问题。我觉得军队这方面的功能对于中华民族的伟大复兴非常重要，也功不可没。我军是党绝对领导下的人民军队，是完全新型的人民军队，是体现我们党政治优势和文化品格的重要载体。可以毫不夸张地说，人民军队所孕育、所产生的新的文化因子，点燃了中华民族的复兴之光。

一、人民军队创造了第一等的政治工作，为我们党教育和引导人民发挥了重要的示范作用

《易经》中说："观乎人文，以化成天下。"文化昌明，关键是一个"化"字。所谓化，就是用体现统治阶级意志的先进的思想文化教育和引导人民，就是提升人的精神境界，而这就离不开思想政治工作。在中国特色社会主义道路上，实现中华民族的伟大复兴，离不开生动的、强有力的思想政治工作，离不开卓有成效的群众工作。我们党素以重视和善于做思想工作、群众工作而著称，今天，我们党在社会生活的各个领域都建立了思想政治工作的制度机制。但是，同志们可以想一想，这种政治工作的制度的源头在哪里？在军队。人民军队可以说是我们党、我们国家思想政治工作的发祥地。中国人民解放军是一支举世无双、史无前例的军队，这支军队之所以能够与众不同，能够横空出世，就是因为在党的领导下建立了革命的进步的政治工作，建立了党在军队中的思想工作和组织工作，正是靠着这种政治工作，军队得以一新其面貌。中国人民解放军的政治工作，用毛泽东同志的话说，是"第一等"的政治工作，形成了优良的传统，形成了一整套的方针、原则、内容、方法，形成了科学严密、系统有效的运行机制。而且，我军建军之初，毛泽东同志就确立了军民一致的原则，在强调军队战斗队功能的同时，赋予了军队工作队、宣传队的任务。军队成为我们党宣传群众、动员群众、组织群众的重要力量。所以可以说，今天我们国家在各个方面所建立的思想政治工作制度都是以军队为起源的。我军政治工作所创造的丰富经验，对我们国家的政治建设和思想文化建设都发挥了重要的先导和启示作用。

二、人民军队孕育了当代中国革命军人特有的核心价值观，以崭新的道德风尚和精神风貌影响了全民族

民族精神乃民族之魂。一个民族要走向复兴，走向辉煌，走在时代的前列，就必须在建设先进文化的基础上振奋民族精神。中华民族创造了灿烂的文化，孕育了伟大的民族精神，但是也毋庸讳言，封建社会长期的黑暗统治以及帝国主义的文化奴役，在我们民族的精神方面也遗留了许多消极落后的东西。近代中国的落后，饱受凌辱，也与民族精神的委顿低迷、民族凝聚力涣散弱化有关。而中国自从有了共产党，有了党所领导的人民军队，一种崭新的世界观、价值观，就出现在了这片古老的土地上。人民军队可以说是党的理想、信念和宗旨的道德化身。在党的领导和哺育下，基于马克思主义的科学世界观，基于全心全意为人民服务的宗旨，汲取民族精神和时代精神的精华，我们这支军队形成了区别于一切剥削阶级军队的核心价值观。从战争年代到和平时期，从血与火的战场上到平凡岗位默默无闻的奉献中，我军都形成了堪称中华民族文明地标和精神星座的伟大精神，例如井冈山精神、长征精神、延安精神、老西藏精神、"两弹一星"精神，涌现出灿若星辰的英雄模范人物，为民族精神的再造提供了酵母和钙质。战争年代，毛泽东曾经以悼念张思德这位普通警卫战士为由头，深入浅出地阐发了为人民服务这一崭新的世界观；社会主义建设时期，雷锋精神也孕育出一种崭新的社会风尚，影响了几代中国人，雷锋的影响甚至冲出了国界，受到了人类良知的普遍认同。实践证明，人民军队构筑了我国的道德高地，是我国社会主义精神文明建设上的一面旗帜。

三、人民军队在军事斗争以及多样化的军事任务中，树立和展示了我们国家和民族的形象，增强了我国的软实力

为什么检阅三军仪仗队被视为最高规格的国际外交礼节？因为军队的

形象实际上就是国家和民族的形象，是一个国家的文化名片。在当今国际竞争和战略博弈中，软实力的地位和作用越来越重要。军队作为以打赢战争为主要职能的武装集团，当然主要是一种硬实力，但是军队的形象、军队的传统和风貌也是国家的一种重要的软实力。同时，硬实力和软实力是可以相互转化的。可以这样说，军队进行战争、执行多样化军事任务的过程，是硬实力的运用和释放的过程，同时也是软实力的生成和集聚的过程。例如，我军战争年代所创造的战争史上的奇迹，转化为了我国的软实力。新中国成立初期，我军在新中国百废待兴、国内战争征尘未洗的情况下，在武器装备明显落后的情况下，敢于和美军在战场上交手，打出了国威军威，也转化为了我国的软实力，使全世界对站起来了的中国人民刮目相看，使敌对势力在中国国门面前望而却步，"至今窥牧马，不敢过临洮"。有人说这场战争为中国赢得了30多年的和平环境。这种说法是有道理的。在新形势下，我军在执行多样化的军事任务中，特别是在参与国际安全和军事领域的合作中，所展示的中国军人的良好形象和素质，所彰显的中国军人的献身精神和敬业精神，都增强了我国的软实力。

四、人民军队锤炼、培养和造就了大量优秀人才，对提升国民素质发挥了重要作用

人才兴则国家兴、民族兴。人才是兴国之要，兴国之本。国防大学的校歌唱得好："黄河之滨，集合着一群中华民族优秀的子孙。"军队是一个热血青年聚集的方阵，是一个精英荟萃的地方。铁打的营盘，流水的兵。一方面，军队要能够吸引社会第一流的人才；另一方面，军队应该也完全可以成为一个巨大的人才孵化器、人才的摇篮。旧军队把下层官兵看作炮灰，而我军把以人为本作为建军治军的重要理念，这就决定了我军可以把提高战斗力与促进官兵全面发展有机地统一起来。毛泽东同志早就提出

"人民解放军应该是一所大学校"。我认为这是一个非常重大的战略思想。对军人来说，这是最大的以人为本；对国家和民族来说，这是军队功能的最大限度的放大，可谓功德无量。新中国成立伊始，我们党第一批治国理政的骨干大部分来自军队。在社会主义建设和改革开放的新时期，一批又一批的军人脱下军装，像种子一样撒遍五湖四海，成为各个领域、各条战线的骨干，成为我们党长期执政的重要依靠力量。

五、人民军队创造的昂扬向上、多姿多彩的军事文化，为社会主义文化大繁荣大发展作出了贡献

从古至今，军事文化就对一个民族的文化昌明、精神发展起到了重要作用。宋玉在《风赋》中写道，"风起于青蘋之末"。借用这句话，同样可以说"风起于青萍之末"。这里的"青萍"指的是宝剑，"风"是社会风尚，"末"就是剑之毫芒。以阳刚之气、浩然之气为主要特征的军事文化是中华民族优秀传统文化中不可或缺的组成部分。从战争年代到和平时期，人民军队孕育和创造的军事文化成为中华民族新文化的一道亮丽风景线，军队的文化工作者成为社会主义文化建设的一支重要的生力军。军旅题材的文艺创作，以其特有的阳刚之美受到广大人民群众的喜爱，在满足人民群众日益增长的精神文化需求的同时，也弘扬了社会主义文化的主旋律，提升了全民族特别是青年的精神境界和文化品位。

总之，我认为，在中华民族走向伟大复兴的征途上，人民军队要继续发扬坚强后盾和力量保证的作用，同时也应该进一步发挥政治优势，拓展文化功能，不断为祖国为人民作出新的贡献！

（本文系2011年12月在一次军队系统研讨会上的发言）

底蕴与视野

中国人民解放军为什么能够真气内充，凭海临风，以非同寻常的文化自信和卓然不群的英风豪气跻身于世界军队之林？这不仅是因为其在党的领导下，在长期的军事实践中创造了一种崭新的、先进的革命军事文化，还因为这支军队脚踏着祖国的大地，植根于中华民族的深厚军事历史文化沃土，并且勇立世界军事发展和变革的潮头，有着宽广的世界眼光。善于从中华民族博大精深的军事文化遗产中汲取营养，善于借鉴和吸收人类在军事领域所创造的一切有益的军事理论成果，使军事创新的传感器始终抵近世界军事发展的前沿，方能建设世界一流的军队，方能把军事博弈的主动权和战争的胜券牢牢地操在自己的手里。

中国古代军事思想纵览及其精华

中华民族以灿烂的文化著称于世，中国古代军事思想就是其中的一个极为重要、光彩夺目的重要组成部分。从先秦至清末，中国涌现出孙武、吴起、孙膑等数以百计的著名军事理论家，流传至今或见诸记载的兵书达2000余部，散见于诸子百家中的论兵篇章更是不可胜数。中国古代军事思想不仅深刻地影响了中华民族的军事伦理观和军事思维传统，而且流风所及，远超国界。即使在人类社会飞速发展、科学技术日新月异、战争形态发生巨变的今天，仍然具有它独特的思想理论价值和借鉴意义。

一

作为人类社会发展到一定历史阶段的必然产物，战争伴随着中华文明发展的进程，几乎没有间断。丰富多彩的战争实践，为中国古代军事理论的产生和发展提供了丰厚的土壤。

大约公元前30世纪，中国就出现过黄帝、炎帝、蚩尤三个部落间的战争，以后又有尧、舜、禹攻三苗之战。在这些战争中，华夏先民就开始了对战争问题的思考。约公元前21世纪，夏朝已经出现了专门的军事组织——军队。到商朝时，青铜兵器取代石兵器成为主要武器，车战成为主要的作战方式。在夏初的少康复国之战、商灭夏的鸣条之战、周灭商的牧野之战之中，已重视自觉的谋略运用。近代出土的殷商甲骨卜辞中，就有有关商朝军队追击、袭扰、用间战法的记载。最迟在春秋中期以前，出现了《军政》《军志》《令典》等"舍事而言理"的专门的军事著作。尽管这几部书均已失传，但从后人引录其中的片段佚文可以看出，当时人们对战争的认识已经开始摆脱直感、经验和零散的状态，向较为理性和系统的方向发展。

春秋战国时期是中国古代军事理论兴盛发展和逐渐走向成熟的时期。在这场"纷总总其离合兮"的剧烈社会变革中，一顶顶王冠落地，一个个诸侯国灭亡，一大批原来社会地位较低的士登上政治舞台。他们或聚徒讲学，著书立说，或游说诸侯，合纵连横，形成百家争鸣的局面。同时，由于争霸和兼并，战争日趋频繁，铁兵器逐步装备军队，步兵、骑兵和舟师等新兵种开始出现，郡县征兵制和募兵制取代世袭兵制。作战规模的扩大，作战样式的发展，不断创新的谋略战法，使人们对战争的认识更加全面、深刻，战争也成为诸子百家关注的焦点，出现"境内皆言兵"的繁盛局面。他们或倡导义战，反对杀人"盈城盈野"的兼并战争；或诅咒"兵者不祥之器"，强调"柔弱胜刚强"；或主张"兼爱非攻"……其中，一些兵家学派的代表人物，如孙武、吴起、孙膑等，他们不仅活跃在战争舞台上，还留下了一批著名的兵学典籍，如《孙子兵法》《吴子》《孙膑兵法》《六韬》《尉缭子》《司马法》等。

《孙子兵法》是世界公认的标志着中国古代军事理论成熟的"世界第一兵书"。作者孙武诞生于春秋末年的齐国。他游历吴国，以军事上惊世骇俗的议论、新颖独到的见解，受到吴王的盛赞和重用，在吴破楚等战争中发挥了重要作用。《孙子兵法》计13篇5000余字，高屋建瓴，言简意赅。全文站在安国全军的战略高度，围绕着战争准备和战争实施，提出"兵者诡道""上兵伐谋""避实击虚""兵闻拙速""以迂为直""因敌制胜""致人而不致于人""示形动敌""造势任势"等一系列战略战术思想，贯穿了朴素辩证思维、整体思维、定量分析与定性分析相结合的方法，构建起中国古代军事理论的基本体系。英国著名军事理论家利德尔·哈特说："《孙子兵法》是世界上最早的兵法著作，但其内容之全面与理解之深刻，迄今还无人超过。"

汉代出现的军事理论著作不多，但在收集古兵书、总结古代军事理论方面着意较多，著述颇丰。著名军事家张良、韩信及军事官员杨仆、任宏等人先后奉命收集古代兵书，归纳合并古代兵法为35家，剔除其中的重复内容，分各家著述为兵权谋、兵形势、兵阴阳、兵技巧4类，在《孙子兵法》《吴子》等众多兵书的篇目分合、文字校正上也做了大量工作。

三国至隋唐数百年间，军事活动的空间不断扩展，战略骑兵和大规模舟师等新的兵种在战争中广泛应用。在更加广阔的战争舞台上，军事家们的战略思维更趋深邃缜密，将帅们的军事谋略和指挥艺术表现得更加淋漓尽致。三国时期诸葛亮的战略分析名著《隆中对》，晋初司马彪集纳以往战争事例及用兵方略的《战略》，都是上述军事实践的重要理论成果。这一时期值得一提的，还有唐代兵书《唐太宗李卫公问对》和《卫公兵法》。前者勾画出了中国军事理论承传发展的历史轨迹，深刻归纳了《孙子兵法》的思想精髓，指出：军事艺术千章万句，不出乎"致人而不致于人"的主动权至上的思想。后者阐释了前人较少涉及的战略防御和战略持久理论，对《孙子兵法》所提倡的"兵贵神速""先机制敌"思想堪称极为有益的拓展和补充。

宋代兵冗国弱，实行保守消极的战略方针，军事上几乎乏善可陈，但其经济和文化科技水平却较为发达。火器的发明及其在战争领域里的广泛应用，开启了战争史上一个崭新的时代。面临着"庙堂无谋臣，边鄙无勇将；将愚不识干戈，兵骄不知战阵"（《资治通鉴长编》卷二〇四）的严重危机，宋代的有识之士在搜集、整理和刊刻军事著作上倾注了更多的精力。《宋史·艺文志》中著录的兵书多达347部，超过《隋书·经籍志》著录兵书数量一倍多。大型军事类书《武经总要》，谋略战法类兵书《百战奇法》《何博士备论》，兵制类著作《历代兵制》，集注类兵书《十一家注孙子》，城守专著《守城录》，教材讲章类著作《施氏七书讲义》等即是这期间编著刊行的。特别是宋神宗命朱服等人校定的《孙子兵法》《吴子》《六韬》《司马法》《三略》《尉缭子》《唐太宗李卫公问对》7部兵书，统称"武经七书"，由朝廷颁行供武学教育使用，客观上奠定了古代军事理论的正统地位。

明清时期，军事上高度中央集权的统兵制度日趋巩固，中国火器技术的缓慢发展和西方军事技术的传入，使得火器大量装备军队并用于实战。这一时期军事理论的发展态势有了新的特点。一是出现了将儒家政治伦理思想与兵家权谋之术相结合的倾向，强调将精神感化的理学、心学学说渗透到治军领域。明代抗倭将领戚继光将儒家伦理思想与治兵理论合在一起，编撰《纪效新书》《练兵实纪》等兵书，强调练心、练胆、练气，提倡亲上死长、视敌如仇、视死如归。二是海防理论研究开始受到重视。倭寇从海上频频入侵，令中国第一次真切地感受到了海防危机。戚继光、俞大猷、郑若曾等人在抗倭斗争中，根据当时中国海上力量衰微的实际情况，编写了《筹海图编》等海防著作，提出应大力发展海军，建设海岛、海岸和内陆城邑多层次的防御体系的主张。三是开始注重火器的应用及相应的战法创新。明代中后期西方火器的传入和中国火器的发展，一定程度上冲击了中国传统的"重道轻器"思想倾向。记载西方传教士所传军事技术的《火攻挈要》、论述火器部队编成与战法内容的《车营叩答合编》等著作的出现，即反映了冷兵器向热兵器递嬗过程中所带来的战术进步。

清军在鸦片战争中的惨败，使一些睁眼看世界的有识之士开始重新认识中国军事的发展问题。魏源所著的《海国图志》一书率先提出了"师夷长技以制夷"的口号，客观上提出了改造中国古代军事理论的要求。中国陆续翻译了相当一批西方军事著作，引起古代军事理论在国防政策和战略战术各个层次上的明显变化，中国军事理论也开始了从古代向近现代的转化。

二

中国古代军事理论体现了中华民族在军事上独具一格的思维方式和令人惊叹的创造精神，其中所蕴含对军事活动规律的科学认识，今天仍然是我们研究战争、研究国防和军队建设问题的不二法门，闪烁着超越时空的真理光芒。以下揆其大要，略举数端。

1. 兵者，国之大事

远古时期，我们的祖先就提出："国之大事，在祀与戎。"《孙子兵法》开宗明义，第一句话就是："兵者，国之大事，死生之地，存亡之道，不可不察也。"这种把战争和军事问题看作一个国家治国安邦的根本大事，提到关乎人民生死和国家存亡的高度的思想，在世界军事理论发展史上具有开辟鸿蒙的意义，即使在今天，也仍不失为我们认识战争和军事问题的基本视点。从这一认识出发，中国古代军事思想家在如何对待战争的问题上，提出了许多很有价值的观点，其核心是主张"战"与"不战"或"慎战"的统一。首先，他们并不一般地反对战争，而是主张正义战争，反对非正义的战争，认为如果为着正义的目的，那么"杀人安人，杀之可也；攻其国，爱其民，攻之可也；以战止战，虽战可也"。其次，他们反对穷兵黩武，轻启战端，认为兵凶战危，王者不得已而用之。《老子》认为，以杀人为乐事的好战者，是"不可得志于天下"的。孙膑还尖锐地指出："乐兵者亡。"他们直观地看到，"兵甲者，国之凶器也"，因此，绝不可"怒而兴师""愠而致战"。由此可以看出，中国古代兵家往往更倾向于"慎战"，以"不尚战"为武德，其中蕴含着中华民族崇尚和平的文化基因。

2. 安不忘战，富国强兵

国防是与国家的出现和战争的产生相伴随的。中国古代军事思想强调国防在治理国家中的重要地位和作用，主张"安不忘战""富国强兵"。《周易》提出"安而不忘危，存而不忘亡，治而不忘乱"，反映出我国很早就有了重视国防的思想。以后，古人们进一步从王朝的兴衰更替中认识到国防的重要性，认为"安国家之道，先戒为宝""天下虽安，忘战必危"。先戒，就是思想上要重视，要未雨绸缪、"居安思危"，真正懂得"兵者百岁不一用，然不可一日忘也"的道理。安不忘战，关键是要"有备"。古人认为，有备则无虞，无备则后患无穷。因此，任何时候都要"防乱于未乱，备急于未急"。可贵的是，中国古代军事思想家已经认识到，做到有备，就必须加强国防；而加强国防，离不开国家经济的发展。孙膑在与齐威王讨论"强兵"问题时，认为"政教""散粮""静"等儒、墨、道家的主张，"皆非强兵之急"，只有"富国"才是"强兵"之本。这说明，在中国古代，已经朴素而辩证地看到了富国与强兵的关系。一方面，国不富，不可以养兵，更谈不上强兵；另一方面，兵不强，不可以御敌，更不能立国。诚如《管子》所云："民事农则田垦，田垦则粟多，粟多则国富，国富者兵强，兵强者战胜，战胜者地广。"

3. 得道多助，失道寡助

中国古代军事思想很早就注意考察和区分战争的政治性质。春秋时期，人们对战争的价值判断就开始使用"有道"与"无道"、"曲"与"直"等范畴。战国时期，"义兵""义战"等概念更在兵家和诸子的兵论中广泛使用。中国古代兵家在对待战争问题的态度上虽然不尽相同，但总体上是倡义战，反暴兵。《吕氏春秋》说："兵苟义，攻伐亦可，救守亦可；兵不义，攻伐不可，救守不可。"在如何区分"义战"与"非义战"的问题上，中国古代兵家指出，正义战争是"诛暴乱，禁不义"，目的是"除暴救弱""禁暴除害"，以战争制止战争，"非争夺也"。相反，非正义战争是为了"杀人之父兄，利人之货财，臣妾人之子女"，"利土壤之广而贪金玉之略"。这种把战争的目的作为界定正义战争与非正义战争的分野的观点，在很大程度上已经触及了战争问题的本质。中国古代军事思想还较早地发现并揭示了战争性质与人心向背、战争结局之间的必然联系。《周易》中就有"师贞，丈人吉，无咎"的卦辞，意思是兴兵征伐合乎正义，又有德高威重的人来指挥，就能顺利取胜而无祸咎。《左传》强调："师直为壮，曲为老。"《淮南子》指出："得道之兵……因民之欲，乘民之力，而为之去残除贼也。故同利相死，同情相成，同欲相助。顺道而动，天下为向；因民而虑，天下为斗。"

4. 知彼知己，百战不殆

"知彼知己，百战不殆"是《孙子兵法》中所揭示的一条最重要的军事法则。它强调要想认识战争这一敌我双方的矛盾运动，寻求制胜之方，就要深刻认识敌对双方的一切方面。这种"知"不能是部分的而必须是全面的，不能是表象的而必须是深层的。"知彼"重在把握敌之整体态势，"知己"务求详尽无遗。正如《投笔肤谈》所述："料敌者疏，料己者密。料敌者知敌之势，料己者知己之情。"做到了"知彼知己"，庙算定谋就有了坚实的基础，在战争舞台上就能够做到"动而不迷，举而不穷"。

5. 未战先计，政出庙算

远古时期，凡国家遇有战事都要告于宗庙，计于庙堂，由此衍生了中国古代兵法中用以表述战略谋划的特定概念——庙算。中国历代兵家都把未战先计，未战而庙算胜，视未实现"全胜"战略的关键。《孙子兵法》指出："夫未战而庙算胜者，得算多也；未战而庙算不胜者，得算少也。多算胜，少算不胜，而况于无算乎？"《管子》把"先定谋虑，便地形，利权称，亲与国，视时而动"这些对战争全局的谋划活动，称之为"王者之术"，强调："故凡攻伐之为道也，计必先定于内，然后兵出乎境。"《尉缭子》也认为，"兵未接而夺敌"首要的是"庙算之论"。在如何进行"庙算"的问题上，古代兵家强调"庙算"要立足全局，多方考察，系统筹划。《孙子兵法》强调"庙算"中要"经之以五事，校之以计，而索其情"，即从政治、天时、地利、将才、法制等五个方面全面考察敌我双方的主客观条件，从而预测战争胜负的情势，制定正确的战略策略。中国古代兵家不仅意识到战争本身是一个复杂的社会系统，而且注重把战争作为整个社会大系统中的一个子系统来考察。在《孙子兵法》等兵书战策中，我们可以看到许多对战争因素进行系统分析、综合评估、量化分析、决策优化的内容。尽管由于历史条件的局限，这些天才论述在许多方面还是粗略的、朴素的，甚至还带有猜测、直觉和思辨的性质，但谁也无法否认，这里已透射出现代系统论和运筹学的科学之光。

6. 不战而屈人之兵

中国古代军事战略思维上的一个重要特色，就是把"全胜"作为暴力使用的最佳模式。把"不战而屈人之兵"看作战争指导的最高境界和战略运用的极致。中国古代军事家很早就认识到杀人"盈城""盈野"并不是战争的目的本身，"安国全军"才是战争应追求的最理想的目标。"全胜"比"破胜"更能反映战争的目的，体现战争的效益原则。《孙子兵法》以精辟的语言写道："凡用兵之法，全国为上，破国次之；全军为上，破军次之；……是故百战百胜，非善之善者也；不战而屈人之兵，善之善者也。"又说："故善用兵者，屈人之兵而非战也，拔人之城而非攻也，毁人之国而非久也。必以全争天下，故兵不顿而利可全，此谋攻之法也。"孙子以后的兵家大都继承了这一思想，《六韬》指出"善战者，不待军张；善除患者，理于未生；善胜敌者，胜于无形"，并且认为"上战无与战"。这些论述所表达的充满辩证法而又极富想象力的战略思想，为中国战略思想的大厦奠定了基石。《孙子兵法》被人称为"可以夸耀于世界的教益无比的战略论"。

7. 文武并用，伐谋伐交

中国古代兵家很早就意识到战争是综合国力的较量，意识到战争与经济、政治、文化、外交等的关系，指出："有文事者，必有武备；有武事者，必有文备。""文武并用，久长之策。"在对战争的战略谋划上，他们认为战争胜负是各种因素综合作用的结果，战略目标的实现不仅在兵刃相接、刀光剑影的战场，还需要各种斗争手段的有机配合。《孙子兵法》说："故上兵伐谋，其次伐交，其次伐兵，其下攻城。"在他看来，"伐谋""伐交"是比"伐兵""攻城"更高、更明智、更有效、更能够实现"全胜"战略的斗争手段。所谓"伐谋"，就是随时掌握敌之战略动向，见招破招，打乱敌之战略部署，使其师出无名，"众不得聚"。所谓"伐交"，就是通过外交斗争，瓦解敌之同盟，"绝敌之援，使不得合也"，同时扩大自己的同盟，争取"天下之众"，建立广泛的统一战线。中国古代战争史上，有许多把军事斗争手段和非军事斗争手段结合起来，运用高人一筹的谋略和纵横捭阖的外交斗争艺术"不战而屈人之兵"的成功范例。例如，春秋时的齐桓公，在位43年，大战23次，大都以武力做后盾，以"尊王攘夷"相号召，以盟国力量为倚借，或大兵压境，直接威慑，或游说利害，断其外交，或据其城郭，绝其内外，被人称为"九合诸侯，一匡天下，不以兵车"。在春秋时代的多极斗争格局中，《管子》提出："善用国者，因大国之重，以其势小之；因强国之权，以其势弱之；因重国之形，以其势轻之。强国众，合强以攻弱，以图霸；强国少，合小以攻大，以图王。"这些伐谋伐交的原则，在今天的外交、军事斗争中仍然有着重要的启迪意义。

8. 致人而不致于人

中国古代军事家很早就认识到主动权的争夺贯穿于战争活动的始终。主动权就是军队行动的自由权，就是军队的命脉。《鬼谷子》说："制人者，握权也；见制于人者，制命也。"要确保在战争中立于不败之地，就必须创造条件，牢牢掌握战争的主动权。而掌握主动权的核心是"致人而不致于人"，即调动敌人而不被敌人所调动。《尉缭子》说："善用兵者，能夺人而不夺于人。"《淮南子》说："凌人者胜，待人者败，为人杓者死。"《唐太宗李卫公问对》说，古代兵法"千章万句，不出乎'致人而不致于人'而已"，可谓一语道破了军事艺术的全部奥妙。中国古代兵家把战争中一切有关主动权的问题，诸如致敌劳、致敌乱、致敌害、致敌虚、致敌误、致敌无备等都列入"致人而不致于人"的范畴，主张在一定的客观物质基础上，充分发挥主观能动性，造势任势，并提出了"先为不可测""以迂为直，以患为利""夺其所爱""攻敌之短""变客为主""以逸待劳""避其锐气，击其惰归"等一系列"致人而不致于人"的谋略思路，这些构成了中国古代军事理论最精彩的内容。

9. 以正合，以奇胜

"三军之众，可使必受敌而无败者，奇正是也。""奇正"是中国古代兵家提出的一对重要范畴。一般说来，"正"指常规的用兵之法，"奇"指不拘一格的、违反常规的用兵之法。古代兵家认为，"战势不过奇正"，"奇正者，用兵之钤键，制胜之枢机"，"奇正之变，不可胜穷也"，"运用之妙，存乎一心"。高明的将帅要根据瞬息万变的战场情势而灵活变换奇正战法，掌握战争中的主动。中国兵法特别强调用奇的重要性，认为战争既是力量的争锋，也是智慧的博弈。"兵者，诡道也"，"兵无常势，水无常形"，"战胜不复"，战争没有一成不变的法则。一味坚持堂堂之鼓，正正之旗，墨守固定、呆板的战法是颟顸、愚蠢的做法，聪明的统帅必须善于用奇，出奇制胜，正如孙子所说："善出奇者，无穷如天地，不竭如江河。"注重反常思维，讲究反常用兵，出奇制胜，构成中国军事理论的一个重大特色。中国军事理论同样深刻地认识到，所谓"奇正"是相辅相成的，无"正"即无所谓"奇"，无"奇"即无所谓"正"，孙子提出了"以正合，以奇胜"的原则。中国古代兵家还正确地认识到"奇正相生"、奇与正互相转化的道理。《唐太宗李卫公问对》说："善用兵者，无不正，无不奇，使敌莫测，故正亦胜，奇亦胜。"

10. 兵贵神速

兵贵神速是中国古代兵家的一个重要主张，也是军事上带有普遍性的一条重要原则。战争对物资的消耗是惊人的，正如《孙子兵法》所说的那样，"带甲十万"的大军出征，需要"日费千金"，直接影响到七十万农户不能正常从事农业生产；同时久战不胜也会造成"国用不足"，给国家财政带来极大的压力，甚至会导致敌国趁机袭占后方本土，陷我于两面乃至多面作战的不利境地。因此古代兵家认为，凡是实施进攻的一方，在战略上都应当速战速决，"一决取胜，不可久而用之"（《卫公兵法·将务本谋》）。速战速决原则同样适用于一般的进攻战斗，"速则乘机，迟则生变"（《陆宣公奏议》卷一）。为了突出"兵贵神速"原则在战争中的地位，古人甚至不惜牺牲战争艺术奇巧的一面，主张与其"巧迟"，毋如"拙速"。

11. 以治为胜

鉴于军队这一以战争为职志的社会组织的特殊性，古代军事家提出"国容不入军，军容不入国"（《司马法·天子之义》）。军人不能等同于普通民众，必须严格治理。著名军事家吴起把军队管理的好坏与战争的胜负紧密联系在一起，提出了"以治为胜"的思想，认为治军是制胜的前提，制胜则是治军的结果。只有做到令行禁止，进退有节，赏罚严明，内部团结，才会成为一支有战斗力的部队，才能取得战争的胜利。古人认为，治军的基本手段有三，即施恩、劝善和惩恶。施恩的实质是以情带兵，《孙子·地形》篇说"视卒如婴儿，故可与之赴深溪；视卒如爱子，故可与之俱死"，劝善的实质是以义带兵。《吴子·图国第一》说："凡建国制军，必教之以礼，励之以义，使有耻也。"惩恶也是治军的关键，"严刑为作气之基，作气为摧陷之本，摧陷为决胜之权"。要贯彻"罚贵必"的原则，言出法随，不能朝令夕改；要贯彻"罚贵大"的原则，"杀一人而三军震者，杀之"（《尉缭子·武议》）；要贯彻"罚不迁列"的原则，"有功者，即于阵前赏之；退却者，即于阵前诛之"（《草庐经略·督战》）；要贯彻"罚贵慎"的原则，罚不滥施，罚不妄加。恩威并举、赏罚并行，方可以建立起一支"居则有礼，动则有威，进不可当，退不可追，前却有节，左右应麾，虽绝成阵，虽散成行"（《吴子·治兵第三》）的胜利之师。

12. 教戒为先

中国古代军事家很早就认识到未经训练的乌合之众，即使人数再多，也毫无战斗力，打不了胜仗，提出了"用兵之法，教戒为先"（《吴子·治兵第三》）的思想。"教戒"内涵了教育和训练两个方面。其中尤为重要的是思想教育。"苟不得其心，彼虽精于技艺，而不为吾用。"（《兵录·教练总说》）对将士作战技能的训练，要贯彻练为战、教必严、练必精的原则，要根据战争的实际发展进行灵活的训练，"教无常，行无常，两者备施，动乃有功"（《管子·兵法》）。在训练方法上，强调"教得其法"，循序渐进，"因便而教"，灵活实施。这些思想对今天的军队建设也是有参考价值的。

13. 兵有大论，先论其器

"工欲善其事，必先利其器。"《管子》指出，"凡兵有大论，必先论其器，论其士，论其将，论其主"（《管子·参患》），把武器装备建设放在军队建设之第一的地位。对如何保障武器装备，古人提出发挥本身的技术和资源优势进行兵器生产，"取材必以时，择材必以良，而司工者又必依傍古法，顺天之时，随物之性，用人之能"（《大学衍义补》卷一二一）。对武器装备建设平时就要加强建设和储备，否则"临难铸兵，岂及马腹"？（《梁书·韦叡传》）需要指出的是，从总体上说，中国"重道轻器"的文化传统对古代兵学理论产生了很大的影响，一些古代军事著述对武器装备，或是闭口不谈，或是语焉不详。不过正因如此，上述精辟的言论才显得弥足珍贵。

14. 总文武者，军之将

中国古代军事理论高度重视将帅在战争中的地位和作用，认为将帅乃"生民之司命，国家安危之主也"，"存亡之道，命在于将"，并对将帅的素质修养和知识结构有十分深刻而系统的论述。《孙子兵法》说："将者，智、信、仁、勇、严也。"《孙膑兵法》中提出"义、仁、德、信、智"五条，《司马法》强调将帅应具备"礼、仁、信、义、勇、智"六种德行。这些要求虽然略有不同，但总结起来就是要德才兼备、智勇双全、能文能武，具有良好的综合素质。关于将智，中国古代兵法认为："将不智则三军大疑。"所谓将智，就是要有广博的知识、丰盈的智慧、高明的谋略、深远的洞察力和清醒的判断力。"上知天之道，下知地之理，内得其民之心，外知敌之情，阵则知八阵之经，见胜而战，弗见而诤。"要有良好的心理素质，遇事"不悒""不怒"，保持清醒头脑，不为敌人所制造的种种假象、阴谋诡计所迷惑。关于将勇，中国古代兵法认为，"将不勇则三军不锐"，"勇则不可犯"。勇包括处事果断，"见利不失，遇事不疑"。"好谋而无决"是军之大忌。《六韬》说："用兵之害，犹豫最大；三军之灾，生于狐疑。"将勇不是蛮勇，要"临事而惧，好谋而成""静以幽，正而治""治众如治寡""出门如见敌""虽克如始战""法令省而不烦"。关于将仁，中国古代兵法认为，将帅要"进不求名，退不避罪，唯人是保""将受命之日忘其家，张军宿野忘其亲，援枹而鼓忘其身"。关于将信，中国古代兵法强调，将帅与士卒要生死与共。"视卒如婴儿，视卒如爱子。""先之以身，后之以人。""暑不张盖，寒不重衣，险必下步，军井成而后饮，军食熟而后饭，军垒成而后舍，劳佚必以身同之。"关于将严，中国古代兵法强调从严治军，信赏明罚，"赏不逾日，罚不还面"。这些关于将帅素质和德行的格言反映了将帅治军的普遍规律，千百年来成为每一个为将者的座右铭。

三

中国古代军事思想具有鲜明的民族特色，渗透和体现了中华民族军事思维的传统，从而也奠定了其在世界军事理论发展史上独特的历史地位。

一是源远流长，独领风骚。"国之大事，在祀与戎。"中华民族在军事思想和文化上具有早熟的特征，不仅在史书、甲骨文材料和其他古代典籍中保留着大量与军事有关的言论，至少在距今3000多年前已出现了专门的论兵之作。相比之下，西方军事理论的成熟要晚得多。古希腊早期军事著作，如希罗多德的《历史》、修昔底德的《伯罗奔尼撒战争史》还远远没有按照军事理论的逻辑来构筑兵学理论大厦的自觉，只是在战争事件与神话传说中夹杂着对战争与军队问题的零星认识。直到4世纪末，古罗马人韦格蒂乌斯《论军事》一书问世，才结束了军事著述与史学著述不分的现象。在漫长的古代和中世纪，尽管西方战争相当激烈、频繁，但深刻总结战争经验、探索战争规律的有价值军事理论著作却寥若晨星。正如美国国防大学战略研究所所长柯林斯所言，在19世纪以前的西方，"只有极少数的创新在理论上有所著述，大多数却把写作任务留给了事隔很久才动笔的历史学家，而这些历史学家关于编制、武器、战役、战斗和战术的冗长的著述中，只含着一鳞半爪的战略知识"[①]。

---

① 约翰·柯林斯：《大战略》，战士出版社1978年版，第5页。

二是长于思辨，宏观凝练。中国古代兵家将朴素的唯物论和辩证法运用于军事领域，认识到战争是利害并存的复杂社会现象，所以很注意把握战争中矛盾斗争的不同方面，如攻守、进退、虚实、奇正等，全面地理解战争的矛盾普遍性及其向对立面的转化的可能性，解释战争运动的条件，深刻地揭示战争的规律。他们既言兵又不只言兵，注重从政治、经济、外交、科技等与军事的广泛联系中来宏观地、系统地、整体地把握军事问题，长于战略谋划，长于超前性的宏观思考。中国古代军事论著往往不是以长篇大论出之，而是用充满智慧与哲理的精辟语句阐述博大精深的见解，可谓"玄之又玄，众妙之门"，警策而隽永。

三是崇尚道义，追求和平。中华民族很早就把"止戈为武"作为思考战争问题的逻辑起点，抱着"自古知兵非好战"的理智态度，反对扩张，反对暴力行为的滥用和绝对化。当国家与国家、民族与民族、政治集团与政治集团之间出现矛盾时，认为最佳选择是通过政治和外交手段来加以解决，轻启战端绝非明智之举。正如《太白阴经·贵和篇第十二》所概括的："先王之道，以和为贵，贵和重人，不尚战也。"古代军事理论家还深刻地领悟到，即使具有正义的性质，战争这柄双刃剑仍会给国家和民族带来正反两方面的巨大影响。有鉴于此，古代军事理论家们根据"安国全军"的宗旨，把"不战而屈人之兵"作为用兵的最高境界。

四是重视庙算，精于谋略。诚如前文所述，中国古代军事思想非常注重从国家安全的高度对战争进行战略谋划，即所谓的"庙算"，主张"未算而庙胜"。同时，在具体的战略战术应用上，也更加注重谋略。讲谋略是中国古代兵书的普遍特点，谋略之学是中国古代军事理论发展的主流和核心。《孙子兵法》的"诡道十二法"、《六韬》的"文伐"之法、张预的《百战奇法》以及流传甚广的三十六计等都是凝聚中国传统谋略思想的智慧结晶。就连《三国演义》《水浒传》等古典战争文学作品中，也精心塑造出诸葛亮、吴用等羽扇纶巾的白衣谋士形象，讲述他们"运筹帷幄之中，决胜千里之外"的传奇故事。中国古代精妙的谋略思想不仅在历史上得到帝王将相的崇尚、妇孺百姓的乐道，在今天仍以其特有的魅力倾倒了世界几乎所有企图寻求战争秘诀的人。近年来，有关运用《孙子兵法》等古代兵书原理进行企业管理、商业经营、体育竞技等论著纷纷问世，中国古代军事谋略思想和关于博弈的原理被运用到越来越广泛的领域。

（本文系2002年为原总政治部编写的军事理论学习读物的缩略版）

中华民族的战略文化传统及其特色

　　中华民族是一个战略思维非常发达的民族。源远流长、博大精深的中国传统文化中，蕴含着丰富的战略思想的宝藏。战略文化作为一种亚文化，构成了中国传统文化的一条重要的支脉、一个重要的源头，是其中极具华彩、最富魅力的一个组成部分，是中华文化之苑的一朵奇葩、一道绚丽的风景线。中国传统文化的特色决定了中华民族战略文化的特色，中国早熟的发达的战略文化又对中国思想文化的发展，乃至整个中国历史的发展，产生了深刻的影响。文化具有连续性和继承性的特点，也是一种具有世界历史意义的现象。江泽民访问美国时曾指出："了解中国有各种不同的角度，从历史文化传统入手就是一个角度。"在人类即将跨入又一个世纪、又一个千年的时候，在世界各国的战略家们都在关注着和平与发展，希望把一个光明的世界带入新世纪的时候，探讨一下中华民族的战略文化不无裨益，而中国的战略家们继承这笔丰厚的遗产，从中汲取营养并使之不断更新升华，更是义不容辞的责任。

一

　　人类关于战略的思想，关于战略的理性认识，产生于战争与军事实践。而自从人类文明产生以来，战争就成为一种普遍而频繁的社会现象。"上疆场彼此弯弓月。流遍了，郊原血。"回顾世界历史，可以看到战争比和平成熟得更早。物换星移，许许多多的古文明在历史长河中衰落了，湮灭了，折戟沉沙，风流云散，而唯独发祥于世界东方黄河流域的中华文明却保持了一脉相传，克绍箕裘，旦复旦兮，爝火不息。早在远古时期，中国的先民们就认识到："国之大事，在祀与戎。"在五千多年的沧桑岁月中，中华大地上"纷总总其离合兮"，战和交替，朝代更迭，历史的天幕上不断卷过铁马金戈。据统计，有文字记载的达到一定规模的战争或武力冲突就有6000多次，这些无疑为战略文化的形成和发展提供了客观条件和土壤。

"战略"一词最早见于晋代司马彪的《战略》一书，但中华民族的战略思维与战略意识则可以追溯到更久远的古代。

上古时期，王者兴师征伐，就有所谓的"庙算"。《尚书》《诗经》《易经》等中华元典中都包含了不少西周及其以前的军事史料和战略文化的因素。夏末商初的鸣条之战，汤采取了翦夏羽翼、迂回侧后、追而歼之的方略；周武王伐纣注意隐蔽待机、分化瓦解、乘虚蹈隙，已经显示出自觉的战略意识和较高的谋略水平。据记载，中国最早的兵书是反映殷商后期和西周时期军事思想的《军政》和《军志》，原书虽已失传，但我们从后世古籍对这两部书所作的吉光片羽的引述中，仍然可以看出其中丰富的战略文化内容。例如，"先人有夺人之心，后人有待其衰""允当则归""见可而进，知难而退""强而避之"等。

春秋战国时期，是中国古代战略文化大发展并取得光辉灿烂成就的时期，错综复杂的军事、政治斗争，百家争鸣的学术空气，为战略文化的孕育和发展提供了条件。春秋时期，一些战略家已提出了"尊王攘夷""威不轨而昭文德""尽其阳节，盈吾阴节而夺之"等有价值的战略思想。随着战争实践以及作战手段和方式的发展，战略运用更加丰富而精妙。晋楚城濮之战的退避三舍、后发制人，吴楚柏举之战的误敌疲敌、毁楚藩篱，齐魏桂陵之战的围魏救赵、批亢捣虚和马陵之战的"减灶"示弱、诱敌入伏等，均以缜密的战略谋划、高明的战略运用成为军事史上的著名战例。在大量战争实践的基础上，这一时期涌现出一批有奠基意义的兵书，如《孙子兵法》《吴子》《孙膑兵法》《司马法》《尉缭子》《六韬》等，标志着中国战略文化开始走向成熟。《孙子兵法》从战略高度揭示了许多军事活动的基本规律，达到了后人难以企及的境界，在世界军事史上树起了一块辉煌的里程碑。美国著名军事学者柯林斯说："孙子是古代第一个形成战略思想的伟大人物。"

秦汉之际，秦统一六国采取"远交近攻""连横破众"方略，"举赵、亡韩、臣荆（楚）魏、亲齐燕，以成霸王之名"，注意战略攻击的先后顺序，一段时间集中打击一个目标，各个击破，显示了很高的战略筹划水平。在国防设施建设上，秦因地形，"用制险恶"，以墙制骑，开始了堪称世界奇迹的大规模军事筑城工程——修长城，对后世中国国防影响深远。楚汉战争中，刘邦集团注意经营基地、收揽民心，分化对方、争取盟国，在战争指导上采取正面坚持、敌后袭扰、两翼牵制的战略也十分成功。汉兴之后，利用相对和平时期，以"文武并用"作为"长久之术"，内修文治、外用武功，针对西北的边患采取了千里迂回、越漠追歼、以攻为守的军事战略，这一作战样式的出现也标志着中国"骑战时代"的开始。这一时期的兵书《三略》《淮南子·兵训》等注重从政治与军事关系上论述战胜攻取之道，强调"政胜""众胜""谋胜"，反映了人们对战略认识的深化。

三国两晋南北朝是各种力量的混战时期。在多极并存、多角斗争中，联盟战略得到了生动的运用和长足的发展。三国时诸葛亮的联吴抗曹，孙权的联魏击蜀，曹操的离间吴蜀、坐山观虎斗等战略策略，在不同情况下各有精彩的表演和骄人的成就。

隋唐五代时，隋先采取北和南攻，后又采取击北防南，稳住一头，各个击破，表现了战略运用上的灵活性。李渊集团为统一全国采取的因势借力、以屈求伸、乘虚入关、居险养威、先急后缓、各个击灭的战略，周世宗柴荣提出的"十年开拓天下，十年养百姓，十年致太平"的战略筹划，亦值得称道。隋唐时期在国家安全上的战略更多地表现为军政兼行、以兵威慑、以德怀柔，在军事布局上基本上采取"内重外轻"和控扼要地的方略。这一时期较为著名的兵书有《唐太宗李卫公问对》《太白阴经》等，对战略问题多有发明。《贞观政要》虽非军事著作，但蕴含了丰富的大战略思想。

宋元明清时期中原政权与北方民族所建立的政权在较长时间里处于并立状态，既争斗又融合。宋鉴于唐末的教训，兵权高度集中，军事上较少作为。宋时已开办专门的"武学"，并出现了官方颁布的"武经七书"及其他一些军事类书和专著，如《虎钤经》《何博士备论》《守城录》等，丰富了战略理论。辽金元以骑兵纵横驰骋著称于世，多路奔袭实施战略大迂回，攻其腹背，构成其战略上主要特点。朱元璋在夺取政权的过程中，采纳朱升提出的"高筑墙、广积粮、缓称王"的方针，后又采取先断羽翼，再攻腹心的方略，逐步翦灭群雄，建立明朝。后金努尔哈赤提出的"凭尔几路来，我只一路去"的方略，也为中华民族的战略文化宝库增添了新内容。明清以降，中国封建社会步入晚期，军事战略上趋于保守而较少创新建树。兵书数量甚多，然多为汇辑之作。值得一提的是，这一时期出现了军事历史地理巨著《读史方舆纪要》，系统阐述了地理形势在军事上的战略价值。还有《筹海图编》集明代海防论之大成，亦弥足注意。这说明随着西方航海事业的发展及已经对中国安全构成的威胁，海防问题、海上方向安全问题终于进入了中国战略家的视野。

从以上巡礼式的简要回顾中，我们可以看出中华民族战略文化发展的基本脉络。

中国战略文化的源远流长和蔚为大观，除开战争实践的孕育外，也与中国文化的特质分不开。中国传统哲学思维的基本内核是"天人合一"，即把人与自然、人与社会看作一个统一和谐的整体。如果说古代西方的思维方式是偏于分析性的，那么中国人的思维方式则是偏于综合性的，即注重从整体上宏观上把握事物。这样一种文化特质和思维方式反映在对战争的观照和认识上，推而广之，反映在治国兴邦上，决定了中国人特别注重从战略的层次观察和回答问题，所谓"不谋全局者不足谋一域，不谋万世者不足谋一时"。徜徉于中华民族的册府史林，令人不能不惊叹于中华民族的先贤们战略思维的大脑是那样敏锐而发达，战略思想的果实是那样丰硕而深邃。中国兵家学派分为兵权谋家、兵形势家、兵阴阳家和兵技巧家。实质上所谓权谋、形势，其核心都是战略问题。阴阳学派如果剔除其某些迷信神秘色彩，关注的也是战略问题。中国兵书大都以言简意赅、要言不烦为特点，有"大音希声，大道无形"之妙，蕴含着奥秘无穷的战略文化信息。一部《孙子》十三篇，凡五千言，哲思睿语，要言妙道，如抛珠溅玉，天马行空，令人叹为观止，其中所论列的战略思维原则不仅超越时空，甚至远远超出军事之外。英国空军元帅约翰·史来瑟惊叹道："孙子引人入胜的地方，是他的思想多么惊人的时新——把一切辞句稍加变换，他的话就像昨天刚写出来的一样。"这与西方军事文化特征是颇为不同的。西方的军事理论专著出现较晚，一些战略思想的萌芽大多散见于一些战争史著作中。19世纪以后，随着《战争艺术概论》和《战争论》的出现，西方才有了严格意义上的军事理论专著。但是即使是近现代西方军事理论专著，也大多注重军事技术的发展以及与此相应的战术研究。西方军事家们似乎认为，战略思维更多的是政治家们的事情。如果说中国的兵书更注重与哲学的结合，与国家战略的结合，西方的军事理论则更注重与自然科学的联姻。二者在兴奋点上是大异其趣的——笔者在这里并无意于品评优劣，只是指出这种文化传统所造成的军事思维方式上的差异。事实上这两种文化传统各有千秋，中国固然形成了堪称先进的战略文化，但由于军事技术上的长期停滞，故步自封，结果，迄于近代，曾发明了火药、指南针的民族最终在西方列强的坚船利炮面前一败涂地，这不能不引起人们的历史沉思。

中国战略文化的发展，与以儒家为主流的经邦济世、修齐治平的思想有着密切的联系。中国文化在发展进程中虽然糅进了许多道家清净无为的思想成分，但积极用世始终是其主流，中国士人往往具有很强的社会责任感，主张"内圣"而"外王"，讲求"立德""立功""立言"，"修身、齐家、治国、平天下"。"位卑未敢忘忧国""穷则独善其身，达则兼济天下"是中国文人的立身准则；"致君尧舜上，再使风俗淳"是他们所追求的政治理想和人生价值。而要实现自己的政治理想，作为"国之大事"的战争，就是不可不关注、不可不研究的问题。这就是中国贤哲历来认为兵凶战危，又都以熟读兵书，胸藏韬略相尚的原因。中国士子文人历来有研究军事的传统。五车书，三尺剑，在中国士子心目中"书"与"剑"具有同等重要的地位。春秋战国，诸子百家，虽然兵家只是其中的一家，但实质上各家对于军事问题特别是战略问题都十分关注，都有精彩的、富有特色的军事论述，只不过在其整个学说体系中不占主流罢了。人称战国时代"境内皆言兵"，洵非妄语。列国分疆，纵横捭阖，朝秦暮楚，四处游说，活跃在军事、政治、外交斗争舞台上的也主要是读书人，汉末诸葛亮躬耕南阳，好为《梁甫吟》，看起来好像是闲云野鹤，"草堂春睡足，窗外日迟迟"，实际上却是"形在江海之上，心存魏阙之下"，旨在静观世事之变。待到刘备请他出山，一番隆中对，综论天下势，为刘备描绘了成大业的战略蓝图。中国许多著名的文学家、诗人对于军事问题特别是战略问题都有很深的造诣、精辟的见解。汉朝的辞赋家贾谊少年才俊，韬略过人。一篇《过秦论》雄视百代，传颂千古，作者所表达的战略卓见令人折服。唐代的李白、杜甫等都写下了咏史言兵的诗篇，仅举杜甫的"射人先射马，擒贼先擒王。杀人亦有限，列国自有疆。苟能制侵陵，岂在多杀伤"一诗为例，除开其文学价值之外，谁能否认其战略文化价值？被人称为"小杜"的晚唐才子杜牧曾重新注释《孙子兵法》，并写了《战论》《守论》《原十六卫》等著名的军事论文，他的一些战略谋划被当局采纳进了军事决策，唐史记载"泽潞平，略如牧策"。很难想象他本人同时也是一位风格绮丽的诗人，"十年一觉扬州梦，赢得青楼薄幸名"等许多冶艳的诗句都出于他手。宋代的"三苏"对战略问题都深有研究。苏轼在著名的词作《赤壁怀古》中写道："遥想公瑾当年，小乔初嫁了，雄姿英发。羽扇纶巾，谈笑间，樯橹灰飞烟灭。"诗人淋漓尽致、不无神往地描绘东吴名将周瑜破敌的风采，岂独发思古之幽情？从中我们不难窥见他满腹经纶、怀才不遇而又挥之不去的军事情结。更不待言辛弃疾、陆游、陈亮等慨当以慷、壮怀激烈的爱国诗人了。这样一种传统可以一直追溯到现代。中国共产党的一大批卓越的军事家都是投笔从戎、兼资文武的。党的第一代领导核心毛泽东、第二代领导核心邓小平都是炉火纯青的战略大师，但最初都不是行伍出身。毛泽东有着浓厚的文人气质，他以军事家、战略家著称，但他甚至很少摸枪，很少穿军装，他把孙子以来中国的战略文化提高到了一个崭新的境界。

中国悠久的历史，辽阔的疆域，这样一种广阔的军事斗争和政治斗争的时空使中国的战略文化呈现出无可比拟的丰富性。在中国历史上统一是占主导地位的。"大道之行也，天下为公。"凡是统一的时期，都是中华民族大繁荣、大发展的时期。雄汉盛唐，奠定了中华文明在世界上领先的地位。研究中华民族统一和繁盛时期的历史可以看出，中华民族善于吸纳外来的文化，同时也具有很强的文化辐射力。中国战略文化呈现出抚其左右、御其四旁、亲仁善邻、柔远徕众的泱泱大国的特色。中国战略文化中不乏太平盛世、万方来朝的治世方略。中国历史上也不断出现分裂的局面，在中国广阔的疆域上，呈现过各种各样的政治、军事斗争格局，有南北对峙，有三国鼎立，更有多极并存，或者类似于今天所谓的"一超多强"，这就使中华民族各种类型的战略思维都非常发达。以汉末三国时期为例，从汉室倾颓、群雄并起到袁曹争夺北方，再到魏蜀吴三国鼎立，一直到晋灭蜀灭吴复归统一，其间还包括各个政治集团内部的斗争，几乎包括了各种可能的战略格局和战略态势，这就是《三国演义》被认为是一部准兵书，具有永恒魅力的原因。这里还要特别提出的是，中国的多极战略思维非常发达，从春秋战国的合纵连横到三国时期的联盟战略，都蕴藏着多极战略思维的富矿。

中国的地理、气候等自然环境也具有极大的丰富性和多样性。西极流沙，东临沧海，北接大漠，南逾岭表，幅员辽阔，各种地形地貌俱全，既有堪称天堑的长江大河，又有可据险而固的雄关要塞；既有居高临下、势若"转圆石于千仞"的崇山峻岭，又有历来成为争锋逐鹿之场的广阔的中原腹地；既有水网交织、阡陌纵横的江南，又有"大漠孤烟直，长河落日圆"的塞外。这些都使中华民族很早就认识到了地理条件在军事上乃至国家安全上的重要意义，形成了丰富的地缘战略思想。《诗经》中就有"伏戎于莽，升其高陵"的诗句。《孙子兵法》中对军事战略思维中的地利问题有精辟的论述，并指出："地形者，兵之助也。"春秋战国时期一些战略家提出的唇亡齿寒、远交近攻等，都蕴含着丰富的地缘战略思想。值得注意的是，此时一些有见识的战略家已经认识到据上游而俯中原，以及控制核心地区对夺取天下的重要意义，范雎就曾向秦王献策道："大王之国，四塞以为固，北有甘泉谷口，南带泾渭，右陇蜀，左关阪，奋击百万，战车千乘，利则出攻，不利则入守，此王者之地也。"楚汉战争时，刘邦的重要谋士张良对关中地理形势也有精辟论述。关中"左崤函，右陇蜀，沃野千里，南有巴蜀之饶，北有胡苑之利，阻三面而守，独以一面东制诸侯，诸侯安定，河渭漕挽天下，西给京师；诸侯有变，顺流而下，足以委输。此之谓金城千里，天府之国也"。从中可以看出，这时的战略家们已经自觉地把地理形势纳入总体战略思维之中。三国时诸葛亮著名的"隆中对"也有令人惊叹的地缘战略思想。他指出："荆州北据汉沔，利尽南海，东连吴会，西通巴蜀，此用武之国……将军其有意乎？益州险塞，沃野千里，天府之土，高祖因之以成帝业。……若跨有荆、益，保其岩阻，西和诸戎，南抚夷越，外结好孙权，内修政理，天下有变，则命一上将将荆州之军，以向宛、洛，将军身率益州之众，出于秦川，百姓孰敢不箪食壶浆以迎将军乎？诚如是，则霸业可成，汉室可兴矣。"地缘战略的概念是20世纪初才由西方学者提出来的，但通过以上引述可以看到，古代中国的地缘战略思想已经十分深邃而精湛了。

中国的战略文化的主要载体是以《孙子兵法》为代表的大量兵书战策，但远不止于此。《尚书》《易经》《诗经》《周礼》等中华元典，孔、孟、墨、荀、老、管、淮南等先秦两汉诸子的论著，《史记》《资治通鉴》等各种史书、类书，历代文人学者的文集史论、诗词歌赋，甚至诸多的野史稗乘、文学名著，如《三国演义》《水浒传》等，都包含了丰富的战略文化宝藏，值得我们去挖掘。

二

中华民族的战略文化传统在价值取向上有如下一些特点。

1. 尚仁德，倡义战

中国自周秦至明清以来所建构的文化系统，实质上是一种在小农经济和宗法关系基础上的以伦理道德为核心的文化系统。这种文化结构的基点是人与人之间的伦理道德规范。中国文化也可以称为德行文化。中国文化的重德求善，与西方文化的重知求真，形成鲜明对照。中国殷代文献中已经出现了"德""礼""孝"等字样，远在西周时期，"敬德""保民"即成为统治者的施政大纲。春秋战国，百家争鸣，各标异帜，各家所提出的政治主张和人生哲学不尽相同，但"天下之大道曰德"却大体为各家所共识。从汉代董仲舒提出"罢黜百家，独尊儒术"以后，以仁义道德为主旨的儒家思想（在其发展进程中也有机地吸收了道、法等诸家以及佛教的思想因素）更成为中国的主流文化，这样一种文化传统反映在战略思维上就是治国言兵，以德为本。中国的战略文化始终具有浓厚的伦理色彩。首先，在经邦治国的大政方略上，主张德治仁政。中国先贤早就指出"民惟邦本，本固邦宁"，"为政以德，譬如北辰，居其所而众星拱之"。国家的安危成败兴衰"在德不在险""在德不在强""在德不在鼎"。其次，在兴师征伐的战略抉择上，主张兵以昭德，以义诛不义。在中国文字中"征"与"政"都从"正"，即正义的意思。尽管中国古代的战略家们对战争大都持十分审慎的态度，但仔细考察就会发现，他们并不一般地反对战争，而是严格地把"义"与"不义"相区别。例如，管子就认为："兵者，外以诛暴，内以禁邪，故兵者尊主安国之经也，不可废也。"有人问荀子："先生议兵常以仁义为本，仁者爱人，义者循理，然则又何以兵为？凡所为有兵者，为争夺也。"面对这一悖论，荀子的回答是："彼仁者爱人，爱人故恶人之害之也；义者循礼，循礼故恶人之乱之也。彼兵者，所以禁暴除害也，非争夺也。故仁人之兵，所存者神，所过者化，若时雨之降，莫不说喜。"这简直就是一种对正义战争的热烈讴歌。以非攻思想而著名的墨子也认为"义战曰诛，不义曰攻"，可见他的"非攻"也不是一概而论的。再次，在战争实施的策略运用上，把宣扬自身战争的正义性作为一种重要的战略优势和制胜因素来看待。早在远古时期，统治者进行征伐时，就往往首先发布誓词（动员令）如《甘誓》《汤誓》《泰誓》等，历数敌之无道不义及我之正义性，以"恭行天之罚"相号召。在中国古文中，檄文成为一种独特的文体受到人们的重视。三国时陈琳起草的《为袁绍檄豫州》、唐骆宾王起草的《为徐敬业讨武曌檄》，都成为传颂千古的名篇，相传前者令曹操的头风病"豁然而愈"，后者令武则天击节兴叹，以至于这两位作者后来被捕后，曹、武这两位雄才大略的政治家都因爱才而没有杀他们，中国战略文化对于"吊民伐罪"的重视于此可见一斑。然后，在战争的发展过程中，强调实行以"仁"为核心的军事人道主义。"提正名以伐，得所欲而止。"义兵入敌国之境，"不虐五谷，不掘坟墓，不伐树木，不烧积聚，不焚室屋，不取六畜。"最后，在对战争结局的预测上，认为德不可敌，义战必胜。《周易》中就提出："师贞，丈人吉，无咎。"《三略》指出："夫以义诛不义，若决江河而溉熛火，临不测而挤欲堕，其克必矣。"

2. 求统一，反分裂

中华文明源远流长。"中国"一词，最早见于周成王时的《尚书》，当时指的是以洛阳为中心的中原地区，与东夷、西戎、南蛮、北狄对举。"华夏"又称"诸夏""诸华"，其语最早见于《左传》，孔颖达疏解说："中国有礼仪之大，故称夏；有服章之美，谓之华。"至战国时期，中国文化已形成了包括少数民族在内的大一统观念，《禹贡》将诸夏划分为九州、五服，"声教讫于四海"，一个华夷五方相配而又统一于"天子"的政治模式初具雏形。"秦王扫六合，虎视何雄哉！"秦始皇车同轨，书同文，统一货币和度量衡，对形成统一的多民族国家有重要的意义。秦以后的两千多年，中国的土地虽然几经分裂，迭历战乱，但最终都归于统一，而且每次统一都进一步促进了民族的融合，促进了中华文明的发展。中国维持广土众民的大一统局面，历数千年而不变，与中国文化传统中的尚同贵一精神有密切的联系。孔主大同，墨曰尚同，孟子言"定于一"，这种哲学思维反映在政治理想和战略文化上就是致力于建立和保持一个统一的局面。以上说到，中国的战略文化具有鲜明的伦理道德色彩，而统一就是中华民族心理积淀中高于一切的道德观念和价值标准。千百年来，人们总是把求统一还是搞分裂看作判断战争义与不义、德与非德、道与无道的基本分野。"天下之大义，当混为一。"凡是有利于统一的战争都受到人民的拥护或积极评价，所谓"箪食壶浆，以迎王师"，"民望之，若大旱之望云霓也"。凡是倒行逆施搞分裂，则最终被人民所唾弃，被钉上历史的耻辱柱。纵观中国几千年的历史，战略思维的类型不外乎两类：一类是在统一的时期，战略思维的侧重点在于防止分裂。"内重外轻，强干弱枝"，其着眼点都在于此。当然，中国的统一，历来是与维护"普天之下，莫非王土"的王权和中央集权联系在一起，这里不作专论。一类是在分裂时期，其战略思维的着重点在于实现统一。在中国历史上，凡是有作为、有才略的皇帝都把一匡天下、混同宇内、河山一统作为政治目标。苟且偷安、偏安一隅，不仅当时为朝野所诟病，在后世更受到了人们的鄙夷。人们所熟悉的诗句"暖风吹得游人醉，直把杭州作汴州"就是诗人对南宋君臣不思恢复的嘲讽。中国军事发展史的主导趋势是谋求统一，仔细考察中国历史，可以发现一种有趣的现象，即所有的战争不论其初始如何，最后都发展成为统一战争。中华民族内部各民族组建的政权之间的战争如此，中央失控、军阀割据所造成的混战如此，改朝换代战争如此，农民起义战争亦是如此：或者农民起义被封建统治者所扑灭；或者推翻了旧王朝，发展成为新的统一战争。要言之，在中国军事、政治斗争的舞台上，凡是胜利者，无不以统一为使命，以统一为基本的政治目标和进攻终点。中国历史上，不独汉民族，其他民族也出现过实现统一大业的雄才大略的政治家，他们都为中华民族的发展作出了贡献。中国士子文人忧国忧民也以关注祖国的统一为重要内容。无论是杜甫的"白日放歌须纵酒，青春作伴好还乡"的载欣载奔，还是陆游的"王师北定中原日，家祭无忘告乃翁"的赍志而殁，传达的都是一种念兹在兹的统一情结。

3. 保安定，重防御

远古时期，华夏民族主要栖息于由大河冲积并灌溉滋养的辽阔而肥沃的中原地带，温润的气候和适宜的自然条件使他们很早就结束了流动性的渔猎生活从事定居农业。虽然中华民族的先民们掌握古代人类的两种机动手段——牲畜（马匹、骆驼）及船舶的能力并不亚于其他民族，中国很早就有"昔在黄帝，作舟车以济不通，旁行天下"的记载，但定居农业的优越性使他们对于土地产生了一种特别执着的感情。中华元典这样赞美大地："至哉坤元，万物资生……含弘光大，品物咸亨。"这种对大地深深的眷恋使华夏民族形成了安土重迁、静穆圆融的心理特征。中国历代的政治家都孜孜以求建立河清海晏、国泰民安的太平盛世。杜甫的诗句"淇上健儿归莫懒，城南思妇愁多梦。安得壮士挽天河，净洗甲兵长不用"就表达了这样一种民族情感。然而愿望归愿望，实际上中国数千年来又战火频仍，兵燹不断。其中既有激化的阶级斗争和统治阶级内部的斗争，也有中华民族内部多元的文明因素之间的冲突、碰撞。中华民族生存的环境相对封闭，北部是寒冷的极地，西部是浩瀚的广漠，向东、向南是古代人类难以逾越的海洋，古代不易受到外部文化因素的入侵。然而中华民族内部就产业类型而言却有两种。除素称发达的农业文明外，中国的北方和西部地区以"逐水草而居"的游牧生活方式为主。因此，在很长时间里，中华民族内部这两种文明因素的碰撞和交融构成了国家安全问题上的一条主线。"秦家筑城避胡处，汉家还有烽火燃。"历史上北方的游牧民族不断南下牧马，对中原的生产力造成极大破坏；而中原的统治者为了消除来自北方的边患，也屡屡向北用兵，使北方少数民族离开他们世世代代的生息地，著名匈奴民歌"亡我祁连山，使我六畜不蕃息；失我焉支山，令我妇女无颜色"，即是对此发出的咏叹。中国历史上的长城不妨看作中国境内农业文明和游牧文明拉锯争夺的产物，长城的走向大体与400毫米等降水量线重叠，绝不是偶然的巧合。长城与其说是中国以汉民族为主的中原政权修建的防线，毋宁说是中华民族内部农业社区与游牧社区天然的分界线。它的军事目的显然是用于防御的，但它客观上起到了促进民族和睦共处，促进民族交流和融合的作用，是具有积极意义的。中国古代民族战争（实质上是一种更广泛意义上的国内战争）以及国内战争的多发性，决定了历朝历代的战略思维都把保境安民作为主要目标。在战略策划的基点上，强调居安思危。"夫安国家之道，先戒为宝。"（《吴子》）"若乃居安而不思危，寇至不知惧，此谓燕巢于幕，鱼游于鼎，亡不俟夕矣。""备边足戎，国家之重事；理兵足食，备御之大经。"（《陆宣公奏议》）在策略运用上，强调文武并用、德威兼施，以武为植，以文为种，"有文事者，必有武备；有武事者，必有文备"。在防御纵深上，强调天子"守在四夷"，运用多种手段消弭边患，如对北方少数民族政权慑之以兵威，和之以婚姻，阻之以城塞，施之以禄位，通之于货利，怀之以教化，等等，并特别注重文化上的怀柔与教化政策，即儒家所谓"夷狄之入中国者则中国之"。基于中国人根深蒂固的大一统观念，中国历代有作为的君王都以"四夷宾服，万方来朝"为盛世目标。这种盛世目标，质言之，就是维持一种按古老的"服事"观所建立起来的，从中央到地方，再到广大的周边的"天朝"秩序。因此，对外用兵一般地讲，并不以攻城略地、扩土拓疆为目的，主要是为了教训和惩戒一些"桀骜不驯、犯上作乱"的藩属，是羁縻政策的补充。一旦达到了战略目的即很快收兵，而继之以怀柔教化。中国战略文化中鲜有扩张性的因素，中国版图的形成，基本上是文化传播和同化的产物，而不是军事征服和武力扩张的结果。

4. 慎干戈，贵全胜

中国古代文明以农业文明为主体，而战争对于农业文明的破坏也最为深巨，所谓"师之所处，荆棘生焉；大军之后，必有凶年"。因此，中国自古就有"兵凶战危"之说法。老子说"兵者不祥之器，非君子之器，不得已而用之，恬淡为上"，并指出"胜而不美"。《孙膑兵法》也说："乐兵者亡，利胜者辱。"中国自古以来的战略家都不把以战争手段解决问题作为最佳选择，而是在更广阔的视野内追求战略目标的实现，以"全胜不斗，大兵无创""不战而屈人之兵"为最高境界、无上妙谛和最大利益。穷兵黩武、杀人盈野，历来为圣明之君和有作为的战略家们所不取。也正因如此，中国才形成了早熟的大战略观，形成了奥妙无穷、精彩纷呈的战略艺术。意大利学者卡尔利柯夫斯基说，孙子兵法"不仅是一种战争理论，而且是一种和平理论、一种运用一切可行的手段（政治的和军事的）夺取政权或保持独立的一种方法体系"。这种评论在一定程度上触及了中国战略文化的实质。

三

中华民族的战略文化传统在思维方式上有如下一些特点。

1. 朴素的唯物主义

在中国漫长的封建社会及前封建社会中，唯心主义的世界观一直占统治地位。军事斗争激烈的对抗性以及这种对抗性对人的主观能动性的呼唤，使中国的战略文化率先冲破了天命论的唯心主义迷雾，形成了朴素的却难能可贵的唯物主义传统。上古时期，中国的先民们往往通过卜筮预测战争的胜负。古籍中也有大量观天象以决吉凶的记载。孙子即对这种做法持明确的否定态度。他在《用间》篇中说"先知者不可取于鬼神，不可象于事，不可验于度，必取于人，知敌之情者也"，并强调"禁祥去疑"。尉缭子也说："举贤任能，不时日而事利；明法审令，不卜筮而事吉；贵功养劳，不祷祠而得福……圣人所贵，人事而已。"在中国古代兵家的论述中也常常出现"天"的概念。但这里的"天"一般指的是"天时"，是指"阴阳、寒暑、时制"（计篇），是自然的"天"，而不是天命的"天"、神化的"天"。表现在认识论上，中国战略家们自孙子始就把"知己知彼，胜乃不殆；知天知地，胜乃不穷"，即全面了解敌我双方的情势及战争时空特点作为战争指导的不二法门。孙子还将交战双方的物质力量在空间上的即时布局和在时间上的动态变化提炼为"形"与"势"两个著名范畴，强调战争指导者要因利制权、造形任势，把握战略主动权，以驾驭战争全局，达到胜利彼岸。这是唯物主义认识论在战略思维领域的生动体现。在《形》篇中孙子还说："地生度，度生量，量生数，数生称，称生胜。"就是说，国土决定耕地的面积，耕地面积决定粮食的产量，粮食产量决定国家养兵的数量，军队数量决定力量的对比，力量的对比决定战争的胜负。这实质上表达了一种农业文明时代从分析国力入手估量战争潜力的观点，十分难能可贵。

2. 早熟的辩证思维

中国是一个有辩证思维传统的国度，而战略思维又是中国思想史园地里最先绽开的一束绚丽的辩证思维之花。《易经》中就蕴含着朴素的也是非常玄妙的辩证思想。生于春秋晚期的老子虽然不是一个军事家，但他的著作中却有深厚的战略文化底蕴。《老子》一书中揭示了大量对立统一的概念，据统计，他在仅五千多字的文章中列举的成双成对的矛盾范畴就达七十多个，这从当时的认识水平来说不能不令人惊叹。如有无、多少、大小、刚柔、强弱、静躁、损益、得失、主客、正奇、难易、张歙、与夺、轻重、曲全、阴阳等，这些都与战略思维密切相关。老子的辩证法思想突出表现在对矛盾双方向自己的对立面转化的认识中，他提出："以天下之至柔，驰骋天下之至坚。""将欲歙之，必固张之；将欲弱之，必固强之；将欲废之，必固兴之；将欲取之，必固与之；是谓微明，柔弱胜刚强。""知其雄，守其雌，为天下溪。"这种认识对中国战略文化传统产生了深刻的影响。中国历来主张后发制人。毛泽东提出的"深挖洞，广积粮，不称霸"，邓小平提出的"冷静观察、稳住阵脚、沉着应付、韬光养晦、善于守拙、决不当头、有所作为"，这些都可以从老子的贵柔处弱思想中找到战略文化的渊源。与老子相比，《孙子兵法》更在军事领域具体展开和发挥了深刻的辩证法思想，对战略思维领域里的一系列基本矛盾范畴，做了精彩的阐发，如敌与我、客与主、利与害、众与寡、迂与直、奇与正、虚与实、速与久、分与合、进与退、勇与怯、逸与劳、治与乱、险与易、远与近、有余与不足、致人与致于人等。较之老子，他的辩证法思想更具有积极性，更强调主体的能动性一面，即他不仅认识到了矛盾双方向对立面的转化，而且初步认识到矛盾转化的条件与人的能动作用。《孙子兵法》所阐述的战略思维基本原则，如"立于不败之地""先为不可胜而待敌之可胜""不战而屈人之兵""治气、治心、治力、治变""始如处女，后如脱兔""形人而我无形""致人而不致于人"等，具有重要的军事方法论意义。与孙子大体同时代或稍晚的管仲、范蠡、孙膑等著名的战略家也都有深刻的辩证思维。可以说军事辩证法是中国战略文化对人类文明的一大贡献。

3. 原始的系统观念

基于"天人合一"理念所形成的以综合性为主的思维方式，中华民族很早就形成了朴素的、原始的系统观点。这种观念反映在战略文化上就是注重从整体上、从事物的有机联系上来考察国家的安危存亡，来考察战争的胜负得失。现在人们都在谈论大战略观，这恰恰是中国战略文化传统的特色。所谓"兵者，国之大事，死生之地，存亡之道，不可不察也"，这个"察"就是全面、系统地去考察。中国古代战略家从来就不把战争看作交战的双方单纯的某一个因素的对抗，而是合理地理解为系统与系统之对抗，即所谓"必以全争于天下"。《孙子兵法》研究战争的方法就堪称一种系统的方法，它论列的范围包括天时、地利、人和、将帅、法制、经济、政治、用间等各个方面。孙子认为战争胜负是各种因素交互作用的结果。因此要"经之以五事"（道、天、地、将、法），"校之以七计"（主孰有道？将孰有能？天地孰得？法令孰行？兵众孰强？士卒孰练？赏罚孰明？）。任何一个环节的问题都可能导致全局的失败。在战略手段上，孙子主张通过伐谋、伐交，综合运用政治、经济、文化、外交等各种手段，以达到战略目的。

中国战略文化中不乏某种定量研究的因素，如《孙子兵法》中就提出："用兵之法，十则围之，五则攻之，倍则分之，敌则能战之，少则能逃之，不若则能避之。"量化十分精确。但一般而言，中国战略文化是侧重于定性研究的，所谓的系统观念是笼统的、模糊的、不精确的。这既与人类认识发展史的客观规律有关，也与中国传统思维方式的偏于直觉体悟、不注重分析和精密的逻辑论证有关。老子的一句话"道之为物，惟恍惟惚。惚兮恍兮，其中有象；恍兮惚兮，其中有物"最能说明中国人的思维方式。西方人传统的思维方式以分析性为主，现代的科学的系统方法实质上是古老的东方思维方式在新的更高层次上的复归。

4. 瑰丽的谋略艺术

战争是人类社会的一种十分奇特的现象。一方面，它有着种种客观规律，可以被人们正确地认识和掌握，并用以指导战争，驾驭战争，在这一意义上，战略是一门科学；另一方面，战争又是一种博弈，是在交战双方尽可能保密并迷惑对方、给对方造成错觉假象的情况下进行的，不管科技发展使情报和侦察手段变得如何先进，战场变得如何"透明"，战争中任何一方获取对方的信息总是不完全的，存在着控制论所谓的"黑箱"问题；战场情况瞬息万变，充满了盖然性，存在着许多混沌现象，这些都使战争呈现出非线性的特点。在这一意义上，战略又是一门艺术。中国战略文化并不忽视武器装备的作用，早在先秦人们就认识到"凡兵有大论，必先论其器"。许多战略家们也注重武器装备的更新研究，如三国时就有诸葛亮造"木牛流马"的记载。但由于漫长的封建社会禁锢了自然科学和生产力的发展，中国军事科技的发展一直相对比较缓慢，中国的军事家们更多地把智慧之光投向了谋略领域。孔子讲"仁者乐山，智者乐水"。而兵家又说："兵形象水。"中国人天性中那种智性气质使他们把战略思维真正发展成为一种艺术。未战先胜曰谋，战胜不复曰略。兵必谋而动，战无略不胜。中国战略文化向人们展示了一个个奇谲瑰丽的谋略。现代人们一般认为"阴谋"是贬义词，其实这一词最初意义并非贬义。阴者，"一阴一阳之谓道"的"阴"也，强调的是谋略的阴柔性、隐秘性。春秋末期，"战阵之间，不厌伪诈"的观念就逐步为人们所接受；肇始于西汉的兵儒合流更使"以正治国，以奇用兵"成为后世战略思维的基本原则。中国历史上留下了诸如"运筹策帷幄之中，决胜于千里之外""成败在乎智""以计代战一当万"等军事名言，从这些名言中不难看出中国战略文化贵谋崇智、珍策重计的特色。军事谋略是如此深刻地影响了中国的文化，影响了民族的思维方式，甚至衍化到语言文字。中国许许多多的成语熟语，来源于谋略，例如著名的"三十六计"就都是成语。林语堂指出，中国的文艺评论也多借用谋略性的成语来概括，如"欲擒故纵"，谓题意之跌宕翻腾；"神龙见首不见尾"，谓笔姿与文思之灵活；"声东击西"，喻议论之奇袭；"旁敲侧击"谓幽默之讽诮；"隔岸观火"谓格调之疏落；如此等等。这样的认识可谓洞隐烛微、独具只眼，对了解中国战略文化的特点及其对民族心理的渗透颇具启发意义。

（本文发表于1998年3月）

中国古代文人关注军事问题的传统及其特色

　　徜徉于中国军事文化的长河，可以看到一种独特的历史文化现象，即从古至今，关注军事问题的，绝不只帝王将帅，更有许许多多的士子文人。他们或者直接跻身军事决策圈，辅佐君王操胜算于庙堂之上，协助统帅运筹策于帷幄之中，建立了兴邦安国、决胜千里的不世之功；或者身在江海之上，仍心居乎魏阙之下，有着念兹在兹、挥之不去的军事情结，致力于兵学著述，藏之于名山，留之于后世。他们除直接写下了许多谈兵论战的高文宏论外，更创作了数不清的军事文学名篇华章。在中国古代文学史上，军事文学如繁花照眼，构成了一道亮丽的风景线。中国文人对军事问题的关注给中国军事注入了深厚的文化底蕴，并且对军事文化的形成和发展产生了重要的影响。

一

　　中国古代文人即一般所说的"士"。大约在春秋之前，士阶层在中国社会就形成了。早期的士，社会地位在大夫之下，庶民之上。后来随着"礼崩乐坏"，士的社会地位发生了变化，但作为一支文化精英，他们仍然保留着为"道"献身的传统，他们社会责任感和忧患意识强，渴望为国家和民众建功立业。正如孔子所说："士志于道"，"士不可不弘毅，任重而道远"。春秋战国时期，社会急剧变革和动荡，为一大批原先社会地位较低的文士投身政治军事舞台、施展自己的才华抱负提供了机遇和条件。他们或聚众讲学，授业传道，或著书立说，游说诸侯，一时风云际会，形成了百家争鸣的局面。而由于争霸和兼并战争日趋频繁，战争在国家兴亡和社会生活中的地位更加重要。"兵者，国之大事，死生之地，存亡之道，不可不察也。"《孙子兵法》开宗明义的这句话正是正确反映了当时战争问题的重要性和紧迫性。因此，战争从一开始就成为诸子百家普遍关注和竞相探讨的课题。他们或者倡导义战，反对杀人"盈城""盈野"的兼并战争，或者慨言"兵者不祥之器"，强调"柔弱胜刚强"，或者主张"兼爱非攻"，严密城守，等等，一时呈现出"境内皆言兵"的局面。而兵家学派更是异峰突起，引人注目。汉以后，儒学逐步成为中国社会的主流思想，中国文化生态的多元化有所削弱，但是中国文人关注军事问题的传统得到了保持和赓续。这是因为，儒学主张积极用事，"内圣外王"，"修身、齐家、治国、平天下"，而要想治国、平天下，研究军事问题又首当其冲、不可或缓。中国历史上的科举制度，考试内容也主要是策论，是治国安邦之策，这就要求文人士子们的知识结构不能不包括军事。实际上，"致君尧舜上，再使风俗淳"始终是中国古代文人的政治理想和他们追求的最高的价值目标，而诗词文赋，在他们看来不过是"余事"，是闲情逸致，是附庸风雅，是"雕虫小技"。中国古代有许多著名的文学家，同时又是杰出的政治家、军事家。而还有众多的文人仅仅以诗文重于当代、垂于后世，一般地讲，这并不是因为他们没有政治抱负和军事韬略，只不过是由于种种原因堵塞了他们在政治上军事上进取的道路罢了。因而他们只能把横溢的才华挥洒于风月之中，倾注于山水之间。"却将万字平戎策，换得东家种树书。"辛弃疾的沉痛词章寄托了多少文士怀才不遇、报国无门的身世感叹。

中国古代文人对军事问题的关注主要通过以下几种方式体现出来。

一是直接投身当时的军事斗争。唐朝诗人李贺曾写下"男儿何不带吴钩，收取关山五十州"的著名诗句，王勃在《滕王阁序》中也写道："无路请缨，等终军之弱冠；有怀投笔，慕宗悫之长风。"这些都表达了他们对投身军旅、为国立功的向往和怀才不遇、有志难伸的惆怅。古往今来，中国的许多文士出于对国家和民族命运的关切，出于施展自身抱负和才华的强烈愿望，走出茅庐，投笔从戎，积极参加了当时的军事斗争和战争实践，其中不少得到了君王和统帅的器重，在中国的军事史和战争史上留下了浓重的一笔，他们是众多有着军事情结的中国文人中的佼佼者。他们大体可分为两类：一类是由一介文士而登坛拜将，成为著名的军事统帅、杰出的军事家，如战国的孙武、孙膑，三国时的诸葛亮、陆逊，晋代的杜预，唐代的李靖，宋代的岳飞，明代的于谦，清代的曾国藩等；另一类是充当谋臣或军事幕僚，参与运筹策于帷幄之中，如汉代的张良、萧何，三国的荀攸、郭嘉、鲁肃，宋代的赵普，元代的耶律楚材，明代的刘基，清代的范文程等，可谓世有所出，代不乏人。

二是撰写兵书战策或对兵书战策进行整理注疏。中国流传至今或见诸记载的兵书有2000余部，有相当一部分出自并无军事生涯的文士之手。晚唐的著名诗人杜牧与李商隐齐名，风格流丽，曾一度寄情声色，写下"春风十里扬州路，卷上珠帘总不如""十年一觉扬州梦，赢得青楼薄幸名"的诗句，然而在他倚红偎翠、怜香惜玉的表象后面，却始终深藏着一颗忧时报国的壮心。他继承了祖父杜佑作《通典》经邦致用的家学渊源，费了极大的精力，探讨"治乱兴亡之迹，财赋兵甲之事，地形之险易远近，古人之长短得失"，切言富国强兵之道，主张削平藩镇，加强统一，健全法制，巩固边防，发表了许多切中时弊的精湛见解。有感于晚唐国运衰微、藩镇割据的局面，他非常注重研究军事，在曹操注《孙子兵法》的基础上，结合历代用兵的形势虚实，重新注释了《孙子兵法》十三篇。除此之外，他还写了《战论》《守论》《原十六卫》等军事论文。宋代词人辛弃疾一生主张坚决抗金，恢复统一祖国山河。《美芹十论》就是他力主抗金的军事论著。其中《审势》《查情》《观衅》三论，具体分析了当时的政治军事形势，说明"敌之可胜"；《自治》《守淮》《屯田》《致勇》《防微》《久任》

《详战》等七论，主要论述怎样加强战备，激励士气，积蓄力量，重整河山，即如何"求己之能胜"。"十论"有力地驳斥了"主和派"的主张，既指出了抗金统一的可能性，又提出了夺取军事斗争胜利的具体方略，是宋代有代表性的兵论之一。清初学者顾祖禹隐居不仕，但穷20年之精力，撰写了《读史方舆纪要》，综记"山川险易，古今用兵战守攻取之宜，兴亡成败得失之迹"，被称为军事地理学的"千古绝作""古今之龟鉴，治平之药石"。清末思想家、文学家魏源是中国近代"睁开眼睛看世界"的代表人物。他痛感鸦片战争后西方列强对中国的侵略，依据林则徐所辑西方史地资料《四洲志》和历代史志等，辑成《海国图志》一百卷，主张自建船厂、炮舰，练兵经武，加强海防，"师夷长技以制夷"。

三是在治史修史中总结军事上的成败得失。中国军事文化具有兵史合一的传统，军事思想不仅保存在兵学的专著之中，更大量地蕴含于史书史论中。"以史为鉴，可以知兴替。"许多文士不能在战场上实现他们的军事理想，就把他们卓越的军事见解融汇于对于历史的叙述和评论中。先秦的著名史著《左传》的作者一般认为是鲁国的史官左丘明，也有人认为是其他人，但不管怎样，作者是春秋时期的著名文士无疑。《左传》相当系统地记录了200余年间春秋各国政治、军事、外交方面的事件，尤以善于记述战争过程和战斗场面为人们所称道，在对战争的记述和描述中表达了极为丰富的军事思想。司马迁的《史记》被称为"史家之绝唱，无韵之离骚"，其描写战争的手法之高妙，评析军事人物的见解之深刻，达到了后人难以企及的境界，许多篇章堪称优秀的军事纪实文学，其后历代正史几乎都出于著名的文士之手，并保持了司马迁所开辟的史学传统。二十五史不仅对我国历史上的许多著名战役包括战前的伐谋伐交、交战双方乃至多方的态势和互动、战争过程中的起伏跌宕等有精彩绝伦的描述，而且独具慧眼、精彩深刻的军事评论随处可见，与军事有关的格言警句如抛珠溅玉。宋代司马光主持编撰的《资治通鉴》以及后来的《续资治通鉴》更以编年体记载和描绘了中国历史上的战争长卷，许多著名战例如官渡之战、赤壁之战、淝水之战等，写得高屋建瓴，活灵活现，已远远超出了一般史著的范畴，成为不朽的军事文学名篇，是运筹和指导战争的形象生动的教科书。除了编史修史之外，更有许多文人学士以读史批史评史的方式，发表他们的军事见解，例如王夫之的《读通鉴论》和李贽的《藏书》《续藏书》涉及的军事内容就不少。

四是撰写反映战争和军事生活的诗文。中国古代文人撰写的史叙、奏稿、策论、谏议、书启、说帖、随笔、札记等，许多篇章是专论或涉及军事问题的。《文选》《古文观止》中的许多名篇都涉及军事内容。著名文学家贾谊、苏洵、苏轼、苏辙、王安石、杨万里、辛弃疾、陈亮、杨维桢、高启等都留下了卓有见地的军事策论。中国是一个诗的国度，文人学士鲜有不能诗者，而在诗的海洋里涉及军事问题的咏史诗、边塞诗、军旅诗占了相当的比例。在中国诗歌发展史上，不仅有一批卓越的诗人以边塞诗、军旅诗见长，形成了一个绵延不绝的流派和星河灿烂的诗人群，而且几乎所有的诗人，包括那些以风格绮丽、婉约著称的诗人都有军事诗，使我们得以窥见诗人内心世界和情志的另一面。这些诗作有着丰富的军事内涵和美学价值：有的可以看作以诗歌的形式发表的军事评论，往往言简而意赅，词约而思深，如杜牧的咏史诗；有的可以看作以诗歌形式描绘的战争画卷，雄浑而壮阔，大气而磅礴，如高适等的边塞诗；有的讴歌了边关将士的精神，有的记述了战争中人民的命运，有的表达了仗剑从军、以身许国的激越之志，有的抒发了对中原板荡、神州陆沉的忧患之情。

五是创作以战争为主要描写对象的小说。在中国文学的谱系中，小说发育和形成较晚。但是这种文学形式一经形成，就被文士们主要用来描写战争。由文士在史料和民间传说基础上创作的军事历史小说，如《三国演义》《水浒传》《东周列国志》《说唐演义全传》等，以一定的史实为依托，把军事、政治、经济、外交熔于一炉，描绘了波澜壮阔的战争画面，塑造了各具风采、有血有肉的军事人物形象，展示了令人咏叹的战争谋略艺术，其中无疑渗透了作者的军事见解，寄寓了作者的军事理想。它们如同形象化的兵书、戏剧化的战争史，对军事文化的普及、民族军事文化心理的积淀发挥了重要的作用。

二

中国文人关注军事问题的现象，对中国军事文化风格的形成影响十分深远。

一是强化了中国军事文化执着追求和矢志维护祖国统一的"大一统"观念。"大一统"即高度重视和推崇国家统一，是中华民族源远流长、根深蒂固的一个价值观念，是中国传统文化的一个显著特色。这一观念的形成和深入人心文人士子功不可没。大约春秋初期，一个华夷五方相配而又统一于"天子"的政治模式已初步形成并深入人心。《春秋公羊传·隐公元年》谓："何言乎王正月？大一统也。"董仲舒《贤良策》写道："春秋大一统者，天地之常经，古今之通谊也。"《汉书·王阳传》说："春秋所以大一统者，六合同风，九州共贯也。"汉以后，作为中国文人主流意识形态的儒家文化更以主张"大同"为主要特征。因此，中国古代文人关注并致力于军事问题的研究，很大程度上是为了实现和恢复国家统一的政治理想。他们或者面折廷争，公车上书，痛陈维护祖国统一的主张，擘画实现江山一统的方略，或者把金瓯残缺的忧患之情和重整河山的报国之志发为诗文。"死去元知万事空，但悲不见九州同。王师北定中原日，家祭无忘告乃翁。"陆游这首《示儿》诗把期盼祖国统一的情结表达得如此真切感人，为异代不同时的人读之怆然涕下。类似的篇章在中国文学中比比皆是，对中华民族视统一为民族最高利益的观念的形成起到了潜移默化的作用。

二是赋予了中国军事文化以鲜明的壮怀激烈的爱国主义、英雄主义色彩。讴歌英雄主义、崇尚爱国精神构成了中国文人军事体裁文学创作的永恒的主题。战国时期的伟大诗人屈原在《国殇》中即通过对惨烈的惊心动魄的战争场面的描写，表达了对以身许国的将士的深情赞美："操吴戈兮被犀甲，车错毂兮短兵接。旌蔽日兮敌若云，矢交坠兮士争先。……带长剑兮挟秦弓，首身离兮心不惩。诚既勇兮又以武，终刚强兮不可凌。身既死兮神以灵，魂魄毅兮为鬼雄。"三国时才华横溢的诗人曹植也写下了"捐躯赴国难，视死忽如归"的名句，表达了他渴望为国效命疆场的情怀。后世诗人洋溢着英雄气概和爱国情愫的诗章名句更是俯拾皆是："感时思报国，拔剑起蒿莱。"（陈子昂）"但使龙城飞将在，不教胡马度阴山。"（王昌龄）"少小虽非投笔吏，论功还欲请长缨。"（祖咏）"愿得此身常报国，何须生入玉门关。"（戴叔伦）"遥想公谨当年，小乔初嫁了，雄姿英发。羽扇纶巾，谈笑间，樯橹灰飞烟灭。"（苏轼）"孤灯耿霜夕，穷山读兵书。平生万里心，执戈王前驱。战死士所有，耻复守妻孥。"（陆游）……就连"人比黄花瘦"的女词人李清照也写下了"生当作人杰，死亦为鬼雄。至今思项羽，不肯过江东"这样壮怀激烈的诗篇。这些诗文浸润了一代又一代中国人的精神世界。由于史学家、文学家的精彩记述和生动描写，许许多多叱咤风云、多谋善战的将帅和爱国英雄，如诸葛亮、关羽、赵云，还有杨家将、呼家将、岳家军等，家喻户晓，成为一代代青少年的偶像和军人的楷模。

三是使中国军事文化浸透了更多的悲天悯人、关心民瘼的和平主义、人道主义精神。中国文人从"贵民""爱人"的儒家观念出发，形成了关注社会现实、同情人民疾苦的传统。目睹战争给社会生产力带来的破坏和给人民带来的深重苦难，许多文人忧患元元，用诗文记录了战争的血腥和苦难，鞭挞了不义战争，表达了渴望国泰民安、河清海晏的心声。中国古诗文中有不少吊古战场的名篇，反映征夫怨妇的痛苦更成为众多边塞诗的主要内容。"遥闻陌头采桑曲，犹胜边地胡笳声。"表达了人们渴望铸剑为犁、重享太平的强烈要求；"可怜无定河边骨，犹是春闺梦里人。"寄寓了对战争中失去丈夫的妇女的深切同情。唐朝伟大的诗人杜甫的"三吏""三别"堪称用诗歌写成的报告文学，对当时的战乱给人民带来的苦难留下了真实的写照，给予了血泪的控诉。他写的诗——"杀人亦有限，立国自有疆。苟能制侵陵，岂在多杀伤"，更把对战争的直观认识上升到理性思考。他在《洗兵马》中还写道："安得壮士挽天河，净洗甲兵长不用"，表达了对太平盛世的热烈向往。中国军事文化中鲜有穷兵黩武、嗜血好战的元素。

四是促进了中国军事文化长于谋略、善于用奇的军事思维方式的形成。战略是最高层次的谋略。文人投身和涉足军事领域，由于他们并不是行伍出身，因而决定了他们必然是更多地从战略层次考虑问题，而不可能去具体而微地设计作战细节，这可以说明为什么中华民族的战略意识要比其他民族发育早。同时中国文人从来是把军事作为实现经邦济世的政治理想的必要手段来研究的，他们很少就军事论军事，而是把军事和政治、经济、外交等联系起来考察，天然地把战争看作一定的政治的继续。中国的战略观从来就是一种大战略观。在"重道轻器"的观念的影响下，中国文人的思维方式本质上是一种智性思维方式。而战争活动这一充满了变数、以人与人之间的生动的对抗和博弈为主要特点的领域，正好为他们发挥奇妙的想象力和创造力提供了最好的舞台。他们固然也注重战争的物质条件，但更注重发挥人的主观能动性，以谋略取胜，特别是主张不拘一格，出奇制胜。正如孙子所说："以正合，以奇胜。""善出奇者，无穷如天地，不竭如江河。"历史上许多文人就是以谋士、智囊的身份侧身军旅的，以神机妙算著称于世。纵览中国史书，对于战争的具体的作战经过记述往往十分简约，惜墨如金，而对双方的伐谋伐交斗智，则浓墨重彩，精细刻画，这也可以反映中国文人对战争的关注点和兴奋点。至于文人创作的许多小说、戏剧，更可以看作形象化、通俗化的谋略教科书。

五是使中国军事文化具有了语言精辟、意蕴深厚、熔哲理和诗情于一炉的美学特色。由于大量文人的参与，使中国军事文化从一开始就与文学天然联姻。"言而无文，行之不远。"中国的军事史论，绝少散漫芜杂、枯燥乏味之篇，许多兵书战策，既是深湛的军事理论著作，又是精美的文学作品，蕴含着深刻的哲理，闪烁着诗意的光辉。中国的兵书一般都具有"舍事而言理"的特点，注重把对战争的认识上升到哲理的层次，因而更加具有普遍性、规律性、思辨性的品格。一部《孙子兵法》凡五千余言，以惊人的深刻性和系统性揭示了军事运动的规律，可谓字字珠玑，句句警策。它的好多格言警句，不仅历来被视为认识和指导战争的不二法门，而且现在被广泛借鉴和运用到政治、经济、科技、外交乃至商界、体育等一切存在竞争和博弈的领域，成为人类的宝贵的思想财富和智慧秘籍。

（本文发表于2002年6月）

战略理论演进的基本规律

回顾战略理论的形成与演进的历史，我们可以得出哪些规律性的认识呢？

一、战略理论是伴随着军事实践，特别是战争实践的发展而发展的，军事实践是战略理论形成的源泉和发展的动力

战略理论归根结底是战争在全局上的指导规律在人们头脑中的反映。远古时期，两军对阵，在战场上主要是角力斗勇，双方首脑和统帅往往是凭着一种血气、一种悟性、一种直觉来组织和实施战争，还谈不上自觉地驾驭战争。随着战争实践的发展，人们逐渐认识到在战争以及战争准备的宏观指导和决策上存在着一些规律，一些因素和战争的胜负有某些相对稳定的、必然的联系，这样，战略意识和最初的、萌芽状态的战略理论就产生了。但是，在一开始，由于人们对战争的指导规律认识还不够深入，因而战略与战役战术的分野并不清楚，在中国长期以来统称为兵法。后来，随着战争实践的发展和人们认识的深化，战略才作为一个专门的研究领域和学科独立出来。中国是战争频发之国。在中国，战争与文明几乎一样久远，因而战略思维也比较早熟。早在公元前7世纪，筹划和组织战争就有所谓"庙算"。《尚书》《易经》《诗经》等中华元典中都蕴含了许多天才的战略思想。春秋战国时期，社会急剧变革，战争活动十分频繁，作战手段和方式不断更新，战略运用也更加自觉和成熟。正是在大量战争实践和许多成功战例的基础上，这一时期涌现出一批具有奠基意义的兵书，如《孙子》《吴子》《孙膑兵法》《司马法》《尉缭子》《六韬》等，从而使战略理论取得了长足的发展。特别是《孙子兵法》从战略的高度揭示了许多军事活动的基本规律，达到了令后人叹为观止的境界。在欧洲，希波战争、布匿战争、尤里乌斯·恺撒对高卢的远征等著名战争，对战略理论的形成和发展也发挥了重要作用。18世纪末19世纪初的法国大革命和拿破仑战争，有力地推动了战略理论的发展，克劳塞维茨的《战争论》和若米尼的《战争艺术概论》都是在总结这两次战争及其他资产阶级战争的经验的基础上出现的。20世纪是一个风云激荡、战争频繁的世纪，其间爆发的战争次数之多，规模之大，投入的人力物力之巨，科技含量之高，战况之惨烈，战局之复杂，在人类战争史上都是前所未有的，战争样式和战争形态也极为丰富多彩。从战争规模看，其中既有第一次世界大战、第二次世界大战这样席卷全球的战争，又有大大小小的局部战争甚至是"外科手术式"的战争；从战争性质来看，既有帝国主义战争，又有无产阶级革命和被压迫民族、被压迫人民的解放战争；从战争的技术特征来看，既有半机械化、机械化战争，又有初露端倪的高技术战争；从交战双方的力量对比来看，既有抗兵相加、旗鼓相当的，也有典型的非对称战争。正是如此丰富而广阔的战争实践，推动了20世纪战略理论的空前繁荣。回顾历史，我们可以看到，几乎每一次大的战争特别是比较典型的战争以后，都伴随着一次战略理论的变革和飞跃。例如第一次世界大战后，意大利人杜黑提出了"制空权论"，英国人富勒提出了"机械化战争论"，英国人利德尔·哈特提出了大战略理论，等等。第二次世界大战后，国家战略、联盟战略理论有新的突破，诸军兵种合同作战的战略更加成熟，核战略进入战略家的视野并成为一时的热点。20世纪90年代爆发的海湾战争，凸显了高技术战争的许多新特点，从而使高技术战争的战略研究方兴未艾。纵观历史，战争实践如同试金石，检验了以往的战略决策和战略理论，引导人们将其中正确的加以坚持，错误的加以淘汰，过时的加以抛弃，不足的加以完善；如同晴雨表，集中而全面地反映了军事发展的最新动态，引导人们适应新的情况，把握发展趋势，作出战略调整，创新战略理论；如同培养基，不断孕育出新的战略思想的胚胎。因此，研究和发展战略理论，一定要关注战争实践，包括研究今天的战争和昨天的战争，只有这样，才有可能为打赢明天的战争提供正确而有力的战略指导，才能促进战略理论不断创新发展。

二、战略理论是伴随着阶级斗争和社会变革的历史进程而发展的，新的社会关系的产生和新的阶级力量的崛起对战略理论的发展有巨大的促进作用

战争是私有制的产物，是解决阶级与阶级、民族与民族、国家与国家、政治集团与政治集团之间矛盾的一种最高斗争形式，是政治通过另一种手段的继续。战略正是伴随着阶级与阶级的激烈斗争、政治力量与政治力量之间的剧烈碰撞产生和发展起来的。历史上，每一场政治革命在军事战略思维上都有其独特的表现，新的阶级力量对新的战略思维的演进有重要影响。每当新的社会关系开始萌芽、新的阶级力量登上历史舞台的时候，每当社会大变革的时期，都是战略理论繁荣发展和取得巨大突破的时期。例如，春秋战国时期是我国奴隶制向封建制的过渡时期，新生的封建阶级为实现自己的政治要求，在军事上大胆变法和创新。在筹划和指导战争全局时，重视政治、经济等多种因素对战争的作用，主张义兵义战，注重富国强兵，在作战指挥上不拘一格，猛烈地冲击卜筮迷信思想，打破了陈腐的堂堂之阵的束缚，从而使中国古代战略理论迅速走向兴盛和成熟。《孙子兵法》在战争和战略问题上所持的朴素的唯物主义的观点，在战略理论发展史上是具有划时代意义的，它不仅深刻影响了我国的军事思想和实践，也沾溉了全世界的战略理论园地。同样，资产阶级生产关系的发展和资产阶级革命的兴起，打破了封建制度和宗教神学的禁锢，也冲破了中世纪数百年来军事科学沉闷的毫无收获的局面。法国大革命把广大农民从封建土地的依附关系中解放了出来，从而激发了人民群众保卫祖国的献身精神，使拿破仑的作战体系和战略思想的产生有了可能。从此，以集中、密集、迅猛、突然的突击和大胆的战略机动为基础的战略产生了。列宁曾热情洋溢地指出，法国革命人民显示出伟大的创造精神，"改造了全部战略体系，废除了战争方面的一切陈规旧章，创立了新的作战方法……"无产阶级是人类历史上最先进、最富有革命精神和创造精神的阶级。马克思曾经预言："无产阶级的解放在军事上将有自己的表现。"马克思主义诞生以来战略理论取得的巨大发展和脱胎换骨的变革充分说明了这一点。马克思主义的科学世界观像一种"普照的光"照亮了军事科学领域，使军事战略理论建立在了历史唯物主义的科学基础上，唯其如此，它才真正变成了一门真正意义上的科学。马克思主义关于人民战争的原理，关于积极防御、集中兵力等战略思想在战略发展史上都具有划时代的意义。毛泽东军事思想中关于战略问题的精辟论述和中国革命战争中的出神入化的战略运用，更成为战略理论园地中光彩夺目的瑰宝。

三、战略理论的发展以生产力及这种生产力可能为战争提供的物质基础为前提，生产力的发展特别是科学技术的重大进步是战略理论创新和飞跃的推进器

任何战争都离不开经济条件。"暴力的胜利是以武器的生产为基础的，而武器的生产又是以整个生产为基础，因而以'经济力量'，以'经济情况'，以可供暴力支配的物质手段为基础的。"战略学理论发展的全部历史，说明经济形态及状况是战略思想发展的终极动因。恩格斯说："没有什么东西比陆军和海军更依赖于经济前提。装备、编成、编制、战术和战略，首先依赖于当时的生产水平和交通状况。"在农业手工业时代，以个体劳动为主要特征的社会生产力和低下的社会物质资料生产水平，限制了战略家的时空视野。当时，国家利益的目的主要是攻城略地，巩固和扩大生存空间。作战的武器主要是冷兵器，作战空间狭小，且是以陆地为主的平面战场，作战手段比较单一，通常是两军对垒，布阵厮杀。因而这一时期战略的外延和内涵都比较狭窄。大工业时代社会生产力的飞速发展，使人类的历史真正变成了世界历史，也同时使军事领域发生了巨大变化：军队技术装备和作战能力大大增强了，资产阶级几次产业（技术）革命把资本主义生产关系所蕴含的巨大能量大面积地释放到了军事领域，使军队的动员、集中、机动和攻防作战水平发生了质的飞跃。这样，资产阶级统治者及其战略家战略思维的天窗被打开了，他们竭力把国家利益从本土向海外扩展，向广阔的空间扩展。与封建阶级的单纯注重土地相比，他们更加注重资源和市场。这就为资产阶级的战略理论的发展提供了需求牵引和物质保障。"海权论""制空权论""机械化战争论""总体论"等战略思想的出现既反映了资本扩张的需求，也建立在现代科学技术和军舰、飞机、坦克等机械化的武器装备的发展基础之上。第二次世界大战以后，核武器成为影响世界各国战略发生演变的主要因素，于是各种核战略思想相继出现。20世纪80年代以后，高技术迅猛发展改变了人类社会生活包括军事领域的面貌，高技术兵器所具有的科技密集和高投入、高消耗的特点，进一步加深了军事对经济和科技的依赖性，军事领域的竞争日益表现为综合国力的竞争，因而努力提高综合国力成为各国战略思想的重要着眼点。在战略作战方式和手段上，更加注重争夺制信息权，体系作战，注重系统对抗，注重陆海空天电的全维作战。

四、战略理论本质上是一种政治上、军事上的博弈艺术，政治斗争和军事斗争的格局深刻影响着战略理论的发展

战略谋划具有对抗性和博弈性，因而这种对抗的方式和博弈的布局不

能不影响到战略理论的生长与发育，影响到它的内容和形式。古代中国处于一种地理上的相对封闭的状态，在漫长的历史进程中，中华民族内部各种政治力量或割据势力此消彼长、逐鹿中原，归根结底所要解决的是统一和巩固政权的问题。而在这片土地上，又往往"合久必分，分久必合"，其中既有较长时间的统一的繁盛时期，又有"秦失其鹿，天下共逐之"的群雄并起、列国纷争的时期，也有南北对峙、三国鼎立的时期。这种政治、军事斗争格局的丰富性和多变性，无疑对中国的战略理论的发育和嬗变发挥了重要的作用。中国很早就孕育了"合纵连横"的联盟战略和"远交近攻"的多极战略，也有发达的固本强边的战略思维。就世界来说，资本主义使整个世界连为一体以后，法兰克福体系、凡尔赛—华盛顿体系、雅尔塔体系等世界格局都对战略理论的演进产生了重要影响。特别是从20世纪40年代中开始，两极对立的"雅尔塔格局"主导国际战略关系长达近半个世纪之久，各种有代表性的战略思想都深深打上了这种格局的烙印。二战结束前的雅尔塔会议后，形成了以美、苏为首的两大集团对抗的国际战略格局，继而又出现了美、苏两个超级大国争霸的局面，这一大的国际战略关系占统治地位达近半个世纪之久，更对20世纪下半叶战略关系占统治地位达近半个世纪之久，更对20世纪下半叶战略理论影响至深。进入90年代，两极格局解体，国际战略格局的总的趋势是走向多极化，但国际战略力量严重失衡，美国急于建立其一极独霸的世界。美提出的"战略新概念"就是为其推行霸权主义和强权政治服务的。

五、战略理论具有历史文化传统的延续性和传承性，各民族的文化传统特别是深层民族文化心理的积淀在战略理论的发展进程中留下了长长的投影

从历史长河来看，战略理论的发展经历了从朴素到科学、从混沌到精密、从零散到系统、从笼统到严整的发展过程，然而战略理论并不只有一个源头，各民族和国家的战略理论由于文化背景、地理环境、社会制度、历史传统等的不同，从一开始就存在着不同的特色，今后也依然会有不同的特色。民族文化对战略理论的影响，一是表现在战略的价值取向上。例如，中华民族有着五千多年未曾中断的文明史，形成独具特色的民族文化传统。儒家的仁爱自律、道家的柔武恬淡、墨家的勤苦笃行、兵家的权谋韬略、纵横家的审时度势、法家的耕战教化，都对中国战略思维和战略文化的发展产生过巨大影响。中国尚同贵一的哲学精神，2000多年作为一个统一的多民族国家的历史，使统一的观念根深蒂固地植入了民族的深层心理，统一在中华民族的战略思维中占有极为重要的位置。二是表现在战略思维的方法论上，东西方哲学思维方式的差异是形成不同的战略理论特色的重要原因。维克多·雨果曾说："理念产生西方艺术，梦幻产生东方艺术。"科技史学者李约瑟认为，在西方致力于分门别类地研究物质世界的时候，"中国人则一直倾向于发展辩证逻辑"。中国早熟而发达的辩证思维和中国文化中的那一种特有的智性光泽，使中国战略理论呈现出鲜明的思辨色彩和谋略色彩。毛泽东军事思想理所当然属于马克思主义的思想宝库，但从毛泽东对于中国革命战争战略问题所做的精彩论述中，从他令人叹为观止的谋略艺术中，我们同样可以看到中国源远流长、一脉相传的战略文化传统的投影。

[本文摘自作者为军事科学院军事理论著作《战略学》（2001年版）所撰的章节]

20世纪军事理论发展的回顾及启示

20世纪在人类文明史上是一个波澜壮阔、沧桑巨变的世纪，科技的跃进，社会的变革，经济的发展，文化的嬗变……令人眼花缭乱、目不暇接。20世纪也是一个充满了血与火的世纪，战争与和平的交响与变奏回荡了整个世纪的穹宇，与之相应地，军事理论的发展与演进也构成了一片瑰丽而迷人的星空，令人流连，发人深思。

一

当历史的车轮驶入20世纪的时候，近代军事科学的发展已经经历了一个长长的发展过程。

16世纪，欧洲各主要国家开始由封建社会向资本主义社会过渡。启蒙运动和资产阶级革命打破了封建制度和宗教神学的禁锢；产业革命和科学技术的发展，推动了军事技术的进步；资产阶级革命战争，特别是18世纪末19世纪初法国大革命和拿破仑战争，更有力地推动了资产阶级军事科学的发展。在总结这两次战争经验的基础上，一批有影响的军事理论家及军事理论著作应运而生。其中最著名的是克劳塞维茨和若米尼。克劳塞维茨在其《战争论》中提出了"战争无非是政治通过每一种手段的继续"的著名论断，并运用黑格尔的辩证法思想对军事领域的许多重要问题，如战争目的、战争手段、战争艺术、武器与精神因素等都做了堪称精彩且深刻的论述。若米尼则在其代表作《战争艺术概论》中论述了战争艺术的一般原则。克劳塞维茨和若米尼的军事论著的出现，是西方资产阶级军事理论系统化的标志，代表了20世纪前资产阶级军事理论的最高成就。

19世纪末20世纪初，资本主义进入帝国主义阶段，世界已被几个老牌的帝国主义国家瓜分完毕，后起的帝国主义国家则要求重新瓜分殖民地和势力范围，这种激烈的争斗和复杂的矛盾，使上一个世纪之交就呈现出一种"山雨欲来风满楼"的态势，热点不断。美西战争（1898）、英布战争（1899）余烟未散，又发生了日俄战争（1904—1905）。其中既有帝国主义之间争夺殖民地的战争，也有民族解放战争。较之以往的战争，这些战争，具有时间长、空间广、投入兵力大的特点，战争的技术手段也有了很大提高，如美西战争中，出现了新式小口径连发步枪，射速较高的新式野战炮和舰炮；英布战争中，使用了连射野战炮和机关枪；日俄战争中，装有远程炮和鱼雷发射的装甲巡洋舰更标志着海军技术所达到的新水平。同时，无线电通信也开始运用于军事。这些局部战争，在一定意义上可以说是第一次世界大战的前奏，它预示着运用庞大的军队于广阔的战场和大量使用机器、技术兵器作战的时代——机械化战争时代——即将来临。

二

20世纪初，在资本主义大国军事界占统治地位的仍然是克劳塞维茨的军事理论，但在科技进步和新的战争实践的基础上，它已经被大大地发展了。具有理论思维传统的德国在军事思想上同样充当了"第一小提琴手"。德国军事家毛奇军事思想的核心，是主张在战略上积极进攻，他重视新技术在军事上的运用及其对作战方法的变革作用，主张突然袭击，先发制人，分进合击，翼侧迂回。施利芬继承了毛奇的战略思想，提出了为达到战争目的而不惜践踏国际法等军事理论，并制定了著名的"施利芬计划"，成为第一次世界大战中德军实行东、西两面作战的战略指导的基本依据。从克劳塞维茨、毛奇到施利芬，一脉相承，从这种军事理论传统中我们不难找到后来德国总体战和闪击战的思想渊源。法国的福煦同样强调战略进攻，提出了节约兵力、行动自由、警戒等战争指导的基本原则，他并且预测未来战争将是短暂的，其进程将是激烈而快速的。

在世纪初的军事理论园地中引人注目的是海战理论的发展。随着海军装备水平的提高和战略地位的日趋重要，海战研究受到越来越多军事家的重视。其中影响最大的是美国的马汉所提出的海权论。他主张建立并运用强大的海军和其他海上力量，去夺取制海权，控制海洋，进而实现国家的战略目标。这种理论适应了帝国主义国家推行海上扩张的需要，对美、英、德、日等国的海军建设和海洋战略产生了重大影响。

1914年，第一次世界大战的爆发检验了战前的各种军事理论。令一批资产阶级军事理论家大跌眼镜的是，这次战争并不像他们曾乐观预测的那样是速决战，而是很快呈现出一种胶着状态，成为旷日持久的"绞肉机"，给人类造成巨大的灾难。这次大战的实践说明，随着战争规模的扩大，军队对国家经济的依赖性增大，国家的经济潜力成为夺取战争胜利的重要因素，联盟战略具有重要意义。

第一次世界大战中，陆军的摩托化、机械化进一步增强了，出现了坦克、高炮和化学武器，炮兵、工程兵的作用进一步提高，并第一次出现了新的军种——空军。战后，飞机、坦克和新式火炮大量装备部队，雷达和其他电子装备已经出现，航空母舰和潜艇性能得到明显改进。

第一次世界大战的实战经验，战后新式武器的发明、应用和不断完善，使得两次世界大战期间的军事理论研究出现了一个活跃期。意大利的杜黑提出"空中战争"理论，认为空军是未来战争主要的和决定性的工具，强调运用空军夺取制空权并实施空中打击，即可摧毁敌人物质上和精神上的抵抗，保证战争胜利。英国的富勒提出"机械化战争"理论，他十分重视坦克在未来战争中的意义，据此，他指出，未来战争主要是机械化战争，是陆海空一体化和三军联合作战的战争。与此观点相近似的，还有法国的戴高乐提出的"职业军队"理论和德国的泽克特提出的"小型军队"理论。英国的利德尔·哈特提出了大战略理论，主张充分发挥整个国家的总体力量，在使用武装力量的同时，综合运用经济战、政治战、心理战、外交战等，达成国家的最高战略目标。这是综合国力论的雏形，是战争对综合国力的依托日益加深在军事理论上的反映。在德国，鲁登道夫接受 K.希尔的"总体战"概念提出了"闪电战"理论，这种理论认为现代战争是全面战争，既要歼灭敌人的武装力量，又要无情打击敌国的工业目标和居民，战争进程将是闪电式的，力求速战速决。这一理论成为德国法西斯战略指导的主要根据。但是一般说来，这一时期世界各国的军事理论界比较看重第一次世界大战的经验，缺少预见性。

第二次世界大战爆发后，德国奉行"闪击战"，与意大利、日本等国法西斯军队在战争初期一度得手，而随着世界反法西斯力量的增长和国际反法西斯统一战线的形成，同盟国在总结战争初期经验的基础上，调整并改进战略战术，逐步扭转了战局，最终取得了反法西斯战争的胜利。第二次世界大战是一场全球规模的、空前激烈的现代化战争。战争中大量使用坦克、装甲车、飞机、舰艇等现代化武器和作战平台，火箭炮、导弹、雷达等武器家族的新成员也首次登场，特别是战争末期还运用了核武器，这些都标志着一个新的军事技术时代的开始。作战样式也丰富多彩：登陆与抗登陆作战、潜艇战与反潜艇战、空袭与反空袭作战、空降与反空降作战、航母编队作战，尤其是出现了诸军种、兵种大规模的合同作战，构成一幅绮丽的战争景观。游击战异军突起，成为反侵略战争中具有战略意义的作战形式，战役与合同战术得到长足发展，国家战略、联盟战略有了新的突破，第二次世界大战实践及其所显示的现代化战争特点，对现代军事科学的发展产生了重要的影响。

第二次世界大战结束后，形成了以美、苏为首的两大集团相互对抗的国际战略格局，继而出现了美、苏两个超级大国争霸的局面。在战后的前30年里，在军事理论领域，经历了一个由重点研究核战争理论到重点研究核威慑下的局部战争的过程。

首先是第二次世界大战中出现的核武器及其显示的巨大威力，使核战争成为军事战略家和理论家们关注的重点课题。"核武器制胜论"和"核威慑战略"曾在一个相当长的时间内成为美苏两国军事思想和军事战略的基础。20世纪50年代至60年代上半期，导弹核武器有了很大的发展，美国依恃其握有的优势的核力量，改变其侧重打常规战的军事思想，认为美苏之间如发生战争，就是全面核大战，准备打"闪电式"的核大战。明确提出以核武器和战略空军为中心制订全盘战争计划。苏联军事理论界亦认为，未来战争将是一场全面的火箭核大战，强调重点发展火箭核武器。在相当长的一段时间里，核竞赛和核讹诈成为美苏政治、军事角逐的重要手段。英国在1954年制成核武器并装备部队，军事思想从常规防御转向核威慑防御，强调建立一支强大的、独立的战略核力量，并以战术核武器弥补兵力的不足。法国于1964年装备了第一批可携带核弹的战略轰炸机，戴高乐提出了"以弱制强"的战略威慑理论。无核或少核国家处于美苏两个超级大国的夹缝里，除坚持反对核军备竞赛外，也重视研究如何对付核战争，防备核突袭，探讨在核条件下的作战和军队建设问题。

20世纪60年代后期至70年代，随着美苏之间核僵局的出现，美国及其盟国的一些战略家逐步认识到，单纯依靠核力量，是一种不敢打大仗，又不能打小仗的战略，转而重视核威慑条件下的常规战争。侵越战争的经验教训使美军重视特种战争和局部战争的研究，创造了直升机作战理论，发展了电子战和战术空军对地面作战支援等理论。在战略上，美国由奉行大规模报复战略转而奉行灵活反应和现实威慑战略，提出战争"逐步升级"的理论。在军队建设上强调建立一支"多样化"的军事力量。苏联军事理论界也改变了把全面的火箭核大战视为唯一战争样式的观点，既准备打世界性的核大战，也准备打局部战争，在继续加强其战略核力量的同时，注重各军兵种的协调发展，并提出了战区战略性战役理论。

科学技术的迅猛发展是20世纪后半叶最重要的事件。在冷战时期，由于两个超级大国激烈的军备竞赛，使得以核技术、导弹技术、计算机技术、航天技术为代表的军事高技术群在60年代以后异军突起，并带来了战后科技发展的黄金时代。到了七八十年代，以信息产业为代表的高技术产业如雨后春笋般蓬勃发展，从而引发了一场新技术革命。大量高技术武器装备的问世并登上战争舞台，引起了作战手段、作战样式乃至战争形态的重大变化。在80年代爆发的几次重要的局部战争中，如以伊战争、英阿马岛战争，以及美军对利比亚"外科手术式"的打击，已经初步展示了高技术战争的某些特点。在这种情势下，军事科学发生了新的重大变化，更加重视军事高科技对整个国防力量的提升，更加重视军事高科技对整个科技与经济发展的带动作用。美国于1983年提出"星球大战"计划，以进一步发展高技术，争夺制太空权。西欧一些国家联合成立了欧洲航天局。这一时期发达资本主义国家军事理论研究的总趋势是冲破传统的军事领域，朝着谋取包括军事、政治、经济、科技等内在的综合国力优势的方向发展。在作战理论上，美军提出了"空地一体"的战役战术理论。苏军则强调高速度、大纵深和立体作战的理论。

进入20世纪90年代后，国际战略格局发生了深刻变化，两极格局解体，美国成为世界上唯一的超级大国。一方面，多极化成为不可逆转的趋势；另一方面，霸权主义和强权政治有新的发展。在战略上，美国认为其称霸世界的时机终于来临了，推出了"战略新概念"和北约东扩的计划。海湾战争、美军对伊拉克的"沙漠风暴行动"、科索沃战争表明，高技术条件下的局部战争已经成为未来战争的主要形态，以电子战、计算机网络战为主要形式的信息战将贯穿未来战争的全过程，空袭与反空袭的地位越来越重要。研究如何打赢高技术条件下的局部战争成为世界各国军事理论界普遍关注的问题。陆海空天电一体战理论，信息战理论，新的"制空权"和"制海权"理论，"非接触作战"理论等层出不穷。在军队建设上，重视科技强军，加强质量建设，适度减小规模，提高质量，已成为世界各国的共同选择。

三

马克思主义军事理论的长足发展构成了20世纪军事科学史上的一道亮丽的风景，是世纪军事理论档案中一份光芒四射、弥足珍贵的遗产。

马克思早就预言，无产阶级的解放将有军事上的表现。马克思主义军事理论的胚胎和雏形，作为马克思主义的重要组成部分，早在19世纪中叶就产生了。马克思特别是恩格斯十分关注军事问题，他们把无产阶级先进的世界观和方法论贯彻于军事领域，第一次使军事科学真正建立在了历史唯物主义的科学的基础上。但由于当时无产阶级暴力革命的条件还不成熟，因而马克思、恩格斯的军事理论主要表现在对当时和历史上战争的考察以及对未来无产阶级暴力革命的天才预测上。

20世纪是无产阶级革命和社会主义运动取得辉煌胜利并在曲折中发展的时代。从20世纪初叶起，列宁在领导俄国十月革命和保卫苏维埃政权的国内战争中，斯大林在领导苏联国防建设和夺取苏联卫国战争的实践中，丰富和发展了马克思主义军事理论。列宁深刻地揭示了战争的本质、根源，对帝国主义时代的战争进行了透彻分析，认为"现时战争产生于帝国主义"。他主张变帝国主义战争为国内战争，以革命暴力推翻资产阶级统治，夺取政权。他创建了俄国工农红军，并提出了一系列建军原则。他主张不断发展国家经济，加强国防建设。列宁还阐明了人民战争的原理以及许多重要的战略战术思想。斯大林针对苏联所处的国际环境，提出"要在国内创造一切技术上和经济上的必要前提来最大限度地提高国防力量"。他强调战争命运是由那些经常起作用的因素决定的，如后方的巩固性，军队的士气，师的数量和质量，军队的装备，军队人员的组织能力等。他认为，战略最重要的任务是规定打击方向，预先决定各次战役的性质。强调建立强大的突击集团和战略预备队，正确选择主要突击方向；集中优势兵力并搞好协同，合围敌重兵集团并广泛开展敌后游击战。列宁、斯大林的军事理论对无产阶级政党领导的革命战争和军队与国防建设，对被压迫民族和被压迫人民所进行的解放运动和革命斗争，产生了重要的影响。

中国有着深厚的军事理论传统，曾为人类军事文明的发展作出过重大贡献。20世纪20年代以来，以毛泽东为代表的中国共产党人在领导中国革命的过程中，在创建人民军队、开展武装斗争的过程中，形成了毛泽东军事思想。中国共产党领导的人民革命战争构成了20世纪战争长卷中最恢宏壮观的一章、光彩夺目的一页。毛泽东军事思想继承和吸收了古今中外优秀军事理论的精华，创造性地发展了马克思主义的军事理论，把军事辩证法运用到了出神入化、炉火纯青的境界，蕴含着深邃的战略思维，体现了高超的战争指导和军事指挥艺术。它科学地回答了如何把一支以农民为主要成分的革命军队建设成为党绝对领导下的、无产阶级性质的新型的人民军队的问题，回答了在中国这样一个半殖民地半封建的东方大国开展党领导的人民革命战争的战略战术问题，回答了新中国国防建设的基本指导原则和方针问题，不仅对中国人民军队建设和军事斗争有着根本的、长期的指导作用，在世界军事发展史上也是熠熠生辉的理论瑰宝。

20世纪70年代后期以来，邓小平在领导中国改革开放，建设有中国特色的社会主义的过程中，结合新的时代和新的实践发展了毛泽东军事思想，形成了邓小平新时期军队建设思想。他敏锐地把握国际形势、国际环境的重大变化及其所带来的时代本质的变化，指出和平与发展是时代主题，作出了大规模的战争有可能避免的判断。据此，他果断决策实行国防与军队建设指导思想的战略性转变。他重申并强调中国的战略方针是积极防御，必须走有中国特色的精兵之路，建设一支强大的现代化、正规化的革命军队。他要求适应军事领域的新发展，探索现代条件下的人民战争的规律。进入90年代，江泽民在领导军队和国防现代化建设中，进一步明确了新时期军事战略方针，确立了科技强军战略，提出着力解决好"打得赢"和"不变质"两个时代性课题。这一系列重要论述是对邓小平新时期军队建设思想的丰富与发展。

四

追溯和梳理20世纪军事理论发展的脉络，可以得出哪些重要启示呢？

1. 军事理论是随着科学技术的发展而发展的，军事科学研究必须增强科技意识，抵近并密切跟踪科技进步、科技革命的前沿

20世纪军事理论的繁荣与飞跃是与科学技术的巨大进步紧紧地联系在一起的。从第一次世界大战到第二次世界大战，正是发达的大工业生产所带来的武器装备的变革，使海权论、空权论、坦克制胜论等竞相登场、争奇斗妍，机械化战争的理论开始形成并走向成熟；核武器的研制成功并一鸣惊人，使核战争理论成为一时的热点；20世纪末，新技术革命的浪潮引发的军事领域内的革命，又使得关于高技术局部战争的理论研究方兴未艾。同时，在整个20世纪，军事上的需要，从而军事理论的创新与突破，也对科学技术的发展起到了重大的导向和牵引作用，是科技发展上的一种推动力和催化剂。英国的科技史学家贝尔纳说："自古以来，改进战争技术一直比改善和平生活更需要科学。这并不是由于科学家具有好战的特性，而是因为战争的需要比其他更为急迫。"离开了军事上的需要这一重要的因素，

同样不能解释20世纪科技突飞猛进的现象。科学技术的发展，不仅带来了军事活动的物质技术基础的巨大变化，从而引发军事理论的变革，孕育和催生新的军事理论，而且为人们研究和回答军事领域内的问题提供了不断现代化的思维方式、研究方法和技术手段，为军事理论研究不断开拓出新领域。20世纪相对论、量子力学、信息论、系统论、控制论的出现，都有力地促进了军事科学研究思维方法的更新；电子计算机、系统模拟、交互仿真技术等更为军事科研提供了前所未有的新手段；传统的定性分析方法正与定量分析方法更密切、更有机地结合起来。在20世纪以前的相当长的一个历史里，军事科学理论与军事技术可以说是相对独立的。20世纪科学技术的发展超过了以往数百年甚至上千年，而且还在以空前的加速度发生聚变和裂变。因而就使得军事科学与军事技术的结合日趋紧密，呈现出渗透、融合和汇流的趋势。作为军事理论工作者，关注科学技术的发展，关注科学新发现和技术新成果的军事意义及其在军事上的运用，使自己的思维边际始终处于世界科技发展的前沿，在今天比以往任何时候都更为重要。没有相应的科技知识特别是高科技知识，没有强烈的科技意识，就不能成为一个合格的、有远见、有作为的军事理论工作者。

2. 军事理论的发展受到社会关系特别是国际战略格局的深刻影响，军事科学研究必须增强政治意识，敏锐地把握社会关系和重大国际战略关系的变化

20世纪的军事史证明，军事是政治的集中反映，各种社会关系，包括阶级关系，政治集团之间、国家之间的利益关系特别是国际战略格局对军事思想的形成和演变具有重大的影响。一定的军事思想和军事理论，是一定阶级、集团、国家经济利益和政治要求在军事上的体现。20世纪是无产阶级革命和被压迫民族、被压迫人民的解放斗争风起云涌的时代，因而马克思主义军事理论在与苏联、中国等国的革命实践相结合的过程中取得了

丰硕成果，一些弱小国家和民族开展游击战争，以弱胜强的军事理论研究也十分活跃。"海权论"等军事理论的提出则适应了帝国主义国家海上扩张、建立海上霸权的需要。从大的战略关系来看，国际战略格局的变化，对军事理论发展的影响尤为深刻。从20世纪初到20世纪90年代，国际战略格局，经历了从"法兰克福格局"到"凡尔赛—华盛顿格局"再到"雅尔塔格局"的演进过程。这种战略格局的变化在军事理论发展史中留下了长长的投影。特别是从40年代中期到80年代末的近50年间，各种有代表性的军事理论和战略思想，更深深打上了两极格局的烙印。如美国的遏制战略、大规模报复战略、灵活反应战略、现实威慑战略、新灵活反映战略，苏联的火箭核战争理论，等等。当今世界，两极格局解体，世界走向多极化的趋势与美国妄图建立单极世界的野心斗争十分激烈，军事理论研究也不能不受到这种国际战略背景的影响。美国的许多军事理论观点都是为实现其全球战略服务的，世界上许许多多的热点和冲突背后，都有美国及其他西方大国既相互勾结又相互争夺、以强凌弱、各谋其利的国际背景。因此，军事理论工作者，一定要强化政治意识，保持敏锐的政治观察力。如果不注意研究社会关系特别是国际政治关系的重大变化，不善于从国际政治、国际战略的高度观察和认识问题，就不可能在错综复杂的军事现象中把握本质；就不可能高屋建瓴地回答和解决军事问题，对军队和国防建设以及军事斗争准备提出有价值的意见和建议。

3. 军事科学的发展以战争实践为源泉并在战争实践中得到检验，军事科学研究必须增强实践意识，注重研究已有的战争经验特别是最新的战争经验

军事科学源于战争，并以战争为基本的研究对象。一切真正反映军事规律的军事理论，都是军事实践的总结与升华，都应该在军事实践特别是战争实践中得到检验。战争往往最集中地反映了军事领域的最新发展，也最集中地反映了军事实践对新的军事理论的需求，因此，古今中外的一切军事家对于战争实践都极为关注。20世纪初多彩的战争实践为军事科学的发展提供了充分的养料，也注入了强大的动力。第一次世界大战、第二次世界大战和海湾战争以后，军事理论研究都曾出现一个活跃期和繁荣期。同时，战争也检验了原先的军事理论，带来军事理论的变革和飞跃。正是在这些战争实践中，机械化战争理论由初露萌芽到走向成熟，信息化战争、高技术战争的理论也崭露头角，略具雏形。世纪之交爆发的科索沃战争反映了高技术条件下战争的许多最新特点，如力量对比悬殊，精心选择动武的时机和地域，威慑与实践相结合，大量投入高技术兵器，等等，正在成为各国军事家研究的热点。应该强调指出的是，研究昨天的战争、今天的战争是为了指导明天的战争。因而军事理论家既应该重视已有的战争经验特别是刚刚发生的战争经验，但又不能拘泥于和停留于这些战争经验，要有一种超前意识，着眼于新的实践和发展，第二次世界大战中一些国家过于看重第一次世界大战的经验，结果导致战争初期失利，这一教训值得汲取。

4. 军事理论是在尖锐激烈的竞争和对抗中发展的。军事科学研究必须增强创新意识，在创新中抢占军事科学发展的制高点

军事斗争尖锐的对抗性决定了军事理论激烈的竞争性。20世纪是一个风云激荡的世纪，列强纷争，世界大战，两极对峙，冷热交织，以及革命与反革命，奴役与反奴役，侵略与反侵略，霸权与反霸权，这种错综复杂的斗争、明争暗斗的较量促进了军事理论的发展与创新。20世纪的战争实践告诉我们，创新是军事理论发展的不竭源泉，是一个国家、一支军队走在世界军事发展前列、立于不败之地的根本保证。在两军对垒的战场上，谁拥有更新、更先进的军事理论，谁就能够拥有更大的主动，就能胜敌一筹。第二次世界大战前，德国注重军事理论的创新，提出了"闪击战"的理论，因而在战争初期曾得逞于一时；而法国的军事思想则比较保守落后，戴高乐提出的一些新的军事思想没有受到重视，军事决策者片面迷信马奇诺防线，消极防御，结果在战争初期付出了惨重的代价。在决定中国命运的国共两党的大决战中，以毛泽东同志为代表的中国共产党人以无产阶级生气勃勃、不拘一格的创新精神，导演了世纪战争史上最精彩的活剧；而拥有强大战争机器的蒋家王朝在短短三年的时间内迅速覆亡，除开政治上的因素之外，军事思想陈腐落后亦是重要原因。必须看到，在相对和平时期，军事思想的先进与否往往不像战争那样立竿见影，因而军事理论的创新显得尤为重要。马克思在分析1853—1856年的克里木战争时指出："这次围攻（指围攻塞瓦斯托波尔）无论如何证明了长期的和平使得军事学术的倒退同作战方法的改进（由于工业的发展）形成正比。"恩格斯在《欧洲军队》一文中也写道："在目前军事公开的情况下，只有多动脑筋，在军事领域和国家资源的利用方面不断地改进和发明创造，以及发展本民族特有的军事素质，才能在一个时期内使一个国家的军队在竞争中间跃居首位。"战后50多年来，与大大小小的局部战争相比，军事理论发展的制高点的争夺更为激烈，被人称为"寂静的战场"。面向新的世纪，世界各国都在争相创新和变革军事理论，以赢得21世纪军事发展的战略主动，军事科学领域正酝酿着新的重大突破。对于这样一种态势我们要有足够的认识，要以改革创新的精神迎接挑战。

5. 军事科学是在互相交流、吸收和借鉴中发展的，军事理论研究必须增强开放意识，大胆借鉴世界上一切有益的军事理论成果包括资本主义发达国家军事理论中的某些合理成分

20世纪军事发展表明，军事理论的发展既有相互对抗和竞争的一面，也有相互交融和吸收的一面。不仅世界各国、各民族的军事理论相互交融，东方、西方的军事文化相互交融，而且无产阶级军事科学与资产阶级军事科学之间除了立场、观点与基本方法的不同之外，也存在着互相借鉴和吸收。马克思主义军事科学在其发展进程中，一贯注重吸取人类历史上一切有益的军事文明成果，包括从敌对营垒的军事思想中吸取养料。而在20世纪下半叶，西方资产阶级的军事学者也特别注重对毛泽东军事思想的研究，在他们的一些军事理论中也不难找到对毛泽东军事思想借鉴和吸收的影子。80年代，邓小平同志提出和平与发展是时代的主题的论断，这固然是他用马克思主义的观点观察当代世界的基本矛盾所得出的结果，其间也与世界各国的战略家们做过广泛的切磋。而这一论断一旦作出后，立即得到国际上的普遍认同。早在19世纪马克思就曾指出，资本主义的大工业生产使人类历史真正变成了世界史。在科技、经济的发展使整个世界日趋连为一体，地球越来越小的情况下，军事发展更成为一种世界性的现象。毫无疑义，军事科学具有一定的民族性和传统性，要保留自己的民族特色和传统优势，但任何一个民族、国家的军事科学要走在世界的前列，就必须以世界性的军事发展为参照系，必须面向现代化，面向世界，面向未来，必须敏锐地把握世界军事发展的最新趋势，大胆借鉴和吸收世界上一切最新的、有益的理论成果。马克思主义军事理论、毛泽东军事思想是一个开放的、不断发展的体系，它与一切故步自封是根本对立的。由于历史的原因，美国和西方大国在军事科技的发展上处于领先地位，其军事建设的科技含量比较高，与此相联系，其军事理论的发展往往也比较超前，其中也蕴含了对现代军队建设和战争指导的某些规律性认识。因此，在反对"言必称希腊"的崇洋媚外的不良学风的同时，我们必须注重研究和借鉴其他国家特别是发达国家的军事理论。"他山之石，可以攻玉。""海纳百川，有容乃大。"只有敞开胸襟，迎接世界军事科学发展的八面来风，才能真正建立起有中国特色的、现代化的军事科学体系，在21世纪国防和军队现代化建设中更好地发挥军事理论的先导作用。

（本文发表于2000年1月）

信息化条件下战争制胜机理变化
与舆论、心理、法理攻防

一

在人类军事史上，战争中的舆论、心理攻防，几乎与战争一样久远。上古时期，由于生产力水平低下，人们在战争中影响舆论、夺取心理优势，往往更多地借助于"天意"，宣扬己方是吊民伐罪、恭行"天讨"。后来，随着生产力的发展和人们战争主体意识的觉醒，开始从乞灵于天地鬼神发展到对战争性质的自觉认识，因此人心的得失向背、战争的义与不义等因素受到重视。商汤伐夏桀之战中作的《汤誓》、周武王灭商纣作的《泰誓》和《牧誓》，都注重通过历数敌方罪状、宣布宽待俘虏等，影响公众舆论，夺取心理优势，瓦解敌方阵营，这很类似于今天的战前动员和对敌展开的心理攻击。

由于有关战争、国际关系的法律在人类文明中出现得相对较晚，在人类早期的战争实践中，人们的舆论造势、心理博弈往往更多地诉诸道义的力量、伦理的力量。但即便是在古代，人类也已经形成了一些公认的、约定俗成的关于社会生活和战争的规范。例如，在古代中国，天子居中而四方臣服，在诸侯政治中就具有某种法律意义；在交战中也有诸如"不鼓不成列""两军相争，不斩来使"等不成文的规则。因而在人类的早期战争中也不乏法理攻防的萌芽。例如，《易经》中就有"师出以律，失律凶也"的说法。春秋战国时期一些诸侯所高举的"尊王攘夷"的旗帜，三国时期曹操所采取的"挟天子以令诸侯"的策略，诸葛亮标榜刘备是"中山靖王之后"的宣传，等等，都蕴含了抢占法理优势的战略考虑。

中国军事文化传统中蕴含着非常丰富的舆论、心理、法理攻防思想的宝藏，如上兵伐谋的思想、攻心夺将治气的思想、不战而屈人之兵的思想等。这些思想揭示了战略的真谛，可谓战略谋划的最高境界，具有超越时空的意义，至今仍闪耀着真理和智慧的光辉。中国古代战史上更有大量精彩纷呈的进行舆论造势、心理攻击、法理斗争的成功战例，如四面楚歌、草船借箭、七擒孟获、空城计等，可谓家喻户晓、妇孺皆知。

现代意义上的心理战概念产生于西方。在第一次世界大战、第二次世界大战中，心理战得到广泛运用。随着大众传媒的发展和人类社会生活的法制化，舆论造势、法理斗争也日益受到有识的军事战略家的重视。但一般地说，在以往的战争实践中，舆论、心理、法理攻防还没有上升到今天这样举足轻重的战略地位，没有形成完备的理论体系和自觉的战争实践。

自20世纪七八十年代以来，战争形态开始由机械化战争向信息化战争转变。信息化战争的一个显著特征就是交战双方围绕认知系统的对抗更为直接，更为激烈。同时，信息技术的发展，以及与此相伴的人类社会生活的日趋信息化，也为这种对抗提供了新的条件、新的手段、新的可能。舆论造势、心理攻击、法理斗争等作为认知系统对抗的重要组成部分，其地位作用日益凸显。

20世纪90年代初爆发的海湾战争初步显示出信息化战争的特点和趋势。在这次战争中，美军十分注重舆论造势、心理攻击和寻求法理依据，取得了巨大的政治和军事效益。有资料说，美控制了当时全世界80%的新闻媒体及70%的新闻信息流量。在心理攻击上，美军投入了专业化的心理作战力量。据美军统计，海湾战争期间，弃械投降的伊军中有70%的人承认看过美军心理战传单或听过战场喊话；在寻求法律支持方面，美国促成联合国在短短几个月里一连通过了十多个对伊决议，获得对伊动武的合法权，并且充分利用《禁止生物武器公约》《禁止化学武器公约》《日内瓦公约》等国际法规，努力从法理上申明自己的"师出有名"。

海湾战争后，随着信息技术的不断发展，在科索沃战争、阿富汗战争特别是不久前发生的伊拉克战争中，舆论攻防、心理攻防、法理攻防进入了一个新的质变阶段，甚至从一定意义上说，已经发展成为一体化作战中相对独立、举足轻重的作战样式。美国《华盛顿邮报》曾形象地评论说："这是一种全新的战争，战争不仅是投弹，还要投食品袋、投收音机、传单和祈祷语录，战争不仅在疆场，也在电视屏幕、互联网和清真寺展开。"当今世界，舆论、心理、法理攻防能力的强弱，已经成为衡量军队战斗力和国家战略能力的一个重要指标。一些军事强国已将舆论造势、心理攻击和法理斗争作为重要内容纳入信息化战争的作战体系中。从当今世界新推出的一些信息化战争理论看，如"震慑与威慑——迅速制胜"理论、"理解信息时代的战争——网络中心战"理论、"第三次世界大战——信息心理战"理论等，基于舆论攻防、心理攻防和法理攻防的新战争理念已被放在十分突出的位置。

二

战争中的舆论、心理、法理攻防，作为一种运用舆论、心理、法理的力量和手段进行的软作战，其产生和发展有着深厚的军事哲学基础。

从战争本质看，舆论、心理、法理攻防是战争政治性的集中体现和客观要求。战争是政治的继续，是为政治服务的。毛泽东说："战争就是政治，战争本身就是政治性质的行动，从古以来没有不带政治性的战争。……战争一刻也离不开政治。"毛泽东在领导中国革命战争实践中，从来都要求"进行公开的广大的政治宣传和政治攻势"，以瓦解敌人的战斗意志。他强调："我们的胜利不但是依靠我军的作战，而且依靠敌军的瓦解。"在军事领域，毛泽东提出了政治攻势、政治战线、政治宣传、政治瓦解、政治仗、政治军事仗等一系列范畴和概念。注重从政治的高度观察和谋划战争问题，注重政治与军事的统一，是毛泽东军事思想的一个重要特色，也是我军的重要优势。而舆论、心理、法理攻防的实质就是政治战，是实现政治统领军事、把政治优势转化为军事胜利的桥梁。

从战争对抗的主体特征看，舆论、心理、法理攻防体现了物质因素较量与精神因素较量的统一。战争是人与人之间的活的对抗，从来都是既角力又角心，既斗勇又斗智。马克思有一句名言："批判的武器不能代替武器的批判，物质力量只能用物质力量来摧毁。"任何战争指导者都不可能超越物质力量许可的限度去企求战争的胜利。但是，应该看到，人是物质与精神的有机统一体，既是战斗力的重要物质因素，又是战斗力的全部精神因素，而精神因素直接决定着物质因素和整个战斗力的形成和发挥。正如列宁指出的："在任何战争中，胜利属于谁的问题，归根到底是由那些在战场上流血的人的情绪决定的。这些一般的原理同样地适用于交战双方的任何一方。"在一定的物质基础上，精神力量可以能动地作用于物质力量，转化为物质力量。人类战争的实践充分说明了这一点。舆论、心理、法理攻防正是通过作用于对方的认知领域，巩固己方的精神防线，从而实现精神向物质的转化，达成小战、大胜甚至不战而胜的目的。

从战争目的看，舆论、心理、法理攻防也是剥夺敌人抵抗力、提升自己战斗力的重要而有效的手段。战争目的，除了交战双方追求的政治目的和经济目的外，还有一种直接的目的，即军事目的，正如毛泽东指出的："战争的目的不是别的，就是'保存自己，消灭敌人'。"毛泽东进一步指出，所谓"消灭敌人"，就是解除敌人的武装，就是"剥夺敌人的抵抗力"，不是完全要消灭敌人的肉体。克劳塞维茨也有着相似的看法，他认为："所谓战争，就是使敌人在精神和肉体两个方面都屈服。"并强调战争最根本的就是意志的征服。解除敌人的武装、征服敌人的意志可以通过武力战来达到，也可以在一定的武力战基础上通过有效开展舆论、心理、法理攻防来达到，这已为我军革命战争实践以及近几场高技术战争实践所证明。而且，后者是一种更高超的战略，更高超的军事谋略和军事艺术。《孙子兵法·谋攻》中就提出："不战而屈人之兵，善之善者也。"《战国策》《三国志》中也有"用兵之策，攻心为上"之说。《六韬》中专设有《文伐》篇，所谓"文伐"，是指"以文事伐人，不用交兵接刃而伐之也"。

三

在现代条件下，战争中的舆论、心理、法理攻防地位凸显，逐步上升为总体战中的一种新的作战样式，并在很大程度上影响和改变着战争的制胜机理。

科学技术特别是信息技术的迅猛发展，为舆论、心理、法理攻防的地位上升提供了前所未有的物质技术基础。技术决定战术，这是马克思主义的一条著名的军事原理。恩格斯说："一旦技术上的进步可以用于军事目的并且已经用于军事目的，它们便立刻几乎强制地，而且往往是违反指挥官的意志而引起作战方式上的改变甚至变革。"过去，由于受技术和信息传播手段的限制，所谓"攻心"主要是指战场喊话、张贴布告、发布檄文、散发传单、民间传播等，传播的信息量少、速度慢、时空小、效果差，且极大地受到地理环境、交通条件和人的文化素质等因素的制约，因而只能在较低层次上发挥有限的辅助作用。而在信息化时代，信息生成速度快、渠道多、受众广，这就为舆论、心理、法理攻防在战略、战役、战术等层面发挥作用插上了翅膀。媒体历来是战争中的第二战场。拿破仑在19世纪初就说过："报馆一间，犹如联军一队也。"第一次世界大战期间，当电报、无线电广播等刚刚运用于军事时，英国军事理论家富勒最先敏锐地意识到其不可限量的军事意义。他指出，由于这些发明，"已经使宣传具有了世界范围的威力，人们已经可以把语言变成战争的武器，因为它具有光的速度和全球的半径，能使整个民族发狂"。"二战"以来，新闻机构用于搜集、处理与传播战场信息的人力、物力在数量上正呈指数级递增。以战地记者为例，第二次世界大战中报道诺曼底登陆战的战地记者仅为147名，美国在巴拿马"正义行动"期间为800多名，而在"沙漠风暴"行动中进入科威特战区的各国记者有1300多名。在伊拉克战争中，仅美军邀请到美战舰参观的世界各大媒体记者就达500多名。特别值得一提的是，伊拉克战争是人类战争史首次堪称全球全程卫星"实况电视直播"的战争。在地球上的任何角落，人们都可以随时看到战争的进程情况。这极大地扩张了舆论、心理、法理攻防的时空条件，增强了其影响力。可以说，正是科学技术特别是信息技术的迅猛发展，推动了舆论、心理、法理攻防超越过往，走出传统，步入未来。

人类文明发展带来的战争理念嬗变，为舆论、心理、法理攻防战略地位的凸显和提升提供了现实的思想认识基础。战争是人类互相残杀的怪物，是不文明、反文明的，但也不应该讳言这样一个事实：随着人类文明的发展，战争的"文明"性诉求已成为任何战争实施者都不得不考虑的一个问题。大规模的毁伤性战争，大规模地杀伤敌方有生力量并附带造成大量平民伤亡的战争已越来越难以为现代社会所接受。即使是正义战争，如维护国家主权、反抗外敌入侵的战争，反对民族分裂、实现国家统一的战争，如果造成的伤亡太多，那么无论这种伤亡是敌方的还是己方的，都很难赢得本国民众的支持和国际社会的认同。在一定意义上可以说，冷兵器时代"杀人盈野""杀人盈城"的战争，机械化战争时代类似两次世界大战的"绞肉机"式的战争，已经失去了存在的社会基础。一方面，核武器以及其他威力巨大的信息化武器，犹如一把高悬的达摩克利斯之剑，对整个人类的生存构成了极大的威胁；另一方面，随着经济全球化的发展，国家与国家之间的利益越来越呈现出相互渗透、相互融合、相互依存的趋势，世界和平的力量有了新的增长。在毁灭性的威胁与和平的力量发展双重因素的作用下，人们开始认识到：大规模的战争不是解决国际争端的最佳手段和方式，甚至可能是愚蠢的选择，而通过有限的、可控的、尽可能俭省和集约的军事手段，辅以强大的政治攻势达成战争目的则越来越为各国所青睐。这样，舆论、心理、法理攻防就不能不受到一切有远见的政治家和军事家的重视和关注。

人类社会法制化的进程，为舆论、心理、法理攻防的实施提供了重要的社会心理基础。尽管当今世界仍然是一个丛林法则横行的世界，但也不得不说，随着社会的进步和发展，战争行为越来越受到相关法律法规的制约。19世纪以前，国际社会只有少量的战争法规；"二战"以后，形成了日内瓦法体系和海牙法体系。"二战"后到现在，国际社会制定了30多部战争法，比战前的总和还要多。与此同时，人们的法律认同心理也在不断强化。当今世界，无论是国际争端的解决，还是国内矛盾的处理，都必须遵守一定的游戏规则，否则即使站在理上，也会受到谴责，处于被动。

四

战争中的舆论、心理、法理攻防作为整体概念，是指国家和军队在军事战略指导下，依托和整合各种社会资源，以赢得政治主动和心理优势为主要目标，以攻击和抗击为基本斗争形式，针对敌方所采取的舆论造势、政治瓦解、心理攻击、法理斗争等政治作战行动，以及有效巩固己方精神防线的行动。

所谓舆论攻防，是指战争双方以互联网、电视、广播、报刊等大众传媒为主要载体，有计划、有目的地向受众传递经过选择的信息，引导和控制社会舆论，营造有利于己、不利于敌的舆论态势的对抗活动。

所谓心理攻防，是指战争双方以改变敌认知、情感、意志和行为为直接目的，运用多种途径和手段，瓦解敌战斗意志和作战能力，巩固自身心理防线，达到以小的代价换取大的胜利而展开的对抗活动。

所谓法理攻防，就是指战争双方以相关的国内法、国际法特别是战争法为武器，通过多种手段和途径，揭露敌之战争行为的违法性，宣扬我之战争行为的合法性，夺取法理优势，争取国际社会和国内民众道义上的同情和支持而开展的对抗活动。

一般说来，舆论、心理、法理攻防的主体是国家。军队作为国家的武装力量和战争机器，是战争的直接实施者，因而也是舆论、心理、法理攻防的骨干力量。舆论、心理、法理攻防的作战对象是敌方，是敌方的军队、民众，特别是敌方的战争决策者和指挥者。但应该指出的是，舆论、心理、法理攻防作为一种特殊的软作战形态，与战争中的硬作战相比，往往具有迂回性、间接性的特点，例如进行舆论造势和法理斗争，必然诉诸国际社会和敌、我、友各方的广大民众，但其指向性、针对性是非常明确的，就是最大限度地孤立敌人，剥夺敌人政治上和军事上的主动权。

五

战争中的舆论、心理、法理攻防是既相互区别又密切联系的整体。

把舆论、心理、法理攻防分别提出来，无论是从理论上还是从实践上，都有其现实的必要。但是应该看到，这三者并不是用一个统一的分类标准来划分的，因而三者并不是并列的关系，其间有重叠又有交叉，你中有我，我中有你，互为表里，互相渗透。一般说来，在这三者中，心理攻防更具有根本性和普遍性，是舆论、心理、法理攻防的核心和灵魂。在一定意义上甚至可以说，舆论攻防、法理攻防都属于广义心理战的范畴。心理战是从作用机理的角度界定的一种作战方式、作战形态，即它主要是通过作用于敌方的认知域，包括精神层面、心理层面、潜意识层面，而不是用直接杀伤敌人肉体的办法来达成作战目的。舆论攻防、法理攻防则分别指明了在信息化条件下开展心理战富有时代特色的形式和内容：舆论攻防主要是以引导和控制社会舆论为形式来达到心理战效果；法理攻防主要是以法律为基本的内容和斗争武器来达到心理战效果。

舆论、心理、法理攻防有着密不可分的联系。从主要特征上看，它们均属于主要作用于认知域的软作战的范畴。一是非武力性。尽管舆论、心理、法理攻防要配合武力战进行，在某种情况下甚至要借助必不可少的硬作战来达成其目的，但就舆论、心理、法理攻防的着眼点和主要手段看，其应该是非武力性的。二是主要目的在于政治攻心，瓦解敌军、孤立敌军并争取本国民众的支持、国际社会的同情。舆论和法理攻防主要是作用于人们的思想，达到政治上的认同或抗拒；心理攻防既作用于人的思想，也作用于人的心理。从斗争方式和手段上看，舆论、心理、法理攻防都是以政治性、宣传性信息为武器，以大众传媒为主要平台和载体，主要的方法是进行不同层次的传播和宣传。

舆论、心理、法理攻防的区别主要表现在以下几个方面。一是发挥作用的侧重点和依托的原理有所不同。例如，舆论攻防要更多地运用大众传播学的原理，心理攻防更多地要运用社会文化学、心理学的原理，法理攻防则要更多地运用国际关系学、法学的原理。二是发挥作用的层次有所不同。一般地说，舆论、心理、法理攻防都可在战略、战役、战术三个层次发挥作用，但舆论攻防和法理攻防在战略层面上发挥作用和影响更多、更大些，而心理攻防在战役战术层次发挥作用比舆论、法理攻防空间更大。三是作用机制有所不同。舆论、心理、法理攻防发挥作用的机制具有多元性，既有对敌的直接攻击和对抗，也有间接的、迂回的对敌攻击和对抗。舆论攻防、法理斗争主要侧重于通过国际社会和公众舆论，最终打击、孤立和瓦解敌人，而心理攻防除影响国际社会和公众舆论外，往往会更直接地作用于敌方的军心士气。

六

纵观当今世界军事领域的博弈和战争，战略层面的舆论、心理、法理攻防已经成为基于信息的体系作战中的一条重要战线，并逐步上升为一种相对独立软作战样式。

早在两千多年前，中国古代兵家尉缭子就阐述过军事与政治、兵战与心战的关系，指出："兵者，以武为种，以文为植；以武为表，以文为里……专一则胜，离散则败。"意思是说，战争问题，军事是表面现象，政治才是实质，只有懂得并正确处理政治与军事的关系，把二者统一起来，才能赢得胜利，若把二者割裂开来，就会导致失败。直到今天，这一原理对于我们认识信息化条件下的战争制胜机理依然适用。

首先，舆论、心理、法理攻防作为一种主要作用于认知域的软作战，必须建立在真实可信的武力威慑和敢于"亮剑"并能"一剑封喉"的硬作战基础之上。列宁充分肯定克劳塞维茨的名言："战争是政治通过另一种手段（即暴力手段）的继续。"马克思主义一向都是从这个观点出发来考察各种战争的。战争的暴力属性决定了兵刃相接、血火交兵的硬作战是一切战争中最基本的手段和元素。没有硬作战，战争也就不成其为战争了。舆论、心理、法理攻防的发展及其地位的凸显，给战争形态带来了新变化，但没有也不可能取代和改变诉诸武力这一战争的本质规定和内核，否则战争就不叫战争了。战争历来是血与火的争锋和对抗，没有一定的军事实力做后盾，没有可靠、可信的军事打击能力，没有"该出手时就出手"的硬作战，舆论、心理、法理攻防是很难发挥作用的。美国陆军FM33-1号野战条令就指出："心理战之所以奏效，在于它是整体作战行动的一部分。"

其次，武力战离不开舆论、心理、法理攻防的配合。可以说，当今世界，没有舆论、心理、法理攻防的兵战，是外行的战争，是"小儿科"的战争，也是难以取得彻底胜利的。即使一向"唯武器论"的美军也不例外。海湾战争结束后，美国兰德公司写出了题为《美国空袭行动的心理效果》的调查报告，认为以往武力战中忽视心理战效能的倾向是完全错误的，应当采取一体战的战略思想，使武力战与心理战有机结合，从而产生事半功倍的效果。据此，美军新修订的《心理作战条令》规定："考虑心理因素和进行心理作战，是一切军事活动和作战行动的基本组成部分，是制订和实施一切军事活动和作战计划时都必须加以考虑的。"20世纪90年代以来的战争实践表明，舆论、心理、法理攻防充分配合武力战，对武力战的效果可以起到倍增作用，对达成作战目标可以起到催化作用。

最后，应该看到，由于时代和作战条件的变化，舆论、心理、法理攻防正在改变以往对军事行动的完全依附、单纯配合的状态，构成一条与武力作战并行发展、彼此呼应的特殊战线，成为一种独具功能、相对独立的软作战样式，从而在更深的层次和更大的范围打击敌人，加速改变敌我双方的力量对比。一般地讲，在人类以往的战争实践中，舆论、心理、法理攻防还处于原始的、萌芽的状态，还只是军事行动的一种辅助手段，但在信息化时代和信息化战争中，舆论、心理、法理攻防已经并必将成为整个战略谋划的一个重点，成为决定战争胜负、达成作战目的的举足轻重的战略行动、战略作战方法。

七

把舆论、心理、法理攻防提到战略的一个重要位置，重视发挥政治工作的软作战功能，反映了我军对信息化战争制胜机理认识的深化，对政治工作功能认识的深化，为我军战斗力的增长和政治工作的创新提供了新的生长点。

我军的政治工作历来具有强大的战斗性。毛泽东早就把瓦解敌军列入了我军政治工作的三大原则之一。革命战争年代，我军虽然没有发挥政治工作软作战功能的提法，但政治工作作为一种直接的战斗力始终发挥了重要作用。开展对敌的政治和心理攻势，其中包括法理斗争，一直是我军政治工作中最精彩、最生动、最有特色的组成部分。仅以解放战争为例，我军创造了天津方式、北平方式、绥远方式等瓦解敌军的三种形式，投诚、接受和平改编，以及在战场上放下武器的国民党军队官兵达223万人，其中在战场上直接放下武器的就有45.867万人，大大加速了中国人民解放的历史进程。

对于我军政治作战的优良传统和宝贵经验，我们要很好地继承，但是也要看到，在未来的信息化战争中，发挥政治工作的软作战功能，单靠原来的方法、途径和经验已经不够了，必须在更高的层次上加以谋划，积极进行理论创新和战法创新。要把谋划、组织和实施舆论、心理、法理攻防，发挥政治工作软作战功能，作为政治工作创新的重要突破口，作为深化和拓展军事斗争准备的重要方面，加强理论牵引，注重观念更新，突出能力建设，努力实现我军政治作战由传统经验型向现代科技型转变，使我军固有的政治优势、文化优势在未来战争中发挥出更大的威力，展现出新的风采。

（本文系作者2004年9月的一篇讲稿，收入本书时略有改动）

续写新的风流和荣光

　　脚踏着祖国的大地，背负着民族的希望，恪守自己的优良传统和政治本色，锐意进行军事变革和创新，中国人民解放军在自己90多年史诗般的战斗历程中，建立了不朽的功勋。特别是党的十八大以来，习近平主席率领全军重整行装再出发，正本清源，革故鼎新，人民军队实现整体性、革命性重塑，正以崭新的风貌出现在世人的面前，昂首行进在全面建成世界一流军队的新征程上。历史已经证明并将继续证明，人民军队是不可战胜的力量。高举习近平新时代中国特色社会主义伟大旗帜，坚持以习近平强军思想为强军兴军的根本指针，人民军队必将在新征程上续写新的风流和荣光，更加卓有成效地担当起支撑强国建设、民族复兴的时代重任。

金星闪耀在军旗上

又是一个热烈绚丽、饱满丰盈的7月，我们迎来了党90岁的生日。

自从南湖红船载来那一团信念之火、那一缕希望之光后，近代中国的历史就掀开了新的一页。遥想90年前的故国山河，夜色如磐、风雨如晦。而今，960万平方公里的土地上春潮涌动、繁花似锦，中国特色社会主义的伟大事业以令人惊艳的魅力吸引了世人的目光。90年血火洗礼，90年风雨兼程，90年日月新天，90年沧桑巨变，90年昭示一个真理，90年熔铸成一个信念——没有共产党，就没有新中国；没有共产党，就没有今日之中国。中国共产党的领导，是历史的选择、人民的选择。

中国共产党缔造和培育了我们这支军队。1927年南昌城头划过沉沉夜空的枪火，宣告了一支伟大军队的诞生，宣告了我们党义无反顾地走上了武装夺取政权的道路。然而，如何把一支从旧军队的营垒中杀出来、以农民为主要成分的革命武装建设成为一支无产阶级性质的、完全新型的人民军队，是我们党必须解决的历史课题，也是一个全新的课题。从三湾改编到古田会议，我们党逐步确立了党对军队绝对领导的原则与制度，在军队中建立了旧军队从来没有过的、进步的、革命的政治工作。由此，党就把自身先进性的基因植入了军队的躯体之中，我们这支军队的面貌就为之一新。正是因为有了党的绝对领导，有了党在军队中开展的强有力的、生动活泼的政治工作，我军才有了科学理论的指引和武装，才有了坚定正确的政治方向，才有了赖以凝聚全军的崇高理想和信念，才有了为人民服务的唯一宗旨，才有了与人民群众的血肉联系、鱼水情深，才有了军队内部的民主制度和政治上完全平等的、同志式的、团结友爱、和谐纯洁的内部关系，才有了一往无前的革命精神和英勇顽强的战斗作风，才有了建立在自觉基础上的铁的纪律，才有了正义之师、威武之师、文明之师的王者风范以及由此所产生的巨大的软实力。一句话，党对军队的绝对领导是铸就和保持我军性质的决定性因素，是我军从小到大、由弱变强、从胜利走向胜利的决定性因素。中国共产党90年的历史已经证明，没有一个人民的军队，就没有人民的一切。同样，我们也可以说，没有党对军队的绝对领导，就没有人民军队，就没有人民军队畴昔的光荣、今天的风采和明日的辉煌。

"金星闪耀在军旗上，我们的原则是党指挥枪。"如同一个人不可能没有灵魂一样，军队不可能没有党性，没有鲜明的政治立场和政治观点，没有明确坚定的政治方向。那种所谓"军队非党化、非政治化"和"军队国家化"的论调可以休矣。在纪念党90华诞之际，全军将士要进一步强化军魂意识，筑牢听党指挥的信念，陶熔忠诚于党的情怀。政治工作是我军的生命线，是党领导军队的重要途径和有力保证。要深入持久、扎实有效地培育当代革命军人核心价值观，确保我军始终成为党绝对领导下的人民军队，确保国防和军队建设科学发展，确保有效履行我军历史使命。

向前向前向前，我们的队伍向太阳！

（《中国军队政治工作》2011年第6期卷首语）

我们是人民子弟兵

当我们走进2008年、畅想2008年的时候，没有料到2008年对于共和国来说竟是如此的一个多事之秋。早春一场罕见的雨雪冰冻刚刚邂逅南国大地，初夏一场特大地震又遭遇了天府腹地的汶川……

在突如其来的灾害面前，党和政府以人为本的理念、执政为民的情怀以及卓越的组织能力得到了生动的展现，中华民族的伟大民族精神和坚强的凝聚力得到了生动的展现。而在人民群众的生命财产受到严重威胁的时刻，在党和人民召唤的时刻，人民军队又一次担当起了砥柱中流、为民前驱、拯民水火的重任。

这是我军历史上一次前所未有的非战争军事行动，也是世界军事史上罕见的救援行动。不仅驻在震区的解放军、武警部队官兵在第一时间内迅即出现在人民群众面前，而且在党中央、中央军委的统一指挥下我军闻令而动、倾情投入，几乎出动了我军编成内的各军种兵种、武警编成内的各警种、各种最先进的装备、各种专业技术力量，出动了全军各战区的有关兵力。各受命部队紧急集结，采用空中运送、列车输送、摩托化开进、水路突进、徒步跋涉等各种方式急如星火奔赴震中，奔赴灾区，与死神赛跑，与震魔较量。突进映秀镇，伞降茂县城，抢险宝成路，决战唐家山……哪里最危急，哪里最艰险，哪里就有子弟兵的身影。"解放军来了，我们有救了！"在废墟上，在余震不断的峡谷沟壑里，不同军种警种的迷彩服、作战服构成了一道亮丽的风景线。跃动的八一星徽，成为灾区人民的安定之星、吉祥之星、希望之星。

中央军委主席胡锦涛对各抗震救灾部队行动给以高度评价："你们不愧

为人民子弟兵！"

"人民子弟兵"这是一个崇高的称号。它朴实而生动地说明了我军的性质和宗旨，说明了军队与人民的血肉联系。我军来自人民，是人民养育了我们，人民群众是我们的父老乡亲、兄弟姐妹。我军服务人民，为着人民的利益走到一起，为着人民的利益去工作、去战斗。人民的利益高于一切，人民的危难就是命令。从抗雨雪冰冻到抗震救灾，我军用模范的行动、英雄的壮举、卓越的素质、合格的答卷生动地诠释了"人民子弟兵"这一我军建设的不变的主题和崭新的时代内涵。告诉世人：无论环境条件如何变化，无论形势任务如何变化，人民军队的本色始终没有变，我军永远是人民可以信赖、可以依托的子弟兵。

所谓军人的核心价值观，说到底回答的是为谁当兵、为谁打仗的问题，是一支军队的性质宗旨的集中体现。在人民军队的价值谱系中，服务人民永远是核心的核心。服务人民，就必须听党指挥。因为在当代中国，只有中国共产党才能忠实而有效地代表人民的利益，领导人民开创自己的幸福生活和美好未来。服务人民，就必须英勇善战。因为只有英勇善战，才能在人民需要的时候不辱使命。这里的"战"，既包括本原意义上的战争，还包括履行多样化的军事任务和非战争军事行动。紧紧围绕"听党指挥、服务人民、英勇善战"这十二个大字，来构建当代中国革命军人的核心价值理念，这就是从抗雨雪冰冻到抗震救灾给以我军政治工作的宝贵启示。

（《中国军队政治工作》2008年第6期卷首语）

脚踏着祖国的大地

为什么我的眼里常含泪水

因为我对这土地爱得深沉

…………

著名诗人艾青这隽永深情的诗句用以表达对于祖国的爱是十分恰切的。

这是一片风光无限的土地。她像一条巨龙逶迤在世界的东方，她像一颗明珠闪烁在太平洋的西岸。江山如此多娇，景色气象万千。这里有江南的杏花春雨，这里有塞北的骏马秋风，这里有雪域高原的千仞冰峰，这里有南中国海的万顷碧波，还有那有大漠的孤烟、长河的落日、傣家的竹楼、苗寨的笙歌……这里有黄土地的宽厚、红土地的热烈、黑土地的丰腴，有肩并肩的昆仑山、喜马拉雅山、太行山，有手牵手的雅鲁藏布江、澜沧江、长江，还有令人惊艳的西子湖、让人魂牵梦萦的日月潭……

这是一片人文璀璨的土地。中华民族的祖先很早就在这片土地上繁衍生息，五十六个兄弟民族在争锋中融合，在激荡中一统，各呈风流，竞展英华，和而不同，一起创造了博大精深、绚烂多姿的中华文明。这片土地曾矗起过雄汉盛唐的辉煌，演绎了清明上河图式的繁盛；这片土地曾走过丝绸之路的驼队，留下了郑和下西洋的天国风仪……这片土地孕育的往圣先哲，曾璀璨了人类良知和智慧的星空，出现了老子、孔子、孙子、孟子、王夫之……这片土地曾得到过楚辞汉赋的熏陶、唐诗宋词的沾溉，产生过屈原、李白、杜甫、苏东坡、曹雪芹……

这是一片饱经忧患的土地。近代以来，腐朽的封建统治扼杀了她发展进步的生机，帝国主义的魔爪蹂躏了她高贵圣洁的躯体，金瓯残缺，中原板荡，生灵涂炭，万家墨面，百卉俱殚。一首《七子之歌》铭刻了炎黄子孙心中永远的痛；一曲《黄河大合唱》奏出了中华民族求解放、谋复兴的时代强音。"何处望神州，满眼风光北固楼。"无数仁人志士仰天长啸，壮怀激烈；多少英杰才俊闻鸡起舞，慷慨悲歌！救亡图存、复旦光华的涛声拍打着世纪堤岸，轰鸣不已，奔涌不息！

这是一片青春焕发的土地。自从南湖红船载来第一缕晨曦，中华民族的历史命运就发生了根本性的变化。88年天地翻覆，60年艰辛探索，31年春风化雨，这片土地又一次展示了其青春靓丽的容颜，凸显了其绝代无双的风华！富裕和文明在希望的田野里生发苗长，光荣与梦想在奥运的礼花中挥洒绽放。天崩地裂，众志成城；沧海横流，从容以对。当世界众多国家在金融海啸中风雨飘摇时，社会主义中国却是风景独好，浪漫依然。

这是一片温暖多情的土地。960万平方千米的土地春华秋实，朝晖夕阴，千岩竞秀，万木争荣。这片土地的山川田畴化育万物，这片土地的父老乡亲淳朴善良。怎能忘井冈竹、延河水、沂蒙恩、太行情……中国革命的胜利是老百姓用红薯、南瓜、小米喂出来的呀！怎能忘那首传遍晋察冀的拥军谣——"最后一碗米送去做军粮，最后一尺布送去做军装，最后一件老棉袄盖在担架上，最后一个亲骨肉送去上战场"！对共产党人来说，"江山就是人民，人民就是江山"！

脚踏着祖国的大地，我们所感受到的是庄严而神圣的使命。"捐躯赴国难，视死或如归。""匈奴未灭，何以家为。"中国军人的脉管里自古以来就澎湃着爱国主义的热血，中国人民解放军自诞生以来更是以拯斯民于水火、复故国于芳华为初心、为己任。为了亲爱的祖国，万千将士血沃中原、埋骨边关。今天，中华民族伟大复兴的曙光已经绚烂地照亮了地平线，我们要踏着先辈的足迹，秉承不辱使命的夙愿，在新航程上为中华民族的伟大复兴护航站哨，不管是潮平岸阔，还是浪卷云飞！

脚踏着祖国的大地，我们有冲天的豪情、无敌的力量。是祖国用甘甜的乳汁养育了我们，给了我们丰富的营养和足够的钙质；是祖国用优秀的文化熏陶了我们，给了我们顶天立地的精气神。脚踏着祖国的大地，就如同希腊神话中的安泰俄斯足踵始终不离根本；脚踏着祖国的大地，就如同赤子依偎在母亲的怀抱。我在祖国怀中，祖国在我心中，看各种魑魅魍魉谁人能敌，问一切豺狼虎豹其奈我何！

脚踏着祖国的大地，背负着民族的希望，我们向前向前向前！

（《中国军队政治工作》2009年第8期卷首语）

把风采绽放在祖国的T台上

——国庆六十周年大阅兵感赋

朋友，你看过时装表演吗？在长长的T台上，在炫彩灯光的映照下，一位位时装模特身披霓裳迤逦而出。她们娉娉婷婷，袅袅娜娜，姗姗而来，款款而至，或"犹抱琵琶半遮面"，或"回眸一笑百媚生"，各呈亮丽，各展芳姿……

如果说阅兵是一支军队的盛装面世、华彩亮相，10月1日的天安门广场就是一个巨大的T台。中国军队的男儿女儿在这一天成为最吸引人们眼球的看点，成为聚光灯下的主角。然而与时装表演迥然不同的是，这是雄风的展示，这是阳刚的展示，这是力量的展示，这是忠诚的展示！

天亦有情，时雨初霁，霞光万道，碧空如洗。看！各个不同军兵种的徒步方队走过来了，我国自己研制的各型现代化战车和装备开过来了，呼啸的战鹰飞过来了，军姿是那样挺拔，步伐是那样雄壮，精神是那样勃发，阵容是那样威武。受阅部队以近乎完美的表现，把当代中国军队的风采与豪迈绽放在了天安门广场，把当代中国军人的荣光与誓言挥洒在了祖国的大地蓝天。有诗咏道："人间谁见此军容？恰似刀劈斧砍成。横若长城围铁壁，纵如泰岳立苍穹。巡天碧宇翔鹏鸟，入海狂涛潜巨龙。为教中华春永驻，三军何日不雄兵！"人民为伟大的祖国而骄傲，祖国为拥有这样一支军队而骄傲！

透过国庆大阅兵，人们看到了中国国防现代化建设取得的巨大成就。这是一支在旧中国的暗夜中揭竿而起的军队，"小米加步枪"就是对战争年代其武器装备状况的真实写照。时至今日，这支军队却以初步现代化并不断迈向信息化的雄姿出现在世人面前，大批新型国产武器装备锋芒乍现、霜刃初露，令国人欢呼雀跃，令世界刮目相看。

透过国庆大阅兵，人们看到了新一代中国军人的崭新风貌。这是一支有着光荣历史和优良传统的军队。从战争年代到和平时期，一代代中国军人用忠诚与牺牲、热血和汗水，铸就了人民军队的军魂，诠释了人民军队的宗旨，谱写了听党指挥、服务人民、英勇善战的辉煌史诗。斗转星移，春秋代序，"80后""90后"已经成为我军官兵的主体。国庆阅兵就是新一代中国军人的精彩亮相。人们惊喜地看到，这支军队不仅传统未变、雄风依旧，而且融入了那样多的时尚元素，焕发了那样多的时代风采。"所向无空阔，真堪托死生。"在中华民族伟大复兴的新征程上，他们依然是祖国值得信赖、可以倚重的钢铁长城。

透过国庆大阅兵，人们看到了中国军队保卫国家安全、维护世界和平的坚强决心。这是一支忠诚使命、献身使命、不辱使命的军队。在80多年的征程中，它脚踏着祖国的大地，背负着民族的希望，为人民建立了殊勋。今天，这支军队同样有信心、有能力肩负起新的历史使命。撼山易，撼中国人民解放军难。一切试图分裂祖国的民族败类在这支军队面前都只能向隅而泣！一切觊觎中国主权和权益的敌对势力在这支军队面前都只能铩羽而归！

壮哉！伟大的中国人民解放军！

（《中国军队政治工作》2009年10月卷首语）

弘扬长征精神　当好红军传人

如果有人问：中国人民解放军与世界各国军队有什么不同？你可以举出许多方面，但是有一点无论如何都不应忽视，那就是中国人民解放军是红军的传人，这支军队曾经进行过震惊中外、史无前例的长征。

长征——一支军队的传奇，一支军队的史诗，一支军队风采的写照，一支军队形象的定格，一支军队光荣与梦想永不褪色的徽章，一支军队信念与力量永不枯涸的源泉！

长征在中国乃至世界军事史上是独一无二的。自从盘古开天地，三皇五帝至于今，请问历史上有过这样的长征吗？没有。无论是古希腊色诺芬的"万人大撤退"、第二次布匿战争中汉尼拔的远征，还是19世纪拿破仑的远征，有哪一次能够比得上长征呢？没有。谁使长征胜利呢？是伟大的中国共产党，是党领导下的中国工农红军。长征的胜利无可辩驳地证明，中国共产党领导下的红军是一支英雄的军队，是一支世界军事史上无与伦比、一往无前、不可战胜的军队，是一支勇于并善于创造军事奇迹的军队。而长征的历程、长征的胜利也进一步锤炼和锻造了我们这支军队，使我军像浴火的凤凰一样获得了新生。我军诞生伊始，以毛泽东同志为代表的中国共产党人，即围绕如何建设一支党绝对领导下的新型人民军队问题进行了艰辛探索，在军队建立了进步的政治工作，并初步形成了政治工作的基本原则和制度。经过长征，在与凶残敌人和恶劣自然环境的斗争中，在与张国焘分裂党、分裂红军的错误路线的斗争中，党对军队绝对领导的原则在全军将士的头脑中进一步扎下了根，我军政治工作进一步走向成熟。长征所表现、所熔铸的党和红军的伟大革命精神，更像一种基因植入了我军的血液中，成为我军所特有的、足以傲视一切敌人的软实力。特别是在长征途中，在党和红军生死攸关的危急关头，确立了毛泽东同志在党中央和红军的领导地位，从此，中国革命的历史掀开了新的一页，我军的历史掀开了新的一页。可以说，没有长征，就没有今天的中国人民解放军；不了解长征，就不了解中国军队，就不了解中国军队的政治工作。长征是一座我军政治工作取之不尽、用之不竭的"富矿"，是一部历久弥新、生动鲜活的政治工作教科书。重温长征，就是重温我军政治工作的优良传统，就是进行一次灵魂与精神的"朝圣"。

"红军不怕远征难，万水千山只等闲。"从一定意义上讲，我军从过去到现在再到未来，就是在党的领导下为着人民的利益而永不止步、永不停歇的"远征"。道路在延伸，使命在拓展，旗帜在引领，胜利在召唤。我们已经走过了万水千山，在我们的前面依然山重水复、山高水长。为把我军建设成为一支能够有效履行党和人民赋予使命的军队，瞄准世界军事发展前沿，实现我军建设的跨越式发展，我们还要突破新的"乌江""金沙江""大渡河"，还要翻越新的"岷山""乌蒙山""六盘山"。让我们进一步弘扬长征精神，以"万水千山只等闲"的英雄气概和铿锵步履，迎接新征途上的各种挑战，不断谱写人民军队新的辉煌！

（《中国军队政治工作》2006年第4期卷首语）

事业美如画　责任重于山

重温长征，重新走近长征，常常为红军将士强烈的事业心和责任感所感动：红三军团一个连先后有九名炊事员饿死，而这个连队的其他战士却无一人因饥饿倒下；一位军需处长把能够找到的冬衣悉数发给了部队，而自己却冻毙在爬雪山的途中……

事业，一个多么令人神往、催人奋进的名词！人生在世，不能只是饮食男女，只是索取占有，只是斤斤于自我的一点可怜的私利，总是要干点什么，创造点什么，奉献点什么，为社会、为他人留下点什么，于是，就有了梦想，有了理想，就有了事业心，就有了对事业的向往和追求。事业是梦想和理想的实现形式，是梦想照进现实的实践途径，是实践中、行动中的真切而不虚妄的理想。如果说理想是对大海的期盼，事业就是百折不回、滚滚东去的江河；如果说理想是对长空的渴望，事业就是大翼垂天、扶摇直上的鲲鹏；如果说理想是在心田播下的一粒种子，事业就是业已破土、不断生长着的大树。事业的品位决定人生的境界，事业的发展凸显人生的价值。没有事业的人生是庸庸碌碌的人生，不干事业的年华是暗淡失色的年华。事业是一面旗帜，事业是一个平台，事业是人生的风景线、生命的营养剂。人生不可缺失之美，是事业之光的照耀；生命不能承受之轻，是没有事业心。生活因事业而精彩，生命因事业而亮丽，人格因事业而崇高，精神因事业而富有，激情因事业而燃烧。事业具有传承性。前赴后继，薪尽火传；如月之恒，如日之升。以不息为体，以日新为道；人生有涯，而事业常青。事业具有可分解性。天下难事，必作于易；天下大事，必作于细。不纳细流，无以汇江河；不积跬步，无以至千里。事业具有实践性。

筚路蓝缕，以启山林；艰难困苦，玉汝于成。临渊羡鱼不如退而结网。不干，半点马克思主义都没有。一位老红军说，长征精神是走出来的、打出来的、苦出来的。诚哉斯言！

与事业相联系的是责任。责任感源于事业心，源于对事业的忠诚以及对自身在事业中所处地位、所承担责任的体认，是事业心在本职岗位上的体现。璀璨的星空是由一个个闪闪发光的星座组成的，辉煌的乐章是由一个个音色美妙的音符组成的。只有每一个人在自身的岗位上恪尽职守，追求卓越，我们的事业才能不断壮大，科学发展，胜利前进。反之，任何一个岗位、一个环节的懈怠疏漏，都可能影响整个系统的正常运行，给我们的事业造成不应有的损失。

我们共产党人是一群什么样的人？是一群干事业的人。在马克思主义的指引下，中国共产党人以中国人民的解放和幸福为己任，以中华民族的伟大复兴为己任，以建设富裕、民主、文明、和谐的中国特色社会主义为己任，经过艰辛奋斗、漫漫长征，已经取得了巨大的成就。我们的事业是中国有史以来最壮丽的事业，也是人类最美好的事业。有没有事业心和责任感是衡量一个共产党员是否具有先进性的重要标志。"士不可以不弘毅，任重而道远。"以强烈的事业心和责任感履行好党和人民赋予我们的使命，以求真务实的精神干好自身承担的每一项工作，就是今天我们对长征的最好纪念，就是对先辈呼唤的最好的回应。

（《中国军队政治工作》2006年第5期卷首语）

面朝大海　春暖花开

——祝贺人民海军成立60周年

1949年4月23日，人民海军第一支部队——华东军区海军，在江苏省泰州白马庙成立。从此在中国人民解放军的序列里有了一支面向大海、驰骋大海、建功大海的雄师。值此中国人民解放军海军成立60周年纪念日即将来临之际，我们谨向我光荣的人民海军、向海军广大官兵致以热烈祝贺和亲切问候。

在我们这个蔚蓝色的星球上，70%的表面是海洋。海洋是生命的摇篮，蕴藏着无尽的宝藏和丰富的资源，为人类提供了"一苇杭之"的舟楫之便，海洋对人类的生存和发展不可或缺。海军是一个战略性综合性国际性军种，在维护国家主权、安全和领土完整，维护国家海洋权益中具有重要地位和作用。

中国作为一个海洋大国，曾拥有灿烂的海洋文明。早在春秋战国时期已可建造用于水战的大型战船。15世纪，郑和率领当时令人叹为观止的浩大船队七下西洋，堪称世界航海史上的伟大壮举。然而，在漫长的封建社会中，中国逐步形成了"重陆轻海"的文化传统，经略海洋的意识日趋淡薄，逐渐失去了海上优势。近代中国海上门户洞开，帝国主义列强长驱直入，中华民族陷入丧权辱国、任人宰割、生灵涂炭的深渊。

中国人民解放军海军的成立，标志着中国"有海无防"痛史的结束。60年来，人民海军在我军历代统帅的亲切关怀和指引下，肩负着党的重托和民族的希望，承载着先辈的光荣与梦想，劈波斩浪，扬帆远航，成长为一支包括水面舰艇部队、潜艇部队、海军航空兵、海军岸防部队和海军陆战队在内的初步现代化的海上劲旅，在保卫祖国海疆、维护国家海洋权益的斗争中迭建奇勋，在维护和平、传播友谊中展示了亮丽风采。2008年底，中国海军护航编队首次远赴亚丁湾执行和平使命，赢得了国际社会的广泛赞誉；日前第二期护航编队也已启碇。

政治工作是中国人民解放军的生命线，也是人民海军成长壮大、履行使命的生命线。60年来，人民海军把我军政治工作的优良传统与海军建设的实际结合起来，以"爱舰爱岛爱海洋"为重要元素锻造人民海军核心价值观，创造了扎实有效而又生动活泼的海军政治工作，形成了具有浓郁海洋气息和鲜明海军特色的"蓝色文化"，涌现出麦贤得、柏耀平、方永刚等众多的英雄模范。人民海军的政治工作丰富了我军政治工作的理论宝库和实践沃土，为我军政治工作注入了清新而浩荡的"海风"，是我军政治工作研究必须高度关注和着力耕耘的重要领域。

一位天才而早逝的青年诗人曾写下这样的诗句："面朝大海，春暖花开。"大海是人类永恒的梦想和渴望。"面朝大海"就是以开放的姿态拥抱世界，"面朝大海"就是面朝国家、民族和军队的未来。我们有理由相信，"面朝大海"的人民海军将不断从蔚蓝走向深蓝，从光荣走向更大光荣，乘长风破万里浪，用自己的胜利航迹去守护伟大祖国和祥和世界的"春暖花开"！

（《中国军队政治工作》2009年第4期卷首语）

同风而起　剑啸九天

——贺人民空军诞生60周年

"1111"——像四把横空出世的利剑，直刺苍穹；像飞行编队亮丽的航迹，把风流挥洒于云天之上。

1949年11月11日，中国人民解放军空军携开国受阅的威仪迎风起飞，开始了保卫祖国、守望和平的胜利航程。值此人民空军60周年华诞之际，本刊谨向全体空军指战员及其亲属致以最热烈的祝贺和慰问！

"大鹏一日同风起"，是人类久远的渴望；"动于九天之上"，是亘古以来兵家所追求的战争艺术的自由境界。自从空军这一"天之骄子"出现在军队的序列里，千百年来战争在平面战场中演进的历史就结束了。空军作为年轻的军种，不仅迅速与数千年的陆军、数百年的海军比肩而立、三分天下，而且日益成为战争舞台上不可或缺的具有决定意义的战略力量。

早在战争年代，我军统帅部就把深远的战略眼光投向了天空，为创建人民空军进行了人才等各个方面的准备。60年人民空军走过的历史，就是一部在祖国的怀抱里成长、为中华的腾飞护航的历史。60年来，人民空军傲然奋飞于广宇长空，以敢于亮剑的精神威震敌胆，以赤诚为民的情怀屡建殊勋，创造了一个又一个空战史、飞行史、空降史上的奇迹。今日的人民空军已经发展成为由航空兵、地面防空兵、空降兵、通信兵、雷达兵、电子对抗兵等多兵机种合成、具有信息化条件下攻防兼备作战能力的现代化空中劲旅。

人民空军把我军政治工作的优良传统与空军建设的实际结合起来，创造了第一等的政治工作。60年来，我军的生命线在百所场站、千里航线和万里空天得到了延伸，我军听党指挥、服务人民、英勇善战的优良传统在云之端、天之壤、空之域发扬光大。特别是改革开放以来，人民空军不断加强思想政治建设，为党对空军的绝对领导和保持人民空军建设的正确方向提供了坚强的政治保证，为空军军事斗争准备和完成多样化军事任务提供了强劲的精神动力，为空军建设的转型和跨越式发展提供了有力的人才支持。正是因为有了强有力的政治工作，人民空军才能够雏鹰振羽，后来居上；才能够扬威天宇，英模辈出；才能够志存高远，不断超越。空军政治工作和思想政治建设的生动经验极大地丰富和拓展了我军政治工作的理论与实践，值得我们认真总结和汲取；空军政治工作的研究是我军政治工作研究的重要内容，也是一方"无边光景一时新"的绿地。

21世纪是信息化世纪，也是空天世纪。空天领域已经成为军事战略竞争的新的制高点。比大地更辽阔的是海洋，比海洋更辽阔的是天空，比天空更辽阔的是我人民空军的雄心壮志。赓续着一个甲子的辉煌，站在新的起飞线上，我们衷心地祝愿人民空军更有效、更卓越地肩负起党和人民赋予的使命，翻动垂天之翼，向着更高远的天空、更高远的目标奋飞，奋飞！

（《中国军队政治工作》2009年第11期卷首语）

恪守老"样子" 实现新"蝶变"

　　花繁醑盛夏，风凉入新秋。八月的月历中记载了人民军队横空出世、剑气冲天的光荣；八月的年轮里也曾诞育过一位伟人——三军将士拥戴的一代统帅、我们敬爱的邓小平同志诞辰110周年了。

　　南昌城头的枪声，宣告了一支新军队的呱呱坠地。然而，新生的人民军队应该是什么样子，应该怎样领导和建设这支军队，对于刚刚拿起枪杆子的中国共产党人来说还是一个全新的课题。经过三湾改编，经过古田会议，经过从红军到八路军、新四军再到人民解放军的一个个华丽转身，在以毛泽东为代表的党的第一代领导集体的艰辛探索和不懈追求下，我军确立、坚持并不断完善了党对军队绝对领导的制度，形成并恪守了全心全意为人民服务的宗旨，熔铸了一往无前的战斗精神和优良的作风。历史和新的实践都证明，在世界军队之林中，中国人民解放军既是一支最"像样"的军队——军事好，如霹雳，同时也是一支举世无双的军队——政治好，称第一。正是因为有了这支军队，民族的独立和解放，国家的主权和安全，人民的祥和与安宁，才有了可靠的依托与保证。

　　作为我军的重要创始人和卓越领导人之一，邓小平对我们这支军队有着特殊的感情，对党的建军治军之道有着超乎寻常的体验。1975年1月，他第一次复出后不久，就在总参团以上干部会上提出："军队要像军队的样子。"

　　这句话言简而意赅，平实而隽永，值得我们深长思之。

　　"样子"者何？一事物区别于他事物之标志也，修于内而形于外、源于里而见于表也。对于军队而言，"样子"就是一支军队的特质，以及基于这种特质所展示出来的形象、焕发出来的风貌。"样子"体现军队的性质宗旨，反映军队的职业素养，标识军队的发展方向。

"样子"具有质的规定性。邓小平的话，第一个深刻意蕴就是，无论形势如何发展，任务如何变化，毛泽东同志为我军确立的基本"样子"不能变。所以，军队要整顿，党对军队绝对领导的根本原则和制度要坚持，优良传统和优良作风要恢复。

"样子"具有与时俱进性。对于我军来说，"样子"总是"不变"中有"变"，"变"中有"不变"。变化的是"器"，不变的是"道"；变化的是战斗力的形态，不变的是精魂与雄风。胜战不复。战场，不相信故步自封。邓小平的话另一个深刻的意蕴是，我军必须追赶时代，以世界军事发展的前沿为参照系，不能总是停留在"刺刀手榴弹"的水平。所以，军队要改革，要在改革中实现人民军队的新"蝶变"——走中国特色的精兵之路、强军之路。

正是基于这种认知，改革开放30多年来，我军建设掀开了崭新的一页。站在新的历史起点上，延续着邓小平关于我军"样子"的思考，习主席提出了党在新形势下的强军目标。这一目标内在地蕴含了恪守老"样子"与实现新"蝶变"的统一。锲而不舍地加强思想政治建设，义无反顾地推进新一轮的改革，人民军队将"岁老根弥壮，阳骄叶更阴"，在永葆本色的同时不断焕发出新的风采！

（《中国军队政治工作》2014年第8期卷首语）

赓续一脉真传 更进百尺竿头

年光似鸟翩翩过。当本期刊物即将付梓的时候，2014年的日子又如落英缤纷，芳菲殆尽。

2014年是吹响全面深化改革号角的进军之年，是全面推进依法治国的开篇之年，是顺应新常态、重塑新动力、酝酿新跨越的转型之年，是党的群众路线教育取得丰硕成果、党的作风建设深入推进的给力之年。透过南京青奥会、北京APEC会议的惊艳亮相，透过"一带一路"倡议的深入推进，透过以习近平同志为核心的党中央在治党治国、内政外交、富国强军上的一系列重大战略举措，全世界看到了一个古老而年轻的国家活力四射的身影，听到了中国追梦赶路的铿锵足音。

2014年对于军队建设特别是军队政治工作来说，也是一个里程碑式的年头。这一年，让我们梦回闽西、寻根古田。一支军队不变的基因、前行的动力，往往潜藏在岁月的深处。85年前，在党和红军发展的紧要关头，在南国雾瘴弥天、寒气料峭的冬夜里，毛泽东大笔如椽、目光如炬，起草了著名的《古田会议决议》，剖析和纠正了党内、军内的种种错误思想，为人民军队的建设定下了仪轨，指明了方向。85年后的今天，当我们踏上强军兴军的新征程时，习主席又亲自决策在古田召开了全军政治工作会议，强调要坚持政治工作的生命线地位，以整风精神解决当前存在的突出问题，以改革精神推进军队政治工作创新发展。两次会议，一条红线，慎终追远，继往开来。回眸古田，给了我们固本培元、革弊鼎新的坚强决心；出发古田，我们充满了必胜的信念、无穷的力量。

本期杂志是本刊创办以来的第100期，这也是值得庆贺的。如果说本刊创刊之时还是嫩篘出土，今天它已如玉树临风。100期是100级台阶，记录了本刊朝着创办一流期刊的初心艰辛攀登的步履；100期是100个犁痕，留下了本刊在军队政治工作园地执着耕耘的印记；100期是100枚果实，承载了本刊对广大读者的感恩之情——尽管这果实还略显青涩，不够饱满；100期也是一个新的出发营地、一个酝酿新的远航的锚地。恰逢年终岁尾，恰逢又一次古田会议刚刚开过，我们要认真总结办刊经验，以习主席的重要讲话精神为指导，进一步端正办刊方针，坚持实践第一、问题导向，坚持求是求实、求精求新，更好地发挥刊物联系学界、聚力研究、源于实践、回馈实践的功能，努力使本刊成为名副其实的、能够代表和体现中国军队政治工作研究水平的园地，不断推出有真知灼见、质量上乘、文风清新的佳作，继续保持本刊庄重典雅、朴实大气的总体风格，从内容到栏目、版面等各个方面锐意创新。我们也热切地希望广大读者一如既往地关心和支持我们，多对我们提出批评和建议。套用习主席一句言近旨远的话语格式——读者对政治工作精神食粮的期盼，就是我们的办刊目标。

(《中国军队政治工作》2014年第12期卷首语)

续写新的风流和荣光

跌宕起伏、悲欣交集的2008年已经隐入历史的天幕，人间又是一番春风。伴着新年的钟声，伴着如约而至春的脚步，本刊编辑部向广大读者送上诚挚的问候和祝福！

2008年，这是一个不寻常、不平凡的年份，是中国改革开放的第三十个年头。历史好像在有意考验今日之中国、检阅今日之中国。这一年对于中国来说，汇集了那样多的风险和挑战，承载了那样多的光荣与梦想。2008年，我们走过的风风雨雨，经历的悲悲欢欢，折射了30年来中国的进步和成长，凸显了30年来中国的变化与鼎新。2008年，我们一起为中国牵挂，为中国祈福，为中国加油，为中国喝彩。我们一起感动中国，见证中国，铭记中国，畅想中国。2008年，为我们认识30年中国的改革开放提供了一个现实的切入点。回望2008年，使我们更加坚定了一个信念：改革开放是建设充满生机与活力的社会主义的必由之路，是富国与强军的必由之路。

2008年，也是我军在履行新的使命任务中展现出新的时代风采、为人民建立了新的功勋的一年。这一年，我军在继续扎实做好军事斗争准备、警惕地保卫国家主权和安全的同时，执行的非战争军事任务最多样、最密集，谱写了我军建设史上大规模执行非战争军事行动最恢宏、最壮丽的史诗。在不期而遇的雨雪冰冻扑击南国大地的时候，在猝不及防的特大震灾骤降四川盆地边缘的时候，在纷至沓来的大事急事难事面前，党、国家和人民首先想到的是自己的军队。而我军也总是闻令而动，一跃而起，冲锋在前，不辱使命。在雨雪霏霏之中，在余震绵绵之际，猎猎的军旗就是希望，闪闪的军徽就是救星。精彩绝伦的北京奥运，完美无瑕的"神七"发射，也都凝聚了我军官兵的忠诚与智慧、心血与汗水。中国军人的伟岸形象和卓越风姿将永远定格在2008年的年轮里。

在一系列急难险重的任务中，我军之所以能够以一流的表现，向党和人民交上合格答卷，一个重要的原因是我军在党的领导下，坚持把思想政治建设放在了首位，不断加强和改进了思想政治工作，始终秉持并不断筑牢了反映人民军队性质宗旨的核心价值观。这是我军战斗力的重要源泉，是我军长盛不衰、雄风常在的根本保证，是我们必须十分珍视的政治优势。

2009年，是新中国成立60周年，是又一个检阅之年，汇报之年，机遇与挑战并存之年。新的形势和任务对国防和军队建设提出了更高的要求。春光无限，前程似锦，但在我们的面前还可能有这样那样的风雨和坎坷。我们必须一如既往地听从党的指示，从时代高度审视思想政治建设、以创新精神推动思想政治建设，把我军思想政治建设提高到一个新水平。围绕强化官兵精神支柱，大力培育当代革命军人核心价值观，为官兵全面发展和履行使命提供强大的精神力量，努力续写人民军队新的风流，铸造革命军人新的荣光！

（《中国军队政治工作》2009年第1期卷首语）